Basurman

Ivan I. Lazhechnikov

Басурман

Александр   Бестужев

Basurman

ISNB: 978-1-61895-263-9

Басурман

© Пресса библиотек, 2018

ISNB: 978-1-61895-263-9

БАСУРМАН

ПРОЛОГ

"Божиею милостию, радуйся и здравствуй, господин и сын наш, князь великой, Дмитрий Иванович, всея Руси... на многая лета!"

Слова митрополита по случаю венчания на великокняжение Дмитрия Иоанновича, внука Иоанна III.

Это было 27 октября 1505 года. Будто к венчанию царя Москва снарядилась и изукрасилась. Собор Успенский, церковь Благовещения, Грановитая Палата, Теремный дворец, Кремль с своими стрельницами, множество каменных церквей и домов, рассыпанных по городу, – все это, только что вышедшее из–под рук искусных зодчих, носило на себе печать свежести и новизны, как бы возникло в один день волею всемогущею. Действительно, все это было сотворено в короткое время гением Иоанна III. Кто оставил бы Москву за тридцать лет назад бедною, ничтожною, похожею на большое село, огороженное детинцем, не узнал бы ее, увидав теперь. Так же скоро и вся Русь поднялась на ноги по одному молодецкому окрику этого гения. Взяв исполина–младенца под свою царскую опеку, он сорвал с него пелены и не по годам, а по часам воспитал его на богатырство. Новгород и Псков, не ломавшие ни перед кем шапки, сняли ее перед ним, да еще принесли в ней свою волю и золото; иго ханское свержено и переброшено за рубеж земли русской; Казань хотя отыгрывалась еще от великого ловчего, но отыгрывалась, как волчица, которой некуда утечь; уделы сплавлены и выкованы в один могучий особняк, и тот, кто все это сотворил, первый из русских властителей воплотил в себе идею царя.

Однако ж 27 октября 1505 года изукрашенная им Москва готовилась не к радостному, а печальному торжеству. Иоанн, изнемогая и духом и телом, лежал на смертном одре. Он забывал свои подвиги, он помнил только грехи свои и каялся в них.

Было время к вечеру. В храмах горели одинокие лампады; сквозь слюду и пузыри окон светились в домах огни, зажженные верою или нуждою. Нигде народная любовь не теплила их, потому что народ не понимал заслуг Великого и не любил его за нововведения. В одном углу казенного двора черная изба позднее других домов осветилась слабым огоньком. На пузырную оболочку окна ее железная решетка с ершами отбросила клетчатую тень, которую, однако ж, пестрила точка, то блестящая, как искра, то вьющая струю пара. Знать, узник провертел отверстие в пузыре, чтобы, украдкою от своего сторожа, глядеть на свет божий.

Это была тюрьма, и в ней на этот раз томился молодой узник. Ему казалось не больше двадцати лет. Так молод! Какие же ранние преступления могли привести его сюда? По лицу его не веришь этим преступлениям, не веришь, чтобы бог создал такую обманчивую наружность. Так пригож и благовиден, что, кажется, ни один черный помысел не пробежит по спокойному челу, ни одна страсть не заиграет в его глазах, исполненных любви к ближнему и безмятежной грусти. И между тем статен, величав; как встрепенется из дремоты своей, как тряхнет черными кудрями, виден забывшийся господин, а не раб. Руки его белы, нежны, словно женские. На косом вороте рубашки горит изумрудная запонка; в сырой закопченной избе на широком прилавке пуховик, с изголовьем из мисюрской камки и с шелковым одеялом, а подле постели ларец из белой кости филиграновой работы. Видно, не простой узник!

Не простой, да еще венчанный... И чист делами и помыслами, как житель неземной. Все его преступления в венце, которого он не искал и который надела на него прихоть властителя; никакой крамоле, никакому злу не причастный, он виноват за чужие вины, за честолюбие двух женщин, за коварство царедворцев, за гнев деда на сторонних, не на него ж. Ему назначили царство, и отвели в тюрьму! Он не понимал, почему венчают его, и теперь не понимает, за что его лишили свободы, света божьего, всего, в чем не отказывают и смерду. За него ближние и молиться не смеют вслух.

Это внук Иоанна III, единственное дитя любимого сына его, злополучный Дмитрий Иоаннович.

То сидел он в грустном раздумье, облокотясь на колена и утопив пальцы в чернокудрой голове, то вставал, то ложился. Он метался, как будто дали ему отраву. Никого с ним не было. Одинокий огонек освещал его бедное, несчастное жилище. Тишину избы нарушали капель с потолка или мышь, подбиравшая крохи от трапезы узника. Огонек то замирал, то вспыхивал, и в эти переливы света, казалось, ползли по стене ряды огромных пауков. В самом же деле это были каракульки на разных языках, начертанные углем или гвоздем. Едва можно было разобрать в них: "Matheas", "Марфа, посадница Великого Новгорода", "Будь проклят!", "Liebe Mutter, liebe A..."[1] и еще, еще какие-то слова, разорванные струями, которые текли по стене, или стертые негодованием и невежеством сторожей.

Дверь темницы тихонько отворилась. Дмитрий Иоаннович встрепенулся.

– Афоня! это ты? – радостно спросил он; но, увидав, что принял вошедшего за другого, присовокупил с грустью: – Ах, это ты, Небогатый!.. Что ж нейдет Афоня?.. Мне скучно, мне тошнехонько, меня тоска гложет, будто змея подколодная лежит у сердца. Ведь ты сказал, что будет Афоня, когда огни зажгут в домах?

– Афанасий Никитич никогда не кривит словом, не то что глазом, – сказал дьяк Дмитрия, Небогатый – приставник добрый, услужливый и между тем строгий в исполнении наставлений, данных великим князем, как стеречь внука. (Надо знать, что в это время он же, за болезнию Дмитриева казначея и постельничего, исполнял их должность. Честь честью князю, хотя и заключенному!..) – Успокойся, Дмитрий Иванович, голубчик мой! Уж конечно, скоро придет наш краснобай. Ты сам ведаешь, хил становится, худо видит, так бредет себе ощупью. А ты покуда, милое дитятко мое, поиграй, потешься своими игрушками. Присядь себе хорошенько на постелюшке; я подам тебе твой ларец.

---

[1] "Дорогая мать, дорогая А..." (нем.)

И Дмитрий Иванович, дитя, которому было за двадцать лет, от скуки, его томившей, исполнил тотчас предложение своего дьяка, сел с ногами на постель, взял костяной ларец к себе на колена и отпер его ключом, который висел у него на поясе. Понемногу, одна за другою, выходили на свет божий дорогие вещицы, заключенные в этом ларце. Княжич подносил к огню то цепь золотую с медвежьими головками или чешуйчатый золотой пояс, то жуковины (перстни) яхонтовые и изумрудные, то крестики, монисты, запястья, запонки драгоценные; любовался ими, надевал ожерелья себе на шею и спрашивал дьяка, идут ли они к нему; брал зерна бурмицкие и лалы в горсть, пускал их, будто дождь, сквозь пальцы, тешился их игрою, как настоящее дитя, – и вдруг, послышав голос в ближней комнате, бросил все кое–как в ларец. Лицо его просияло.

– Это Афоня! – молвил он, отдавая ларец дьяку, и слез с постели.

– Запри, Дмитрий Иванович! – сказал с твердостью Небогатый, – без того не приму.

Проворно щелкнул ключ в ларце; дверь отворилась, и вошел в избу тюремную старичок небольшого роста, сгорбившийся под ношею лет; ими золотилось уже серебро волос его. От маковки головы до конца век левого глаза врезался глубокий шрам, опустивший таким образом над этим глазом вечную занавеску; зато другой глаз вправлен был в свое место, как драгоценный камень чудной воды, потому что блистал огнем необыкновенным и, казалось, смотрел за себя и своего бедного собрата. Сын не встречает ласковее отца нежно любимого, как встретил старика Дмитрий Иванович. Радость горела в очах царевича, в каждом движении его. Он принимал от гостя посох, стряхал с него порошинки снега, обнимал его, усаживал на почетное место своей постели. А гость был не иной кто, как тверской купец Афанасий Никитин, купец без торговли, без денег, убогий, но богатый сведениями, собранными им на отважном пути в Индию, богатый опытами и вымыслами, которые он, сверх того, умел украшать сладкою, вкрадчивою речью. Он жил пособиями других и не был ни у кого в долгу: богатым платил своими сказками, а бедных дарил ими. Ему позволено было посещать великого князя Дмитрия Ивановича (которого, однако ж, запрещено было называть великим князем). Можно судить, как он наполнял ужасную пустоту его заключения и как поэтому был дорог для него. Что ж давал ему за труды Дмитрий? Много, очень много для доброго сердца: свои радости, единственные, какие оставались у него в свете, – и эту награду тверитянин не променял бы на золото. Как–то раз хотел царевич подарить ему дорогую вещицу из своего костяного ларца; но дьяк с бережью напомнил узнику, что все вещи в ларце – его, что он может играть ими, сколько душе угодно, да располагать ими не волен.

Вчера Афанасий Никитин начал современную ему повесть о немчине, прозванном басурманом. Ныне, усевшись, продолжал ее. Речь его текла, как песнь соловушки, которого можно заслушаться от зари вечерней до утренней, не смыкая глаз. Жадно внимал царевич рассказчику; рдели щеки его, и нередко струились по ним слезы. Далеко, очень далеко уносился он из тюрьмы своей, и только по временам грубая брань сторожей за перегородкою напоминала ему горькую существенность. Между тем дьяк Небогатый бегло поскрипывал перышком; листы, склеенные вдоль один за другим, уписывались чудными знаками и свивались в огромный столбец. Он писал со слов Афанасия Никитина Сказание о некоем немчине, иже прозван бе бесерменом.

Вдруг, среди рассказа, вбежал в тюрьму дворецкий великого князя:

– Иван Васильевич готовится отдать богу душу, – сказал он торопливо, – он сильно воспечаловался о тебе и послал за тобой. Поспешай.

Судорожно затрепетал княжич. По лицу его, которое сделалось подобно белому плату, пробежала какая–то дума; она вспыхнула во взорах его. О, это была дума раздольная!.. Свобода... венец... народ... милости... может быть, и казнь... чего не было в ней? Узник, дитя, только что игравший цветными камушками, стал великим князем всея Руси!

Иоанн еще земной властитель на смертном одре; еще смерть не сковала уст его, и эти уста могут назначить ему преемника. Мысль о будущей жизни, раскаяние, свидание со внуком, которого он сам добровольно венчал на царство и которого привели из тюрьмы, какую силу должны иметь над волею умирающего!

Княжичу подали шапку, и он, в чем был, сопровождаемый дьяком и приставами, поспешил в палаты великокняжеские. В сенях встретили его рыдания ближних и слуг великого князя. "Сталось... дед умер!" – подумал он, и сердце его упало, шаги запнулись.

Появление Дмитрия Ивановича во дворце великокняжеском остановило на время общую скорбь, настоящую и мнимую. Неожиданность, новость предмета, чудная судьба княжича, сострадание, мысль о том, что он, может статься, будет властителем Руси, сковали на миг умы и сердца дворчан. Но и в это время между бородками были умные головы; тонкие дальновидные расчёты, называемые ныне политикою, так же как и ныне, часто били, наверное, вместе с судьбою, хотя иногда, так же как и в наши дни, подшибались могучею рукою провидения.

Расчеты эти восторжествовали над минутным недоумением; плач и рыдания опять начались и сообщились толпе. Только один голос, посреди причитаний изученной скорби, осмелился возвыситься над ними:

– Поспешай, батюшка, родимый наш... за тобой послано уж немалое время... Иван Васильевич еще жив... Благослови тебя господь на великокняжение!

Этот голос одушевил княжича; но когда ему надо было вступить в постельную хоромину, где лежал умирающий, силы его начали упадать. Дверь отворилась; он прирос к порогу...

Иоанну оставалось жить несколько минут. Казалось, смерть ждала только прихода внука его, чтобы дать ему отходную. У постели его стояли сыновья, митрополит, любимые бояре, близкие люди.

– Сюда... ко мне, Дмитрий!.. милый внук мой!.. – сказал великий князь, увидав его сквозь смертный туман.

Дмитрий Иванович бросился к одру, припал на колена, лобызал хладеющую руку деда, орошал ее слезами. Умирающий, будто силою гальванизма, приподнял голову, положил одну руку на голову внука, другою благословил его, потом произнес задыхающимся голосом:

– Я согрешил перед богом и тобою... Прости мне... прости... Господь и я венчали тебя... будь... мо... им...

Лицо Василия Иоанновича искосило завистью и страхом.

Еще одно слово...

Но смерть стояла тут на стороне сильного, и это слово не было произнесено на этом свете. Великий князь Иоанн Васильевич испустил последнее дыхание, припав холодными устами к челу своего внука. Сын его, назначенный им заранее в наследники, тотчас вступил во все права свои.

Дмитрия оттащили от смертного одра, вывели из палат великокняжеских и отвели... опять в темницу.

Там, на его постели, отдыхал Афоня крепким сном праведника. Выплакав свое горе, прилег под бок к старцу и злополучный Дмитрий. Царевич и убогий тут уравнялись. Одному снились в эту ночь столы великокняжеские и пышный венец, горящий, как жар, на голове его, и приемы послов чужеземных, и смотр многочисленной рати; другому — гостеприимная пальма и ручей в степях Аравии. Убогий проснулся первый, и как изумился он, увидав подле себя царевича! Грустно покачал он седою головой, прослезился и только что начал благословлять его, как послышался веселый, отважный возглас во сне Дмитрия Ивановича:

— Молодцы!.. на татар... на Литву!..

И вслед за тем пробудился княжич. Долго протирал он себе глаза, озирался вокруг себя и потом, упав на грудь Афони, залился слезами:

— Ах, дедушка, дедушка! мне снилось...

Голос его заглушили рыдания.

Скоро и все, что он видел и слышал в палатах великокняжеских, стало казаться ему сонным видением. Только припоминая себе этот тяжкий сон, он чувствовал на челе своем ледяную печать, которую наложили на него уста венценосного мертвеца.

Пришла зима; все было в черной избе по-прежнему. Переменились одни декорации: утих однообразный шум капели, исчезла и светлая точка на пузыре одинокого окна; вместо их серебряная кора облепила углы стен и пазы потолка; а светлую точку, сквозь которую узник видел небо с его солнышком и вольных птичек, покрыла тяжелая заплатка. Но Афоня по-прежнему навещал тюрьму. Он досказал свою повесть о немце, которого называли басурманом, и доброписец Небогатый, передав ее исправно бумаге, положил свиток в кованый сундук — внукам на потешение.

Прошло года три с небольшим.

Венчанного узника не стало в тюрьме, и Афанасья Никитина не видать уже было в ней. Знать, Дмитрия Иоанновича выпустили на свободу?.. Да, господь освободил его от всех земных уз. Вот что пишет летописец: "1509 года, 14-го февраля, преставился великой князь Дмитрий Иоаннович в нуже, в тюрьме". Герберштейн прибавляет: "Думают, что он умер от холода или от голода, или задохнулся от дыма".

Этот пролог требует объяснения. Вот оно.

В 1834 году, в С...м уезде продано было поместье одного из вельмож екатерининских. Богатая старинная библиотека, в которой (так сказали мне люди, достойные веры) находились исторические сокровища, распродана была кому попало. Приехав на место, бросаюсь к добычникам, чтобы силою золота исхитить у них какую-нибудь непонятную редкость. Надежда тщетная! я опоздал. Большая часть библиотеки — говорят мне в утешение — досталась ст...му мяснику, который допродает книги кипами, на вес[2]. Спешу к нему и получаю ответ, что все уже разобрано.

– Вот остатки, – примолвил он, указывая на книжную рухлядь и полуистлевшие столбцы, – посмотрите, не выберете ли себе чего?

С жадностью и трепетом принимаюсь за работу; погружаюсь в пыль и ветошь бумажную... Тут ничего, там столько же, далее вздор! Опять за розыски... опять утопаю в них... Время летит. Мясник поглядывает на меня, как на сумасшедшего... Наконец (о, буди благословенно жилище его!) развертываю один полуистлевший столбец, пригнетенный сильными из книжного царства в самый угол кладовой. Заглавие очень заманчиво: Сказание о некоем немчине, иже прозван бе бесерменом. Читаю текст – сокровище! Перебираю больные листы с осторожностью врача – в сердце столбца итальянская рукопись... В ней все те же имена, как и в русской, с прибавкою нескольких новых, большею частию иностранных; герой повести один и тот же. Видно, писано человеком близким к нему: рассказ дышит особенною к нему любовью и возвышенными чувствами. На заглавном листе стоит только: Памяти моего друга, Антонио. Это успел я наскоро рассмотреть в чудном архиве мясника. Не могу скрыть восторга, и в жару предлагаю бородатому Лавока самую пригожую, любую Ио из своего стада. Торг разом слажен; привожу столбец домой, дрожа за хилую жизнь его. Разбираю листы русской хартии, как лепестки дорогого цветка, готового облететь. Едва–едва успеваю спасти от разрушения половину ее. Итальянская рукопись более уцелела. Из них–то составил я "Повесть о басурмане", пополнив из истории промежутки, сделанные разрушительным временем.

– Уловки романиста! – скажут, может быть, некоторые из моих читателей и читательниц, – уловки, чтобы заинтересовать нас к своему произведению!

Верьте или нет, мой почтеннейший, и вы, любезнейшая из любезнейших, а может статься, и прекраснейшая; говорите, если вам угодно, что я написал это предисловие именно с целью представить картину Москвы, обновленной и украшенной великим Иоанном – картину, которая не могла попасть в мой роман: возражать не буду. Говорите, что я это сделал, желая поместить хоть где–нибудь романическое, интересное лицо Дмитрия Иоанновича, которое не могло быть поставлено на первом плане романа, занятом уже другим лицом, а на втором плане не умещалось; прибавьте, что я, вследствие всех этих потребностей, придумал и находку рукописей; говорите, что вам угодно: очных ставок делать не могу, доказывать на бумаге справедливость моих показаний не в состоянии, и потому, виноватый без вины, готов терпеть ваше осуждение. Что ж делать? сказочникам не в первый раз достается за обманы. Кажется, было кем–то говорено: лишь бы обман был похож на истину и нравился, так и повесть хороша; а розыски исторической полиции здесь не у места. Не оправдываюсь также в двух–трех анахронизмах годов, или времени года, или месяцев, сделанных, когда я пополнял промежутки в рукописях. Они умышленны: легко это заметить. Указывать на них в выносках почел я лишним: стоит развернуть любую историю русскую, чтобы найти, например: что покорение Твери случилось осенью, а не летом, что то и то

---

[2] Совершенная правда! Даже в Москве об этом знали библиоманы и просили меня разведать, не сыщется ли какая историческая редкость у мясника. (Прим. автора)

случилось не в одном году, что наказание еретиков было в Новгороде, а не в Москве. Предоставляю детям отыскивать эти вольные и невольные погрешности. Таких анахронизмов (заметьте: не обычаев, не характера времени) никогда не вменю в преступление историческому романисту. Он должен следовать более поэзии истории, нежели хронологии ее. Его дело не быть рабом чисел: он должен быть только верен характеру эпохи и двигателя ее, которых взялся изобразить. Не его дело перебирать всю меледу, пересчитывать труженически все звенья в цепи этой эпохи и жизни этого двигателя: на то есть историки и биографы. Миссия исторического романиста – выбрать из них самые блестящие, самые занимательные события, которые вяжутся с главным лицом его рассказа, и совокупить их в один поэтический момент своего романа. Нужно ли говорить, что этот момент должен быть проникнут идеей?.. Так понимаю я обязанности исторического романиста. Исполнил ли я их – это дело другое.

ЧАСТЬ 1

ГЛАВА ПЕРВАЯ

В БОГЕМИИ

> Разлилась, разлелеялась
> По лугам вода вешняя;
> Унесло, улелеяло
> Чадо милое от матери.
> Оставалася родимая
> На крутом, красном бережку;
> Закричит она громким голосом:
> "Воротись, мое дитятко,
> Воротись, мое милое..."
> *Старинная песня*

Знаете ли, где Белая гора? – Не знаете, так я вам скажу: это в Богемии, близ границ саксонских. Сюда поведу вас теперь.

Вот, неподалеку от этой горы, сквозь мрак черной осенней ночи мерещится на берегу Эльбы башня, омытая дождем. Вот в двух щелях, которые называются окнами, засверкал огонек, осветил смиренное феодальное здание и неверно протянул его в реку. Волчья ночь! ни искорки на небе, ни отрадной беловатой полосы, обещающей утро. Мраку нет границ; кажется, и ночи этой не будет конца. Ветер, будто злой дух, рвется в башню; его завываниям вторит вой волков в ближнем кустарнике. Река, расстроенная в своем течении, опрокинулась поперек, осадила подножие башни и силится захлестнуть ее полою своих валов.

В башне все тихо; сквозь решетку и слюду окон едва слышится голос ветра, наигрывающий свои грустные фантазии. Огромная комната освещена пылающим в очаге костром. Везде заметна простота и даже бедность. Украшением служат только рога оленей и несколько оружий, развешанных по стенам. Против огня, опрокинувшись назад на спинку кресел, дремлет восковое лицо старушки; очерк его, пощаженный временем, говорит еще, что она была смолоду красавица, несмотря на темные, местами, пятна, которые, вероятно, болезнь оставила на нем. Изредка печальные думы перебегают по этому лицу; чаще проникнуто оно грустью, и вы, не видя на нем слез, сказали бы, что душа ее вся в слезах. Старушка должна быть хозяйка башни, которую называли некогда замком. В некотором отдалении от нее старик седовласый, высокий, худощавый – служитель, оруженосец или кастелян. Смотря на него, делаешься добрее, благочестивее, становишься ближе к нему. Где такие старики в доме, там, полагать можно, благословение божье. То, сидя на треножной скамейке, он борется со сном и по временам, побежденный им, ныряет головой; то подходит на цыпочках к очагу, чтобы поправить в нем огонь; то вслушивается к стороне двери. Посреди этой воплощенной зимы пал цветок, только что распустившийся: девушка лет шестнадцати – по одежде ее, по месту, которое занимает в углублении комнаты, должно принять ее за служанку. Она сидит на низенькой скамейке за пряжею, вся убранная пылающим огнем. На пригожем лице ее тоже заметна тревога. Взоры нередко допрашивают дверь; при малейшем стуке за нею руки судорожно вздрагивают и перестают прясть. Все тихо в башне; только слышно, как жужжит веретено в нетерпеливых руках девушки, как ветер жалобно просится в окно.

Ночь, а не спят обитатели бедного замка! Видно, кого-то поджидают.

Раздался звук рога, и тот перехвачен ветром. Никто не слыхал, кроме девушки.

– Батюшка! – сказала она, порвав свою Прядь: – Якубек приехал.

И служитель привстал во всю высоту свою.

И старушка, отделив голову от спинки кресла, обратила к небу взоры, исполненные слез.

Все в комнате стало ожидание.

Опять заиграл рог, но резче и живее прежнего, и на этот раз взял верх над неугомонною стихией.

На всех лицах означилась душевная тревога; грудь девушки заволновалась.

– Что ж не посветишь ему, Ян? – сказала старушка.

– Остолбенел от радости, госпожа баронесса! – отвечал служитель и спешил поднесть к огню светильню железной лампы, налитой жиром, которую успела подать ему девушка. Но приезжий, видно, был не мешок: дверь отворилась, и вошел в комнату малый лет двадцати, пригожий и проворный. Взгляд любви на девушку, поклон баронессе Эренштейн (так звали владетельницу бедного замка), мокрую шляпу и большие рукавицы с раструбами в ноги к своей любезной, рог с плеч долой, и начал расстегивать лосиную броню, ограждавшую грудь его.

– Все ли здорово, наш малый? – спросила баронесса дрожащим голосом и, если б не боялась унизить свое рождение, готова была броситься на шею вестнику.

– Слава богу, милостивая госпожа, слава богу! Поклонов от молодого господина несть числа, – отвечал приезжий. – Только ночь хоть глаз выколи; едешь, едешь и наедешь на сук или на пень. А нечистых не оберешься на перекрестке у Белой горы, где недавно убаюкали проезжих: так и норовят на крестец лошади да вскачь с тобою. Один загнал было меня прямо в Эльбу.

Старый служитель покачал головой, давая ему знать, что он болтает вздор.

— Ты прочел бы молитву пресвятой Лореттской деве, — перебила баронесса.

— Молитвами богородицы и спасся я от купанья... Когда бы не ваш приказ скакать сюда, лишь провожу молодого господина, да... (тут он умильно взглянул на девушку), да не усердие обрадовать весточкою о нем, так ночевал бы в последней деревне. А дождь, дождь так и лил, как из кадушки.

— Бедный Якубек! — ты, чай, промок насквозь, — сказала баронесса. "Погрейся у огня", — хотела она примолвить, но, увидев, что он вытащил из-за пазухи бумагу, исправно сложенную и перевязанную крест-накрест зеленым снурком за восковою печатью, едва могла произнести:

— Письмо от него!

Дрожащими руками схватила она послание и прижала к иссохшей груди; потом посмотрела на него, любовалась им и спрятала на груди, ощупывая, хорошо ли ему тут будет.

Почему ж не спешила прочесть драгоценное послание?

Потому... потому что баронесса не умела читать (заметьте, это было к концу XV века).

Якубек с радостным видом вручил еще своей госпоже кошелек, туго набитый; за ним-то он так много хлопотал около себя.

— Такой добрый молодой господин, — сказал он, отдавая это бремя, — по всему видно было, боялся не столько за деньги, сколько за меня. Такой добрый! А не даст себе на ногу наступить. Видно, рыцарская кровь поговаривает в нем, даром лек...

Тут Ян не выдержал и с сердцем дернул рассказчика за рукав, так что тот закусил себе язык. Между тем баронесса держала кошелек и, смотря на него, плакала. Какую ужасную повесть прочли бы в этих слезах, если бы перевесть их на язык! Потом, как бы одумавшись, отерла слезы и начала расспрашивать Якубека, как доехал до Липецка сын ее (о нем-то были все заботы), что там делал, как, с кем отправился в путь.

Этих спросов только и дожидался Якубек, чтобы почесать язык.

— Ехали мы подобру-поздорову, — начал он так. — Только в одном бору, частом и темном, как черная щетина, выставили было молодцы белки своих глаз, да мы были людны, сами зубасты и показали им одни хвосты наших коней. Да еще...

Встревоженная баронесса стала со страхом прислушиваться.

— В одной гостинице... проклятая хозяйка, еще и молодая!.. подала нам ветчины... поверите ли, милостивая госпожа, ржавчины на ней, как на старом оружии, что лежит в кладовой. Молодой господин не ел, проглотил кусочек сухаря, обмочив его в воду; а меня дернуло покуситься на ветчину... так и теперь от одного помышления...

— Говори дело, Якубек! — перебил сердито старый служитель. — Коли станешь молоть всякий вздор, так речи твоей не будет конца, как Дунаю.

— Пускай милый говорит себе, что вздумает, — сказала баронесса, для которой и малейшие подробности путешествия были занимательны.

9

– Спасибо, господин Яне, – произнес смущенный рассказчик, отвесив поклон старому служителю, – поправили вовремя деревенщину. Вот видите, вы живали при покойном бароне...

При слове "покойном" легкое содрогание означилось на губах баронессы.

– Живали в больших городах, видали императора и церковь святого Стефана, так слова даром не проронете, все равно что розенобель. А мы отродясь впервой выехали в Липецк... ахти, что за город! (тут, опомнясь, он кивнул головой и замахал рукою, как будто отгонял мух) сыплем себе глупые речи, словно медные шеллехи. Вот видите, добрая госпожа, – продолжал он, обратясь к старушке, – ехали мы благополучно. Только дорогой его милость все скучал о вас, то и дело наказывал мне и просил: смотри, Якубек, служите верно, усердно матушке, как дети ее. Разбогатею – не забуду вас. Об Яне не беспокоюсь, – молвил он, – старик положит за нее душу свою. (Слеза блеснула на реснице старика, между тем как улыбка судорожно промелькнула на губах.) Но вы молоды... Он говорил мне все: вы, наверное, разумел тут и... гм! коли позволишь, господин Яне, сказать...

Тут он поклонился, взглянув очень умильно на девушку. Покраснев, как пунцовый мак, она что-то пошарила около себя и вышла будто за тем, чего не нашла.

– Я разгадаю эту загадку, – молвила баронесса ласковым голосом, – Антон разумел тут и Любушу.

– Добрый молодой господин, – продолжал парень, – обо мне не забыл... И по дороге к Липецку, и как отъезжать изволил, наказывал мне строго-настрого: не забудь, Якубек, смотри, скажи-де матушке, я обещал женить вас... Матушка и добрый наш Ян, верно, не откажут мне...

– Я в душе давно благословила вас, мои друзья. Что скажет отец?

– Сына у меня нет, так ты будешь мне сыном, – произнес старик. – Только благословения не дам, пока не доскажешь вестей о молодом господине без прибавок о себе.

Якубек едва не прыгал от радости, осмелился поцеловать руку у баронессы, поцеловал в плечо своего будущего тестя, потом, приняв степенный вид, будто взошел на кафедру, повел свой рассказ о молодом Эренштейне. – В Липецке нас только и дожидались... нас? то есть его милость, хотел я сказать... Въехали мы в дом. "Господи! – думал я. – Уж не сам ли король королей тут живет!" Десять башен поставь рядом, разве выйдет такой дом: посмотришь на трубы, шапка валится, а войдешь в него – запутаешься, как в незнакомом лесу. Комнаты были готовы. Тотчас же пришел к господину Антону посол московитский, подал ему руку и говорил очень, очень ласково: и что государь его будет весьма рад молодому нашему господину, и что будет содержать его в великой чести, милости и богатстве. Диву дался я! Господин ничего почти не понимал из речей посла; переводил ему все какой-то итальянец, живавший уже в Московии. А я, так и нижешь каждое словечко, будто на нитку, редкое проронил, разве-разве уж какое мудреное, не по-нашему сказанное. Посол, ни дать ни взять, по-чешски говорит. Гадал я сначала, не по-чешски ли выучился. АН нет, и слуга его так говорит; вишь, это так по-московски. Посол молодому господину сам молвил: чехи с московитами были одной матери детки, да потом войнами разбиты врозь. "Эдак, – думал я, – легко и мне махнуть в переводчики..."

10

— Ты забыл, — перебил, смеясь, Ян, — ведь переводчику надо разуметь и по–таковски, по–каковски говорит тот, для кого переводишь... Понимаешь?

— И впрямь! Экой я простак!.. Вот, примерно сказать, бык с бараном хотели б кой о чем переговорить друг с другом; по–бараньи–то понимаю, и баран меня, а по–быковски не знаю, и станешь в тупик.

Невольно улыбнулась баронесса при этом сравнении.

— Хорошо, хорошо! — сказал Ян. — Только договаривай о молодом господине, а то разом залетишь за какой–нибудь вороной под небеса.

— Не заботьтесь, господин Яне, хоть и глазею по сторонам, а все–таки держусь крепко за полы молодого барона.

— Уж не вздумал ли дорогой называть Антона бароном! — сказала старушка с видом встревоженным: — Тебе это строго запрещено.

— Не хочу солгать, милостивая госпожа! Только раз согрешил, нечаянно ослушался, сорвалось с языка. Зато мигом оправился: "Не подумайте, — молвил я ему, — что вас называю бароном потому, что вы барон; а эдак у нас чехи и дейтчи называют всех своих господ, так и я за ними туда ж по привычке... Вот эдак мы все честим и вашу матушку, любя ее". Нет! я себе на уме! Как впросак попаду, так другого не позову вытащить.

— Спасибо, Якубек! Ну что ж с вами было в Липецке?

— Вот нанесли от посла молодому господину шкур звериных, московитских: все куницы да белки, и наклали в горнице целую гору. "Это все от великого князя в задаток", — сказал переводчик. Куда нам это! не успел, кажись, вымолвить господин мой, как налетели купцы, словно голодные волки, послышав мертвое тело, и начали торговаться. Разом наклали кучку серебра и золота на стол да шкурки и унесли. Только вам изволил молодой господин прислать с десяток куниц да мне пожаловать белочек с десяток. "Невесте твоей, — молвил он, — на зимний наряд". Тут пришел к нему извозчик, что повез его, еврей...

— Еврей!.. — воскликнула баронесса, всплеснув руками и подняв глаза к небу. — Мати божья! храни его под милостивым покровом своим! Ангелы господни! отгоните от него всякую недобрую силу!

— Я сам было испугался, что поганый жидок повезет молодого господина; да как дело распуталось, так и у меня на груди стало легче. Извозчик, лишь увидал его, бросился целовать полы его епанчи. "Ты мой благодетель, спаситель! — говорил он. — Помнишь, как в Праге школьники затравили было меня огромными собаками? Впились уж в меня насмерть; а ты бросился на них, повалил их замертво кинжалом, да и школьников поколотил. Никогда не забуду твоего добра; пускай тогда забудет меня бог Иакова и бог Авраама! В Москве у меня много приятелей, сильных, знатных людей: молви мне лишь слово, к твоим услугам! Нужно ли тебе денег? Скажи: Захарий, мне надо столько и столько, и я принесу тебе их во тьме ночной, затаю свои шаги, свое дыхание, чтобы не видали, не слыхали, что ты получаешь их от жида". Ничего не понимал я из его речи, только видел — еврей бьет себя в грудь и чуть не плачет, и опять примется целовать полы господской епанчи. А все это перевел мне после молодой господин, чтобы я вам пересказал слово в слово. "Матушке будет легче, если она это проведает, — молвил он: — Захарию верю; он меня не обманет. Да и посол за него ручается: он–де то и дело бывает в Москве, и все знают его там за честного человека. С ним и писать можно

11

к матушке". Наконец собрались в дорогу. Ехало их много: тут были разные мастеровые (легкая краска набежала на лицо баронессы)... и те, что льют всякое дело из меди, и такие, что строят каменные палаты и церкви, и не перечтешь всех, какие были. Разместились по повозкам. Я проводил господина за город. И стал он мне опять наказывать служить вам верно, усердно, как бы он сам служил вам, и сто раз повторял это. За городом остановилась его повозка. Тут простился со мною, не почуждался обнять меня. "Приведет ли бог увидеться!" – молвил он и заплакал. Последнее слово его все было об вас... Повозка тронулась, а он все стоял на передке и долго кивал мне и махал рукою, будто просил передать вам его поклоны. Я не трогался с места, а он, мой голубчик, дальше и дальше, и скрылся, словно канул на дно... От сердца что–то оторвало... Хотел бы воротить его, хотел бы еще раз поцеловать его руки; не тут–то было... Когда бы не вы да не Любуша, воля господня! – не удержали бы меня здесь...

Якубек не мог более сказать слова: горькие слезы мешали ему говорить; рыдала мать, плакал и старый служитель.

Все трое, казалось, пришли с похорон родного. Долго не ложились спать обитатели замка и почти всю ночь проговорили о молодом Эренштейне. Наконец баронесса ушла в свою почивальню, наказав Яну позвать к ней завтра отца Лаврентия. Это был диакон соседнего моравского братства[3], доверенный чтец ее корреспонденции.

И завтра пришло, и отец Лаврентий прочел баронессе следующее письмо от ее сына.

"Дражайшая матушка, поспешаю уведомить тебя, что я благополучно прибыл в Липецк. Я здоров и доволен, сколько может быть доволен сын, удаленный от матери, которую нежно любит. Не пеняй на мечтателя, что он покинул тебя: любовь к науке и ближним и вместе возможность быть тебе полезным решили меня на такое дело. Ты сама благословила меня на него, добрая, милая матушка!

В Липецке ожидал уж нас посол русский: он не обманул меня и доставил мне на первый раз значительную сумму, которую получишь с Якубом. Только для тебя дорожу деньгами: ими могу успокоить твою старость. Милости короля московитского, которыми посол обнадеживает, дадут мне средства и впредь быть тебе полезным.

С каким удовольствием услышал я первые звуки языка московского, или, как называют иначе, русского, еще с большим удовольствием, когда узнал, что он нашему языку родной! Кое–что и теперь понимаю из разговора посла, с которым еду. Жалею, что я по–чешски не знаю более. Надеюсь, по приезде в Москву, скоро выучиться говорить по–русски: это заставит моих новых знакомцев скорей полюбить меня; а я уж и теперь люблю их как единоплеменников.

О чем Якубек тебя попросит, сделай это для меня и для него.

Дорожа твоим родительским благословением выше всего, отправляюсь с ним в

---

[3] Г.Булгарин посмеивался над словом: диакон, уверяя, что этого звания не существует у моравских братьев. Ответом моим да будет статья в Энциклопедическом словаре. Братство, и после прочтения ее да будет ему стыдно, что он смеется над своим незнанием. (Прим. автора)

дальнейший путь; оно вместе с тобою тут, у сердца моего. Целую сто раз твои руки, твой послушнейший сын.

Антон Эренштейн".

Отец Лаврентий несколько раз вынужден был перечитывать письмо: всякий раз было оно орошено слезами и спрятано у сердца матери.

Первые дни разлуки были для нее убийственны. Везде бродила она по следам милого сына, воображая где-нибудь его встретить. Вещи, им оставленные, перебирала с каким-то благоговением. Запрещено было садиться на стул, на котором Антон обыкновенно сиживал во время стола, или сдвигать его с места. Этого не позволяли даже и отцу Лаврентию. Цветок, сорванный Антоном в последний день его отъезда, вложен, как святыня, в лист рукописной Библии, на котором он остановил свое чтение. И в комнате его все осталось в том виде, в каком было при нем. Часто старушка мать ходила в нее тайком и плакала, сидя на кровати милого странника. Ни одной жалобы к небу, ни одного упрека; только молитвами об его здоровье и благополучии денно и нощно провожала его.

А странник все далее и далее. Еще долго видел он голубое небо своей родины, в которое душе так хорошо было погружаться, горы и утесы, на нем своенравно вырезанные, серебряную бить разгульной Эльбы, пирамидальные тополи, ставшие на страже берега, и цветущие кисти черешни, которые дерзко ломились в окно его комнаты. Еще чаще видел он во сне и наяву дрожащую, иссохшую руку матери, поднятую на него с благословением.

Мы узнали, что Антон – сын баронессы Эренштейн. Скажем еще более: отец его жив, богат, знатен, занимает важную должность при императоре Фридерихе III; но в замке богемском знают эту тайну баронесса да старый Ян, никто более. Прочие жители башни, сам Антон почитают его умершим. Но для чего это? Зачем, в каком звании ехал молодой Эренштейн на Русь?

Антон был лекарь.

Сын барона – и лекарь?.. Странно, чудно! как согласить с его настоящим званием гордость тогдашнего немецкого дворянства? Чтобы судить, каково было сердцу баронскому терпеть это, надо вспомнить, что лекаря были тогда большею частию жиды, эти отчужденцы человечества, эти всемирные парии. В наше время, и то очень недавно, в землях просвещенных стали говорить о них, как о человеках, стали давать им оседлый уголок в семье гражданской. Как же смотрели на них в XV веке, когда была учреждена инквизиция, жарившая их и мавров тысячами? когда самих христиан жгли, четверили, душили, как собак, за то, что они смели быть христианами по разумению Виклефа или Гуса, а не по наказу Пия или Сикста? Власти преследовали жидов огнем, мечом и проклятиями; народ, остервененный против них слухами, что они похищают детей и в день пасхи пьют их кровь, вымещал на них заодно вымышленное злодеяние сторицею настоящих. Думали, воздух, свет божий, заражены их дыханием, их нечистым глазом, и спешили лишать их воздуха, света божьего. Палачи, вооруженные клещами и бритвами, еще до места казни сдирали и рвали с них кожу и потом, уже изуродованных, бросали в огонь; зрители, не дождавшись, чтобы они сгорели, вырывали ужасные остатки из костра и влачили по улицам человеческие лоскутья, кровавые и почерневшие, ругаясь над ними. Чтобы хоть несколько продлить свое существование, жиды брались за самые трудные должности: из огня кидались в полымя. Должность лекаря была одною из опаснейших. Разумеется, большая часть этих невольных врачей морочила людей своими мнимыми знаниями; зато с лихвою отплачивались им обманы их или невежество. Отправлялся ли пациент на тот свет, отправляли с ним и лекаря. Нужен ли пример? Вот один, довольно громкий. Врач Петр Леони, из Сполетты, истощив все средства свои над угасающим Лаврентием Медичисом, дал ему наконец порошок из жемчугу и драгоценных камней. Это не помогло: великолепный Лаврентий отправился без возврата туда, куда отправляются и не великолепные. Что ж с Леоном? Друзья покойника недолго думали: убили тотчас врача, или, как говорят другие, мучили его так, что он сам бросился в колодец, избегая новых пыток. Сколько же таких мучеников погибло в безвестности, не удостоенных помина летописцев! После всего этого надо было не жиду большое самоотвержение, чтобы, для пользы науки и человечества, посвятить себя во врачи.

Судите, что чувствовал барон, видя своего сына лекарем.

Как же, для чего, почему это случилось?..

ГЛАВА ВТОРАЯ

МЩЕНИЕ

> Когда б над бездной моря
> Нашел я спящего врага,
> Клянусь, и тут моя нога
> Не пощадила бы злодея.
> Я в волны моря, не бледнея,
> И беззащитного б столкнул;
> Внезапный ужас пробужденья
> Свирепым смехом упрекнул,
> И долго мне его паденья
> Смешон и сладок был бы гул.
> *Пушкин*

В Риме закладывали храм... Замечателен ли был этот день, можно судить, если скажу, что закладывали тогда храм св(ятого) Петра. В этот день положен был краеугольный камень, идеал этого дивного здания; но нужно было еще полвека, чтобы гений Браманте пришел осуществить его. Со всех сторон стекались итальянцы и чужеземцы, многие из любопытства видеть великолепное зрелище, иные по долгу, другие из любви к искусству или чувства религиозного. Церемония отвечала вполне величию предмета: папа (Николай V, основатель и ватиканской библиотеки) не пожалел своей казны. Толпа кардиналов, герцогов, князей, сам преемник Петра с своим кортежем, легион кондотьеров, блестящие латы, знамена, орифламы, цветы, золото, пение – все это в чаду курения, как бы шествующее в облаках, представляло чудное зрелище. Но кто бы подумать мог, что безделица едва не разрушит величия этой процессии!

В толпу знатных иностранцев, один другого богаче одетых, один другого статнее, следовавших в некотором отдалении за папою, неведомо как втерлась маленькая уродливая фигурка итальянца в какой-то скромной епанче. Это был кусок грязи на мраморе художественного произведения, нищенская заплата на бархатной тоге, визг лопнувшей струны посреди гармонического концерта. Казалось, уродец нарочно пришел в этот блестящий круг мстить за свои природные недостатки. Блестящая молодежь, его окружавшая, начала перешептываться между собою, бросать на него косые взгляды, теснить его: уродец молча шел себе далее. Стали допытываться, кто бы такой был этот смельчак, осмелившийся испортить кортеж, который старались так хорошо уладить, и доискались, что – врач из Падуи. "Лекарь? важная штука!.. Какой-нибудь жид!.." В это время несколько хорошеньких личиков выглядывало из окон. Вот одна лукаво усмехнулась: вот, кажется, другая указала пальцем на толпу молодых людей... Можно ли это стерпеть? Участились косые взгляды, рожицы; посыпались перекрестным огнем насмешки: кто наступил на ногу уродца, кто придавил его. Он, будто глухой, слепой, бесчувственный, шел себе вперед. "От него воняет мертвечиной", – говорил один. "Мылом цирюльным", – перебил другой; "Отбрил бы его своею двугранной бритвой", – прибавил третий, грозясь палашом. "Слишком благородный металл для этой ракалии! – сказал молодой, красивый, статный немец, который был всех ближе к нему. – Для него довольно и палки". Тут маленькая фигурка ручонкою схватилась было за бок, думая найти кинжал; но оружия при ней не было. Из крошечного рта вырвалось слово "Knecht"[4], вероятно, потому, что некоторых наемных немецких воинов называли тогда ландскнехтами. О, при этом слове надо было видеть, что сделалось с молодым тевтоном! По лицу его пробежали багровые пятна, губы его затряслись; мощною рукою впился он в затылок малютки, поднял его на воздух и выбросил за черту процессии. Это было сделано так быстро, что могли только заметить руки и ноги, которые, не более двух-трех мгновений, барахтались на воздухе; слышали какое-то шипение, потом удар о мостовую, и потом... ни вздоха, ни движения.

– Славно, барон! – сказали товарищи атлета, сомкнув ряды и тихомолком смеясь, как бы ничего не бывало.

Несчастный, брошенный в прах с такою исполинскою силой, был падуанский врач Антонио Фиоравенти. В этом маленьком создании высочайший разум сильно проявил себя. Говорили много об его учености, о чудесах, которые он делал над больными, доброте души и бескорыстии его. Не знали, однако ж, силы этой души, потому что никто еще не входил с нею в борьбу, ни люди, ни судьба. До сих пор жизнь его была одним успехом: учение, деньги, слава – все ему далось, казалось, в вознаграждение за обиду, сделанную ему природою; и все это он скрывал под завесою девичьей скромности. Увидав его в первый раз, нельзя было не смеяться над его крошечною уродливою фигурой; но при каждом новом свидании с ним он незаметно рос и хорошел в глазах ваших: так очаровательны были его ум и любезность. Путешествуя для подвигов добра и науки, он только что приехал в

---

[4] Слуга (нем.)

15

Рим и, так сказать, на первом шагу через порог вечного города оступился очень несчастливо. Во время процессии какая-то властительная дума увлекла его, без ведома его воли, в круг блестящих иностранцев: жестоко же был он наказан за свое рассеяние.

Когда он пришел в себя, все было тихо и пусто вокруг; только перед глазами его прыгали черные мальчики и между ними наступал на него молодой германец. Голова его была так тяжела, мысли так смутны, что он едва понял свое состояние. Собравшись с силами, он потащился на свою квартиру; но образ противника всюду следовал за ним. С того времени этот образ никогда не покидал Антонио Фиоравенти: если б он был живописец, то положил бы его сейчас на полотно; он указал бы на него среди толпы народной; он узнал бы его и через тысячу лет.

Несколько недель пролежал он в сильной горячке; в бреду видел только немца; по выздоровлении, первый предмет, который он мог распознать умом своим, был ненавистный немец. С силами его росло и желание мести; дарования свои, науку, деньги, связи, жизнь – все посвятил он отныне этому чувству. Тысячу средств, тысячу планов было придумано, чтоб отметить за оскорбление. Когда бы выполнить тогдашние его помыслы, из них встал бы исполин до неба. Антонио начал беречь жизнь, как берегут отпущенную сталь меча, когда собираются на битву. Отметить, а там бросить эту жизнь в когти дьяволу, если не дано ему было повергнуть ее к престолу бога! Тридцать лет исполнял он завет господа: любить ближнего, как брата; тридцать лет стремился по пути к небу – и вдруг судьба схватила его с этого пути и повесила над пропастью ада; вправе ли она была сказать: "Держись, не падай!" Был один, у которого голова не вскружилась над этой бездной, но тот был не человек, тот ходил по волнам, как по суше 2. Кто же виноват, если простой смертный не удержался?

Так говорил сам с собою Антонио Фиоравенти и мысленно точил орудие мести. "За дело!" – сказал он наконец, лишь только был в состоянии выйти из дому. Разыскания повели его везде, во дворцы и на большие дороги, в храмы и виллы, в библиотеки и на кладбища. Нередко видали его в тайных переговорах с привратниками, в дружеских сношениях с полицией; чернь и знать – все было для него средство, лишь бы достигнуть цели своей. Под знойным небом, в дождь, в грозу стоял он на перепутьях, поджидая, не увидит ли своего немца. Да! он называл его своим, как будто купил несметною суммою мести. Своими расспросами перерыл все кварталы, все дома до дна; Рим перед ним обнажился, и когда он узнал, что в Риме не было его врага, он оставил "вечный город", бросив ему на прощание слово проклятия.

Но розыски его были не совсем напрасны: он достал список всех иностранцев, которые приезжали от разных дворов к закладке храма. Часто пересматривал он его, перебирал сердцем разные имена, в нем означенные, учил их наизусть; то одно имя, то другое, будто по предчувствию, отмечал кровавою чертою и упивался иногда радостью, как будто с этим списком имел во власти уже и тех самих, которые были в нем помечены. Чего не дал бы он за магическую силу призвать их всех на лицо к себе!.. О, тогда бы отметил он одного иною, кровавою чертою!

Три-четыре года, может быть и более, странствовал Антонио Фиоравенти по Италии и Германии, отыскивая тщетно своего врага. Казалось, месть его наконец утомилась или стала рассудительнее. Он совершенно предался науке. Сделать

16

важное открытие по медицине и тем приобрести себе великое имя, славу европейскую: этим-то именем, этою славою хотел он отметить врагу своему. Напишут его портрет: ненавистный немец увидит его и узнает; ему скажут, что это портрет знаменитого Антонио Фиоравенти, того крошечного лекаря, которого длинный тевтон так жестоко оскорбил... Он бросит ему свою славу в лицо: это своего рода пощечина для врага. О, такая месть высокое чувство! С верою в искусство свое и жаждою новых познаний он посетил важнейшие учебные заведения, наконец прибыл в Аугсбург. Здесь скоро разбежалась молва, что он исцеляет умирающих, поднимает из гроба; славили особенно его знание женских болезней, которым он себя преимущественно посвятил; аугсбургские врачи, награжденные его советами и тайнами, все спешили дать ему первенство; его увлекали и в палаты и в хижины, потому что он и беднейшим не отказывал в помощи.

Раз его призывают в дом барона Эренштейна.

Барон, тридцати лет, красивый, знатный, богатый, увенчал эти дары судьбы женитьбою на дальней родственнице короля Подибрада, девушке очаровательной красоты. Но не родство с царем, не честолюбие скрепляли этот союз: любовь страстная, готовая на все жертвы, вела жениха и невесту к брачному алтарю. Три года супруги, словно обрученные, не нагляделись, не наговорились досыта, не истощили пламенных ласк один другому; три года этой жизни были для них одним медовым месяцем. В начале четвертого баронесса готовилась подарить своему супругу первый плод их любви. Заранее истощили все нежные попечения, все возможные причуды роскоши, чтобы принять на свет и возлелеять это дитя, баловня фортуны; заранее астрологи, которых было тогда везде множество, напророчили ему ум, наружные достоинства, славу, блага жизни донельзя и едва ли не бессмертную жизнь. С одной стороны, желания, с другой – лесть и корысть окружили будущего пришельца в мир алмазными дарами. Для барона же чувство быть отцом превышало все блага, какими он только наслаждался на земле, выключая счастье любить свою милую, прекрасную супругу и быть ею любиму. Итак, баронесса готовилась родить. Все фазы беременности исполнились благополучно и обещали такое же окончание; но когда наступил роковой срок, оказалось противное. Три дня возрастали ее муки и опасности. Можно судить, что чувствовал в это время барон. Искуснейшие врачи города были призваны на помощь; врачи употребили все средства, какие только знали: ничто не помогло, и они отказались. Несчастная не могла долее выдержать: она пожелала смерти и спросила духовника. Между тем как посылали за ним, один из врачей советовал Эренштейну пригласить знаменитого итальянца Фиоравенти, недавно прибывшего в Аугсбург.

– Если он не спасет, – сказал советник, – так никто не спасет. Итальянец едва ли не нашел средства воскрешать мертвых.

Духовник шел с дарами на лестницу; вслед за ним входил Антонио Фиоравенти; навстречу шел хозяин дома, бледный, дрожащий, с растрепанной головой, с запекшимися губами. Был полдень; солнце ярко освещало лестницу, все предметы резко означались. Первым делом барона, гордого, спесивого, родственника королевского, было броситься к ногам итальянца и молить его о спасении супруги. Золото, поместья, почести, все сулил он ему, лишь бы спасти ту, которая для него была дороже самой жизни.

Антонию взглянул на хозяина дома...

Боже! небесные силы! это он... он самый, тот ужасный ненавистный немец, оскорбивший его так жестоко в Риме. Ошибиться нельзя: тот самый, которого преследует месть его столько лет, чьей крови хотел бы он напиться, продав себя хоть сатане, он самый теперь у ног его, в его власти.

Фиоравенти захохотал в душе своей адским хохотом; волосы встали бы у того дыбом, кто мог бы слышать этот смех. Руки его тряслись, губы дрожали, колена подгибались; но он старался оправиться и сказал с сатанинскою улыбкою:

– Хорошо, мы увидим.

В этих словах заключалась целая вечность.

Барон не узнал его: в безумии отчаяния мог ли он помнить что–нибудь, пояснить себе что–нибудь? Он видел в нем только спасителя жены, своего ангела-хранителя, и готов был нести его на своих руках в спальню страдалицы.

– Поспешайте, ради бога поспешайте! – восклицал Эренштейн голосом, который мог бы тронуть и тигра.

– Хорошо, мы увидим! – повторил сурово Фиоравенти, и между тем гений мести летучею молниею осветил бездну души его и начертил ему, что он должен был делать.

Идут; пришли в спальню страдалицы. Сбереженный полусвет позволял врачу различить черты ее и исполнять свои обязанности. Как хороша была она, несмотря на свои страдания! Враг счастлив ею – тем лучше: еще чувствительнее будет ему мщение...

– Слава богу! духовник! – сказала баронесса умирающим голосом.

– Нет, друг мой, не он, – произнес, утешая ее, Эренштейн. – Не отчаивайся; вот знаменитый врач, который поможет тебе... предчувствия меня не обманывают... верю твердо, и ты, мой милый друг, верь также.

– Ах, господин врач! спасите меня... – могла только выговорить умирающая.

Минута... две... три... до пяти глубокого, гробового молчания; они сочтены были на сердце супруга ледяными пальцами смерти.

Наконец Фиоравенти подошел к нему.

– Она...

И врач остановился.

Эренштейн впился в него глазами, жадными, как голодные пиявицы, слухом, острым, как бритва, которая режет волос: рот его был открыт, но не произносил ничего. Он весь хотел сказать: жизнь или смерть?

– Она...

И врач опять остановился.

Лицо барона стало подергивать.

– Она будет спасена, ручаюсь в этом жизнью своею, – сказал с твердостью Фиоравенти – и ужасная статуя барона сошла будто с своего пьедестала. Эренштейн озарился весь жизнью; молча он пожал руку Антонио и тянул ее к себе, чтобы прижать к губам. Врач отнял руку.

– Она будет спасена, и ваш ребенок также, – прибавил он шепотом, – только с условием от меня...

– Все, что угодно, – отвечал барон.

– Не думайте, что мое требование будет так легко для вас.

– Ничего не пожалею; требуйте моего имущества, моей жизни, если хотите.

– Вот видите, я итальянец и лекарь: простым словам не доверяю… дело идет о моем благосостоянии… мне нужна ваша клятва…

– Клянусь…

– Постойте… я видел там духовника…

– Понимаю, вы хотите… идем.

Они вошли в соседнюю комнату.

Там стоял старец священнослужитель с святыми дарами, готовясь отрешить ими земного от земли и дать ему крылья на небо.

– Отец святой, – произнес торжественно барон, – будьте посредником между мною и живым богом, которого призываю теперь в свидетели моей клятвы.

Священник, ничего не понимая, но увлеченный необыкновенным голосом хозяина, возвысил чашу с дарами и преклонил благоговейно белую, как лен, голову.

– Теперь говорите за мною, – прервал дрожащим голосом Фиоравенти, будто испуганный священнодействием, – но помните, что двадцать минут, не более, осталось для помощи вашей супруге. Упустите их – пеняйте на себя.

Эренштейн продолжал таким же торжественным, глубоко изливающимся из души голосом, но так, чтобы его нельзя было слышать в спальне жены:

– Если моя Амалия будет спасена, клянусь всемогущим богом над пречистым телом его единородного сына, и да погибну я в муках адских, да погибнет, как червь, род мой, когда я преступлю клятву эту…

Тут он обратил глаза на врача, ожидая его слов.

Врач с твердостью произнес:

– Если у меня родится сын, первенец…

Барон повторил:

– Если у меня родится сын, первенец…

– Году отдать его, сына моего, падуанскому врачу Антонио Фиоравенти…

Барон остановился… к сердцу его прилил горячий ключ… Он взглянул на искусителя всею силою своих понятий… Этот взгляд напомнил ему приключение в Риме… Он узнал своего противника и угадал свой приговор.

– Говорите же, господин барон: из двадцати минут убыло уже несколько…

Эренштейн дрожащими губами продолжал:

– Году отдать его, сына моего, падуанскому врачу Антонио Фиоравенти, тому самому, которого я, лет за пять тому, оскорбил без всякой причины и у которого я ныне, пред Иисусом Христом, отпустившим грехи самому разбойнику, прошу униженно прощения…

– Прощения?.. А!.. Нет, гордый барон, нет теперь пощады!.. Пять лет ждал я этой минуты… Говорите: клянусь И повторяю мою клятву отдать моего первенца, когда ему минет год, лекарю Фиоравенти с тем, чтобы он сделал из него со временем лекаря; почему властью отца и уполномочиваю над ним господина Фиоравенти, а мне не вступаться ни в его воспитание, ни во что либо до него касающееся. Если ж у меня родится дочь, отдать ее за лекаря… Один он, Фиоравенти, имеет право со временем разрешить эту клятву.

19

– Нет, я этого не произнесу...

– Спасите меня, умираю!.. – послышался из другой комнаты ужасный голос госпожи Эренштейн.

И барон немедля проговорил все слова Фиоравенти, одно за другим, могильным голосом, как будто читал свой приговор казни. Холодный пот капал со лба его; кончив, он упал без сил на стул, поддерживаемый верным служителем Яном и священником, давно неравнодушными свидетелями этой ужасной сцены. Оба спешили подать ему помощь.

Между тем Фиоравенти бросился в спальню.

Через несколько минут Эренштейн открыл глаза, и первый звук, который он услышал, был крик младенца.

Все было забыто.

Он осторожно подошел к дверям спальни и приложил к ним ухо: родильница тихо говорила... она благодарила врача.

Врач возвратился и сказал:

– Господин барон! поздравляю вас с сыном.

ГЛАВА ТРЕТЬЯ

БЫЛО ЛИ ИСПОЛНЕНИЕ?

О тайне
Царской никто не узнал: но все примечали, что крепко
Царь был печален – он все дожидался:
вот придут за сыном;
Днем он покоя не знал, и сна не ведал он ночью.
Время, однако, текло...
Сказка о царе Берендее... Жуковский

Госпожа Эренштейн, ничего не подозревая, в благодарность врачу дала своему сыну имя, которое он носил. Маленький Антон был пригож, как розан; с каждым днем расцветал он более и более под лучом ее взоров, согреваемый ее нежными попечениями; вместе с ним расцветала и мать. Отец только наружно утешался им; мысль, что отдал его итальянцу, будто продал сатане, что из него будет только лекарь, убивала все радости его. Часто взгляд на младенца, обреченного такому позору, исторгал слезы из глаз барона; боясь, однако ж, чтобы жена не заметила их, он пожирал эти слезы. Лекарь!.. Боже мой! Что скажет свет, что скажут родные, друзья, а пуще неприятели, когда узнают о назначении баронова сына? Как объявить жене? Это убьет ее. Лучше б не родиться несчастному!

– Милый друг! – говорила однажды баронесса, держа на коленях прекрасного малютку и вся пылая от любви к нему. – Недаром астрологи напророчили нашему сыну столько даров. Полюбуйся им; посмотри, какой ум, сколько огня в его глазах; он глядит на нас, будто нас понимает. Кажется, так и горит на нем звезда величия и славы! Кто знает, какая высокая доля ждет его! Ведь и король богемский, Подибрад, был простой дворянин...

Эти слова раздирали душу отца.

– Друг мой! – говорил он. – Грешно отцу и матери заранее пророчить судьбу детей своих; эта самонадеянность может оскорбить провидение, которое лучше нас знает, что делать с ним, к чему его ведет.

– Правда, – отвечала мать, смущенная каким–то предчувствием, а может быть, и грустью, проницавшею в словах и глазах мужа. – Правда, эти пророчества могут оскорбить господа. Будем только молиться ему, чтобы он не отнял его у нас. О, тогда не переживу моего Антона.

И мать перекрестила младенца во имя отца и сына и святого духа, боясь, чтобы гордые желания ее в самом деле не навлекли на него гнева божьего, и прижимала его к груди своей, в которой сердце билось, как ускоренный маятник, и все было что–то не на месте.

Зачем живет этот сын, этот обреченник на горе и стыд родителей? Что ему в жизни лекарской? Лучше б господь прибрал его теперь вовремя на небо, в лик своих ангелов!.. Или почему не приберет самого отца?.. Тогда клятве не было б исполнения: мать не давала ее, мать и сын будут счастливы.

Так думал отец и гордый барон. Не раз приходило ему на мысль самовольно нарушить клятву. Никто не знал о ней, кроме старого духовника и Яна; духовник схоронил свою тайну в стенах какого–то монастыря, а в верном служителе умерла она. Но сколько барон ни был бесхарактерен, слабодушен, все–таки боялся вечных мук. Клятва врезалась такими огненными буквами в памяти его, ад так сильно рисовался в его совести, что он решился на исполнение ужасного обета.

Прошло несколько месяцев, и он все не открывал тайны своей супруге. Было много приступов борьбы, решений, и всегда кончалось тем, что он откладывал объяснение.

Амалия сделалась вновь беременной: это обстоятельство принесло отраду растерзанной душе барона. Может быть, она подарит ему другого сына... Тогда первый пусть идет в жертву неумолимому року, пусть будет лекарем!..

Год прошел, а мать все–таки ничего не знала об ужасной тайне. Ждет барон день, два... Фиоравенти не является за своей жертвой. Авось либо не будет!.. Тянутся недели... нет его. О, если бы умер!..

И барон молчал, благословляя каждый прошедший день. Зачем же тревожить напрасно мать? Может статься, Фиоравенти удовлетворил свою месть в день рождения их сына; может статься, великодушный Фиоравенти доволен и муками ожидания, которые заставляет терпеть оскорбителя, и не желает более исполнения своей клятвы. Добрый Фиоравенти! да будет над тобою благословение божье!

Удержи благословение... Итальянец не дитя, играющий своими чувствами, будто золотыми пузырями, которые лопаются в воздухе.

В один день – это было то самое число, тот самый час, когда случилось роковое приключение в Риме (мщение рассчитано), Ян с бледным лицом вошел к своему господину. Ян ничего не говорил, но этот понял его.

– Здесь?.. – спросил он служителя, побледнев как смерть.

– Приказал сказать, что он здесь, – отвечал Ян.

Прошло опять несколько дней, Фиоравенти не являлся за своею жертвою.

Ужасные дни! Они отняли у барона несколько годов жизни. Не узнало бы высшее дворянство, не проведали бы родня, знакомые, кто–нибудь, хоть последний из его вассалов, что сын отдается в лекаря, как отдают слугу на годы в учение сапожному, плотничному мастерству?.. Эти мысли тревожили его гораздо более самой жертвы.

Однажды приносят барону записку от Фиоравенти.

Милость или казнь объявляет?..

Развертывает дрожащими руками и читает, с трудом переводя дух: "Я узнал, что баронесса должна скоро разрешиться от бремени. Роды ее будут трудные – это мне известно. Предлагаю свои услуги".

Разумеется, услуги эти приняты с восторгом и благодарностью.

Фиоравенти отгадал: роды баронессы были трудны. Но он и в этот раз поздравил супруга с ее жизнью и сыном, Фердинандом; только прибавил: "Теперь мы поделимся, одного вам, другого мне". Это объявление, с твердостью сказанное, дало наконец знать отцу, что участь старшего сына не переменилась и что осталось только приготовить Амалию по выздоровлении ее. Сроку дано два месяца. Эренштейн просил, сверх того, чтобы позволено было сдать ребенка в каком–нибудь итальянском местечке или селе, где не знали бы ни барона, ни врача.

Все это ему даровано, как милостыня, которую богач бросает нищему. Еще одна щедрота: позволялось отцу и матери каждые три года видеть по неделе, даже по месяцу, своего сына, ласкать его, говорить им, что он их сын, но под именем бедных немецких дворян Эренштейнов, утверждая его, однако ж, в любви, в уважении к лекарскому званию. И еще одна статья условия: всякого рода помощь или подарки от родителей решительно будут пересылаемы назад. Барон на все согласен, тем более что условия ограждали до времени тайну от гласности, которой он страшился более всего.

В это время на дом барона нагрянуло новое несчастие.

Несмотря на все усилия разума, некоторые вопросы насчет соединения внешнего человека с внутренним останутся навсегда неразрешенными. Разве там разгадают нам то, что и есть, может быть, тамошнее!.. Закон предчувствия в числе этих вопросов. Кто, от царя до селянина, не испытал над собою силы его, и между тем в этой цепи людей кто разрешил его процесс?.. Приговариваюсь этим рассуждением к тому, чтобы сказать о предчувствии, какое имела баронесса о своей потере. Она видела во сне: разъяренный волк оторвал старшего сына от груди ее, вскинул его к себе на спину и унес... куда – уж не видала. Когда она проснулась, волнение крови ее было так сильно, что молоко бросилось ей в голову. Фиоравенти опять спас ей жизнь, но не мог уничтожить следы ужасной болезни. Баронесса потеряла свою красоту; темные пятна обезобразили ее. Одно несчастие принесло ей другое – постепенное охлаждение к ней супруга, как мы сказали, от природы изменчивого характера. Доныне он любил ее пламенно; не было жертв, на которые не решился бы для блага ее, даже для ее спокойствия. Но сердце его было сосуд превращений не хуже Пинеттовых: пламя могло в несколько часов обратиться в лед, как и случилось. Отныне все попечения его обратились на меньшего сына. Если бы через несколько месяцев дали ему на выбор: лишиться Фердинанда или супруги, за спасение которой он отдал некогда

22

сына и отдал бы себя, то, конечно, в душе своей согласился бы пожертвовать супругой, хотя бы этого явно не сказал. Таков он был во всех случаях жизни: ныне, из тщеславия, готов играть своею жизнью на концах копьев, пуститься в новый крестовый поход, завтра не дотронется до булавки, не замарает ноги, чтобы спасти погибающего; ныне, у ног врага, которого вчера бил, целует у него руку, завтра готов повторить с ним римскую сцену, если б она опять представилась; ныне сажает вас на первое место за своей трапезой, осыпает вас всеми почетными именами, вытаскивая их из словаря приличия и уважения; завтра, по первому намеку прохожего цыгана, без всяких исследований, оборотится к вам спиной, заставит вас ждать у ворот своего замка, если вы имеете в нем нужду, и встретит вас с своей баронской высоты словами: "Здорово, любезный мой!" Такие характеры нередки.

По выздоровлении баронессы собрались ехать на поклонение святой деве Лореттской, в благодарность за двукратное спасение баронессы от смерти. Из детей взяли старшего. Меньшего оставили с кормилицею и на попечении близкой родственницы. Фиоравенти сопутствовал им не без предосторожности. Он вызнал характер барона и убежден был, что тот, кто из боязни ада исполнил ужасную клятву свою, не побоится (каков час!) отправить его на тот свет. И потому за врачом ехало несколько служителей, хорошо вооруженных. Подъезжая к условленному месту, барон оставил своих служителей в последнем городе, взяв с собою только Яна и жену его. По приезде в село, где должно было сдать дитя барону, оставалось кончить эту драму, которая начинала ему надоедать, и приготовить Амалию к разлуке с старшим сыном. При этом случае уснувшая любовь или сострадание и совесть пробудились в нем. На нем лица не было, когда он пришел к жене с объявлением ужасного приговора.

– Ты болен, друг мой? – сказала она, испуганная ужасным состоянием, в каком его увидела.

Он признался, что болен давно. Амалия упрекала его, зачем так долго скрывал от нее свою болезнь; вместе со своими поцелуями орошала его слезами, предлагала ему пособия, какие только знала самая нежная, попечительная любовь. Барон признался, что болезнь его душевная... что началась она со времени рождения первого сына... бросил в душу женщины, страстно его любящей, сомнение, боязнь, утешение, гнев, борьбу долга с привязанностию, преданность богу, и когда перепытал все чувства и утомил их, между нежнейшими ласками предложил ей выбор: лишиться мужа навсегда или сына только разлукою временною. Наконец рассказал ей свою историю с Фиоравенти, это наслание на него божие, напомнил ей ее муки, приготовления к смерти, явление итальянца, и каким образом он, для спасения ее, приступил к ужасной клятве, полагая, что корыстолюбивый врач хотел требовать только непомерной платы за свои труды. Не исполнить клятвы – навлечь на себя гнев божий, погибель на сына их, на весь род; исполнением покоряются они воле всевышнего. Может быть, господь послал им ангела-утешителя в лице второго сына; итальянец, может быть, сжалится над ними и со временем отменит свой приговор. Он уж и так оказал великодушие, позволив видеться с сыном каждые три года.

Умно приготовлено, хорошо сказано, но какие утешения победят чувство матери, у которой отнимают сына? Все муки ее сосредоточились в этом чувстве;

ни о чем другом не помышляла она, ни о чем не хотела знать. Чтобы сохранить при себе свое дитя, она готова была отдать за него свой сан, свои богатства, идти хоть в услужение. Но неисполнение клятвы должно принести ужасное несчастие мужу ее, и она решается на жертву.

Мать на все согласна, лишь бы ей сдать самой дитя свое: ее поддерживает еще надежда выиграть что-нибудь для себя у жестокого Фиоравенти. Не тигр же он! Да и тот выпустил бы свою жертву из пасти, увидав отчаяние матери. Она хотела прежде испытать, не тронет ли итальянца, никого не послушалась и повлеклась в избушку, в которой он остановился. Ее остановили у дверей. В унижении стояла она час, два и три... Ничто не поколебало итальянца. Наконец ей вынесли записку: "Госпожа баронесса! Мое слово неизменно. Молите бога, чтобы я скоро умер, тогда разве ваш сын не будет лекарем. Одно только, что я могу сделать для матери, у которой отнимаю все ее благо, – это позволить ей видеться с Антонио у меня не через три года, как я сказал вашему супругу, а каждый год, но с условиями вам, конечно, уж известными. Нарушение этих условий даст мне право нарушить и мое снисхождение. Это моя последняя уступка и мое последнее слово. В назначенный срок ожидаю моего воспитанника Антонио".

Сдали дитя, расстались с ним... Мать не умерла с горя: в сердце ее была надежда увидеть сына через год, а с надеждою не умирают. При этом случае лекарь, ничтожный человек, видел баронессу у ног своих... властелин духом остался властелином.

Чета Эренштейнов возвратилась в Аугсбург без старшего сына, будто умершего дорогой.

Барон, успокоив свою совесть исполнением клятвы, сделав в этом критическом положении все, что нужно было сделать благоразумному супругу, и сдав Антона, казалось, сбросил с себя тяжелый камень. Воображение начало мириться с существенностью и расцвечать для него будущность. Мало-помалу стал он забывать старшего сына; сперва думал о нем, как о предмете, достойном сострадания; потом, как о предмете далеком, чуждом, наконец – ненавистном. Через год позволено было отцу и матери видеться с Антоном: поехала на это свидание одна мать. Еще два, три года, и сердце барона записало его в умершие. Он обратил свои надежды, свою любовь на меньшего сына. Но страсть, которая овладела им отныне, которой он дал первой бесспорное место в душе своей, было честолюбие. Сражаясь всеми возможными орудиями за каждую ступень, приближавшую его к милостям верховного властителя, уступая ему на каждой ступени от своих феодальных прав, он наконец достиг одного из первых мест при императоре Фридрихе III. Он сделался любимцем его, перестав быть человеком. Чем выше восходил он, тем более удалялся от него отчужденец и наконец исчез для него, как едва заметная точка, которую поглотил мрак ночи. Если иногда и посещали его заботы об Антоне, так это для того, чтобы отдалить всякое подозрение об его постыдном существовании.

Мать Антона осталась для него тою же нежною матерью, какою была в первые минуты его жизни. Что я говорю? любовь ее возросла с его несчастною судьбою. Из двух детей Антон был, конечно, ее любимцем; Фердинанд пользуется всеми правами рождения, согрет каждый день у груди матери, растет в неге родительских попечений, избалован тщеславием отца; угадывают его желания, чтобы предупредить их. Чего недостает этому баловню судьбы с самого его рождения? А другой, лишь увидел свет, обречен на изгнание из дома родительского, из отчизны, отчужден всех прав своих, растет на руках иноземца, постороннего, врага его семейству; ласки, которые расточает ему мать, самое свидание с ним, куплены у этого иноземца дорогою ценою унижения. Как же не любить более это дитя рока! Кажется, сама судьба старалась распределить их по рукам матери и отца, смотря на их главные отличия. Амалия несчастна, изгнанница из сердца супруга — Антон также несчастен, также изгнанник; черты его — черты матери, характер — вылит в форму ее души; он любит ее даже более своего воспитателя. Фердинанд осыпан фортуною, горд, тщеславен, шаткого нрава, как и отец, похож на него лицом. Он замечает холодность его к матери, иногда грубое обхождение, и сам, в некоторых необузданных выходках против нее, показывает, что он достойный сын отца и наследник всех его качеств. Он терзает животных, бьет немилосердно, без причины, коня, на котором ездит, бьет служителей, исполняющих медленно его повеления, трунит вслед отцу над придворным лекарем и шутом, мейстером Леоном, как называют его при дворе, и раз травил его своими собаками; он не любит учения, привязан к одним гимнастическим забавам. Сколько для матери причин, кроме несчастия, предпочитать этому сыну старшего!

Годы ее существования проходили в святом исполнении обетов, данных воспитателем и родителями Антона, в блаженстве срочного свидания и в слезах разлуки годовой, которая казалась ей вековою. Но чем более забывала она свои несчастия в любви к милому изгнаннику, в привязанности его к матери, в уме его и прекрасных душевных качествах, тем более удовольствия, казалось, находил барон изобретать для нее новые горести. Ей приказано уверить Антона в смерти отца его. Этот приговор объявил ей, что сын навсегда лишился отца. Можно судить, каково было матери объявить сыну ложную весть. Однако ж она исполнила волю своего мужа и повелителя, утешаясь надеждою на время, которое могло переменить его чувства. Дитя, не зная отца, принял весть о смерти его, как о смерти чужого человека.

Фердинанду минуло двадцать три года. Он простудился, получил жестокую горячку и умер. Это несчастие, посланное небом, как бы в наказание жестокому отцу и супругу, поразило его. Казалось, эта потеря должна была б возвратить его любовь к старшему сыну. Нет, он и тут остался для него чужд по–прежнему.

Между тем Антон рос и воспитывался в Падуе под именем бедного немецкого дворянина Эренштейна. Пригож, умен, восприимчив к добру и просвещению, выказывая во всех поступках своих возвышенность чувств и какую–то рыцарскую отвагу, он был утешением Фиоравенти. С летами пристрастился о" к науке, которой воспитатель посвятил его. Юный ставленник предался ей со всею чистотою и ревностью души теплой и возвышенной. Не корыстные виды нес он на алтарь ее, по пользу человечества и успехи разума. Только он имел один важный недостаток, бывший выражением его души и вместе времени, в которое он жил — это пламенная мечтательность, до тех пор неукротимая, пока не была удовлетворена.

— Вот таков точно и брат мой Альберти, что в Московии, — говорил ему Фиоравенти, стараясь отвратить его от этого недостатка. — Поехал строить диковинный храм в дикую страну, где еще не знают, как обжигать кирпичи и делать известь! Бедный! существенность погубит его высокие мечты и, боюсь, убьет его.

– Завидую ему, – говорил молодой человек, – он не тащится шаг за шагом по одной дороге с толпою. Он махнул крылами гения и живет высоко, выше земных. Если и упадет, по крайней мере летал под небом. Утешительно думать, что он победит вещественность и создаст себе дивный бессмертный памятник, которому и наша Италия будет некогда поклоняться.

"Эта мечтательность, – думал Фиоравенти, – перейдет с летами в желание совершенствовать себя", – и смотрел на своего питомца с гордостью отца и воспитателя. Создать из него знаменитого врача, подарить им обществу члена полезнейшего, нежели барончика, может статься, незначащего, наукам – новые успехи, истории – новое великое имя: этою мыслью, этими надеждами убаюкивал он свою совесть.

На двадцать пятом году Антон Эренштейн кончил свой медицинский курс в падуанском университете. Антон – лекарем, мщение Фиоравенти удовлетворено. В это время он согласился на желание Антона путешествовать по Италии. Молодой врач поехал в Милан. Там хотел он слушать у знаменитого Николя де Монтано уроки красноречия и философии, которые считались непременными спутниками всех знаний и от которых не освобождались цари. Вместо этих уроков он услышал звуки бичей: ими потешался над ученым бывший ученик его, сам герцог миланский, Галеаццо Сфорза. Вместо многочисленных слушателей де Монтано он видел невольные жертвы сластолюбия, передаваемые могущим злодеем на позор своим придворным рабам и ласкателям; видел, как, ругаясь над человечеством, кормили людей пометом. В Риме тот же разврат: костры, кинжал и яд на каждом шагу. И далее – по пути Антона – везде возмущения, несколько подвигов нескольких избранников и везде торжество глупой черни и развратной силы. Мог ли равнодушно видеть это девственник на позорище света, с своею любовью ко всему прекрасному и благородному? Исполненный негодования, он возвратился в Падуу. Одно, что он утешительного принес домой из своего путешествия – так это воспоминание о знакомстве с Леонардом да Винчи, полюбившим его как родного сына. Случай сблизил их. Художник, встретясь с ним, так поражен был соединением на лице его красоты наружной с душевною, что старался заманить его в свою мастерскую. Не в одной фигуре небесного вестника на полотне Леонарда да Винчи могли б вы узнать Антона. У этого знаменитого художника учился он анатомии. Из Италии посетил он мать свою, в бедном богемском замке, на берегу Эльбы, который она купила именно для свидания с сыном и будущего пребывания своего и который, говорила она ему, есть единственное родовое достояние их. Здесь пробыл он близ года, посещая иногда Прагу и его университет, тогда знаменитый.

Вскоре по возвращении его в Падуу, Фиоравенти получил письмо из Московии с послом русским, бывшим в Венеции. Письмо это было от его брата, Рудольфа Альберти, прозванного Аристотелем, знаменитого зодчего, который находился с некоторого времени при дворе московитского великого князя Иоанна III Васильевича. Художник просил доставить врача в Москву, где ожидали его почести, богатства и слава.

Фиоравенти начал приискивать врача, охотника в страну далекую, малоизвестную. Никогда не думал он предлагать это путешествие своему воспитаннику: и молодость его, и разлука с ним, и варварская страна – пугали старика. Воображение его не разыгрывалось более; только рассудок и сердце имели над ним волю. И чего ж там искать Антону? Участь его навсегда обеспечена состоянием воспитателя, спокойствие ограждено обстоятельствами, имя сделает он себе скорее в Италии. Место врача при великом князе московитском годится для бедного искателя приключений, а этих искателей, по урожаю времени, можно найти с дарованиями и с ученостью. Но лишь только письмо Аристотеля не сделалось тайною для Антона, в пламенной голове забушевали мечты. "В Московию!" – вопиял роковой голос. "В Московию!" – отозвалось в душе его, как будто на зов. знакомый с первых лет младенчества. Она и прежде, в лучших мечтах своих, просила дали, неизвестного, новых земель и людей. Антон желал быть там, где не ступала еще нога врача. Может статься, допросит он там природу суровую, еще свежую, какими силами задержать долее на земле временного жильца ее, может статься, допытает девственную почву о тайне возрождения, отроет на ней родник живой и мертвой воды. Кто хотел бы глубже проникнуть в природу человека, дознал бы в этих желаниях и другие побуждения. Не играла ли в нем рыцарская кровь? дух мечтательной отваги не шептал ли его сердцу свои надежды и обеты? Как бы то ни было, он с радостью вызвался ехать в Московию; потом, услыхав отказ воспитателя, стал неотступно просить, умолять его об этом.

– Наука зовет меня туда, – говорил он. – Не лишите ее новых приобретений, может быть, важных открытий. Не лишите меня моей славы, которая для меня одно с счастьем.

И за этими убеждениями последовал отказ.

– Знаешь ли, – сказал с сердцем Фиоравенти, – что врата в Московию, как врата адовы: переступишь через них, назад не воротишься!

Но вдруг, неожиданно, по какой–то тайной причине, не стал больше противиться желанию Антона. Со слезами благословил он его в путь.

– Кто знает, – говорил он, – не есть ли на то воля судьбы! Может быть, и в самом деле там ожидает тебя честь и слава!

В Падуе скоро узнали о намерении Антона Эренштейна пуститься в такое далекое путешествие, и никто этому не дивился. Сыскались даже и завистники.

Правда, самое время, в которое жил Антон, настроивало умы к преследованию неизвестного, служило его мечтам извинением. Век глубокого разврата был вместе и веком высоких талантов, смелых предприятий, великих открытий. Рылись в утробе земной, питали в горниле огонь неугасимый, сочетали и разлагали стихии, зарывались живые в гробы, чтобы добыть философского камня, и нашли его в бесчисленных сокровищах химии, завещанных потомству. Николай Диас и за ним Васко да Гама исполински шагнули через одну часть света в другую и показали, что миллионы предков их были пигмеи. Гению третьего снился новый мир с новыми океанами, и он наяву сходил за ним и принес его человечеству. Порох, компас, книгопечатание, дешевая бумага, регулярные войска, сосредоточение народов и власти, гениальное разрушение и гениальные создания – все было делом этого изумительного века. Уж в это самое время смутно носились по Германии и во многих местах Европы идеи преобразования, которые вскоре

27

должны были усилиться гонениями западной церкви, разложиться в логической голове Лютера и вспыхнуть в этом мировом кратере, из которого огненная лава и пепел потекли с такою грозною быстротою на царства и народы. Идеи эти ходили тогда по толпам, сновались, задержанные рвали преграды и еще сильнее бежали вперед. Тревожный, любознательный характер Антона был выражением его века. Он поддался мечтам пламенной души и искал только, куда нести ее и запасы науки.

Московия, дикая, но возрождающаяся, с своими беспредельными снегами и лесами, с таинственностью своего азиатизма, была для многих новооткрытою землею, богатым рудником для гения человека. Московия, начавшая осиливать внешних и внутренних врагов, нуждалась, на первый раз, в наружном, вещественном образовании.

Из семьи художеств и искусств первые гости, пришедшие к ней на зов ее, были: зодчество, живопись, литье пушек и колоколов. В ратном деле силу огнестрельного оружия начинали брать на помощь к силе мышц; храмы требовали более великолепия; князья и бояре искали в жилищах своих более удобства и безопасности от пожаров. Все эти потребности двигал и удовлетворял Иоанн III Васильевич, смотревший уже на Русь свою очами и мыслью царя. Может быть, обручальное кольцо последней отрасли Палеологов скрепило еще более врожденную любовь его к великолепию царской жизни, если не любовь к искусствам и художествам. София рассказывала ему о чудных палатах и храмах Италии, о блеске тамошних дворов и этими рассказами указала ему средства осуществить идеи наружного величия, которые смутно еще носились в голове и сердце властителя. Никогда потребности русских, в этом отношении, не могли быть лучше удовлетворены. В Италию теснилась ученая Греция, испуганная мечом оттоманов; в свою очередь, Италия спешила поделиться с другими избытком сокровищ и дарований, принесенных к ней потомками Фидия и Архимеда. Бедность, отвага и любовь к прекрасному – всюду разносили эту добычу. Зодчие, литейщики, живописцы, резчики, серебряники отправлялись гурьбою в Москву.

Не слышно еще было, чтобы какой известный врач посетил Московию. А сколько добра мог бы он там сделать!.. Врачуя, всего легче, удобнее просвещать; человек всегда охотнее повинуется своему благотворителю. "Народ русский юн, свеж, следовательно, готов принять все прекрасное и высокое!" – думал Антон. – В Московию, Антон! туда, с твоею пламенною душой, с твоими девственными надеждами и учеными опытами, туда, в эту восточную Колумбию!

Из Падуи провожали молодого врача любовь ученых наставников, желание ему всякого успеха и любовь всех, кто только знавал его. За ним летели и сожаления пламенных итальянок. Сколько тайных консультаций ему было готовилось! И, конечно, не наука, не бакалаврский диплом были причиной этих сожалений. Боже мой, какая наука!.. пара голубых глаз, исполненных огня и привлекательной задумчивости, лен кудрей, нежный и волнистый, как руно агнца, белизна северных жителей, стан, прекрасно изваянный; еще что бы? да еще юношеская стыдливость, которую так приятно победить. А что верен был вкус итальянок – это доказывали и соотечественники их. Встречая немецкого бакалавра, художники останавливали на нем зоркий, восторженный взгляд: взгляд

Леонарда да Винчи умел ценить прекрасное. Однако ж, несмотря на соблазны итальянских сирен, на пламенный вызов их очей и бесед, на букеты цветов и плоды, которые они, по тамошнему обыкновению, бросали в него из окон своих, Антон Эренштейн вынес из Италии сердце, свободное от всякой страсти или порочной связи.

Фиоравенти простился с своим воспитанником не без горьких слез, проводя его до богемского замка. Он снарядил его не только всем нужным на путешествие, но и для представления себя в блестящем виде при дворе московитского государя.

Если может быть рай на земле, так Антон испытал его целый месяц в богемском замке. О! конечно, не променял бы он этого бедного жилища, дикой природы на берегах Эльбы, ласк убогой матери, которой старость мог он успокоить своими трудами и любовью; нет, не променял бы всего этого на великолепные палаты, на старания знатных родителей пристроить его ко двору императора, на раболепную прислугу многочисленных вассалов, которых он властен был травить собаками.

И, верный своему обету, с мыслью быть полезным матери, науке и человечеству, мечтатель покинул этот рай. Мать благословила его на далекое путешествие в край неизвестный. Она боялась за него, но видела, что Московия сделалась для него обетованною землею, и могла ли отказать его желаниям?

ГЛАВА ЧЕТВЕРТАЯ

ЗАМЫСЕЛ

> Постигнут ты судьбы рукой,
> И жизнь тебе мученье;
> Но всем бедам найти конец
> Я способы имею.
> К тебе нежалостлив творец:
> Прибегни к Асмодею...
> И грудью буду я стоять
> За друга и за брата.
> *Громобой. Жуковский*

> Так на взаимную пошло у них услугу.
> *Хмельницкий*

Наступил день Герасима-грачевника, марта, когда показываются крикливые вестники благодатной весны; но тогда грачи еще не прилетали, потому что зима была ленивая или спесивая, не трогалась с места, не уступала своего владычества счастливой сопернице. Только что рассвело. У плотины мельницы, стоявшей на Неглинном пруде, съезжались два всадника, по-видимому, два боярина. Они стали держать путь в Кремль, к Боровицким воротам. Казалось, нельзя было соединить двух существ, так несходных по наружности. Несмотря на это, проницательный взор угадал бы в них душу, вылитую по одному образцу, с небольшими разве отметками, для которых природа так изобретательна.

Помните ли вы Петрова в Роберте–Дьяволе? И как не помнить! Я видел его в этой роли только раз; и до сих пор, когда вздумаю о нем, меня преследуют звуки, будто отзывы из ада: "Да, покровитель!!" – и этот взгляд, от обаяния которого душа ваша не имеет сил освободиться, и это шафранное лицо, исковерканное беснованием страстей, и этот лес волос, из которого, кажется, выползти готово целое гнездо змей. Оденьте только этого Петрова в старинное русское платье, опоясанное серебряным ремнем, в богатую шубу на пышной лисице, в высокую горлатную шапку, и вы тотчас ознакомитесь с одним из ехавших по плотине Неглинного пруда. Под ним был могучий конь, оседланный богатым черкасским седлом, гремящий узорчатою сбруей, писанной серебром, пополам с рыбьими зубами. Другой всадник был маленький, худенький – глаза поникшие, с постным лицом, с смиренными, робкими движениями, казалось, воды не замутит, приветливый, низкопоклонный. Сущий агнец!.. Но если он из своей раковины выползал исподтишка на свет божий и высматривал кругом искоса, сквозь ресницы сонных, едва полураскрытых глаз, то, уверьтесь, он видел свою жертву по–ястребиному, тотчас хватал ее и опять скрывался в своей нечистой скорлупе. Снимая шапку, довольно поношенную (а это делал он с товарищем очень часто, в виду каждой церкви, перед которой русский Бертран творил наскоро, слегка, крестные знамения, между тем как смиренник означал их глубоко, протяжно, ударяя себя в грудь), снимая свою шапку, он обнажал голову, едва окаймленную какими–то ощипками седых волос. Под масть им опушка его шубы была так вытерта, что трудно было бы угадать зверя, давшего ей мех с плеч своих. Тощая клячонка с приличною сбруей едва под ним переваливалась. Летами он далеко ушел от товарища. Этому могло быть с небольшим сорок лет; он красовался во всей силе жизни; напротив, тот казался хилым стариком. Один был боярин, другой – боярин и дворецкий великого князя. Молодцам этим дана была по шерсти и кличка: первого звали Мамоном, второго Русалкой.

– Все ли бог милует, Михайло Яковлевич? – спросил Мамон.

– Твоими молитвами, батюшка Григорий Андреевич! – отвечал Русалка. – А то, где бы? по тяжести грехов моих меня бы и земля не снесла.

– Безгрешен один господь.

– Господь на небеси да еще, прибавить изволь, господин наш и всея Руси великий князь.

– Видно, нелюбье свое взял назад!

Тут Мамон лукаво посмотрел на своего товарища; этот, без малейшей тени досады, отвечал:

– Где гнев, тут и милость. Одним пожалует ныне, другим завтра, одно потонет, другое всплывет наверх – умей только ловить, родной мой!

– Ловишь, а тут из–под руки у тебя подхватывают. Что мы с тобой нажили? Избушку на курьих ножках да прозвание шептунов... Велика пожива! Посмотришь, то ли с другими боярами? Хоть бы недалеко взять Образца! Построил себе каменные палаты на диво, поднял так, что и через Кремль поглядывают.

– Идет слух, будто мерит корабленники зобницами[5]. Мудрено ль? нахватал в Новгороде – буди не в осуждение его милости сказано – упаси нас господи от этого греха! (Здесь он перекрестился.) Добыча воинская – добыча праведная!

– Нет греха бодливому сломать рога. Спесив шелонец, никого в уровень себе не ставит.

– К слову молвить: чем сын твой не чета его дочке родом и почетом, умом-разумом и пригожеством?

Вспыхнули очи Мамона. Он только что сватал дочь воеводы Образца за своего сына и получил отказ: неслись уж слухи, потому что мать самого Мамона была волшебница, которая и сожжена[6]. От слов Русалки ему казалось, шапка на голове его загорелась; он придавил ее могучею рукой и, горько усмехнувшись, сказал:

– Ты уж ведаешь?..

– Разве я один!

– Не ты один! Да... другие... многие... вся Москва.

– Земля слухом полнится, батюшка Григорий Андреевич!

– Чай, смеются!.. Чай, говорят: куда сунулся сын колдуньи!.. Что... говорят?.. Скажи, голубчик, пожалуйста.

– Грех таить... похвалялся сам Образец.

– Похвалялся? собачий сын!.. А ты, ты задушевный, не сказал словечка за меня?..

– Распахнулся, разразился, батюшка Григорий Андреевич, так что воеводе заочно было жарко; положил всю душу свою, все разумение на язык... говорил, что Образец сам свах к тебе заслал, да...

– Сам не сам, что до того!.. Смотри, пятенщик мой[7], – прибавил Мамон, грозя кулаком в ту сторону, где стоял дом воеводы Образца, – глубоко выжег ты пятно на груди моей! Вырву его хоть с полостью мяса, насыщу его зельем... зельицем на славу!.. поставлю не на простой мисе, на серебряной... кушай себе на здоровье да похваливай повара! Ты пособишь, Михаила Яковлевич... А?.. Вестимо, так... Пир за пир! Ведь и тебя употчевал он хмельным на своем новоселье.

Очередь дошла до Русалки. Лицо его подернуло; он начал похлопывать веками. Видно было, что и его тронуло за живое. Он, однако ж, молчал скрепя сердце. Товарищ его продолжал, бросая на него насмешливые взгляды.

– А братчина была на весь мир! Не одну бочку меду выкатили из погребов, не одна почетная голова упала под стол. И корабленники разносили гостям на память новоселья... Был ли ты зван, дворецкий великокняжеский?

Ничто не могло так расшевелить жадную душу дворецкого, как напоминание о потерянной выгоде. Встревоженный, он отвечал со вздохом:

– Где нам между шелонских богатырей! Мы не драли кожи с пленных новгородцев (он намекал на князя Даниила Дмитриевича Холмского; мы не водили сына-птенца, бессильного, неразумного, под мечи крыжаков – на нас не будет плакаться ангельская душка, мы не убивали матери своего детища (здесь он

---

[5] Хлебная мера того времени. (Прим. автора)

[6] Князем Иваном Андреевичем Можайским. (Прим. автора).

[7] Пятенщик, ставивший клеймо на лошадях и сбиравший за то пошлину в казну или на монастыри, которым эта пошлина предоставлялась грамотою. (Прим. автора)

указывал на самого Образца). Где нам! Мы и цыпленка боимся зарезать. Так куда же соваться нам в ватагу этих знатных удальцов, у которых, прости господи, руки по локоть в крови!

– Да, мы не зарежем цыпленка, которого задушить можем, а натянем лук и пустим каленую стрелу в коршуна, что занесся высоко. Любо, как грохнет наземь!.. Греха таить нечего, обоим нам обида кровная! Унижение паче гордости. Дело овечье протягивать голову под нож. Око за око, зуб за зуб – гласит писание. Мы грешные люди: по–моему, за один глаз вырвать оба, за один зуб не оставить ни одного, хоть бы пришлось отдать душу сатане!

Русалка плюнул, перекрестился и прошептал:

– Прости, господи!

– Не молитвы, а думы хитрой жду от советника и друга. Твоя голова не горит, не идет кругом, как моя. Ты для меня раз, в другой я для тебя, будут и за нас, мы за них, круговая порука, хоть стоном пойди земля! И в других странах, сказывают наши ездоки, знатные люди не иначе крепко держатся.

Коварно улыбнулся Русалка и примолвил:

– Не утаю от тебя, задушевный... Я уж Нес к господину нашему думку на сердце; на первый раз охнет от ней воевода, будто ударили его ослопом. Ведаешь, едет к нам от немцев лекарь Онтон, вельми искусный в целении всяких недугов. Остается ему три дня пути...

– Что ж из этого?

– Вот что, задорная голова! У Образца новые каменные палаты, поставленные на славу и, прибавить изволь, на его голову. Деревянный свой, трухлый двор он сломал; перейти ему некуда. Нашему господину и великому князю потребно, чтобы врач, ради всякого недоброго случая, от чего господи оборони Ивана Васильевича на всяк час живота его – слова из речи не выкинешь, от слова не сделается, – потребно, говорю я, чтобы врач находился неподалеку от его хоромин. Из них в палаты Образца будто рукой подать. То и подобает лекаря Онтона, поганого немчина...

– Поставить в каменные палаты воеводы, – перебил Мамон радостным голосом, – отобрать у него лучшие клети, оружейную, постельную, сени... Немчин для него в доме хуже нечистого; того ладаном выкуришь да святой водой выгонишь, а этого, засадит раз Иван Васильевич, не выживешь никакою силою. Придется хозяину хоть в удавку! Но позволит ли великий князь?

– Берусь за это. Тебе нельзя замолвить и словечка: о твоем размирье с Образцом если не знает еще наш господин...

– Так узнает ныне же, и через тебя... не правда ль?

– Не утаю, батюшка, поведаю... Ныне я на тебя, завтра ты на меня, скажем друг на друга, только такие дела, за которые Грозный потрясет по маковке, а корня не тронет. Ты цел, я цел, а мы свое дельце сделали. Но речь, кажись, мы вели о немчине. Ты ведаешь, Образец в набережных сенях обидел посла немецкого. Грозно повел тогда на него очами Иван Васильевич; несдобровать бы воеводе, да шелонская битва была на горячей памяти, и... цел остался он. А прислушайся ушком у сердца великого князя: ох, кипит, гудит в нем нелюбье. И будет легче ему, хоть окипь сбросить на рьяного боярина и за почетного немчина отплатить ему немчином же. Стоит только намекнуть...

32

Остановил Мамон своего коня, скинул шапку и, опустив ее низехонько, также поклонился, сколько мог ниже, как бы признавая его сатанинское первенство.

Этот, ухмыляясь, слегка приподнял свою и примолвил:

– Люди свои, сочтемся, батюшка Григорий Андреевич!

– Мы сочлись уж, если признаешь мою услугу. Будем говорить душа в душу. Ведь ты начал дело о князе Лукомском и толмаче его?

– Видит бог, в угоду Ивану Васильевичу и ради добра земле русской... Литвин подослан своим государем Казимиром известь Ивана Васильевича... холоп на него показал... зелье нашли... чего лучше, чтобы придраться к Литве, где пристань держат для всякого, кто только осерчает на нашего господина!

– Пытал я Лукомского и толмача, латынщика Матифаса... не признались! Призывал баб лихих, давал лизать зелье, одной всыпал насильно добрую задачу в горло, давал в хлебе собаке: ни баба, ни собака не околели.

– Ну что ж после, родной?.. – спросил Русалка со страхом.

– После?.. Для тебя... от одной маковой крупинки разорвало ту же собаку! Все скрепил золотой петлей! Не бойся, тебя во лжецы не поставлю, Михайло Яковлевич!

В свою очередь, дворецкий снял исщипанную шапку и, низко поклонясь, примолвил:

– Сам господь заплатит тебе!

– Полно, не греши, Михайло! Свои люди, сочтемся. Услужи мне только Образцом.

Дворецкий показал с чувством на церковь Спаса, к которой они подъезжали. Вышки великокняжеских хоромин выглядывали уж из-за нее. Чтобы не подозревали в них какого сговора, они поехали, один по набережной Кремля, другой – к Никольским воротам. Расставание их было только до великокняжеского двора, где они должны были свидеться.

На поклоны прохожих, знавших, что они сильные люди, Мамон едва приподнимал свою шапку, Русалка отвечал низкими поклонами. Одни молодые удальцы, которым терять было нечего, кроме своей головы, провожали первого именем наушника, которое он и оставил за собой в потомстве[8]; второго подстреливали только слегка насмешками. Надо сказать, что Мамон был особенно нелюбим народом за то, что, во время нашествия ордынского хана Махмета на русскую землю, склонял великого князя на робкие меры и во всякое время шептал ему обо всем, что делалось в семейной жизни и на миру. Русалка умел избегнуть этой ненависти, потому что поступки свои скрывал под благовидною личиною усердия и необходимости и находил оправдания перед великодушием народа в изученной бедности, привете ко всякому и христианском смирении. Между тем приятель его, гордый, напыщенный, топтал в грязь общее мнение и хвастался своим ремеслом, которое приближало его к великому князю, милостям его и власти делать зло.

---

[8] Таким же именем история опятнала боярина Ивана Васильевича Ощеру. (Прим. автора)

ГЛАВА ПЯТАЯ

ВЕЛИЧАНИЕ

Великий князь жил тогда в деревянных хоромах, на так называемом Старом месте, за церковью Благовещения, недавно отстроенною. Кроме того, стоял трухлый двор великокняжеский за церковью Михаила Архангела (тогда еще деревянною), на Ярославском месте. Все это предположено было одно за другим сломать. Золотая палата и Тюремный дворец уже созидались в голове Ивана Васильевича; и чтобы осуществить свои намерения, ожидал он только искусных зодчих, которые должны были вскоре приехать с немецким врачом. Хоромины великокняжеские состояли из нескольких клетей, углубленных или выдавшихся из главного строения. Они отличались, по назначению своему или расположению, названиями: сенника, избы средней, западной, брусяной, постельной, столовой, гридни, повалуши, теремов и так далее. Со всех сторон окружали их переходы под навесами и с глухими перилами, которые примыкали к домовой церкви и часовням; главный из этих переходов вел к церкви Благовещения, потому так и называемой: на дворе великокняжеском правитель народа не начинал и не оканчивал дня без молитвы в доме божием. Даже больные и женщины не увольнялись от этого долга; окна из упокоев их устроены были так, что они могли из них слушать церковную службу и молиться на местные иконы храмов. (Таким образом, почти и у каждого богатого человека была церковь на своем дворе.) Несколько крылец, из которых Красное отличалось каменными уступами и резными украшениями, сходило на площадь. Набережные сени выступали вперед особенною палатою. Зодчество тогдашнего времени было немудрое, детское; затеи его состояли только в некоторых наружных прикрасах. Фронтоны, как и вообще богатых церквей русских, представляли обращенные к небу сердца, главы – также. Взгляните на рисунки индийских храмов, именно зигов[9], и вы найдете в них первообраз наших храмов. Мастера особенно любили щеголять друг перед другом в развиве столбиков, в узорочной резьбе на подзорах и над красными окнами. Резьба эта на дереве была так искусна, что едва ли причудливая кружевница могла лучше сделать из ниток. Впрочем, ветхому жилищу великокняжескому придавали какую-то мрачность ржавое железо решеток, ограждающих окна, тусклый мат их слюды, оправленный в свинец, преклонные теремки, уходящие в ветхий гроб свой, крышу, по которой время разбросало клочки зеленого и порыжелого моха. Мы сказали, что хоромины стояли на площади. Четыре улицы, немного пошире тогдашних обыкновенных, загроможденные церквами, похожими на часовни, и домами наподобие богатых изб в Новгородской и Псковской губерниях, вот вам и дворцовая площадь! Надо прибавить, что некоторые домишки, несмотря на присутствие дворца, бесчинно выходили из ряду, чтобы похвалиться волею своего господина. Целый город, заключавшийся в ограде Кремля, походил на муравейник домов и церквей, по которому дитя пропело, в разные стороны, как попало, несколько дорожек. На этих-то дорожках крыша одного дома почти сходилась с

---

[9] Художественная газета, 1838, No 8. (Прим. автора)

крышею другого, так что смельчак мог бы, не хуже хромоногого беса, сделать по ним изрядное путешествие. От этой тесноты пламя так часто пожирало целую Москву.

Но в ветхих хороминах, за церковью Благовещения, жил первый господин всея Руси. В них замыслил и заложил он будущее могущество ее; сюда, встревоженные признаками этого могущества, государи присылали своих послов ему поклоняться и искать с ним связей. Подходя к этим хороминам, царедворцы русские усерднее слагали молитвы архистратигу небесного воинства, да помилует их от гнева грозного земного владыки.

Солнце не высоко играло над землею, а на дворе великокняжеском все уж давно принялось за дневные заботы. Везде суетились дворчане, учрежденные Иоанном по образцу европейских дворов, но которым он дал названия русские, сообразно их должностям (распоряжение, к сожалению, отмененное Петром I). Дворецкий Русалка преобразился в новую одежду. Он успел уж побывать у маленьких детей Иоанна и отнести им игрушки; успел сделать разные угождения и Софии, супруге великого князя, и Елене, супруге сына его, несмотря что они не ладили одна с другою; кого из дворских потешил ласковым словом, кого шуточкой. Он везде поспевал, всем заправлял и мало что приводил в действие положенное, обычное, старался еще упредить желания и прихоти своего властителя на весь следующий день. Обязанности дворецкого ограничивались двором великокняжеским; но он, волею и неволею, расширил круг их за пределы его. На Русалку налагали иногда самые трудные, щекотливые поручения, нередко опасные и грязные; на иные он иногда сам вызывался, желая доказать, что он хотя и хил наружностью, но богатырь лукавством и умом. Таких слуг любил Иоанн и на них-то намекал, говоря: "Мне хоть бы пес, да яйца нес". Замечая их обманы, он наказывал их то грозным словом, то посохом или временною опалою, а чаще закрывал глаза на те проказы их, которые не вредили ни лицу его, ни государству.

С посохом великого князя и его горлатною шапкой второго наряда дворецкий ожидал его у дверей средней избы, отделявшей повалушу от брусяной, в которой находился Русалка. Голые стены этой избы красовались только с четырех сторон иконами огромного размера, в кивотах, с подвесками из камки, унизанной или золотыми дробницами или угорскими (венгерскими) пенязями (Pfennig)[10]. В обширной комнате не было никакой мебели, кроме дубового стола, украшенного искусною резьбой, и двух скамеек с суконными полавочниками; под каждой стояла колодка (скамеечка для ног) и подостлан был кизылбахский (персидский) ковер, или подножье, как называли наши предки. Все было тихо, как в склепе. Неподвижно стоял Русалка, прикованный слухом и всеми помыслами к двери, через которую должен был выйти великий князь. Вдруг в средней избе прокричал кто-то смутно, словно больной, сердитый старик, странным, охриплым голосом:

– Царь Иван Васильевич! Царь Иван!

Тут Русалка лукаво улыбнулся, съежил плеча и покачал головою, будто хотел сказать: то-то потеха! Потом приложил ухо к двери. Вот что там говорили. "Хе, хе, хе! Фоминишна, это твое дельце, – сказал мужской голос. – Ты навела меня на татар, а теперь вижу, куда гнешь... Спасибо, спасибо!" Скрипнула дверь, и

---

[10] пфенниг (нем.)

35

послышался голос женщины: "Пора! тебе уж вся Русь кланяется этим именем, да и римский цесарь называет тебя своим братом". – "Царь Иван, царь Иван!" – закричал опять старик. "Довольно, – прервал владычный голос мужчины, – у меня и без того много царя сидит в голове: не угомонишь ничем. На сердце пора, да на деле не то; давно глаз видит, да зуб неймет... Вся Русь?.. Где она? где это царство, сильное, владычное, дружное, словно одно тело, у которого руки и ноги делают, что похочет голова?" – "Ты угомонил татар, покорил Новгород и раскинул свою державу так широко, что можешь назваться царем русским", – прервала Софья Фоминишна. "Да, раскинул широко, и что захватил, то держу крепко; а тут на сердце налегли свои и вяжут меня. Подлинно, кровные! Кругом затынили меня Ярослав, Ростов, Углич, Рязань; не крепка и калитка моего царства на чужой Верее... едучи в свой Новгород, запинаюсь всегда о Тверь... Выгляни–ка в окно, люба моя; не увидишь ли из него чужого княжества, чужой трети! Подивись на каменные палаты, на чудные домы божий моего стольного града, на хоромины наши... Чай, во фряжской земле таких не видано?.. Ох, ох, ох! инда зазорно было мне после немецкого". – "Храм Пречистой на диво построит нам Аристотель; скоро будут к нам новые палатные мастера... построят и тебе дворец, и твоим боярам палаты. Лет через пяток Москву не узнаешь". – "Прежде свалим тыны, срубим заставы, а там, если господь продлит живота, построим себе и царские палаты. Тогда буду царем всея Руси не одним прозвищем; тогда скажу: видно, бог избрал на то своего раба Ивана! Да, буду царем!" – С этим словом распахнулась дверь, и великий князь быстро вошел в брусяную избу, где стоял Русалка, успевший приготовить свою личину по надобности.

Иван Васильевич собирался принимать епископа тверского и одного из именитых людей тамошних, присланных шурином его и великим князем тверским, Михаилом Борисовичем. Послы приехали от меньшего брата, разжалованного уже из равного, для переговоров и извинений по случаю перехваченной переписки его с Казимиром, королем польским. Для этого приема великий князь московский оделся, поверх нескольких платьев разного наименования, в богатый становой кафтан, с выводами на нем людей: чем пышнее стояла одежда, тем краше и великолепнее считалась. Черные волосы его резко выпадали из–под тафьи (татарского колпака), жемчугом шитой. На груди висела золотая цепь с большим крестом из кипарисова дерева, в котором хранились частицы мощей. Перстень на среднем пальце правой руки сиял своею золотою, филиграновой оправой, а не камнем в ней, который не отличался ничем от голыша. Но этого камня не отдал бы Иван Васильевич за дорогие самоцветы: это был талисман – подарок от союзника и друга, крымского хана Менгли–Гирея, в свою очередь, получившего его из Индии. Вот что, по словам летописца, писал к русскому великому князю Менгли–Гирей, посылая этот дар: "Тебе ведомо, что в эндустанской земле кердеченом зовут однорог зверь, а рог его о том деле надобен: у кого на руке, как едячи, то лизати, и в той ястве, что лихое зелие будет, и человеку лиха не будет". Из этого–то будто рога частичка была вставлена в перстень, и потому Иван Васильевич никогда не скидал его, свято храня завет своего союзника, а может быть, с намерением предупредить всякое покушение на отраву.

С одной стороны, быстрый, огненный взор из–под черных, густых бровей на

36

дворецкого – взор, который редкий мог выдержать и от которого женщины слабого сложения падали в обморок. Казалось, им окинул он своего слугу с ног до головы и обозрел душу его. С другой стороны, глубокий, едва не земной поклон, которым Русалка хотел, казалось, скрыться от испытующего взора, вручение посоха и целование властительной руки. Шапку не принял Иван Васильевич и дал знать, чтобы он положил на одну из скамеек.

– Слышал ли, дворецкий, чем величала меня заморская птица? –спросил великий князь, прояснив свое нахмуренное чело.

В самом деле, странный голос, слышанный дворецким, был крик попугая, поднесенного великой княгине Софье Фоминишне немецким послом. Дочь Палеологов, награжденная от природы силою ума и воли, в которой отказано было ее братьям, знала очень хорошо, какая безделица нужна была, чтобы решить супруга на исполнение великого дела, созревшего в могучей душе его. Она первая гласно не захотела быть рабыней татар. Выпросив для себя Ордынское подворье и, таким образом, выгнав их из Кремля, Софья навела великого князя на мысль, что они сделались недаром уступчивы и что так же легко будет выгнать их из русской земли. Теперь же, когда Иоанн, унизив Казань, покорив Новгород и разведавшись с ордою, замышлял об освобождении своего государства от уделизма , стеснявшего его внутри и находившего ему врагом извне, хитрая и честолюбивая Софья искала разных средств усладить для него подвиг несправедливый, но необходимый. И потому втайне выучила заморскую птицу величать Иоанна именем царя, которое столько льстило ему.

– Видно, вещая птица, господине! – отвечал хитрый царедворец, подставляя к окну скамейку, а потом под ноги великого князя колодку, обитую золотом, и ковер. Все это исполнялось по движению глаз и посоха властителя, столь быстрому, что едва можно было за ним следовать. Но дворецкий и тут не плошал. Откуда взялась прыть у хилого старика, в котором, по–видимому, едва душа держалась.

На полавочнике были вышиты львы, терзающие змея, а на алтабасной (парчовой) колодке двуглавый орел. Эта новинка не избегла замечания великого князя: черные очи его зажглись удовольствием. Долго любовался он державными зверями и птицею и, прежде нежели сел на скамейку и с бережью положил ногу на колодку, ласково сказал:

– И ты ныне, старый пес, видно, сговорился с Фоминишной потешить меня!

Дворецкий низко поклонился, охолив кулаком свою ощипанную, остроконечную бородку.

– Ох, ох! – продолжал великий князь. – Легко припасти все эти царские снадобья, обкласть себя суконными львами и алтабасными орлами, заставить попугаев величать себя, чем душе угодно; да настоящим–то царем, словом и делом, быть нелегко! Сам ведаешь, чего мне стоит возиться с роденькой. Засели за большой стол на больших местах да крохоборничают! И лжицы не даю, и ковшами обносят, а все себе сидят, будто приросли к одним местам.

– Что ж, господине, коли чести не знают...

– Так по шапке, да из–за стола вон! Воистину так, пора... Пускай себе кричат: греха не ставит, родных обирает... даст на том свете ответ. Нет, не дам. Прежде, нежели я брат, дядя, шурин, я государь всея Руси. Когда явлюсь на Страшный суд

Христов, он, наверно, спросит меня: печаловался ли ты о земле русской, над которою я поставил тебя владыкою и отцом, соединил ли воедино, укрепил ли эту Русь, хилую, разрозненную, ободранную? Вот что спросит он, а не то, что пил ли из одного ковша с братьями и сватьями, тешил ли их, гладил ли по головке за то, что они с своими и чужими сосали кровь русскую!

Иван Васильевич замолчал и посмотрел на дворецкого, как бы вызывая его на ответ.

Этот понял его и сказал с низким поклоном:

– Пожалуй меня, господине, князь великий, своего слугу, молвить глупое слово.

– Молви умное, а за глупое скажу тебе дурака.

Опять поклон; Русалка приправил его следующею речью:

– Вступающим в брак господь наказывает оставить отца своего и матерь и прилепиться к жене. В такой же брак вступил и ты, государь всея Руси, приняв по рождению и от святительской руки в дому божьем благословение на царство. Приложение сделай сам, господине! Умнее на твою речь сказать не сумею: я не дьяк и не грамотей.

– Грамота у тебя в голове, Михайло!.. Ладно!..

Произнося последнее слово, великий князь оперся подбородком на руки, скрещенные на посохе, и погрузился в глубокую думу. Так пробыл он несколько минут, в которые дворецкий не смел пошевелиться. Нельзя сказать, что в эти минуты тихий ангел налетел; нет, в них пролетел грозный дух брани. Решена судьба Твери, бывшей сильной соперницы Москвы.

Наконец Иван Васильевич сказал:

– Позови ко мне Мамона и дьяков моих.

Приказ этот был немедленно исполнен. Дворецкий тотчас возвратился с своим приятелем, нам уже известным, и тремя новыми лицами.

ГЛАВА ШЕСТАЯ

ДОМОСТРОИТЕЛЬ И ДОМОЧАДЦЫ

> Вился, вился ярый хмель,
> Слава!
> Около тычинки серебряныя,
> Слава!
> Так бы вились князья и бояре,
> Слава!
> Около царя православного,
> Слава!

Вошедши в брусяную избу, все они сотворили крестные знамения перед образом спасителя, потом низко–пренизко поклонились великому князю. Казалось, по росту их, вышли они один из другого, как дорожный прибор стаканов. Самый большой был дьяк Федор Курицын . Это был мужчина целою головою выше Мамона, лет под пятьдесят, но казался старее своих лет. Непрерывные умственные заботы и труды сгорбили его и изнурили до болезненного состояния. На обнаженной голове оставались только за ушами, будто для образчика, две–три пары осиротевших русых локонов; лицо его изнывало, но мутные глаза издавали огонь ума; на изрытом челе господь, видимо, утвердил знамение высоких помыслов. Его употреблял великий князь по делам дипломатическим. За ним следовал Мамон. Потом дьяк Володимер Елизаров Гусев , делец, законник, достойный памяти потомства за сочинение "Судебника". Остального точно выпустили из пазухи Курицына: такой он был крохотный. Может быть, в стране лилипутов поставили бы его фланговым в гвардию; не мудрено, что он прослыл бы там и великим человеком, потому что имел бы чем давить меньших. Но между нашими огромными современниками пришелся бы мелкому егерю под мышку. Так–то все сравнительно получает название! За то одна часть его помрачала целое. Он едва ли не осуществил карликов наших сказок, о которых говорится, что они с ноготок, а борода у них с локоток. Исполинская, дивная борода! По ней дьяк и назван был Бородатым. Не думайте, однако ж, что все достоинства его ограничивались этим волосяным украшением. Нет, он сохранил и до нас свое имя другими качествами, а именно: умел говорить по летописцам, которых твердо изучил, так что с выученного не сбила бы его пушка, и красно по–тогдашнему, то есть витиевато и напыщенно, описывал походы своего господина. Ему же поручено было обучение придворного клира духовному нению – как говорит историк не наших времен: "На разные роды древнего доброгласия". Одним словом, это был придворный человек – колибри: пел сладко, не тяготил ветки, на которую садился, и был счастлив на своем гнездышке, не боясь, что за ним погонится коршун, которому от него нечем было поживиться.

– Ну, что... дело с литвинами? – грозно спросил Мамона великий князь. Очи его вызывали на кровавый ответ.

– И князь Лукомский и толмач его Матифас показали, что хотели отравить тебя по насылу Казимира, – отвечал Мамон с твердостью. – Пытал я давать зелья лихим бабам; от одного макова зернышка пучило их, а собаку разорвало.

Иван Васильевич скинул тафью, перекрестился и произнес с благоговением, смотря на образа спасителя:

– Благодарю тя, бога и спаса моего, что сподобил меня, своего грешного раба, избавиться от насильственной смерти. – Потом, лизнув перстень свой "Кердечень", присовокупил: – Спасибо и Менгли–Гирею!.. А то, пожалуй, далеко ли дьяволу до наущения, и через кровных подсыпят. Нынче своих бойся более чужих.

– Помилуй, государь, отец наш! допустим ли мы, твои верные холопы! – воскликнули в один голос дворецкий и Мамон.

– Око господне блюдет законных владык, – сказал Гусев. – Тебя же особо, господине, князь великий, для устроения и блага Руси.

И крохотный дьяк Бородатый пропел в нос свой панегирик.

Курицын молчал.

Казалось, Иван Васильевич не слыхал уверений своих царедворцев и продолжал:

— Превысокий, благородный, славный краль!.. христианский краль!.. Хуже бесермена!.. Не берет силою, так зелием... Посмей отныне лаять, что я затеваю с ним размирье из корысти, хоть и без того было бы что поговорить о правах моих на древнюю отчину нашу, Литву!.. Смотри, однако, Мамон, не было ли кривды в твоем допросе? не мстил ли, не дружил ли ты кому?

— Целовали со мною крест семь добрых видоков, детей боярских. Не согрешили ни перед богом, ни перед тобою, господине!

— Ладно!.. А что, Володимер Елизарович, какое наказание положено по твоему судебнику тому лихому человеку, что посягает на чужую голову?

— В судебнике уложено, — отвечал Гусев: — "А доведут на кого татьбу, или разбой, или душегубство, или ябедничество, или иное лихое дело, и будет ведомо лихой, и боярину того велети казнити смертною казнью, а исцево доправити; а что ся останет, ино то боярину и дьяку..."

— Законники, во-первых, о себе помнят. Небось о пошлинах боярину и дьяку не забыли! Написано ли что у тебя о государском убойце и крамольниках?

— И в помышлении такого случая не имел.

— То-то!.. Вы, законники, все пишете листы за листом, да не дописываете. А там судьи праведные начнут пополнять, да пояснять, да посулы брать за темные недосказы. Закон должен быть уложен, словно открытая ладонь, без перстаницы (великий князь развернул свой кулак); всякий темный человек довидит, что на ней, и зернышко маково не укроется. Коротка, да ясна, и, коли нужно, сильно хватает!.. А то, пожалуй, наденут на закон дырявую рукавицу, да еще сожмут в кулак: отгадывай, чет или нечет! Покажут то или другое, коли надо!

— Виноват, господине, князь великой! мы вот что прибавим в судебнике: "А государьскому убойце и крамольнику живота не дати".

— Быти по тому: живота не дать, кто сам посягает на чужую голову! (Тут он обратился к Курицыну, но, вспомнив, что он не сроден к поручениям о казнях, примолвил, махнув рукой.) Забыл я, что курица петухом не поет. (При этих словах в глазах дьяка проникло удовольствие.) Мамон, это твое дело! Скажи моему тиуну московскому да дворскому, чтобы литвина и толмача сожгли на Москве-реке. Сжечь их, слышишь ли? чтобы другим неповадно было и помышлять о таких делах.

Дворецкий поклонился и, охолив свою ощипанную бородку, произнес:

— На днях будут сюда фряжские палатные мастера и немчин-лекарь. Пречистая ведает, может, и меж ними есть какие лихие люди. Коли дозволишь молвить, что на разум нашло.

— Говори.

— Пригоже было б им на первый раз острастку дать: для того и казнить злодеев при них...

Великий князь, немного подумав, отвечал:

— За лекаря Антона ручается мне Аристотель: учился у брата его; палатные мастера — фрязы, люди добрые, смирные... Однако... кто ведает?.. Мамон, вели подождать казнить до приезда немчина-лекаря; да смотри, чтобы на злодеях железа не спали!..

40

Здесь махнул Мамону рукой, чтобы шел исполнять его приказ.

– К слову молвить, господине, – сказал Русалка, когда вышел его приятель, – у кого прикажешь поставить немчина?

– Поближе к хороминам моим, ради всякого случая.

– Аристотель говорит, ему зазорно жить в наших избах... а палаты каменны поблизости только и есть, что у воеводы Василия Федоровича Образца. Ты сам приказал на память себе привесть...

Великий князь понял мысль дворецкого и, усмехаясь, отвечал:

– Пригоже, Михайло, сильно пригоже!.. Боярину это будет нелюбо, да и то сказать, не умрет же от немецкого духа. Пускай его почует, откуда непогода!

Замолчав, он с грозною важностью взглянул на Курицына. Этот начал было говорить:

– Послы от тверского...

– Князя, хочешь ты сказать? – перебил Иван Васильевич. – Не признаю более тверского князя. Что, спрашиваю тебя, что обещал он нам договорною грамотою, в которой был посредником епископ его, ныне к нам прибывший?

– Что он разрывает союз с королем польским Казимиром и без ведома твоего не будет иметь с ним сношений, ни с твоими недоброжелателями, ни с русскими беглецами, что клянется за себя и за детей своих вовеки не поддаваться Литве.

– У тебя лист к королю Казимиру от нашего шурина и доброжелателя, которого называешь еще великим князем тверским?

– У меня, государь.

– О чем там говорится?

– Князь тверской возбуждает короля польского против государя всея Руси.

– Теперь суди нас бог, а правда на моей стороне! Ступай и объяви посланным ко мне Тверью, что я не принимаю их. Было им от меня слово милости: они надругались над ним. Что я им?.. Ветошь, которую они топчут ныне в грязи, а завтра ставят вместо пугала в своих садах? Или болван?.. ныне–де покланяются ему, а завтра бросают в поганое болото с причитаниями: выдыбай, батюшка, выдыбай!.. Нет, не на того напали!.. Пускай ведут изменническую речь с королем польским и величают его своим государем, а я сам приду сказать Твери, кто настоящий их господин. Нет терпения мне более с этими крамольниками!

Говоря это, великий князь разгорелся более и более, наконец ударил посохом в пол, и посох переломился надвое.

– К делу, вот разметная наша грамота! – прибавил он. – Еще последнее слово. Покажи им эту трость: если бы погнулась, так была бы цела!..

Курицын, получив роковые обломки, вышел. Любомудр того времени, смотря на них, покачал головой и подумал: "Так рушится сильная соперница Москвы!"

– Милости ко мне велики, – продолжал великий князь, немного успокоившись: – Ростов и Ярославль отказываются от древних прав своих. Поспешим ковать железо, пока горячо. Слово дух, а что написано пером, того не вырубишь топором, говорит мне всегда мой мужичок с ноготок, борода с локоток.

Исполинская борода, вследствие поклона ее крохотного обладателя, едва не упала на пол.

– Не тебе, однако, бородка, покончить это дело. А тебе вот что: отправь гонца к воеводе Даниле Холмскому, в его отчину, с словом моим, чтобы он немедля

41

прибыл в Москву; да сходи к Образцу и скажи ему, что я жалую его, моего слугу: ставлю к нему лекаря–немчина, который–де на днях прибудет к нам; да накажи, принял бы его с хлебом–солью да с честью. Вот сколько я на тебя нагрузил.

– По усердию и силе, – отвечал Бородатый. – По ним возмогу снесть и кентари твоих приказов.

– Ладно! А ты, Елизарович, съезди в Ростов и Ярославль и закрепи законным узлом благое даяние... разумеешь?

– Разумею, господине!

Так выпроводил великий князь всех своих дельцов–домочадцев, кроме дворецкого. Гусева почтил он Елизаровичем: зато и обязанность его была нелегкая – понудить грозою и ласкою князей ростовского и ярославского к уступке Ивану Васильевичу своих владений, о которой они когда–то намекали. Русалка остался и умиленно посмотрел на великого князя, как бы хотел доложить ему, что имеет надобностью нечто сказать.

– Ты что? – спросил Иван Васильевич.

– Позволишь ли молвить потаенное слово?.. Думал было схоронить на душе, не разгневить бы тебя, господине; да Пречистая третий день во сне является, все понуждает: скажи, скажи...

– Ну, к бесу! говори без ужимок; время дорого.

– Ведомо ли тебе: жидовствующая ересь чернокнижника Схарии перешла из Новгорода, прозябает здесь, в Москве, многие пастыри духовные заражены ею, ближние твои бояре впали в эту ересь; главный за них печальник дьяк твой Курицын, которого столько жалуешь своими милостями... Ведомо ли тебе, что они вводят в соблазн православных и даже (он осмотрелся кругом, не подслушал бы кто, и прибавил тише), даже твою невестку.

– Ведомо, – отвечал спокойно Иван Васильевич, – они занимаются наукою любомудрия – во здравие! Пускай себе, лишь бы своего дела не запускали! А если все бабьи пересуды слушать, так и щей горшка не сварить, не только что царством править. Что ж до Курицына, то запрещаю тебе, и кому бы ни было, говорить о нем худое. Никогда не забуду, что он для меня сделал: крепкая дружба с Менгли–Гиреем, союзы с королем венгерским и с господарем молдавским – все это его забота. И если я силен этими союзами и могу теперь надежно тягаться с Литвою, так за это поклон да еще низкий поклон Курицыну. Ведайте, добро и худо помню до гробовой доски и умею благодарить за то и другое. Выполни, шептун, десятую долю его, и ты спознаешь меня.

– Из усердия к твоему лицу, господине, князь великий, доложил тебе... не смог умолчать... православный народ гласно вопиет против тебя...

При этих словах раскалились очи у Ивана Васильевича. Он воспрянул с своей скамьи, вцепился могучею рукой в грудь Русалки и, тряся его, задыхаясь, вскричал:

– Народ?.. Где он?.. Подай мне его, чтобы я мог услышать его ропот и задушить, как тебя душу. Где этот народ, говори?.. Отколь он взялся?.. Есть на свете русское государство, и все оно, божьею милостью, во мне одном... Слышь, бездельник? Поди объяви это везде: на торжищах, в церквах, во всех сотнях, во всех концах, вели это прокричать и, коли мало голоса человеческого, вели это прозвонить колоколам, прогреметь пушкам. – Он оттолкнул от себя дворецкого и

42

начал ходить большими шагами по избе. – Православный народ?.. Не тот ли, что ползал два века у ног татар и поклонялся их деревянным болванам, целовал руки у Новгорода, у Пскова, у Литвы, падал в прах перед первым встречным, кто на него только дубину взял!.. Я первый отрезвил его от поганого хмеля, поднял на ноги и сказал ему: "Встань, опомнись, ты русин!" И этот смерд хочет вопиять против своего господина! Ныне оставлю этот народ, и что с ним станется? Сгинет, аки червь под ногою первого удалого прохожего!.. Поди, объяви Курицыну мою милость; скажи, что я жалую его, моего верного слугу, золотым кафтаном... слышь? с плеч моих! И скажи так, чтобы твой народ это знал... Теперь вон, поганый шептун!

Дворецкий бросился в ноги своему властителю.

– Помилуй, государь, отец наш! грех попутал, – вопил он. – Возьми свое нелюбье назад, а я тебе службу сослужу: будешь мною доволен... Князь верейский сильно захворал... с этой вестью нароком приехал ко мне родич мой... Поспеши, батюшка, гонца, пока не отдал богу душу.

Весть эта судорожно пробежала по сердцу великого князя; он был ею поражен, и не мудрено. Сын князя верейского жил изгнанником в Литве: надо было царственному домостроителю захватить скорее отчину его, чтобы не помешали недруги.

– Хворает? – спросил он, переменясь в лице. – Шибко хворает, говоришь ты?

– Родич мой сказывает, вряд ли подымется.

– Да, Михайло, ты можешь сослужить мне службу, никогда не забуду. Ты голова неглупая... не придумаю, как ныне оплошал... Лукавый, видно, попутал тебя в бабьи сплетни... правду молвить, впервой... А может быть, и неспросту! Встань... Ты ведь никому не говорил еще о болезни верейского?

– Видит бог, никому! Зарой меня живого в землю, коли я кому промолвился. Знаю я, да ты, господине, да родич мой, и тому наказал, что прямо в петлю и меня и себя потащит, коли обмолвится.

– Так ты, мой люба (великий князь погладил его по голове, как наставник умного ученика), махни нынче же, сейчас, тихомолком в Верею... Скажем, захворал... Скачи, гони, умори хоть десяток лошадей, а в живых заставай князя Михаилу Андреевича... как хочешь, заставай!.. Улести лаской, духовною речью, а если нужно, пугни... и привези ко мне скорей душевную грамоту, передает–де великому князю московскому свою отчину, всю без остатка, на вечные времена, за ослушание сына.

А винен был этот несчастный сын, женатый на племяннице Софии Фоминишны, дочери Андрея Палеолога, только в том, что София подарила ей какое–то дорогое узорочье первой жены Иоанновой, которого великий князь обыскался. Это узорочье нужно было великому князю только для придирки: взамен снизал он Руси богатое ожерелье, в котором красовались Верея, Ярославец и Белоозеро.

– Не учить тебя стать! – продолжал Иван Васильевич. – Тебе сто рублев... слышь, сто рублев, и от меня спасибо!

Говоря это, он дрожал.

Сто рублей плясали уж в душе жадного дворецкого, но не сбили его с лукавого толка.

43

– А коли он протянет ножки до меня? – спросил он.

– Не может, не должен... слышь? или не приезжай назад.

– У меня и мертвый подпишет.

Тут Русалка досказал что—то мимикой.

С ласковым словом и стами рублями вперед был он отправлен в Верею. И грозы над ним как не бывало!.. Отчего ж оплошал он с докладом о жидовской ереси? Неужели в самом деле оплошал? О! нет, это была тонкая проделка. Надо было ему поддержать членов Схариевой секты, подкупивших его. Для достижения этой цели всего лучше было оговорить их же и стать на стороне противников, то есть народа; таким образом он представлял завистливой власти государя, что есть другая власть, которая осмеливается ему противиться хоть словом. Как рассчитано, так и случилось; великий князь вознегодовал на своих цензоров. На случай же личной беды Русалка имел в запасе весть о болезни верейского князя. И там и тут остался он в выигрыше: от секаторов получил благие дары, от Ивана Васильевича сто рублей – важная сумма в то время! – и приращение его милостей. За толчком он не гнался.

ГЛАВА СЕДЬМАЯ

ЖИЛЬЦЫ КАМЕННЫХ ПАЛАТ

> Господинов двор на семи верстах.
> На семи верстах, на осьми столбах.
> Посреди двора, посреди широка,
> Стоят три терема,
> Три терема златоверхие:
> В первом терему красно солнышко,
> Во втором терему светел месяц,
> В третьем терему часты звездочки.

Внутри города, именно на том самом месте, где еще в наше время стоял каменный шатер для хранения пушек, в свою очередь сломанный, красовался дом московского воеводы и боярина Василия Федоровича Симского, по прозванию Образца. Двор его одною стороною граничил к площадке, на которой стояла церковь Николы—льняного, при повороте вниз Константино—Еленовской улицы, а другою стороною к кремлевской стене. Этот дом был каменный, строен на славу иноземными мастерами и прозван ими паластом (palais)[11], почему и наши с этого времени стали называть каменные дома палатами. Тогда их было только два, Образцов и московского головы[12].

Особенно на палаты воеводы ходили дивоваться толпы. Несколько недель не

---

[11] дворец (франц.)

[12] Дмитрия Владимировича Ховрина. (Прим. автора)

было от них отбою. Да и как не дивиться? Дитя, единица ли он или толпа единиц, любит игрушки; а дом Образца был большая каменная игрушка, невиданная на Руси. Мало что стены построены с иную улицу московскую: откуда ни поглядишь на него, везде затеи, выведенные будто волшебной рукой. Окна глубоко и украдкою уходят в дом, как бы с бережью для глаз хозяина неся туда свет; над каждым окном и под ним ветви пальмовые, что кидали в день Вайи под ноги Христу, да еще виноградные кисти, от которых упился Ной. Так зрители объясняли наружные украшения дома. Все это высечено из камня, покорного могучему искусству. Выпуклости выкрашены желтою краскою, а пустые между ними места голубою. Чудо как хорошо! Кровля из немецкого железа, выбитого так тонко, как лист на дереве, жаром горит. Посмотришь во двор, и там чудеса! Два крыльца сходят с обеих сторон дома, словно хотят обнять двор. Они держат свою покрышку, окаймленную подзорами, на витых столбиках, каких нет и у хоромин великокняжеских. Теремок прилеплен вверху у самой крыши, художеством ли человеческим или силою недоброю, и висит на воздухе, будто ласточкино гнездо. Внизу его приделан, ни дать ни взять, опрокинутый колокол. В теремку с трех сторон окна с мелкими круглыми стеклышками (диковина немалая в тогдашнее время). Когда ударит в него солнышко, он кажется фонарем, в котором горят множество свечей. Взглянешь в окно в стороне кремлевской стены, видны пушечный сарай 6, Красная площадь, лавки, Варьская 6 улица и Спас в Чигасах за Яузою. Взглянешь в среднее окно – Великая улица по берегу Москвы-реки, река в излучинах своих от монастыря Симонова до Воробьева села 6 и все Замоскворечье, как на блюдечке; ближе, под тобою, по городской горе взбираются избы одна над другою, держась за Константино-Еленовскую улицу, и видно все на дворах, будто на своем; еще ближе под тобою яблонный сад: кажется, вот все былинки в нем перечтешь. Из третьего окна красная сторона города, от великокняжеских хоромин по Тайнинские ворота 6, со всеми церквами своими, будто про тебя написана на листе. А когда бы видели вы сокольню на дворе: мастер пустил из нее стрелу с яблоком – играет себе на небе!

Палаты эти долго казались хитрым делом лукавого. Хозяин их, воевода, сподвижник Данилы Дмитриевича Холмского при покорении Новгорода, первый по нем в ратном деле, был, конечно, не трус. Прозвание Образца дано ему было за то, что он бился всегда впереди своих дружин. Но когда надо было ему пробираться в новый дом, по сердцу его пробежала дрожь. Он скорее готов был встретиться один с десятью немецкими латниками или татарами, или вольницею новгородской, чем с нечистою силою, даже в одном лице. Правда, к его успокоению и семейства его были приняты все меры против нечистого духа, которого могли занести в дом поганые иноземные строители. Курили и курили ладаном так, что можно было в нем задохнуться, пели молебны с окроплением богоявленскою водой двора, жилого и нежилого строения, водрузили над воротами и над всеми входами медные кресты с святыми изображениями, и чаще с изображением святого Никиты, который дубинкою побивает беса, и водворили божье милосердие. Таким образом, казалось, оградили новое жилище свое и от будущего наваждения нечистой силы. Новоселье отпраздновали в день Симеона-летопроводца, то есть первого сентября, который считался и первым днем нового года 6. Не забыли, однако ж, перед тем главного хозяина – домового гения, которого и поныне в деревнях называют этим именем: без него, говорят, и дом не стоит. Старшая в доме женщина сходила на пепелище прежнего жилья, вынула из печурки на черепок горящих угольев, кого-то пригласила оттуда и завернула в скатерть. Ворота настежь! Образец со всеми домочадцами вышел навстречу, неся хлеба-соли; поклон в пояс, еще и еще, потом униженно, поникнув седою головой и указывая кому-то путь в новый дом, приговаривал: "Дедушка! милости просим с нами на новое место". Тут отворились двери, стряпуха выпустила кого-то из скатерти в новую печурку, горящие уголья туда ж (не забыта и пища для таинственного огня), хлеб-соль поставлен на браном столе, наехали гости, и пошло веселье. Домовой пенат водворен: чего бояться? Лишь бы не рассердить его неугодой какой! Затем проходила зима подобру-поздорову. Только раз прогневался было хозяин: невзлюбил боярского вороного жеребца, недавно купленного: часто по ночам ерошил его, ездил по нем, словно сотня кошек, вытыкал войлок из его гривы, дул ему нестерпимо в ноздри и в уши. Догадались скоро, что хозяину масть не по шерсти. В угождение ему, продали коня и не стали более держать вороных. Повесили также в конюшне медвежью голову, чтобы бездомные духи не входили в спор с хозяином за жилое владение, не осиливали его. С того времени домашний дух успокоился, а с ним и жильцы каменных палат, охраняемые его чадолюбивым надзором.

Да, Русь была тогда полна чарования! Родные предрассудки и поверья, остатки мира младенческого, мифического; духи и гении, налетевшие толпами из Индии и глубокого Севера и сроднившиеся с нашими богатырями и дурачками, царицы, принцы, рыцари Запада, принесенные к нам в котомках итальянских художников: все это населяло тогда домы, леса, воды и воздух и делало из нашей Руси какой-то поэтический, волшебный мир.

Духи встречали новорожденного на пороге жизни, качали его в колыбели, рвали с дитятею цветы на лугах, плескали в него, играючи, водой, аукались в лесах и заводили в свой лабиринт, где наши Тезеи могли убить лешего Минотавра не иначе, как выворотив одежду и заклятием, купленным у лихой бабы, или, все равно, русской Медеи. Духи поселялись в глаза, чтобы взглядом испортить кого, падали рассыпною звездою над женщиною, предавшеюся сладким, полуночным грезам, тревожили недоброго человека в гробу или, проявляясь в лихом мертвеце, ночью выходили из домовища пугать прохожих, если православные забывали вколотить добрый кол в их могилу. Все необыкновенные случаи, все недуги и сильные страсти были делом духов.

В атмосфере, напитанной этим чарованием, жило и семейство Образца. Из кого ж оно заключалось, тотчас увидим.

Прочтите летописи того времени, и вам не один раз встретится имя Образца в войнах против Новгорода, ливонцев и татар. Посмотрели бы вы на Василия Федоровича, когда шестьдесят с лишком лет осыпали голову его снегом: вы и тогда сказали б: этот взор, в проблески одушевления, должен был нападать на врага орлиным гневом; эта исполинская рука, вооруженная мечом, должна была укладывать под собою ряды мертвецов; эта грудь широкая, мохнатая, эта вся геркулесовская обстановка – созданы быть оплотом боевым. Заплатив дань отечеству, как воин, и за то почтенный саном боярина, тогда еще очень редким, он заплатил дань великому князю, как царедворец, построением, в угоду ему, каменных палат. В них жил он на покое, не тревожимый доселе Иоанном, любимый друзьями, уважаемый народом; добрый отец, грозный и попечительный господин, в них хотел он дать сладкий отдых последним годам своим и приготовить себя заранее к вечности делами веры и добра. Возвышаясь над толпою саном и богатством, он не отделялся от нее предрассудками. Ближнего любил по закону Христову, но в этом имени заключал одних своих земляков; что было только не русское, считал наравне с собакою. Итальянцев или фрязов, как тогда их называли, еще терпел он в своем дому и удостоивал своей беседы, потому что они строили или сбирались строить домы божий; болонского художника Рудольфа Фиоравенти, иначе Аристотеля, уважал, как розмысла, будущего зодчего Успенского собора, и более как отца мальчика, крещенного по–русски. Но немцев, поганых немцев, ненавидел всею силою души суровой, хотя не злой. Это чувство к ним, взявшее свой источник в народном предрассудке, было еще усилено особенным случаем. Им не мог он простить смерть милого, любимого детища, убитого в глазах его. Этому сыну только что минуло шестнадцать лет, только что совершили над ним обряд пострига, когда он увлек его из–под крыла матери в бой против ливонцев, которых называли тогда немцами[13]. Как он любовался воинственной красотой его, осененной шлемом, его юношеским пылом и отвагой, обещавшими знатного полководца! И эта краса, эти утешения и надежды, скошены вдруг махом поганого меча! Прошло много лет, и все еще мечтался старцу образ прекрасного юноши, когда он, истекая кровью, приподнял из праха голову, обвитую сумраком смерти, перекрестился и бросил отцу взор... прощальный взор. Кони вражеские тут же его затоптали. О! этого взора не забудет отец и на смертном одре; не забудет он крика матери, требовавшей у него отчета, куда он девал милое детище. Мать недолго пережила эту потерю. Зато с тех пор Образец мстит всем немцам ненавистью к ним сильною, неумолимою. Убийце сына он не размозжил головы шестопером 6; нет, взяв его в плен, он привязал к хвосту коня и по пням, по камням примчал в лес на съедение волкам. Не скрывает он своей ненависти к немцам при самом великом князе; раз при нем назвал в лицо поганым басурманом[14] немецкого посла, рыцаря Поппеля. Едва могли затушить гнев Ивана Васильевича по этому случаю. Великий князь, любивший, чтобы уважали то, что он удостоивает своего внимания, и ненавидели то, чего он не жалует, хранил на сердце память об этом оскорблении, несмотря на великие заслуги Образца.

Еще был сын у воеводы Иван Хабар–Симской (заметьте, в тогдашнее время дети часто не носили прозвания отца или, называемые так, впоследствии назывались иначе: эти прозвища давались или великим князем, или народом, по случаю подвига или худого дела, сообразно душевному или телесному качеству). Иван Хабар, двадцати двух или трех лет, чернобровый, черноглазый, статный, красивый, одним словом тип русского молодца, пытал не раз отвагу свою против неприятеля, ходил с сурожанами охотником на Вятку и против Мордвы на лыжах

---

[13] "Поганые немцы не стали на срок на Обидном месте", "немцы прислали с святым словом", "немецкие божницы" – это все говорится в летописях о ливонцах и их церквах. (Прим. автора)

[14] Этим прозвищем, которое составилось из слова "бесермен", неверный, стали честить немцев уже при отце Иоанна III; может быть, и прежде. См. Историю Русского Народа Полевого, т. V, с. 134. (Прим. автора)

тратил эту отвагу в переделках со своими, в ночных похождениях, в жизни молодеческой, разгульной.

– Эй, Иван! не сносить тебе головы, – говаривал ему отец.

– Станет на мой век и одной, батюшка! – был ответ его.

Нередко старик закрывал глаза на проказы сына, в надежде, что кипучая, буйная душа его переволнуется и, как бурные, весенние потоки, войдет в свои берега. "Грани же, положенной богом, никто не переступит, – думал он, – судьбы своей не объедешь. Молодой конь перебесится, все-таки будет конь; кляча и смолоду все кляча".

Но лучшая утеха и надежда, ненаглядное сокровище старика, была дочь Анастасия. О красоте ее пробежала слава по всей Москве, сквозь стены родительского дома, через высокие тыны и ворота на запоре. Русские ценительницы прекрасного не находили в ней недостатков, кроме того, что она была немного тоненька и гибка, как молодая береза. Аристотель, который на своем веку видел много итальянок, немок и венгерок и потом имел случай видеть ее, художник Аристотель говаривал, что он ничего прекраснее ее не встречал.

– Синьорина Анастасия, – прибавлял он, – по белизне своей дитя снежного севера, но по зною темно-карих глаз, по неге, разлитой по всей ее наружности, ни дать ни взять соотечественница моя. Если бы я был живописец, то олицетворил бы ею пылающую зарю, когда она готова броситься в объятия своего лучезарного жениха.

Художник всегда останавливался перед ней с особенным восторгом. Иоанн младой 6, первый сын великого князя от первой жены, вбежал раз, нежданный, в сад Образца за Хабаром-Симским, которого очень любил, увидал там сестру его и остановился перед ней весь не свой, как бы опаленный молниею. Он намерен был на ней жениться, но честолюбивый его отец, искавший в браке своих детей не сердечных, а политических связей, повел его к венцу с Еленою, дочерью Стефана, господаря молдавского (перекрещенного по-нашему в воеводу Волошского, почему и называли ее у нас Еленой Волошанкой). Старушки-веди (все знающие, все ведающие, ворожейки) открыли кому-то, что княжич именно с того времени начал грустить и сохнуть. Никогда не переставал он питать к Хабару нежнейшей привязанности, в которой, может быть, скрывалось другое чувство.

Анастасия вся, и телом и душою, была какая-то дивная. С малолетства ее провидение наложило на нее печать чудесного. Когда она родилась, упала звезда над домом; на груди было у ней родимое пятнышко, похожее на крест в сердце. Десятилетней снились палаты и сады, видом не виданные на земле, и лица красоты неописанной, и голоса, которые пели, и гусли-самогуды, которые играли, будто над ее сердцем, так хорошо, так умильно, что и рассказать не можно. А когда она, во время этих снов, просыпалась, то чувствовала у ног своих легкое бремя, и казалось ей, кто-то лежит у них, свернув белые крылья. И было ей сладко и страшно, и все вмиг исчезало. Часто задумывалась она, часто грустила, сама не зная о чем. Нередко, простершись перед иконою божией матери, плакала; но эти слезы старалась утаить от людей, как святыню, которую невидимо посылали ей свыше. Все чудесное любила она, и потому любила сказки, эти изустные романы, эти народные поэмы того времени. С какою жадностью слушала их от своей мамки! Зато каких диковинок ни развивала в них красноречивая старушка перед

48

юным пламенным воображением своей питомицы! Анастасия, предаваясь этой поэзии, нередко забывала сон и пищу; нередко самые сны доканчивали ей недосказанную сказку, и еще живее, нежели мамка, еще красноречивее.

ГЛАВА ВОСЬМАЯ

СКАЗОЧНИК И ВЕСТНИК

Мы сказали уж, что наступил день Герасима–грачевника. Было время за полдень. Василий Федорович Образец, по русскому обычаю, отдохнув после обеда, спешил умыться, чтобы освежить горевшее от сна лицо. Это сделано без сторонней помощи: медный рукомойник, подаренье знаменитого Аристотеля, повешен над лоханью, чистою, будто сейчас вышла из рук деревщика. Чудный дар! тронешь снизу прутик, и вода бьет из него ключом. Браный утиральник, обшитый тонкими кружевами, рукоделье Анастасии, висел на гвозде, всегда к услугам хозяина. Роговой гребень, помоченный в квасу с медом, пройдя по белым прядям волос его, пригладил и умастил их. Хорошо ли была сделана уборка, нельзя было самому знать, потому что в тогдашнее время зеркал мало кто и видывал. Тот же Аристотель подарил было Анастасии кусочек зеркала; да как жильцы каменных палат посмотрелись в него и, наше место свято! оборотили в стекло свои лики, да как увидели, что нечистый отводит глаза и шутит над ними, так закинули волшебное стеклышко в поганое болото, не сказав про то фрязу. Убравшись, помолился старец, надел летник и перешел в клеть, которую называл своею оружейною. Это была горница довольно пространная. На стене, красовавшейся переплетами кирпичей, висели железные шишаки грубой работы, колонтари (латы), писанные серебром, и простые, железные, на которых ржавчина въелась кровавыми пятнами, кончары (оружие вроде меча и кинжала, немного поменее первого и поболее второго), из коих некоторые были с искусною золотою насечкою и украшениями, изобличающими восток, палицы, сулицы (метальные копья), шест опер, знак воеводства, как ныне маршальский жезл, и несколько железных щитов с конусными выемками. В углу стоял на искосе образ Георгия–победоносца. От стен несколько отсторонились две лавки, покрытые суконными полавочниками; между ними вытягивался дубовый стол, девственной чистоты, с резными ножками и ящиками, а на нем стояли оловянник и серебряная стопа и лежала серебряная черпальница. Перед столом, на почетном месте, чванилась своею узорностью диковинная седальница, вроде складных кресел, изобретения и мастерства какого–то фряза.

Образец напенил стопу янтарного меду и едва осушил ее, как докладчик – кольцо, застучал в столб приворотный и послышался сторожевой лай. Видно было по лицу хозяина, что пришли к нему гости жданные. Это вскоре оправдалось; посетители вошли к нему без доклада. Один был старичок небольшого роста, начинавший уже горбиться под ношею лет; темные волосы слабо тенили серебряные кудри его; от маковки головы до конца век левого глаза врезался глубокий шрам... но вы уж, вероятно, узнали странника и сказочника, Афанасия Никитина. Скажем только, что он здесь казался десятью годами моложе, нежели мы его видели в тюрьме Дмитрия Иоанновича, хотя был промежуток между этим и тем временем более двадцати лет. Еще прибавить надо: здесь лицо его носило свежие следы полуденного солнца, принесенные из недавнего путешествия в Индию, и потому сильный загар в конце зимы давал ему какую-то чуждую русским физиономию. Не знаю, упомянул ли я в первом рассказе о нем, что добродушие прижилось на этом лице. Другой гость был дитя, лет под четырнадцать, пригожее, живое. В больших голубых глазах его вы могли ясно видеть, что ум был всегда на страже у этого любимца божьего; он поднимал голову с какою-то благородною самонадеянностью и осанкой. Кудри его белокурых волос худо повиновались ножницам – остриженные в кружок, по-русски, они, назло им, вились своенравно и образовали на голове род венка. И старик и мальчик носили русское платье, только первый очень бедное, другой, напротив, из тонкого немецкого сукна, с опушкою соболя. Несмотря на это видимое превосходство состояния, последний давал первому почет везде, где только имел случай показать ему свое уважение. Оба, вошедши в клеть, сотворили три крестные знамения перед иконой, произнеся: "Господи помилуй!" – и потом поклонились хозяину, с приветствием: "Подай, боже, здравия!" Старичок остановился у дверей и положил близ них свой посох.

– Здорово, Андрюша, – сказал Василий Федорович, сидя, с роскошным самодовольством, на креселках своих, кряхтевших под дородною тяжестью его, и поцеловал в маковку мальчика, к нему подошедшего; потом обратясь к старику, примолвил: – Добро пожаловать, Афоня! Садись-ка на большое место: сказочнику и страннику везде почет. Потешь же нас ныне словом о том, как в Индусах войну ведут, оллоперводигер.

Употребляя это варварское слово, Образец подшучивал над сказочником, любившим в своих повестях примешивать очень часто какие-то непонятные слова, которые называл индустанскими.

– Воевода на упокое, как старый сокол, хоть и летать на охоту невмочь, а все рвется туда крылами соколиными. Будет, боярин, по-твоему сказанному, как по писаному. Хлеб-соль твою не уроним в грязь, – отвечал старик, помещаясь с бережью на лавку. – Не замарать бы полавочника, батюшка? кажись, сукнецо-то заморское.

– Постелем и другой тогда; не занять взять. Ну, что твой отец, Андрюша? – прибавил Образец, держа мальчика между колен и положа ему руку на плечо.

– Все грустит что-то: Иван Васильевич дает ему мало места под Успенье.

– А ему небось хотелось целый город захватить?

– Ведь он храм богу, создателю мира, будет строить, так надо ему простор, – отвечал мальчик с гордостью.

– Люблю Андрея за умную речь! – воскликнул боярин с умилением. – Однако время терять попусту не для чего. Слетай к своей крестной матери и позови ее сюда, слушать-де рассказы странника Афанасия Никитина.

И Андрей, сын зодчего, Аристотеля, полетел исполнять волю боярина. Из клети, которую покуда будем звать оружейною, железные двери, запиравшиеся сзади крюком, а на этот раз отворенные, вели в темные переходы; отсюда, по лесенке с перилами, можно было пробраться в терем Анастасии. С другой стороны, из задних покоев боярина, на правом крыле дома, вилась к тому же терему другая лестница, и обе, будто играючи, сходились в теплых верхних сенцах, разделявших покои Анастасии от клети ее мамки. Андрей, достигнув этих сенцов, постучал в дверь, обитую войлоком, и, настроив свой голос, сколько мог грубее и вместе жалобнее, завопил:

Детушки, мелкота,
Отворите ворота:
Я, мать ваша, пришла,
Молока принесла...

Из-за двери послышался приятный голос:
— Перепугал ты меня, волчонок!.. Что тебе?
Тут посланный рассказал, зачем пришел. Слышно было, как щелкнул крючок, и вслед за тем вышла Анастасия, неся подушечку с кружевным изделием. Радость живописалась на прекрасном лице ее.
— Здорово, голубчик, — сказала она, поцеловав своего крестника в голову. Он взял от нее подушечку, и оба, как птицы, перелетели в оружейную клеть.
— Подобру ль поздорову, дедушка? — спросила Анастасия, поклонясь низенько страннику, и спешила с своим рукодельем уместиться близ него на лавке. Крестник расположился на колодке у ног Образца.
— Вашими молитвами плетемся понемногу, шажком да с оглядкою, — отвечал Афанасий Никитин. — Ты все ли по-прежнему катишься, моя жемчужина перекатная, ты ль у батюшки у родимого, на ладонушке? Уселись ли вы, мои милостивцы, и готовы ли опять слушать о моем грешном хождении за три моря, за синие, волновые, а первое море, — не забудьте — Дербентское, или дория Хвалынская, второе море — Индейское, дория Индустанская, третье море — Черное, дория Стамбульская.
Моря эти были коньком тверчанина; они, казалось, служили в его рассказах то позой, то припевом.
— Уселись, — сказал Образец, и все в клети сделалось внимание.
Как хорошо расположились эти четыре фигуры! Как пригож этот старец, без бурных страстей, без упрека оканчивающий свой земной путь! Кажется, так и видишь его в белой чистой одежде, готового предстать перед верховного судью. Образец надо всеми господствует летами, широкою, могучею осанкой и патриархальным видом. Перекрестив руки на посох, он закрыл их бородой, пушистою, как тонкое руно агнца; румянец здоровья, приправленный стопою крепкого меда, сквозит сквозь снег ее, густо покрывший щеки. Он с особенным вниманием и удовольствием слушает рассказчика: это удовольствие прикорнуло на устах его, ярко просвечивает в его глазах. Изредка насмешливая улыбка перебегает по губам, но видно, что это невинное дитя иронии, вызванное на свет из души незлобной хвастовством Афони, а без этого грешка, знаете вы, ни один сказочник не обходится. То, покоя спину на отвале кресел, он закрыл глаза и, положив широкую, мохнатую руку на голову Андрюши, тихонько, нежно перебирает мягкой лен его волос. На лице его удовольствие любопытства

51

сменилось умилением; он не дремлет, но, кажется, забылся в сладких грезах; старцу мечтается милый, незабвенный сын, которого он ласкает. Когда он открыл глаза, на белых ресницах остались следы трогательной беседы его с неземным гостем. Но когда он заметил, что слеза, изменившая его тайне душевной, возмутила собеседников и встревожила дочь, прежнее удовольствие снова озарило его лицо и водворило общее радостное внимание. Как хорош и этот сказочник Полифем, этот чудный выродок между невежеством своих соотечественников, гонимый духом любознательности с колыбели Волги к истоку Ганга, с торгового прилавка, под сенью Спасова дома, в храм, где поклоняются золотому волу, не понимающий, что он совершил подвиг, который мог бы в стране просвещенной дать ему славное имя. Он рассказывает свой подвиг то с простодушием, то с лукавством младенца. О! и этот, конечно, будет в числе тех избранников, которых господь любил ласкать и о которых говорит, чтобы не возбраняли им подходить к нему. А дочь Образца, юное, прекрасное творение, возбуждающее чувство удивления в художнике, который понимает красоту, и между тем не знающая, что она так хороша, невинная, неопытная и между тем полная жизни, готовой перебежать через край! Посмотрите, как руки ее, не доплетя заделанного узора, поднялись и остались в этом положении. Она вся внимание, она ходит со странником рука об руку по берегам Ганга; лицо ее горит, будто от тамошнего солнца; глаза, вслед за воображением, пожирают пространство. А это дитя, переброшенное из померанцевых рощей Авзонии, из гондолы, качаемой под гармоническую песнь любви волнами Адриатики, на снежные сугробы Московии, чтобы найти в ней новое отечество с его верой и обычаями? С каким удовольствием поддается он ласкам Образца, которые, понимает он очень хорошо, принадлежат не ему! С каким вниманием слушает рассказы странника! Ни детские приманки, ни дары и игры, так обольстительные в его лета, не могли б оторвать его от умной беседы со старшими. Он уж не по летам сильно сочувствует всему доброму, великому и доблестному. Будто молодой конь на зов военной трубы, он готов, кажется, по первому призыву долга ринуться в битву с неправдою и насилием. Как тепла эта семейная картина! каким полусветом домашнего счастия, тихих, невинных нравов освещена она, будто патриархальное семейство под лучом лампады, горящей перед образом божественного младенца!

Мы сказали, что все сделалось внимание; надо пояснить что, прежде чем настоящий рассказ оковал общее внимание, был еще следующий прелюдий.

Когда слушатели уселись, Афанасий Никитин спросил дочь Образца, помнит ли, что прежде им рассказано.

– Оборони боже забыть! – отвечала Анастасия. – Ты так хорошо рассказываешь, дедушка, будто все наяву в очах моих деется. Пожалуй, я тебе повторю вкратцем. Пошел ты из своей родины, изо Твери, от святого Спаса златоверхого, с его милостью, от великого князя Михаилы Борисовича и от владыки Геннадия; потом поплыл Волгою, в Калязине взял благословение у игумена Макария; в Нижнем-Новгороде ждал татарского посла, что ехал восвояси от нашего великого князя Ивана с кречетами; тут же пристали к вам наши русские, что шли по-твоему в дальнюю сторону, и с ними потянул ты Волгою. На какой-то реке напали на вас татаре, и поднялась у. вас с ними сеча кровавая, и многие из вас положили тут головы; здесь-то порубили тебе, бедняжке, череп и глаз. Недаром я этих татар не люблю, как будто сердце вещует и мне от них беду.

– По мне поганее немцев народа нет, – перебил боярин, пользуясь этим случаем, чтобы излить на них свою ненависть.

Анастасия продолжала:

– Море Дербентское, сказывал ты, дедушка, бездонное. Когда русалки полощутся в нем и чешут его своими серебряными гребнями, летишь по нем, как лебедь белокрылый; а залягут с лукавством на дне и ухватятся за судно, стоишь на одном месте будто прикованный: ни ветерок не вздохнет, ни волна не всплеснет; днем над тобою небо горит, и под тобою море горит; ночью господь унижет небо звездами, как золотыми дробницами, и русалки усыплют воду такими ж звездами. А как взбеленятся они и учнут качать судно, так подымут его высоко–высоко, кажись, можно звездочку схватить, и потом окунут на дно и разобьют в щепы о камень, если не успеешь прочесть: "Помилуй меня, боже!" От одного помышления сердце обмирает, а все–таки поплескалась бы на этом море сизой утицей, белою лебедушкой.

– Ах, ты моя ластовица , сладкоглаголивая, щекотливая, – прервал странник. – Ты словно летала со мною по морям. Правда, много горя и бед претерпел я, грешный раб божий! Да и то к слову молвить: охота пуще неволи. Вот я не больше был Андрея Аристотелева, а едва ль не все Тверское княжество обошел. Бывало, что лето, то уйду с богомольцами, куда они поплетутся, или пристану к обозу купеческому. Подрос, и замыслам моим не было конца. Идти да идти далеко, на край света, поглядеть своими очами, что делается в божьем мире, какие звери, птицы, люди живут в разных странах! Все это хотелось мне посмотреть, словно, прости господи, какой дух во мне сидел и приказывал мне странствовать. Да и ныне, вот как сижу на святой Руси, в палатах белокаменных, в тепле, на суконных полавочниках, у боярина–хлебосольца, и пью его меды сладкие, сознаться ли вам, мои милостивцы, и ныне сердце просится за тридевять земель в тридесятое царство. Был я на востоке солнечном, хотелось бы теперь на запад; да немощи одолели... Однако воротимся к нашему грешному странствию, за три моря за синия, оллоперводигер, а первое море...

Нетерпеливая Анастасия перебила его речь:

– Помним, дедушка, помним, много ты бед и горя претерпел. У кого из вас что было на Руси, тот пошел на Русь, а у кого ничего не было ни на душе, ни за душой, поплел, куда глаза его понесли. Ты пошел в Баку, где горит из земли огонь неугасимый. Господи, господи, как мудрено земля твоя устроена! А потом взял ты велик день в Гурмузе, где солнце палит человека, будто варом обдает. И пришел ты наконец в стольный град великого султана индусов. А в той стране есть обезьяны, с руками и с ногами и со смыслом человеческим, только что не говорят по–нашему. Обезьяны те живут в лесу, и есть у них князь обезьянской; когда кто их обидит, жалуются князю своему: придут на град, дворы развалают и людей побьют. Еще в той стороне есть птица гукук, летает по ночам и кличет: кук–кук; на которой хоромине сядет, тут человек умрет. А если кто захочет ее убить, у ней изо рта огонь выйдет.

Вдруг при этих словах послышалось "тук, тук", будто кто клевом долбил, а потом крик ворона (может статься, и вороний). Рассказчица онемела; все, кроме Андрюши, озирались друг на друга и сотворили крестное знамение, приговаривая: "С нами сила крестная! Господи, спаси от беды!"

Веселый вид мальчика и умные шутки его скоро рассеяли их страх. Когда они пришли в себя, Афанасий Никитин, покашливая, перенял рассказ от дочери хозяина.

– Индустанская земля людна вельми и пышна вельми, – начал он...

– Ты опять отобьешься от речи, как в индусах войну ведут, – перебил воевода, желавший, чтобы рассказом о ратных делах отвели совсем душу его от грустного впечатления, сделанного не нее криком ворона.

– А вот сейчас, милостивец, к этому-то речь и веду. А первое-то море Дербентское...

– Или дория Хвалынская, оллоперводигер, – прервал, смеясь, Андрюша. – Мы это, дедушка, давно знаем.

Воевода погрозил на него пальцем; Анастасия навела странника на настоящий рассказ его, который он так продолжал:

– Салтана носят на кровати золотой; над ним терем аскамитный с маковицей золотой, а над ней горит яхонт с куриное яйцо. Перед салтаном ведут до двадцати коней в санях золотых, за ним на конях триста человек, да пеших пятьсот, да трубников, варганников и свилельников по десяти человек. А коли выезжает на потеху с матерью и с женою, с ним человек на конях десять тысяч и пеших пятьдесят тысяч, слонов триста, наряженных в доспехи золоченые, с городками[15] на них коваными, а в городках по шести человек в доспехах, с пушками и с пищалями. А на больших слонах по двенадцати человек, да на всяком по два прапорца[16], к зубьям повязаны великие мечи по кентарю[17], а к рылу великие железные гири; промеж ушей сидит человек в доспехах, с крюком железным, которым его правит. Перед ним идут по сту трубников и плясцов, да коней простых триста в санях золотых, да обезьян за ним сто, да позорных женщин сто. А на салтане кафтан весь сажен яхонтами, шапка – верх алмаз великой: при солнце так и слепит глаза, словно блиставица[18]; сайдак[19] золотой усыпан яхонтами, да три сабли на нем, золотом кованы, седло золотое и снасть[20] золотая, и все золото. За ним благой слон идет, весь в камке наряжен, цепь железная во рту, обивает коней и людей, кто бы ни наступил близко на салтана. В его же салтанском дворе семеро ворот, а в воротах сидит по сту сторожей да по сту писцов-кафаров: кто пойдет, они записывают, и кто выйдет, записывают. А двор его чуден вельми, все на вырезе да на золоте, и последний камень вырезан да золотом описан вельми чудно. Бутханы[21] их без дверей и ставлены на восток. Бут[22] вырезан из камня из черного, вельми велик; хвост у него через него, руку правую поднял высоко да простер ее, аки Устенеян[23], царь цареградский; в левой руке у него копье, а на нем нет ничего; видение у него и зад обезьянские. Перед бутом стоит вол вельми великой, вырезан

---

[15] башенками. (Прим. автора)

[16] знамя. (Прим. автора)

[17] quintal, вес. (Прим. автора)

[18] молния. (Прим. автора)

[19] колчан. (Прим. автора)

[20] сбруя. (Прим. автора)

[21] Храмы. (Прим. автора)

[22] Идол. (Прим. автора)

[23] Юстиниан. (Прим. автора)

из черного камня и весь позолочен; у него рога окованы медью, на шее триста колокольцев, и копыта подкованы медью. И целуют его в копыто, и сыплют на него цветы. Внутрь в бутхан ездят на волах. Индеяне же вола зовут отцом, а корову матерью. Анамаз же[24] их на восток: обе руки поднимут высоко и кладут на темя, потом ложатся ниц на землю, да все растянутся по земле – то их поклоны. Индеяне не едят никакого мяса: ни яловины, ни баранины, ни курятины, ни рыбы, ни свинины. Когда едят что, кроются от бесермен, чтобы не посмотрел кто в горнец и в яству; а только посмотрит кто, и они той яствы не вкушают. А едят, покрываются платом, чтобы никто не видел их. Когда ж есть садятся, умывают руки и ноги, и рот поополаскивают. А кто у них умрет, и они тех жгут, да и пепел сыплют на воду...

И много, много рассказывал одноглазый странник о нравах и обычаях индейцев, и дошел он наконец до того, как в Индусах войну ведут. Тут застучал докладчик, кольцо – и оборвал нить его рассказа. Послышался конский топот и вслед за тем суета слуг на дворе и в сенях. В оружейную вбежал Хабар–Симской и хотел что–то говорить, но отец предупредил его.

– Не в басурманы ли готовишься, Иван, что входишь в клеть не перекрестив лба, не поклонясь добрым людям? Голова, что ли, свалится с плеч от этого поклона?

Сын Образца, покраснев, спешил сотворить перед иконою три крестные знамения и поклониться страннику и Андрею; потом стал в уважительном положении и сказал:

– Дело было к спеху... приехал от Ивана Васильевича дьяк Бородатый.

– Давно ли буйная головушка стала бояться государевых дьяков? Разве набедовал что?

– Если бы так, не стал бы кланяться о помиловании, хоть бы великому князю!

– С таким обычаем не мудрено попасть под топор.

– Тогда разве ударю челом, и то матери сырой земле. А теперь нагрянула беда, только не на меня, а на дом наш. Дьяк приехал по приказу государя и поведал мне...

Боярин не дал договорить сыну.

– Пусть сам поведает мне... Видно, длинна борода, да ум короток. Прикажи холопам звать государева посланного и сам встреть его с почетом.

Пока отец с сыном переговаривались, сказочника, Анастасии и крестника ее не стало в оружейной. Боярин, переодевшись в лучшую одежду, нежели в какой был, возвратился в оружейную, чтобы принять дьяка. Этот не заставил себя долго ждать. Сначала показалась исполинская борода, а потом маленький человечек, провожаемый Хабаром, который ухаживал за ним с ужимками.

– Господин наш, князь великой, всея Руси государь, Иван Васильевич, – заговорил, или, лучше сказать, запел дьяк в нос, – от пресветлого лица своего избрал меня, своего недостойного холопа, сказать тебе, боярину: едет к нам от немцев лекарь Онтон, вельми искусный в целении всяких недугов; остается ему до Москвы только три дня пути; а поелику великий государь соизволил, чтобы врач,

---

[24] Моление. (Прим. автора)

ради всякого недоброго случая... от чего сохрани... каковой отпахни от него ангелы и архангелы крылами своими, яко... от чего... каковый...

Оратор смешался, потеряв нить своей речи; но, подумав немного, продолжал твердым голосом:

– Великий государь соизволил, чтобы врач тот, немчин Онтон, находился неподалеку от пресветлого лица его. И потому жалует тебя, боярин, своею милостью, уложил отвести того немчина постоем на твоих палатах, изобрав в них лучшие хоромины с сенцами...

Надо было видеть, что делалось на лице боярина при слушании этого приказа. Он побледнел, губы его дрожали. Немчин, поганый немчин, басурман, латынщик, один из убийц сына его, будет жить с ним под одною кровлею, осквернит святыню его дома, опозорит его старость!.. А делать нечего; примешь страшного постояльца да еще с хлебом–солью, с должным почетом. Таков наказ великого князя. Если б Образец не знал, что Иван Васильевич любит то и гнуть, что противится, и не нашел еще железной души, которой не выковал по–своему, то и в таком случае не смел бы не послушаться. Имя государево, второе по боге, держит грозно и честно по старине, по наказу родительскому.

– Я и все мое божье да государево, – отвечал боярин скрепя сердце. – Выбирай в дому моем клети, которые тебе полюбятся.

– Только не светлицу сестры моей! – воскликнул Хабар. – Не останется тот жив, кто чужой заглянет в нее.

– Молчи, – закричал грозно боярин, – курицу яйца не учат! – Потом, оборотясь к дьяку, примолвил: – Исполняй волю нашего господина.

Скоро выбор сделан, потому что он заранее был назначен Русалкою. Половина к стороне кремлевской стены, где помещались сенцы, оружейная и подле нее угловая горница, были назначены под постой лекаря. Сверх того, обычай требовал угостить государева посланного. Пошли нехотя ходить стопы. На этот раз сладкие меды казались боярину зелием; ничем не мог он запить тоски своей. Крохотный дьяк, которому надо было бы тянуть наперстками, окунулся, как муха, на дно десятой стопы.

Покойся, малютка, до радостного пробуждения!

Воевода ушел на свою половину (которую будем отныне звать хозяйскою) и отдал сыну приказ уложить дьяка и выпроводить с честью домой, когда он протрезвится. Таков был закон гостеприимства, хотя бы гость для хозяина хуже татарина. Но разгульная голова – Хабар – рассудил иначе.

– Погоди, – сказал он, смотря на опьянелого дьяка, – погоди, вещий воронок! я окорнаю тебе крылья, чтобы вперед не летал к нам с худыми вестями.

И Хабар отыскал у сестриной мамки крепкие свивальники и простыню, опутал ею дьяка и свил его, как младенца. Исполинская борода его расчесана и выставлена во всей гордой красе. Когда все это было сделано, умильная, пышная, испеченная рожица малютки улыбнулась. Нет, этой улыбки Хабар не отдал бы за богатые дары; за нее готов он был просидеть целый месяц в черной избе. В охапку дитя свое, – и прямо со двора. Лишь только увидали на улицах вспеленутого малютку с ужасной бородой, встречные, поперечные, торговавшие, работавшие, все бросились к ней и составили шумную, веселую процессию. Восклицания, смех, хохот, крики огласили воздух. Настоящий праздник Момуса! Толпы росли и росли и наконец запрудили улицу. Только те, которые находились поближе к главному виновнику этого торжества, могли понять, что они видели; но чем далее кто был от него, тем чуднее получал о нем вести. Иной кричал: "Родился мальчик с саженной бородой!" Другой: "Упала с неба звезда бородатая!" Кто: "Нашли урода, живую голову с бородою!" И не укласть от Москвы до Цареграда всех диковинок, которые выдавали о бороде! Старость видела в этой бороде кончину мира и пришествие антихриста, молодость рада была посмеяться над невидальщиной. Толкали друг друга, дрались, платили деньги, лишь бы увидать бороду. Вмешались недельщики (тогдашняя полиция); угрозы их, палки, наконец самое имя великого князя – ничто не помогло.

Процессия шла себе далее и остановилась не прежде, как у избы дьяка Бородатого, который успел отрезвиться, но не мог прийти в себя от шуму и сборища, его окружавшего, не мог придумать, что с ним деется. Долго не хотели дворчане впустить к себе своего господина и, только убежденные его голосом и подлинностью бороды, приняли его с бережью на свои руки. Шутка эта дошла скоро и до хоромин великокняжеских.

Между тем как происходила эта потеха, затеянная удалым Хабаром, какой ужас наполнил дом отца его, когда узнали домочадцы, что между ними поселится немчин! Еще более усилился этот страх вестями с разных сторон об ужасном постояльце. Одни уверяли – он держится жидовской ереси; другие – он сам жид и везется в русскую землю своим братом, евреем; иные прибавляли – он колдун, морит и воскрешает зельями, костями мертвых, нашептывает судьбу над кровью младенцев, в черепе человеческом, приворачивает к себе крюком, сделанным из когтей нечистого... Чего еще страшного не говорили о нем? И облик–то у него должен быть нечеловеческий, какая–нибудь харя с клыком и с совиными ушами! Каков постоялец!.. Пришли черные дни на Образца и семейство его. Сам он будто во второй раз потерял сына и овдовел; сын негодует и пылит, что горный поток шумит, дочка, наслушавшись ужасов, то дрожит, как осиновый лист, то плачет, – что река льется. Не смеет она и выглянуть из волокового окна своего терема. Зачем Василий Федорович строил такой красивый дом? зачем строил его так близко от государевых палат? Видно, во всем этом соблазнил его лукавый: хотел похвастаться невидальщиной. Грех попутал!.. Что станется с ним, сыном и дочерью? Лучше б не родиться никому из них!..

А вся беда оттого, что у боярина в доме станет постоем немчин!

Придумали, однако ж, все возможное, чтобы поганый дух с православным не сообщался. Опять окропление! опять курение, так что сквозь сизую пелену дыма трудно различать предметы! Опять моления с земными поклонами об ограждении от бесовского наваждения! Вот и медный крест с шумом и завыванием прибит над отделением постояльца, как будто последний гвоздь, которым приколачивают крышу над гробом милого человека. Этого мало: нечистые уста басурмана могут ли, должны ли прикасаться к той посуде, из которой вкушают православные, крещеные! Статочное ли дело! Купили новые оловянные мисы, черпальцы, чары, скляницы и прочее и прочее, что нужно было для стола немчина. Все это не должно уж никогда переходить на половину православную и после выезда его обречено всесожжению. Двор разгородили высоким тыном, сделали другие ворота на половину басурманскую. Для услуги лекарю Онтону назначили паробка, лет под двадцать, а почему именно его – была важная причина. Он был без роду, без племени, круглый сирота: эта причина заставила бы наших предков еще более заботиться о нем. Нет, не потому обрекли его на жертву, будто на съедение змею-горынычу, а потому что он был недокрещенец, (другого имени ему не знали). В то время, как его крестили, поднялась ужасная гроза, и великое таинство не было докончено. Это натвердили ему с малолетства. Какой веры был он, сам не знал, и потому не ходил никогда в церковь. Как нарочно, готовый слуга басурману!

ГЛАВА ДЕВЯТАЯ

ПРИЕЗД И ВСТРЕЧА

Не надобно думать, чтобы тогдашние дороги (то есть в XV веке) походили на нынешний шоссе от Москвы до Петербурга!!
Клятва при гробе господнем, Полевого

По смоленской дороге, верстах в семи от Москвы, ныряло в снежных сугробах несколько саней, длинных-предлинных, с беседками из обручей, обтянутых парусиной, наподобие тех повозок, какие видим и ныне у приезжих к нам из Польши жидов. Высокие, худощавые лошади, нерусской породы, казавшиеся еще выше от огромных хомутин, испещренных медными полумесяцами, звездами и яблоками, давали знать о мере своего хода чудным строем побрякушек такого же металла. На передках сидели большею частью жиды. Кажется, я уж сказал, что в тогдашнее время не было выгодной должности, которую бы не брали на себя потомки Иудины. Они мастерски управляли бичом и кадуцеем, головой и языком: один меч им не дался. Особенно на Руси, несмотря на народную ненависть к ним, во Пскове, в Новгороде и Москве шныряли евреи-суконники, извозчики, сектаторы и послы. Удача им вывозила из Руси соболей, неудача оставляла там их голову.

В авангарде, из-под ощипанного малахая и засаленного тулупа, торчала, как флюгер, остроконечная бородка и развевались пейсики, опушенные морозом. Серые, как у сыча, глаза, казалось, пытали даль. Въехав на Поклонную гору, еврей проворно соскочил с передка. Перед ним прекрасный день запоздалой зимы расстилал окружность на несколько десятков верст. Он протер глаза, еще раз остановил лошадей, подскочил к беседке и, ударив по ней бичом, сказал таким радостным, торжественным голосом, как бы дело шло об открытии на безбрежном океане обитаемого острова:

– Kucke, kucke, geschwind, Herr! (Посмотри скорее, скорее, господин!) Вот Москва!..

– Москва?.. – спросил кто-то из повозки таким же радостным, но дрожащим голосом, и вслед за тем вынырнула из беседки голова, покрытая меховым беретом, и выглянуло приятное, разрумяненное морозом лицо молодого человека. – Москва? – повторил он, спустя несколькими тонами ниже: – Да где же она?..

– Вот, вот на горе, меж лесом, – отвечал еврей; но, заметив, что на лице его спутника набегало неудовольствие обманутого ожидания, он прибавил с смущением: – Азе на вас трудно угодить, господин! Вам, мозет быть, хотелось бы Иерусалима!.. Зацем зе вы не зили во времена Соломона? А мозет статься, вам хоцется Кролевца, Липецка или еще цего?

– Да, по твоим словам, честный Захарий, чего–нибудь подобного! – отвечал насмешливо молодой путник и погрузился вдаль. Он все еще искал Москвы, столицы великого княжества, с ее блестящими дворцами, золотыми главами величественных храмов, золотыми шпилями стрельниц, вонзенных в небо, и видел перед собою, на снежном скате горы, безобразную груду домишек, частью заключенную в сломанной ограде, частью переброшенную через нее; видел все это обхваченное черною щетиною леса, из которого кое–где выглядывали низенькие каменные церкви монастырей. Река, в летнее время придававшая городу много красоты, была тогда окована льдами и едва означалась извилинами снежных берегов своих. Правда, Москву обсели кругом многочисленные села, слободы и пригородки, отделенные от нее то полями, то лесом и кое–где державшиеся за нее нитями длинных концов; правда, что мысль о соединении всех этих слобод, пригородков и сел должна была изумить огромностью будущей русской столицы; но первое впечатление, полученное через глаза, было сделано, и Москва заключалась для наших путников в том тесном объеме, который и доныне посреди города сохранил имя города. Может статься, в это самое время Антон вспомнил душистый воздух Италии, тамошние дворцы и храмы под куполом роскошного неба, высокие пирамиды тополей и виноградные лозы своего отечества; может статься, он вспомнил слова Фиоравенти: "Пройдя через эти ворота, назад не возвращаются"; вспомнил слезы матери – и грустно поникнул головой.

Из этих дум вырвали его голоса, кругом раздавшиеся:

– Москва, Москва, синьор Антонио! – и повозку его обступили человек пять, разных лет, в зимних епанчах. Школьники, возвращающиеся домой на вакацию, не с большею радостью приветствуют колокольню родного села.

– Да какой негодный городишко! – сказал один из них.

– Кочевье дикарей! – примолвил другой.

– Заметьте, и домы их строены, как шатры, – присовокупил третий, – первое бедное основание зодчества!

– Мы все это исправим! Недаром же и звали нас сюда! – Мы построим дворцы, палаты, храмы. – Опояшем город великолепною стеной. – Взнесем бойницы. – Начиним их пушками... О! через лет десяток не узнают Москвы...

– А что делает наш Фиоравенти Аристотель? покуда видим груды кирпичей на горе и под горою.

– Собирается на дело!.. – воскликнул насмешливо один из спутников, покручивая ус.

– Десять лет думает, а в одиннадцатый придумает...

– Зато и творит вековое, а не поденничает, – перебил Антон с благородным гневом. – Кто из вас помогал ему выпрямить колокольню в Ченто 8? Вы только зевали, когда он сдвигал del tempio la Magione![25] Вырастите до него, и тогда

---

[25] Колокольню святой Марии в Болони. (Прим. автора)

померяйтесь с ним. А теперь... берегитесь!.. он одним гениальным взором вас задавит.

– Люблю Антонио за обычай! – воскликнул один из толпы, средних лет, до сих пор хранивший насмешливое молчание. – Люблю Антонио! Настоящий рыцарь, защитник правды и прекрасного!.. Товарищ, дай мне руку, – присовокупил он с чувством, протягивая руку Эренштейну, – ты сказал доброе слово за моего соотечественника и великого художника.

Начавшие хвастливый разговор замолчали, пристыженные речью своего товарища. Вероятно, не смели они затеять с ним спор, из уважения к его летам или дарованиям; а перед упреками Антона смирялись, потому что могли всегда иметь в нем нужду, да и рыцарский дух его не терпел жестоких возражений. Тот, который подал ему руку в знак своего удовольствия, был будущий строитель Грановитой палаты[26]. Другие спутники были стенные и палатные мастера и литейщики.

И вот стали они подъезжать к Москве.

Прошло первое неприятное впечатление обманутой мечты, и Антон утешился. Разве для мертвых зданий приехал он в страну отдаленную? разве любопытство влекло его туда? Любовь к человечеству, к науке, к славе – вот что указало ему путь в Московию. Человек слабый требовал к себе на помощь человека более мощного, и он шел на зов его. "Кому дано, с того и спросится", – говорит сам Христос. "Свет, которым он наделен, должен передать другим, покуда он в долгу у человечества. Может быть, труды великие ожидают его, а без труда нет подвига".

Воображение, настроенное этими утешительными мыслями, представило ему панораму Москвы через стекло, более благоприятное. Он привел в нее весну с ее волшебною жизнью, заставил реку бежать в ее разнообразных красивых берегах, расцветил слободы садами и дохнул на них ароматом, ударил перстами ветерка по струнам черного бора и извлек из него чудные аккорды, населил все это благочестием, невинностью, любовью, патриархальными нравами, и Москва явилась перед ним, обновленная поэзией ума и сердца.

В таком расположении духа въехали они в село Дорогомилово. Мальчишки, игравшие на улице в снежки, встретили путешественников восклицаниями на разные голоса. Иные кричали: "Жиды! собаки! Христа распяли!" Другие: "Татаре-бояре! бояре-татаре!"[27]

– Что кричат эти мальчики? – спросил Антон своего извозчика, понимавшего русский язык.

– А цто они крицат? – отвечал жид. – По-немецки это знацило бы: "Здравствуйте, дорогие гости!"

И вслед за тем дорогих гостей приветствовали комьями снега. Потом высыпали из домов разноцветные всклоченные бороды, бараньи шапки, лапти, овчинные в заплатах тулупы, рогатые кички, и все это с лицами, очень неблагоприятными для путешественников. Правда, выглядывал кое-где карий глаз из-под черных бровей красавицы, готовой навесть и праведника на грех;

---

[26] Алевиз. (Прим. автора)

[27] И доныне в некоторых деревнях Тверской губернии встречают этим приветствием проезжих, вероятно, в память прежних своих властителей, татар. (Прим. автора)

улыбка малиновых губ выставляла напоказ ряд жемчужных зубов; выступали и статные молодцы, которых Наполеон с гордостью завербовал бы в свои легионы; но между ними ненависть к иноземцам означалась резкими насмешками. Не для путешественников, однако ж, выступили они толпами из домов; нет, они стремились в Москву, как будто на потеху, на которую боялись опоздать.

– Поспешайте, окаянные басурманы! – кричали они проезжим. – Насилу-то владыки образумились жарить вас... Поспешайте, и вам место будет!

Еврей выгадывал недоброе из этих угроз. Зная, однако ж, что показать страх – напроситься на беду, отвечал с твердостью:

– Кому дурно, а нам будет хорошо! Мы везем к великому князю строителей церковных.

– Исполать господину нашему Ивану Васильевичу! якшается ныне на свою голову с жидами да с басурманами! – закричал один из толпы.

– Валит домы пресвятой богородицы, а на место их ставит палаты и теремы боярские да псарские да сады садит, – прибавил другой. – Беда земская, да и только!

– Иное место свято, где был дом божий, и по сю пору не огорожено, – подхватил третий, – собаки, прости господи, бегают по нем...

– Оттого и пожары московские.

– И страшные видения на небесах.

Так говорил в то время народ русский, недовольный нововведениями и сближением с иностранцами, но говорил там, где знал, что речи его не дойдут до великого князя, который не любил, чтобы ему поперечили или охуждали его дела. Роптали заочно, в глуши, но в самой Москве бояре и народ ходили ниже воды, тише травы. Антон, не понимая речей слободских жителей, догадывался, однако ж, по недоброжелательству, которое выражали их лица, по суровости взглядов, бросаемых на проезжих, что тут живут не кроткие дети времен патриархальных.

Дорога ввела их в бор, опоясавший город. Кресты деревянные, довольно частые, то по дороге, то поодаль в глуши леса, возбуждали в итальянцах мысль о набожности русских; но к этой мысли примешалось бы и чувство ужаса, когда б они знали, что под крестами похоронены несчастные, зарезанные ножом или удушенные петлею. Не только в отдаленное время, но еще и в конце XVIII столетия, леса, окружавшие Москву, укрывали шайки разбойников, и душегубства были нередки.

Мост через Москву-реку, устроенный на козлах, качался от повозок, будто эластический. Немного далее, за селом Чертолиным (ныне Пречистенка), въехали они в пасад Занеглинье. И тут ничто не предвещало столицы великого княжества. Смиренные домики, избушки на курьих ножках, кое-где лачуги, наскоро складенные на пепелищах после недавнего пожара, церкви и часовни во многожестве, но все деревянные и бедные, с огромными навесами кругом, какие и ныне видим еще кое-где в степных деревнях; тот же народ в овчинных шубах без покрыши, множество нищих, калек, юродивых у часовен, на перекрестках, все это не было утешительным предметом для наших путешественников.

Лишь только подъехали они к Кучкову валу, идущему от Сретенского монастыря по Москву-реку, на реке, за Великой улицей (набережной, к стороне Кремля), поднялся дымный столб, все гуще и гуще, так что новые струи дыма образовали исполинскую витую колонну, с украшениями небывалого ордена, подпиравшую небо. Художники несколько минут любовались этим чудным явлением, которому пламенное воображение юга придавало творческую существенность, и мысленно снимали его на бумагу. Напротив, Антон рассматривал его с каким-то грустным предчувствием, хотя соглашался с товарищами, что не пожар причиною этого явления.

У въезда в Великую улицу встретило путников несколько приставов, посланных от великого князя, вместе с переводчиком, поздравить их с благополучным приездом и проводить в назначенные им домы. Но вместо того чтобы везти их через Великую улицу, пристава велели извозчикам спуститься на Москву-реку, оговариваясь невозможностью ехать по улице, заваленной будто развалинами домов после недавнего пожара.

При спуске на реку путешественники могли уже разглядеть, что дымный столб образовался из костра, зажженного на самой реке. Не праздник ли какой, остаток времен идолопоклонства? Не пляска ли вокруг огня? А, может быть, не сожигается ли по-индейски неутешная вдова?.. Народ кричит, смеется, плещет рукавицами; видно, готовится для него потеха.

У самого костра, за невозможностью ехать далее по тесноте народной, остановили повозки. Чудное зрелище ожидало гостей.

Пылал костер сажени две в ширину. В противной стороне послышались радостные, торжественные восклицания. Множество людей везло на себе что-то огромное. Не колокол ли? Но как скоро двуногая упряжь расступилась, увидели клетку с решеткою из толстой железной проволоки и сквозь нее двух человек. Один был молодой, другой – старик. Отчаяние в глазах их, моления, пылающий костер, железная клетка, радость черни... о! наверно, готовится казнь. Западню с полозей долой, и прямо на пылающий костер. Огонь, задавленный тяжким бременем, нетерпеливо закурился; днище начало коробиться и вскоре затрещало. Из клетки послышался стон. Сердце путников оледенело, волосы встали дыбом. Антон и его товарищи просили приставов освободить их от печального зрелища. Им на это отвечали только, что в пример другим совершается казнь над мерзкими, богопротивными изменниками, литвином, князем Иваном Лукомским, и его сообщником, толмачом Матифасом, которые хотели отравить великого государя, господина всея Руси, Ивана Васильевича. Антон стал, через переводчика, объяснять с жаром свою просьбу. Ответа не было.

– Всемогущий богом, – кричали осужденные, кланяясь народу, – нашим и вашим богом клянемся, мы невинны! Господи! Ты видишь, мы невинны, и знаешь наших оговорщиков перед великим князем... Мамон, Русалка, дадите ответ на том свете!.. Иноземцы, несчастные, зачем вы сюда приехали? Берегитесь... Во имя отца и сына и...

Дым обвил их своими складками и задушил слова на устах несчастных.

– Эк мычат! – кричали зрители.

Москворецкий мост, в виду которого происходило ужасное зрелище, кряхтел под народом; перила, унизанные им, ломились от тяжести напора. Напрасно старики и недельщики остерегали смельчаков, слышались только отважные голоса русского фатализма: "Двух смертей не бывать, одной не миновать". И вслед за тем перила затрещали и унесли с собою десятки людей на лед Москвы-реки. Многие ушиблись до смерти.

В это время огонь выбежал на свободу из-под клетки и распустил по ней свои многоветвистые побеги. По днищу разлился пламенный поток. Сквозь пламя означились две темные фигуры. Они крепко обнялись... пали... и вскоре от них ничего не осталось, кроме пепла, которым ветер засыпал очи зрителей. Железная клетка вся озолотилась; по оранжевым прутьям ее бежали кое-где звездочки и лопались, как потешный огонь.

ГЛАВА ДЕСЯТАЯ

ВЕСТОВЩИК

> Что ты за человек?
> – Художеств столько я имею за собою,
> Что, кажется, рожден всеобщим быть слугою.
> Весь свет моя родня, я свет прошел кругом;
> Достатка не имев, кормился языком;
> Живу же, как и все, согласно с нашим веком.
> То плутом иногда, то честным человеком.
> *Хмельницкий*

– Приехал! приехал! – раздалось в палатах Образца, и все, что было живущего в доме, кроме сына его, испуганное, бледное, дрожащее, сперва ахнуло, потом засуетилось. Хотели идти, ноги подкашивались; хотели приказывать, передавать приказания – губы издавали только звуки без слов. Наконец опомнились, отворили ворота. Что ж? это еще не он, не страшный постоялец, а великокняжеские слуги с хлебом-солью от Ивана Васильевича. Несли на блюдах по нескольку пар кур, гусей, индеек, свинину, перепечи, ведерку фряжского вина и – всего не исчислишь на листе, что принесли, как будто для продовольствия целой десятни. Привели также и коня, богато убранного, в дар лекарю. Распоряжал этим поездом боярин Мамон, напросившийся на него, чтобы иметь случай всею тяжестью лица своего налечь на сердце Образца. Когда этот узнал о появлении ненавистного человека в своем доме, тотчас отдал приказ домочадцам не делать никакой встречи лекарю. Сыну ж строго запрещено вступать в ссору со врагом их, тем более что Хабар освобожден был за поручительством отца из-под стражи, под которую взят за проказы свои. Зашипел санный поезд у ворот; процессия тронулась и стала на дворе в два ряда, чтобы встретить приезжего. Действительно, это был Антон. Выскочив проворно из саней, он благодарил Захария за хорошее доставление его на Русь и хотел дать ему денег, но жид не принял их, сказав только:

– Прошу вспомнить обо мне, когда будет вам нужда в чем; я слуга ваш, пока жив.

Любопытство так сильно в человеке, что превозмогает и страх. Несмотря на запрещение воеводы, все слуги его бросились поглядеть ужасного постояльца, кто в ворота, кто в щель забора, кто через забор. Хабар, гордо подбоченясь, высматривал его у своих ворот. Вот покажется ужасная харя с мышиными ушами, вот выглянут клыки, вот захлопают совиные глаза и осыплют вас бесовским огнем. И показался молодой человек прекрасной наружности, статный, ловкий, полный жизни юной и могучей. В голубых глазах его, сквозь облако грусти, которое оставило зрелище казни, проникал луч доброты и привета; губы, осененные тонкими усиками, дарили такою благорастворенною улыбкою, которую нельзя сочинить, а может только вылить родник душевный, не возмущаемый нечистыми страстями. И здоровье и мороз, каждый на свою долю, наложили на щеки его по легкому слою румянца. Он скинул берет, и светлые кудри полились по широким плечам. Он произнес Мамону несколько слов по-русски, какие сумел, и в голосе его было столько привлекательного, что сам лукавый дух, расходившийся в сердце боярина, прилег на дне его. Так вот ужасный постоялец, напугавший Образца и домочадцев его! Вот он наконец! Если это бес, так он принял свой первородный, небесный образ. Все дворчане, смотревшие на него, остались твердо убеждены, что он отвел им глаза.

– Скорее, Настя, посмотри, как он пригож! – говорил Андрюша дочери воеводы, у которой находился в светлице, смотря в волоковое окно, им отодвинутое. – Верь после глупым слухам! Батюшка говорит, что он мне брат. О, как я буду любить этого братца!.. Посмотри ж, душенька.

И сын Аристотелев, уверяя, клянясь, что он не шутит над своею крестною матерью, увлек ее, дрожащую, бледную, к окну. Сотворив крестное знамение, с трепещущим сердцем, она осмелилась взглянуть издали в окошко и – не поверила глазам своим. Еще раз взглянула... смущение, какое-то удовольствие обманутого опасения, какое-то сладостное волнение в крови, никогда еще не испытанное, приковали ее на несколько мгновений к одному месту. Но когда Анастасия опомнилась от этих впечатлений, ей стало стыдно, грустно, что поддалась им. Она уж раскаивалась в них. "Чародей надел на себя личину", – подумала Анастасия, вспомнив слова отцовские. С того времени стала она чаще задумываться.

Наконец путешественник успел освободиться от церемоний приема, отблагодарив щедро дворских служителей. Великодушие его не любило ни у кого оставаться в долгу, хотя возможность часто противилась этому влечению доброго сердца. Он остался один и заперся в своей комнате. Здесь принес творцу дань разумного творения. И это причли ему в худое. Он-де сзывает нечистую силу, чтобы освободиться от святыни, которою его окружали в новом жилище.

Сделан осмотр комнатам. Одна, угловая, была окнами на улицу и к стене кремлевской, другая, бывшая оружейная, на двор. Новое жилище казалось ему довольно приятным.

Вскоре кто-то постучал у двери и доложил о себе, что он, Бартоломей, переводчик великого государя и цезаря Иоанна, пришел с известием об исполнении данного ему поручения. Ему отперли.

Вошел человек лет сорока с небольшим. Как у Бородатого первенствовала борода, у этого брал первенство нос, чудо из носов! Он к корню сузился, а к ноздрям расширился наподобие воронки и был весь испещрен пунцовым крапом.

Губки, умильно вытянутые вперед, как будто готовились наигрывать на флейте; из-под опушки каштановых усов и бороды они казались... казались, тьфу пропасть! уронил сравнение, словно в бездну, и, как ни ловлю памятью, воображением, не могу поймать. Ну, господа, делайте его сами. Маленькие глаза переводчика выражали неравнодушие к женскому полу. И если б сорок лет с походцем, проказы и частые посещения виноградников господних не провели множества значительных иероглифов по лбу его и не обнажили поляны на голове; если б не крапы на носу и если б не одна нога, которая, любя подчиненность, всегда дожидалась выхода другой, то, право, можно бы господина переводчика назвать очень приятным мужчиной. По крайней мере он сам себя считал таким. Самонадеянность эту подкреплял он рассказами о своих подвигах. В Липецке, говорил он, одна девушка от любви к нему утопилась, а жену содержателя книгопечатни, красавицу в полном смысле, он было похитил, как бык Европу 8. За ним гнались, их разлучили. Мужья целого города, составив заговор, посягали на его жизнь. Вследствие чего, прибавлял Варфоломей, вынужден он был перешагнуть Рубикон и бежать в Московию. Здесь выучился он по-русски и начал исправлять должность переводчика немецких бумаг и толмача немецких речей.

Размахнув пахи рысьей шубы, Варфоломей выказал свой опашень из рудо-желтой камки с золочеными пуговицами. Правда, нога его заупрямилась было над своей запятой, но он скоро победил ее, стал в благопристойном положении и доложил, что Аристотеля не застал дома. По приглашению Антона он сел на лавку. Как штукарь выкидывает разом изо рта несколько сот аршин разноцветных лент, стал он выкидывать без перерыву свои пестрые рассказы.

— Располагайте мною совершенно, — говорил он. — Вы, в несколько мгновений, так меня очаровали, что я... что я... ну, право, если бы вы были женщина, я влюбился бы в вас по уши. Уверен, и вы не были б ко мне равнодушны, потому... извольте видеть... какое-то сочувствие непостижимое... не правда ли?

— О, совершенно правда, — отвечал, улыбаясь, Антон.

— Вследствие сего располагайте мною, как вам угодно. Если вам нужно что к великому князю, одно слово, только одно слово... О, великий князь ко мне очень милостив. Вот, например, извольте видеть, эта шуба...

— Вижу.

— Да какая же это шуба! Вы иностранец, вы, конечно, цены не знаете этим вещам. Это рысь, рысь, высокопочтеннейший господин, немного уступает соболю, а соболь и сам цезарь римский считает за драгоценный подарок. Его можно только сравнить с мягкими, пушистыми волосами женщины. А эта шелковая материя нежна, отливиста, упруга, как женское коленочко... А эти пуговицы... не правда ли? блестят, словно зажигательные глазки. Все это дар великого князя за умную службу, и точно великого! Какой государь, если бы вы знали! Сколько новых, небывалых чинов понаделал, и каждый поставил на своем месте! Вот я вам расскажу (здесь он начал считать по пальцам): во-первых, — боярин, во-вторых, — воевода, в-третьих, — окольничий, великий дворецкий (заметьте, есть и младшие), переводчик и так далее: казначей, печатник, дьяк, постельничий, спальничий, сокольничий, конюший, ясельничий, приказчик, шатерничий и многое множество других чинов. Вы, конечно, попадете в один из первых разрядов.

– Много чести. Лишь бы не в разряд постельничих.

– И всем какая дача идет от казны! Сытно едим, славно запиваем медами, тешимся себе, сколько душе угодно, умирать не надо! Славный государь! Жаль только, что привязан к одной своей супруге. А то какой было приготовил я ему букет прекраснейших женщин (он поднял три пальца к губам своим и чмокнул, как бы вкушал что–нибудь очень сладкого). Правда, я затем и поехал в Московию, что думал найти здесь восток... настоящий восток, вы меня понимаете...

– И, вероятно, ошиблись, – перебил Антон, покраснев, как молодая девушка. – Слышно, здесь запирают женщин, и для мужчины невозможна победа, каким бы ни обладал он даром обольщения.

– О, не думайте этого! – воскликнул переводчик с улыбкою самонадеянности. – Гм! мы имели случаи... Но в этих делах надо быть скромным. Самые обычаи не так строги, как рассказывают у вас. Во–первых, на пирушке хозяйка, по приказанию мужа, всегда угощает гостей; она обязана целовать их. Тут упоительные взгляды, крепкие меды – отсутствие мужа в другие города, по делам торговым и на войну, – и не один Парис, хоть бы наш брат, был причиною лютых, сердечных пожаров. Как водится, женщина везде женщина: таинство любви еще более подстрекает ее...

– Но девушки здешние? Они, конечно, не имеют случая видеться с мужчинами.

– Явно нет, а для тайных свиданий всегда находят случай. Водят хороводы в садах, а в садах есть заборы, а в заборах есть щели, сквозь которые можно поговорить и даже сорвать поцелуй. Немая беседа из окошка светелки, там преданная мамушка, услужливый дворник, задобренный пес, и сама калитка затаит свой голос, чтобы помочь любви. У нас, я хочу сказать, у вас, в Германии, замки и покрепче здешних теремов и стражи понадежнее здешних дворчан, да и тут Купидон делает свое. Поверьте, высокопочтенный господин, его владычество там и сильнее, где женщин держат за замками. Русские песни всего лучше это доказывают. Надо вам заметить, я собираю их и уже написал к ним целый том предисловия. Мимоходом признаться, перелистывая его, удивляюсь, как мог я так хорошо написать, и от восторга рыдаю над своим детищем. Но я говорил о песнях. Вот именно в них видите: то лихие соседи подметили свидание любовников, то намутили отцу и матери; в иной песне жена хочет потерять своего старого мужа, в другой жалуется на неверность, в третьей оставляют отца и матерь для какого–нибудь молодца–разбойника – везде любовь женщины, готовой на трудные жертвы, везде разгулье и молодечество мужчин. Хотите ли живых примеров?

– О, это уж лишнее!

– Нет, позвольте, я только намекну... извольте видать, и мы посвящены в некоторые таинства... Вот, недалеко ходить, вдова Селинова. Видите дом соседский, при спуске Константино–Еленовской улицы. Вдовушка без ума от сына вашего хозяина.

– Не от того ли статного, гордого молодца, который стоял у других ворот хозяйского дома?

– Да, этого прекрасного мужчины, сказал бы я, если б не портил его высокий рост.

66

Антон усмехнулся; но, боясь оскорбить рассказчика, сделался по–прежнему внимателен. Переводчик продолжал:

– Если бы скромность не велела мне положить палец на уста, мы могли бы передать вам много занимательного из здешних шашень. Мы таки знаем кое–что... мы вхожи в домы бояр, видаем и жен и дочек их. Но прошу наперед заметить, для получения милостей тех и других надо перейти в их веру.

– Поэтому я никогда не буду пользоваться их благосклонностью, – сказал Эренштейн. – Как же вы?

– Виноват, я окрестился по–здешнему. Чтобы русский вас любил, это условие необходимо. Без того прослывешь басурманом, латинщиком, нехристом, хоть бы вы были самым лучшим христианином; вас будут бегать и гнушаться, вот точно как в Индии париев. Где эта Индия, хоть убейте, не могу вам объяснить, а сказывал мне о ней русский путешественник Афанасий Никитин. Я буду иметь честь вам его представить. Там, извольте видеть, есть часть народа, которых называют париями; эти парии из рода в род презренны всеми, в загоне, в унижении у всех, так что прикосновение к ним есть уж беда; их бегают, как прокаженных. Вот здесь именно, на такой степени, иноверцы. Только под грозною защитою великого князя остаются они в безопасности. Напротив, иноземец, принявший здешнюю веру, в большой чести и любви у русских.

Хотел Антон перебить его, чтобы спросить подробнее о состоянии иноземцев на Руси; но книгопечатник не останавливался и продолжал печатать свои вести не хуже цилиндрического станка.

– Но я, кажется, отдалился от своего предмета. Возвратимся к хорошеньким женщинам: виноват, это моя слабая сторона, моя ахиллесовская пятка. Итак, я говорил о вдове Селиновой. Приятель, друг ее, как хотите назовите, не совсем ей верен. Удалец познакомился недавно... с кем бы, думали вы?.. с гречанкой Гайде, а Гайде – как бы вы думали? – ни более ни менее, как возлюбленная Андрея Палеолога, греческого царя и деспота морейского, шурина великого князя. Вот в какие сани русачок садится!.. Видите, тут надо почаще ощупывать свою голову, цела ли на плечах. Кстати заметить вам, русский и любит махать туда, где опаснее. Мы, немцы, рассчитываем и гадаем, как перепрыгнуть ров или яму, а он уж на том краю или сломал себе шею. Гайде, сказал я, гречанка, а я не сказал вам, как она хороша. Тьфу ты пропасть, где такие красотки родятся!.. (Глаза Варфоломея необыкновенно заблистали и запрыгали.) Подумаешь, прости господи, сам черт выливал ее в какой–нибудь дьявольской форме и всыпал ей в черные очи своего адского пламени. Так и мутят душу и гоняются за вами во сне. Прекрасна, дивно прекрасна! Однако ж я знаю одну московитянку, еще пригожей Гайде, – десяти гречанок не возьмешь за нее. И как бы вы думали, где б она жила? Здесь, в доме, в терему, над вашей головой. Дочка вашего хозяина! Ну, почтеннейший господин, у ней звезды вместо очей, щеки – пылающая заря, а губки... губки... (тут рассказчик стал в тупик, щелкал пальцами, хватал за воронку своего носа, но прибрать никак не мог чего–нибудь подобозначащего к губам красавицы; махнув рукой, он принялся описывать далее)... русой, шелковой косы ее, право, стало бы, чтоб вас, молодца, опутать, а ножки ее на один глоток... Слышите ли? тук–тук над вами... это она касается пола своими ножками... прислушайтесь, какое очарование!

67

Вздохнув, Варфоломей послал от своих выпуклых губок поцелуй наверх.

– А как зовут ее? – спросил, улыбаясь, Антон.

– Анастасия, если хотите нежнее, Настенька.

– Что ж? тут как?.. успехи есть?

– О, и подумать грех! До нее высоко, как до солнышка. Сказать про нее худое язык не поворотится. Горда и сурова, будто королева. Сердце Иоанна молодого и назначило было ей великокняжеское место, да судьбы расположили иначе...

Дверь распахнулась, и появление двух новых лиц подсекло рассказ цитерского вестовщика, который был не без занимательности для Эренштейна.

– Сам Фиоравенти Аристотель, – сказал переводчик и спешил встать с своего места.

ЧАСТЬ 2

ГЛАВА ПЕРВАЯ

ХУДОЖНИК

> Они были поэты, и их вымыслы были так возвышенны, что они сами
> страшились их и пали с трепетом пред своими творениями.
>
> *Н.Надеждин*

– Антонио! милый Антонио! названый сын моего брата! какие боги занесли тебя сюда? – восклицал художник, обнимая приезжего.

Это был высокий мужчина пожилых лет; с головы его бежали в изобилии черные с проседью волосы; вдохновение блистало в глазах; на высоком челе, этом престоле ума, заметно было небольшое углубление – след перста божьего, когда он остановил его посреди творческой думы на помазаннике своем: доброта просвечивала во всех его чертах.

– Хорошо ли приехал? Здоров ли? Доволен ли своим жильем? Не надо ли чего? – Эти вопросы, один за другим, сыпались от излияния горячей, любящей души так скоро, что Антон не успевал отвечать на них. – Сколько лет не видал тебя! Я знавал тебя еще малюткою – вот ты был немного повыше моего... Андреа! – прибавил он, обратясь к своему сыну, который до сих пор неподвижно стоял у дверей и наблюдал в каком-то умилении, с каким-то восторгом свыше его лет, приятную сцену свидания своего отца с незнакомцем. Голубые, умные глаза его горели непостижимым участием к Эренштейну.

– Андреа, – продолжал художник, – что же ты стоишь как вкопанный? что ж не обнимешь нашего Антонио? Он также мой сын – ты будешь ему меньшим братом.

И мальчик бросился с чувствами на грудь названого брата. Антон принял его в свои объятия и целовал в голову.

– Ты будешь любить меня, милый Андреа; не правда ли?

– Я уж люблю тебя, Антонио!

Между тем Аристотель дал знать маленькому чиновнику межеумочного разряда, чтобы он оставил их одних; присутствие нечистого создания расстроивало их союз. Это было немедленно исполнено с таким проворством и ловкостью, что Эренштейн не заметил, как он ускользнул. В этом случае и коротенькая ножка, вместо запятых, делала исполинские восклицания, боясь задержать своего повелителя.

– Письмо от моего второго отца, – сказал Антон, подавая его художнику, – в чаду ваших дружеских ласк, я едва не забыл отдать его.

– Письмо было такого содержания: "Вот сын моего сердца; заступи меня у Антонио, любезный друг: сказал бы я просто, без всяких объяснений, посылая его к тебе. Но он так чудно поставлен на земле, его жизнь так чрезвычайна, что я, скрывая его под твое крыло, должен объяснить, чего ожидаю от тебя при этом случае. Дитя судьбы, юный, неопытный, такой же пламенный мечтатель, как и ты сам, в стране отдаленной, дикой, о которой имя только недавно дошло до нас, он уже по этим правам более другого имеет нужду в дружеских попечениях твоих и сильном покровительстве. Ты любишь меня, горячо сочувствуешь всему прекрасному и, конечно, полюбишь моего Антонио. Не хвалюсь его образованием: я его образователь. Не хвалю тебе возвышенности его ума: ты сам это увидишь. Сердце его чисто, сбереги, мой друг, тайник этот, в который могут глядеться ангелы. Боюсь только одного: душа его так распаляется при мысли о высоком, о благородном, что заставляет его пренебрегать собственною пользою, всеми выгодами жизни. Мне ли тебе говорить! Старайся охладить его кипучие порывы – тебе, который мечтами и сердцем такой же пламенный юноша? Помни, мой друг, месть моя отняла у него знатный род, богатства; один господь знает, чего не отнял я у него и что дал ему взамен, и вознагради за меня Антонио своею любовью, которая для него очень, очень дорога, дороже, нежели предполагать можешь.

Вот тебе ключ к этой загадке.

Когда я увез Антонио годовым ребенком, восторг мой был восторг тигра, который выхватил свою жертву из круга охотников, ходивших на ловитву его. Я поклялся сделать из моего питомца лекаря, и тогда провозгласить его бароном Эренштейном. Пока не выполнил я своего обета, все содействовало его исполнению: и сердце, переполненное местью, и любовь матери, и холодность отца. Но когда мой Антонио сделался лекарем наукою и практикой, сердце мое, побежденное его душевными качествами, любовью к нему, оттолкнуло от себя гласность мщения, которою я хотел оклеймить гордого барона. "Кто давал тебе право, – говорил тайный голос, – наказывать безвинного за виноватого? Твой ли это человек? Какими деньгами, какими победами купил ты его? Его отец мог быть твоим по правам мести; но сын тебе ничего не сделал. Разве из себя самого хочешь создать судьбу?.." Повинуясь этому тайному голосу, я ограничил свое мщение только тем, что написал к барону: "Ваш сын лекарем – не угодно ли вам его к

69

себе?" Между тем, посылая мое письмо через верного человека, винюсь тебе – я дрожал, чтобы барон не образумился, чтобы совесть и природа не заговорили в нем сильнее честолюбия и... он не отнял бы у меня моего Антонио, не разрушил бы очарования всей его жизни. О! тогда отплатил бы он мне местью за месть. Но я вскоре успокоился. Нашлось существо, созданное по образу и подобию божию, носящее имя христианина, которое... поверишь ли?.. и говорить язык не двигается... нашелся отец, который отказывается от сына! И потому отказывается, что этот сын, если и перестанет быть лекарем, все–таки был лекарем. Во всем виден барон!.. Как теперь смотрю еще, стоит передо мной этот господчик на коленах, в слезах, и умаливает, чтобы я не брал его сына, годовой кусок баронского мяса. Бездушный человек!.. На его месте я исполнил бы клятву, данную итальянскому врачу, но отдал бы сына мертвого или мертвому. Теперь, когда это дитя получило душу, просвященную религией и наукою, когда оно образовано, конечно, лучше, нежели бы было в своем дому, между рабством челяди и спесью родителя; теперь предлагаю ему это сокровище, которым могли бы гордиться князья империи, – и барон приказывает мне сказать через доверенного человека, что у него нет сына. Об этом, – прибавляет он, – знает император, двор, светские и духовные власти, и, если нужно отвергнуть клевету, так он надеется на защиту их. В жестокое доказательство, что он навсегда лишил Антонио прав на сердце, имя и достояние родительское, он усыновляет Поппеля, сына умершей сестры, который воспитывался у него в доме вместе со вторым его сыном Фердинандом. Император, сожалея, что он не имеет детей, одобрил его желание и утвердил выбор; в знак же своих милостей почтил племянничка саном рыцаря. Таким образом, барон связал себя и на будущее время. Нельзя ему перешагнуть через слово императора. Если ж, – приказывает он сказать мне, – вздумаю распускать слухи, что у него сын лекарем, так он найдет способы заключить этого сына в такое место, где пленник, конечно, не подаст о себе голоса.

В былое время, мощный телом и духом, я потягался бы с гордым бароном и жестоким отцом. Но теперь гляжу в гроб, мщение мое уступило привязанности к моему воспитаннику; убежден также, что Антонио, узнав о своем рождении, сам не захочет неволею в сынки и наследники, и я радовался, что попыткою у отца его очистил несколько свою совесть, исполнил желание матери и приобрел, как бы во второй раз, своего Антонио. Все мы вошли в круг прежних своих надежд, обязанностей и назначения.

Переговоры мои были в ходу, когда я получил от тебя письмо, которым просишь отыскать врача ко двору московитскому. Узнав содержание этого письма, Антонио с восторгом вызвался занять предлагаемое место. Имея другие виды для него, я сначала наотрез отказался. Но когда получил ответ от барона, когда вслед затем аноним уведомил меня, что если прозвание воспитанника моего не будет переменено, в таком случае его ожидает заключение. Склонить Антонио о перемене имени я не мог надеяться по врожденной гордости его и твердости характера, да и почитал недостойным ни его, ни меня даже разговор об этом. Смерть барона могла еще развязать роковой узел. Между тем мысль, что монастырь, башня, подземелье могли быть его уделом, пугала меня. Ты знаешь, как это легко сделать в Италии, в наше время, когда на вес золота покупаются головы, более знаменитые. Вслед за тем мне уж дано знать верными людьми о покушении на свободу Антонио. Опасения изменили все мои планы, и я благословил его на дальнее путешествие. Старость, немощи, тяжесть грехов сделали меня таким робким, я так люблю его, что готов даже согласиться навсегда расстаться с ним, если можно будет утвердить его благосостояние в Московии, за которое ты наперед ручаешься. По первому письму твоему и в случае согласия Антонио, я тотчас переведу туда все мое имущество, а сам окончу дни в монастыре. Едва ли не половина жизни моей была тяжкий, ужасный грех – удовлетворение мести. Пора думать о будущности.

Как счастлив Антонио своими мечтами! Чудное дитя судьбы, он в совершенном неведении о том, что для него делается и как о нем хлопочут! Он не знает ни о знатности и богатстве своего отца, ни о том, что этот изверг отказывается от него. Счастливое неведение! пускай в нем и остается. Это житель рая, пока он не вкусил запрещенного плода. Наша обязанность оставить его в этом очаровании.

Вот почему, любезный друг, передавая тебе сына моего сердца, передаю с ним и свои опасения, и свои надежды, и его судьбу. Помни, я должник у него весь, душой и телом, здесь и на том свете".

Пока Аристотель читал письмо своего брата, молодой лекарь беседовал с Андрюшей, сидя у стола и окружив одною рукою гибкий, величавый стан малютки. Несмотря на расстояние лет, между ними установилась с того времени постоянная дружба.

– Оба сюда, дети мои, сюда, к сердцу моему, – сказал художник со слезами на глазах, прочитав письмо, и прижал их обоих к груди своей.

Снова расспросы и рассказы о жизни молодого Эренштейна, о воспитании его, о посещении всемирного города, о надеждах, которые повлекли его на Русь. Художник то платил этим рассказам дань слезами, то, воспламенясь любовью к прекрасному, пожимал с восторгом руку лекаря; иногда качал головой, как бы не совсем уверенный в исполнении высоких надежд его. Но эта боязнь, эти сомнения были мгновенны. Огонь, горевший в груди Эренштейна, скоро сообщался вновь душе художника, и Аристотель, забывая горькие опыты, присоединял свои мечты к его мечтам, созидал с ним храмы науки, любви к человечеству, всему прекрасному, и обещал Антону помогать ему во всем. С особенным удовольствием слушал Андрюша их разговор и с какою-то гордостью смотрел то на своего отца, то на любезного немца, как он называл Эренштейна. С своей стороны, Эренштейн, любуясь его умною наружностью, читая в глазах малютки готовый отзыв на спрос его души, наслаждался мыслью, что он действительно найдет в нем брата. И Аристотель восхищался, как счастливый отец, смотря на беседу их взоров, изъяснявшую влечение друг к другу, на ласки, которыми они менялись.

– Худая же была тебе встреча! – сказал Аристотель: – Казнь литвян...

– О, я давно забыл с вами все дурное. Но ты напомнил мне о казни, и в глазах моих мерещатся эти несчастливцы. Какое жестокосердие!

– Потише, молодой человек!.. Гром с неба также убивает, превращает села в пепел, но и растворяет воздух для доброй жатвы: ропщешь ли за то на небо? Частное зло ничтожно, когда спасается целое. Не могу тебе удовлетворительно сказать, но думаю, и казнь литвян полезна не для одной личности Иоанна. Не ослабляет ли она происков Литвы, опасной соперницы Руси? Подозрениям великого князя есть основание. Во-первых, слабость всегда подозрительна, а Иоанн не успел еще так укрепиться, чтобы не бояться за твердость сплачиваемого им здания. Во-вторых, возрастающей силе Руси соседи ее стали завидовать не на шутку, и нет способов, тайных и явных, позволенных и непозволенных, которых бы они не употребили, чтобы сокрушить ее в лице ее государя. Здесь видна тотчас цель строгих мер, убеждение в справедливости их; здесь наказания делаются явно, без всяких утонченностей. Иногда Иоанн играет втемную... но как не простишь ему этих сокровенных ходов, когда во всех последствиях видна польза его государства? Какое жестокосердие, говоришь ты, взглянув на казнь литвян! Но разве скорее извинишь, что делалось и делается в нашей Италии? Разве легче огня в железной клетке ужасы и жестокие насмешки над человечеством, которых ты нагляделся в мелких княжествах Авзонии? Посмотри, что делается в Испании: там учреждена какая-то инквизиция, которая по одному доносу купленного шпиона валит жертвы на костер и сожигает их крупным и мелким огнем. Не оправдываю нигде жестокостей; но если они в землях просвещенных не дают отдыхать окровавленной секире, так извинительней в Московии...

— Готов сдаться на твои доказательства, — сказал лекарь, — особенно когда вспомню, чего насмотрелся в Милане и Риме. Позволь, однако ж, заметить мне: ты защищаешь все здешнее так горячо, как будто Московия твое отечество...

Легкая краска выступила на лицо Фиоравенти Аристотеля. Казалось, он готовился рассказать исповедь своего сердца; но озабоченный присутствием сына, который не должен был слышать ее, предложил ему узнать о здоровье синьорины Анастасии.

— Она такая добрая, милая девица, — прибавил Альберти, — так тебя любит.

Малютка тотчас понял, что его присутствие мешает искренности беседы, и спешил вырваться из объятий нового брата, дружески ему кивнув.

— Знаешь ли, Антонио? — примолвил он, оставаясь у дверей. — Синьорине, к которой я теперь иду, сказали, что ты с рогами и с какой-то ужасной харей.

— В самом деле? — сказал, краснея, Антон. — Постарайся ж разуверить ее.

— Я уж в этом успел. Расскажу после, как все было.

С этим словом плутоватый мальчик выпорхнул из комнаты.

— Ты, может быть, удивляешься, — сказал Аристотель, — что мой Андреа не чужой здесь, в доме. Прибавлю, спальня девушки и божница[28] хозяина ему равно доступны. Иностранцу? Латынщику? — заметишь ты, имев уж случай испытать отвращение, которое питают русские ко всем иноверцам. Нет, сын мой, сын итальянца, ревностного католика, не иностранец в Московии, он настоящий русский, он окрещен в русскую веру. И это по собственному моему желанию, без всякого принуждения какой-либо власти.

— Я думал, что книгопечатник Бартоломей...

Молодой человек не договорил; Аристотель прервал его:

— То есть ты думал, что он один способен на такие перемены. Не стыдясь, говорю: я то же сделал с моим сыном. Видел ты его, моего Андреа? Понял ты это дитя, это сокровище, которое дал мне бог, этот завет жены, и какой, если бы ты

---

[28] образная. (Прим. автора)

знал!.. Фиоравенти его отец, Фиоравенти гордится им, как одним из лучших своих созданий. Да, одним... потому что есть другое, которым – стыжусь тебе сказать – дорожу выше всего. Я самолюбив, эгоист, готов для своей славы, для своего имени жертвовать бог знает чем; одним словом, ты узнаешь меня короче – я безумец... Но в безумной любви моей к себе я не забыл сына, я подумал и о благе его. Не скрою от тебя, мой друг, Московия должна быть моим гробом: это закон необходимости. Я нужен царю ее. Инженер, литейщик, кирпичник, каменщик, зодчий, я все для него; и нет сил, которые исторгнули бы меня отсюда, нет чародейства, которое помогло бы мне возвратиться в отечество мое, пока не явятся люди, способные меня заменить. А они бог весть когда будут!.. Великий князь осыпает меня своими милостями, жалует своею казною, ласкою, приязнью; знаменитые полководцы его, высшие синьоры, не смеют входить к нему без доклада – я это делаю во всякое время; взор, которого дрожат сильнейшие, еще ни разу не обращался на меня с гневом. Но этот же великий князь, этот милостивец и друг, окружил меня такою железною сетью, сквозь которую я не могу прорваться; каждый шаг мой, каждое действие мое ему известны. Зная свою участь, я решился посвятить ему свою жизнь, свои дарования. Может быть, я сам не против этой необходимости, может быть, я сам искал ее. Пускай Московия будет моим гробом, лишь бы над этим гробом поставил я себе памятник, которому некогда просвещенные народы придут удивляться! В этом создании я всего себя положу, и свое отечество, и свои знания, и жизнь, и вечность свою. Но сын, которого завещала мне жена, сын, которого я сам так много люблю... я и о нем забочусь. Великий князь за мои заслуги поклялся не оставить мое дитя, когда меня не будет. Он ласкает его и теперь, как не ласкает детей своих. Я хочу, чтоб Андрей Аристотелев был полководцем...

– Почему ж не художником по наследству?

– Почему, почему?.. Вот видишь, и тут есть безумное самолюбие!.. Я хочу, чтобы в свете был один Фиоравенти – художник. Да, да, узнаешь меня короче, молодой человек! Не одну юность сожигают огненные мечты! И под этим пеплом (он указал на свои седые волосы) кроется, может быть, волкан неукротимый... Но обратимся к сыну. Зоркие глаза Иоанна прочли в душе моей, и Иоанн называет моего Андреа своим полководцем, беседует с ним о ратном деле, разжигает его молодое сердце славою воинскою, а сыновьям своим строго наказывает, на помин души его, не забывать отцовского воеводу. Хорошо, думал я, умру – так он будет богат, в милости у царей русских; но какими глазами, каким сердцем станут смотреть на иноверца, на басурмана, при дворе будущего великого князя бояре, духовные, народ? Меня охраняет теперь от их ненависти и презрения имя строителя церковного, необходимость во мне; теперь меня и других иноверцев охраняет еще грозная воля Иоанна, перед которой все падает – и люди, и судьба. Но властители с таким согласием всемогущего ума и воли родятся веками. Кто поручится за будущее?.. К тому ж я хочу, чтобы и без насилия власти любили моего Андреа... хочу, чтобы все русское, все состояния, народ окружил его приветом, как родного, как соотечественника. Тогда может он подняться высоко... Недолго думал я. Андреа принял русскую веру; крестным отцом был ему Иоанн младой: он же будет сыну моему отцом, когда меня не станет.

– Прости ж мне за необдуманный упрек. Понимаю, я мог бы сделать то же для блага милого, дорогого сердцу существа. Но... теперь другой вопрос. Не сочти его дерзостью молодого человека, которого все права на твое снисхождение в одном имени воспитанника твоего брата, прими этот вопрос только за знак любви к прекрасному. Скажи мне, каким великим памятником зодчества в Московии хочешь передать свое имя будущим векам?

Покраснел снова художник, пожал с восторгом руку молодому врачу и с трепетом губ, пояснявших его душевное волнение, отвечал:

– Да, ты поймешь меня, молодой человек! Твой приезд в страну дикую, на краю Европы, без видов корысти, из одной любви к человечеству, есть уже свидетельство прекрасной души. Цель моя также выполнение идеи высокой, изящной (по крайней мере я так думаю... в этом я по крайней мере убежден). Тебе могу открыть мою душу, мои помыслы. Расскажу тебе и свои страдания и свои надежды, расскажу, как я боюсь умереть, не сделав ничего достойного бессмертия, и чем хочу купить себе вечность на земли. Слушай же меня с снисхождением, которого прошу у твоего доброго сердца для моих слабостей.

– Ты знаешь, – продолжал Аристотель, – что я сделал себе небольшое имя в Италии.

– Памятники художества, которые ты оставил в ней, не дадут ему умереть, хотя б ты ничего более не произвел.

– Нет, друг мой, эти памятники, более смелые, нежели гениальные, очистят мне небольшое место в летописях художества. Опыты еще не подвиги. На подвиг я только что собрался. Когда я жил в Италии, смутно носился в душе моей идеал, которому должно было осуществиться в возможных земных размерах, позднее, именно здесь, в Москве. Еще тогда не давал он мне покоя. Преследуя его, как призрак, и не имея сил выполнить, я изнемогал под бременем тоски невыносимой. И мудрено ль? я – человек, слабое, ничтожное созданье – хотел создать достойный храм богу, дивному богу, творцу вселенной. Все, что ни принимался выполнить линиями, красками, образами, телесными силами, казалось мне бесконечно малым перед тем идеалом, который создала божественная часть меня. Тоска, муки невыразимые! Я призвал на помощь прошедшее и настоящее, спрашивал каждый век, требовал к себе на лицо отжившие и живущие народы, сотни поколений, чтобы каждый из них принес достойную лепту на построение храма богу. И на зов мой распались Парфенон 0, Колизей, Алгамра 0, София, полки окаменелых мифов сошли с своих подножий, пошатнулись пирамиды Египта с своих оснований и стали вокруг меня, как столетние дубы над муравьем, едва заметным для глаза. "Какой храм создашь ты богу, когда мы только гробы для человека? А над этими гробами трудились веки и миллионы людей!" – казалось мне, спросили меня великаны древнего мира, и воображение мое замерло при этом вопросе. И вот. когда на зов мой явились города и народы, когда каждый из них принес мне по одной букве для божественной поэмы, я не мог даже сложить этих разнородных букв в одно гармоническое слово. Мудрено ль? Каждая буква была вдохновение; все они отозвались в душе моей, как дивный хор, составленный из мириады ангелов, сопутствуемый бурею со всех концов света. Голова моя закружилась, сердце замерло; я изнемог... Меня хотели даже запереть в дом сумасшедших: может быть, я этого и стоил. Долго был я в болезненном состоянии. Наконец, спасенный помощью врача, любовью к сыну, я опомнился и на первый голос рассудка решился бежать из Италии, где, думал я, самый воздух распаляет воображение до безумия. Турецкий султан звал меня, чрез дожа Марчелли 0, в Константинополь. Что высокого, изящного, говорил я сам себе, создам для народа, врага Христова, для того, кому и в будущем свете обещан утонченный разврат? Разве фонтаны и бани! разве сераль!.. Сераль, бани, когда основание храма живому богу положено было в сердце моем?.. Я отвергнул золото султана. Затем новый вызов. Этот был от здешнего государя и с предложением построить храм Пречистой божьей матери. С удовольствием... что я говорю? с восторгом принял я новое предложение. И вот я здесь. Здесь, друг мой, думаю осуществить идеал, который столько лет смутно носился в душе моей: теперь я согласил его с возможностью, с силами одного поколения, с волею и средствами одного царя. Я перевожу его уж на бумагу. Когда кончу чертежи, ты увидишь его и скажешь мне, достоин ли он своего назначения. Тогда представлю его суду Иоанна, Софии и митрополита. Но каких трудов, какой борьбы стоило мне, чего еще будет стоить, чтобы привесть мою идею в исполнение! Чего должен я еще бояться от решения светской и духовной властей, расположенных к моему делу, но худо знакомых с прекрасным в искусстве! Ах! если бы ты знал, как дорого куплен мною каждый шаг, подвигающий меня к цели, сквозь какие груды мелочей, щепетильной вещественности, должен я очищать себе путь к этой цели! Не хвастаясь скажу, надо было иметь мою железную волю, мою пламенную любовь к искусству, чтобы не изнемочь под бременем обстоятельств. Представлю тебе только несколько образчиков тех нужд, тех препятствий, с которыми я должен был бороться. Вызванный сюда для построения храма Пречистой, я нашел не только искусство зодчества, самую исполнительную часть ее, самые материалы – в грубом, младенческом состоянии. Прежде чем созидать, надо было мне разрушать научить. Старая церковь Успения, которая отчасти упала при русских строителях, другими частями еще крепко держалась, несмотря на усилия тысячи рук повалить ее. За показанную мною механику барана почли меня чародеем. Не умели делать кирпичей: сколько времени употребил я на обучение этому делу! Своими руками мял глину, делал формы, показывал способы обжигания. Не умели делать известки, и эту я сам учил растворять.

– Кирпич, известку?.. Когда сам бог гляделся в душе твоей?.. Тяжкая борьба духа с веществом! я изнемог бы под ней.

– Тяжело было, это правда; но я не изнемог. О! у меня достало силы и на другие тяжкие испытания. Наступила война с Новгородом. Иоанн из зодчих переименовал меня в розмыслы, то есть в инженеры. Он требовал, чтобы я строил мосты для перехода войск через реки – я строил мосты. Он захотел, чтобы я лил пушки, колокола – я вылил их. Он изъявил желание, чтобы я управлял огнестрельными орудиями – я выполнил его желание. Нужно было чеканить монету – я чеканил для него монету. Одним словом, я сделался всем, чем хотел Иоанн, чтобы я для него был. Не подумай, чтобы все это делал я из любви, из преданности к царю: люблю его, предан ему, как человек благодарный за милости его ко мне; но другие чувства, другие побуждения управляют моими действиями. Я сделался рабом его железной воли, поденщиком ее, чтобы выиграть его милости и доверие, а милости и доверие его нужны мне для исполнения моей идеи. Храм, который хочу создать, исполинского размера: для него нужна мне едва ли не половина кремлевской высоты, сотни тысяч рук, груды золота. Ценою тяжких, едва ли не кровавых трудов, шаг за шагом покупаю у моего властителя каждый аршин земли, сотню рук, горсть серебра. И покуда – признаться ли тебе, мой друг? – одна борьба, одни труды, а победы и в помине нет! Я все еще далек от цели моей; я только выкупил надежду некогда достигнуть ее. Кто знает? может быть, горькая существенность, крайность, невежество убьют мой подвиг в его зародыше; может быть, смерть застигнет меня прежде, нежели я совершу его...

Здесь художник глубоко вздохнул, и слезы выступили на глазах его. Антон пожал ему руку, по сочувствию одной и той же любви к прекрасному, хотя и в разных видах, и спешил облегчить сердце его горячими утешениями, в которых художник так нуждался.

ГЛАВА ВТОРАЯ

РУССКОЕ МОЛОДЕЧЕСТВО

На третий день Аристотель пришел к молодому врачу, чтобы вместе с ним отправиться к великому князю.

– Государь в восхищении от твоего приезда и горит нетерпением тебя увидеть, – сказал художник. – А чтобы лучше понравиться властителю, который любит окружать себя блеском созданного им двора, ты, придворный врач его, явись к нему в лучшей своей одежде. Коня твоего приказал я снарядить; надо сказать тебе, что здесь стыдно знатным людям ходить пешком. Поспешай. Наши кони помогут нам урвать часок у времени, чтобы взглянуть мимоходом на преходящий город. Так называю его, потому что будущая Москва готова встать на пепелище нынешней.

В несколько минут Эренштейн кончил щегольской убор свой, и он уж на лихом коне, в сопутствии Аристотеля и пристава, также верхами. Как хорош был он в своем германском наряде! как приятно отделялся черный бархат епанечки, опушенной мехом, от белизны его лица, и выпадали струи его белокурых волос из-под фиолетового бархата берета, осененного пуком волнующихся перьев! Скромность его звания и врожденный характер не позволяли расточать на одежде золото, которым воспитатель щедро одарил его; и потому проблескивало оно скупо, но со вкусом, только в пряжке берета, в аграфе епанчи и в поясе, державшем у бока его кинжал. Чтобы испытать свою лошадь, он сделал на ней несколько кругов по двору. Как ловко сидел Антон на коне, как мастерски управлял им! И не мудрено: в воспитании его не было презрено ни искусство верховой езды, ни искусство владеть мечом, потому что, – говорил его воспитатель, – все это необходимо врачу. Тебя зовут к больному, за тобою прислали лошадь, какая попалась: скачи на помощь ближнему в бурю, в грозу, ночью, по худым дорогам. Жизнь твоя в опасности; оскорбили твою честь, твое человеческое достоинство: умей защитить и то и другое, умей омыть унижение в крови оскорбителя. Изо всего этого можно видеть, что любая принцесса переименовала бы нашего лекаря в свои пажи или паладины.

Пусто было на дворе боярском, когда они выезжали. На этот раз никто из челядинцев не смел смотреть на басурмана даже сквозь щели забора, потому что он всю ночь провозился с нечистыми. Так изъясняли его заботы до петухов об устройстве походной его аптеки: он не дал себе покоя до тех пор, пока не приготовился выполнить свои обязанности тотчас же по первому призыву страждущего. И вот как невежество перетолковало его полуночные заботы! Пустоте его жилища, отчуждению от него хозяев дома, которые решительно отказывались его видеть, несмотря на приветливые его засылы к ним, он грустно изумился.

– Ты приехал в страну народа–младенца, – говорил ему в утешение Аристотель, – не удивляйся, если он дичится всего нового для него. Подожди, все переделают терпение, время, снисхождение, игрушки и лоза наставника–царя, если нужно будет, когда слишком разблажится младенец. Впрочем, узнавши этих дикарей покороче, ты найдешь в них много прекрасных качеств, полюбишь их и приобретешь их любовь. Увидишь, многое еще осталось в них прекрасного от смеси коренных нравов с тевтонскими, хотя татарщина заморила в них также много хороших качеств.

– Буду еще мечтать о любви их, – сказал Эренштейн, – пока не совсем разочаруюсь.

В это мгновение Аристотель бросил быстрый, зоркий взгляд на терем Анастасии.

– Каково ж? – прервал он усмехаясь. – Недаром молва, что ты чародей, обогнала тебя на пути сюда.

– Я не понимаю, что хочешь сказать.

– А вот что. Мой стариковский глаз поймал сейчас опыт твоего чародейства. Ты не видал, а я видел очень хорошо, как одна из наших московских красавиц, и, конечно, первая из них, осмелилась взглянуть на тебя с жадным любопытством из окна своего терема. Даром что ей представили тебя уродом с рогами и копытами!

– Где ж, где ж она? – спросил молодой человек, краснея.

– Где она?.. Спроси–ка лучше, где молния, когда она уж блеснула. Я видел только огненный взгляд ее черных, итальянских очей, и... боюсь... не было б грозы. Так скоро забыть страшную заповедь отца!.. Долго ль до беды?.. Одиночество... прекрасный молодой человек, в таком близком соседстве... девическое сердце... Ох, ох, синьора Анастасия, боюсь за тебя! Нет, боялся бы, хотел я сказать, если бы не уверен был в моем молодом друге.

Антон пожал ему руку, как бы в благодарность за хорошее мнение о нем, и когда они выехали из ворот, новость предметов, окруживших со всех сторон приезжего и чужеземца, отвлекла его мысли от синьорины Анастасии. Нечего таить, она делалась для него интересною, как таинственная героиня рыцарской повести, скрываемая в очарованном замке.

Выехав из Флоровских ворот и переехав один из трех деревянных мостов, перекинутых через ров, сопутствующий каменной стене от Неглинного пруда по Москву–реку, они очутились на Красной площади. Навес для пушек под именем пушечного двора, балаганов под именем лавок, которые можно было снять и опять поставить в несколько часов, как лагерь, каменный дом московского головы (Ховрина), множество деревянных церквей, достойных названия часовней – вот вам и площадь, называемая Красною. Далее все то же, что и прежде видел путешественник в посадах. Но все эти бедные храмы пылают, освещенные религиозным усердием. В окнах домов не проглянет человеческое лицо, разве изредка таинственно зашевелится тонкая занавес и из-за нее мелькнет атласная ручка или вспыхнет чародейный глаз. По улицам встречается то рабское унижение, то грубое нахальство; прохожий или кланяется едва не до земли, или под грубую народную поговорку свищет вам вслед, так что мороз по коже подирает. Чувство одного привито владычеством татар, другого воспитано грубостью нравов и дикостью природы. Между ними родное молодечество, кровь с молоком, шапка набекрень, кушаком туго подпоясанное, готово поднять вас на зубок или на кулак. Оно ж готово отдать душу за крестового брата, за красную девицу-полюбовницу, за все родимое – мать, землю, царя и веру. Эти оттенки русской народности или чужеземного влияния старался Аристотель объяснить своему товарищу. Иностранцы – татаре, жиды, итальянцы – попадались им нередко навстречу – цемент, которым Иоанн сплачивал без разбора свое здание!

– Ты видишь до сих пор домишки и часовни, – сказал Аристотель, стыдясь за смиренную наружность русской столицы, как бы за свой родной город, – ты увидишь и скромный дворец великого князя и спросишь меня: "Где ж наконец Москва?" На это отвечу тебе: "Москва, блестящая столица Иоанна, вся в сердце, в думе его; а что он только задумает, то должно исполниться, как мысль судьбы". Еще прибавлю: "Москва в художниках, которых ты привез с собою и приехавших до тебя". Не пройдет десяти лет, как она осуществится, и ты изумишься ее превращению. Видишь, сколько иностранцев встречается нам: это все материалы для будущего величия и красоты Москвы. Посмотри, сколько разрушено домов и церквей за оградой кремлевской, и помысли, какую сильную, непобедимую волю должен иметь правитель народа, который осмелился наложить молот разрушения на эту давность и святыню! Зато сколько ропоту произвело это обновление!.. Невежественная чернь не смотрит на будущую пользу; обеспокой только ее настоящее для собственного ее блага. И она негодует. Расскажу тебе, что предположено сделать по моему очерку. Вот, подле твоей квартиры, воздвигнут ворота Флора и Лавра 0, и над ними будет возвышаться прекрасная стрельница. От них потянется красивая стена: она опояшет всю середину города и украсится множеством красивых башен. Каменный дом твоего хозяина и вот этот, головы московского, только первенцы большого семейства, которое не замедлит появиться в свет. Зодчим, приехавшим с тобой, поручено воздвигнуть великолепный палласт для приема послов и дворец для великого князя. Прибавь к этому множество каменных великолепных церквей, которые предположено построить, и соборный храм Успения богоматери, мне порученный. Видишь, огромные материалы, которые стеснили Кремль и налегли на сердце его, и расчисли, что можно из них сотворить: это половина только того, что готовлю для храма. Из этих груд гений Италии должен поставить вечный памятник себе или торжеству над собой вещественности. Горе мне, если победа будет за ней!

– Отдали от себя печальную мысль. Пусть надежда не гаснет в душе твоей и освещает для тебя в будущем твое создание.

78

– Так прочь, печальная мысль!.. Видишь, вот эти сотни домишек, эти десятки церквей сломаются по одному слову Иоанна... Ах друг мой, это будет храм, настоящий храм богоматери! Вступая в него, потомки произнесут с уважением имя Фиоравенти Аристотеля... Да, Антонио, я не умру в нем.

– Кто так пламенно говорит о будущности, презирая мирские почести и корысть, конечно, произведет достойное бессмертия, – отвечал Антон с восторгом.

Долго еще говорили они о построении храма, о прекрасном месте, с которого он будет господствовать над всем городом, и в такой беседе подъехали на высоту у Спаса на бору, откуда можно было видеть всю Занеглинную. Здесь взор молодого человека приковался к двум точкам, которые двигались с двух противных берегов Неглинного пруда. Едва успел он различить, что это были два мальчика. Они столкнулись на средине замерзшего пруда и завязали рукопашный бой. В несколько мгновений на обоих берегах протянулись две линии.

– А? будет потеха! – воскликнул Аристотель. – Кстати, увидишь образчик русского молодечества.

– Что это такое? – спросил Эренштейн.

– Борьба партий, – отвечал художник улыбаясь, – наши Гвельфы и Гибелины. Видишь, два мальчика завязали бой. Но эти искры брошены могучею рукою, и, как скоро сшиблись, ждать большого пожара. Подъедем ближе к месту действия.

И они поспешили на берег пруда, к стороне кремлевской.

Обе линии, составленные из детей, сошлись стена на стену с ужасным криком и смешались в рукопашном бою. Пароль одних был: занеглинные, других городские. Вслед за ними росли и росли новые линии, одна выше, сильнее другой, и наконец явились избранные бойцы. Все схватилось. Бились толпами, рядами, в одиночку. Схватка была горячая, "какой давно не запомнят", говорили старики. Зрители, большею частью люди зрелых и преклонных лет, составили черное кольцо по берегам пруда. Из среды их раздавались похвалы победителям или нарекания побежденным: одни стоили венка лаврового, другие бича. Слышалось беспрестанно: "наша взяла! молодцы!" или "трусы! вороны! блинники!". Только тяжко ушибенные, выбившиеся из сил, или младшие, уступая место старшим и сильнейшим, выбывали из числа сражающихся. Видели изувеченных, но не слыхали ни одного стона. Даже родные, принимая их из побоища, не жаловались, не показывали сильной горести. Бранили только трусов или хвалили удальцов. Оправившиеся от ушиба становились в ряды зрителей и вместе с ними спешили принять живое участие в партии своей возгласами хвалы или пристыжения.

Молодой врач предложил, через Аристотеля, услуги свои увеченным. Вместо ответа отцы со страхом заслоняли от него детей своих и начисто отказывались от этой помощи. Легче было видеть их уродами! Уж конечно, пришедши домой, пускали четверговую соль и уголья на воду и спрыскивали ею свое детище, на которого поглядел недобрый глаз басурмана.

Наконец толпы бойцов стали редеть, голоса утомляться. Но еще трудно было решить, чья сторона взяла. Вдруг с берегов пруда поднялись единодушные крики: "Мамон! Симской–Хабар!" И толпы, как бы обвороженные, опустили руки и раздвинулись. Воцарилось глубокое, мертвое молчание.

– Какие молодцы! – сказал Антон. – Если не ошибаюсь, лицо одного мне знакомо.

– Не мудрено: это сын твоего хозяина. Он прозван от народа Хабаром, что значит выигрыш, прибыль. Едва ли был случай, чтобы сторона его проиграла на кулачном побоище, почему он и заслужил это прозвание. Ныне сыскали ему нового противника и, по–видимому, опасного. Посмотри, какой могучий, ловкий атлет! Отцы их враждуют, сыновья теперь соперники; но здесь, на черте, где они сходятся для единоборства, должны они сбросить всякую вражду, всякое неприязненное чувство друг к другу. Еще объясню тебе: целью ударов их должны быть части тела от шеи до пояса. Горе тому, чья рука посягнет на лицо противника! Это своего рода рыцарское игрище; благородство и здесь девизом сражающихся.

В самом деле, лишь только выборные люди отмерили заповеданный круг, за который бойцы не смели переступить, соперники скинули шапки и низенько поклонились на четыре стороны. Мамон увидел среди тысячей пылающий взор отца, и ничего более, услышал с неглинной стороны громкие хвастливые возгласы друзей. Симской–Хабар увидел спокойный, одобрительный взгляд отца; городская сторона молчала, как стена каменная. Сын Образца взглянул на гору кремлевскую, к Спасу на бору... там, в высоком тереме, было открыто окно и в нем развевалось пунцовое покрывало. Он знал, чья рука выставила этот стяг, и радостно подошел к своему сопернику.

Сошлись оба молодца и поцеловались. Роковая тишина!.. Тысячи боятся дохнуть, боятся хоть на миг отвести глаза от зрелища. Вот соперники померялись взглядами... изготовились. Улыбка самонадеянности блеснула на губах Хабара, легкое содрогание пробежало по губам Мамона.

– Бедный Мамон! прозакладую сто против одного, что сын Образца победит, – сказал Эренштейн, разгораясь более и более. – Каждое движение его есть уж твердый щит и ловкий меч. О, когда бы мне можно было перекрестить острую сталь с этим искусным бойцом!

– Полегче, молодой врач! – отвечал Аристотель. – Кровь твоя говорит напрасно. Ты забыл, что тебе суждено заживлять раны, а не делать их. Для успокоения твоего прибавлю: бой орудиями позволен только в судных делах.

Громкий смех народа прервал это объяснение: он сопровождал падение Мамонова сына, потерявшего равновесие в тот миг, как занес сильный удар на своего противника, который умел мастерски его избегнуть. Недолго думал Симской: он подал руку побежденному и поднял его. Угрюмо, со стыдом, встал молодой Мамон и не поблагодарил даже великодушного соперника. В этом случае он был достойный сын своего отца. Но народ не потерпел этой неблагодарности. Со всех сторон раздались неугомонные крики: "Нечестно! поклонись! голова не свалится! поклонись!" И молодой Мамон вынужден был преклонить голову. Потом новый бой. Взоры каждого бойца стали на страже души; они следят в другом малейшее помышление, малейший оттенок воли. Едва заметное движение руки, наклонение на волос плеча, груди, колена есть торжество или опасность; мысль в один миг угадывает обман или намерение, рассчитывает последствия, пользуется, отражает и сама готовит нападение. Пропусти этот миг, и торжество на стороне противника. Послышался глухой удар – он отозвался в сердце зрителей, – и молодой Мамон пал, как подрубленное с корня дерево. Кровь хлынула у него изо рта. Радостные крики раздались со стороны городских; шум мельничных колес, казалось, вторил им. Победителя осадили приветствия; побежденного окружили родные и друзья и отнесли домой.

Аристотель подъехал к воеводе Образцу.

– Что сделал бы ты, – спросил он его, – когда б твой сын не поднял противника?

– Что? отрекся бы от него, – отвечал воевода и, увидав своего постояльца, к ним подъехавшего, спешил повернуть коня и удалиться.

– Чудный человек твой хозяин, – сказал Аристотель своему спутнику, – боится диавола, как дитя, напуганное сказками своей няньки, ненавидит иноверцев и считает их хуже всякого нечистого животного, из неприятеля на поле битвы готов сделать чучелу, и между тем чести, благородства необыкновенного! Своими руками убьет воина, который оберет пленника, и готов сына убить, если б он посягнул на дело, по его понятиям, низкое.

– Видно, мне суждено узнать его достоинства через других, – сказал лекарь с некоторою досадой. – Хоть бы ты, почтеннейший друг, постарался свести меня с ним.

– Время и время и терпение, – отвечал художник.

ГЛАВА ТРЕТЬЯ

ИСПЫТАНИЕ

Они вошли в хоромины великокняжеские. В это время дворецкий с низкими поклонами провожал жида, вышедшего из внутренних покоев. Несколько дворчан встретило художника и лекаря

– Ты, верно, пожелаешь узнать короче лица, окружающие великого князя, – сказал Аристотель своему молодому товарищу. – По мере их появления и по степени их занимательности буду удовлетворять твое любопытство. Вот этот, что провожает жида...

– Русские чуждаются и христиан, неединоверцев, а государь их сообщается с жидами, – перебил Антон. – Вот каково!

– Для него всякое орудие пригодно, лишь бы ему служило, – отвечал художник. – А этот жидок поверенный знаменитого кафского еврея, Хози Кокоса 1, который доставил Иоанну дружбу крымского хана, а через нее, ни более ни менее, спокойствие Руси. Итак, худенький низенький старичок, который его провожает, синьор кастелян великого князя, Русалка. Хитрец, каких мало! Нужно ли властителю достигнуть нечистым путем цели, полезной для него и для государства, – он делает мост из своего кастеляна, и по нем, не замарав даже ноги, достигает, что ему нужно. Между тем сам Русалка в грязи от пят до головы. Еще недавно состряпал он мастерское дело: самую смерть остановил на несколько часов у одра верейского князя, для того чтобы он успел сделать завещание в пользу Иоанна. А это завещание – безделица! – дарит великому князю города: Ярославец, Белоозеро, Верею, которые между владениями его были, словно

81

бельмо на глазу. Не спрашивай, каким орудием сделана операция: довольно, что с Руси снято бельмо. Этот – боярин Мамон. Ты уж его видел. Удачнее не могли дать ему название. Берегись этого змея, – сказал бы я, – если б он любил скрываться за розовыми кустами. Малютка подле него – дьяк Бородатый, историк походов великого князя. На письме так же кудреват, как завитки его головы, говорит так же протяжно, как длинна его борода. Сердце голубиное, или, лучше сказать, печеное яблоко! На днях сын твоего хозяина сыграл с ним дурную шутку. Вместо того чтобы выпроводить его подобру–поздорову из виноградников господних, в которых уложил его Образец у себя дома, Хабар спеленал его и сделал из него потеху для народа. Великий князь горячо вступился было за своего дьяка; но для этого спокойствие, пища и питье, не отравленные житейскою горечью, так дороги, что он решился во что бы то ни стало кончить дело мировою. Думал недолго добряк и поднес великому князю описание чудных похождений бородатого дитяти. Иоанн рассмеялся и по просьбе малютки, уверившего, что его не оскорбили, а только посмеялись над ним, простил сына Образца. Этот поступок тронул Симского. Он сам явился к оскорбленному с повинною головой. Жаль, здесь нет Курицына: он жаждет с тобою сблизиться. Это правая рука Иоанна; дипломат умный и благородный. Исследованию высоких истин и мировых тайн посвятил он немногие часы, остающиеся у него от дел государственных. Но синьор кастелян выходит опять к нам из внутренних комнат, вероятно, чтобы позвать нас к великому князю.

В самом деле, Русалка пришел объявить им, что господин великий князь Иван Васильевич приказал им видеть свои царские очи: что и спешили они исполнить.

Они очутились в небольшой комнате. Иван Васильевич, облаченный в блестящую одежду, сидел на кресле из слоновой кости, в которой искусная, тонкая чекань греческой работы представила разные случаи из священной и светской истории. До него надо было взойти тремя ступенями, устланными червчатою камкой. По бокам стояли два боярина и возле одного скамейка, а на ней серебряный умывальник, блюдо и тонкое полотенце, кокетливо убранное кружевами. Над креслом висел портрет женщины, очень пригожей. Это изображение, или, как называли предки наши: "царевна, на иконе писанная", было прислано в Москву папою Павлом II тогда, как шло сватовство великого князя за дочь Палеолога. По двум стенам держались ставцы из дуба, на вырезе из злата, в которых за стеклами стояла серебряная суда, назначенная, казалось, для употребления исполинов. Прибавьте к этому две кафельные печи с лежанками, разубранные цветами и грифами – вещь драгоценная в тогдашнее время. На столике, в простенке между двумя окнами, сидел зеленый попугай в своем красивом заточении, грустно повеся нос.

Когда Аристотель, служивший на этот раз переводчиком, представил лекаря, Иван Васильевич зорко посмотрел на приезжего, немного привстал с кресла и протянул ему руку, которую этот поцеловал, став на одно колено. Великому князю, тотчас после осквернения его руки нечистыми устами, поднесли умывальник и блюдо, но он слегка кивнул боярину, исполнявшему эту обязанность, давая ему знать, что она не нужна.

– О, да какой молодой! – сказал он Аристотелю. – У него и бороды нет.

– Умом своим и наукою перегнал он лета, – отвечал художник.

– Правда, у вас, в теплых краях, и люди спеют раньше нашего. Вот приезжал ко мне посол от краля римского, лицарь Николай Поплев, еще не моложе ль этого!

Потом расспрашивал он врача, доволен ли отпускаемыми припасами, не нужно ли ему чего, и когда Антон успокоил его на счет свой, завел с ним беседу о состоянии Италии, о папе, о политических отношениях тамошних государств и мнении, какое в них имеют о Руси. Умные вопросы свои и нередко умные возражения облекал он в грубые формы своего нрава, времени и местности. Довольный ответами Эренштейна, он не раз повторял Аристотелю с видимым удовольствием:

– Правда твоя, из молодых, да ранний! – Наконец обратил речь на способы лечения Антоном.

– Почем же узнать, какой у человека недуг? – спросил он, обратясь к лекарю.

– По тому, как дает о себе знать кровь в руке и каков язык, – отвечал Эренштейн.

– А вот мы сейчас попытаем, – сказал Иван Васильевич и вслед за тем приказал, чтобы все дворские люди поспешили в гридню.

Прибежали все один за другим, бледные, дрожащие, ожидая чего-то страшного от такого внезапного распоряжения. Им велено стать в один ряд, открыть рты и протянуть руки. И тут соблюден был порядок местничества, который был недавно введен и строго поддерживался. При этом инспекторском смотре надо было видеть страх, написанный на их длинных лицах. Не менее перепугались бы они, если б им собирались делать операцию. Однако ж нельзя было удержаться от смеха, смотря на коллекцию гримас, когда бедные пациенты высунули языки и протянули руки. Один плачевно выпускал язык, как теленок, которого готовят на заклание; у другого дрожал он, будто жало у змеи; третий открывал рот, как тощая кляча, которая зевает. Сам врач невольно усмехнулся. Когда ж несчастным объявили, что будут свидетельствовать состояние их здоровья, многих, от мысли быть очарованными немецким кудесником, бросило в лихорадку; с иными, послабее, едва не сделалась другая болезнь. Мысленно прочли они все молитвы, которые только знали; некоторых, несмотря, что взор Иоанна ударял в них своим грозным электричеством, отчаяние заставило произнести вслух: "Господи помилуй, отпусти раба твоего с миром". Каждого освидетельствовал Антон, каждому, с помощью Аристотеля, сделал вопросы, узаконенные наукой, и разрешил узы каждому, сказав, что он здоров и не требует никакого лекарства. Соловей перестал петь, а они все еще слушали, то есть лекарь перестал их свидетельствовать, а пациенты все еще высовывали язык и грозились кулаком. Властитель должен был приказать, чтоб и тот и другой вошли в обыкновенное свое положение. Сколько окроплений святою водой, сколько заклинаний ожидало их дома! Страх долго держал этих многотерпцев в когтях своих, но сильнее всех навел он тревогу на Бородатого и – кто бы подумал? – на Мамона. И вот как Антон захотел пошутить над ними, а более над последним, к которому чувствовал отвращение.

– У одного совсем нет желчи, – сказал он, – у другого слишком много. Со временем это излишество и этот недостаток могут причинить им важную болезнь.

– А помочь можно этому? – спросил Иван Васильевич.

– Да, государь, переведя кровь одного в жилы другого, – отвечал Антон.

У Мамона губы побледнели и затряслись; борода крошечного дьяка запрыгала.

– Не шути с властителем, – сказал Аристотель своему молодому другу. – Мудрено ль, что он захочет испытать это ужасное средство над своими боярами!

– Впрочем, – продолжал врач, – способ, о котором я упомянул, требует большой осторожности и потому опасен. В последнюю свою болезнь папа Иннокентий Восьмой хотел прибегнуть к нему. Сделали сначала опыт над тремя десятилетними мальчиками; но как опыт не совсем удался и дети умерли, то и святой отец не соизволил подвергнуться ему. Остается многожелчному быть как можно смирнее и уступчивей, а тому, у кого недостает желчи, более приводить кровь свою в движение.

Знаниями и объяснениями врача остался великий князь очень доволен. Почему и отдал Мамону приказ, чтобы все жители Москвы, в случае каких-либо недугов, немедленно являлись к дворскому лекарю или посылали за ним, показывали ему тотчас язык и подавали руку. Для ослушников прибавлена оговорка.

– К делу, у меня свой больной, – сказал Иван Васильевич, – не вылечишь ли его?

Он встал с своего кресла и подошел к попугаю. Придворный крылатый льстец был в самом деле болен; у него сел типун на языке. На него указал Иван Васильевич лекарю, прибавив, что Фоминишна очень любит его.

Антон покраснел и колебался было, исполнять ли ему прихотливую волю великого князя; но, убежденный взором Аристотеля и мыслью, что женщине, слабому, нежному созданию, дорог ее любимец, отвечал:

– И этому надо посмотреть язык.

– С Новгородом и Ордою сладили, – сказал великий князь, – а тут, не взыщи, невелика птичка, да не заставишь сделать, чего не захочет. Разве послушается княгиню, которую очень любит.

– Любовь всегда сильнее власти, – отвечал Антон, увлеченный благородством своего характера и хотевший начать роль друга человечества и советника царя, которую мечты начертали ему в таком блистательном виде.

Можно было подумать, судя по крутому нраву Иоанна, что художник не переведет сентенции неосторожного молодого человека, напротив, он исправно передал ее властителю. Аристотель в этом случае знал великого князя, как знало его потомство, упрекавшее сына его Василия Иоанновича в том, что он не похож на своего отца, который "против себя встречу любил и жаловал говоривших против него". Надо прибавить, он любил встречу против себя в речах, а не в действиях.

– Полно, так ли, молодец? – возразил великий князь, усмехаясь. – Посмотри-ка, хоть попугай и посмышленее других птиц, да и тот в клетке, знать, потому, что не совсем смышлен. Ведь вы ж, немцы, его заперли. По-моему, хороша любовь и ласка там, где все дети одной семьи нераздельной, устроенной, так разумны, что понимают волю отца, – он-де хочет от нас смирения и порядка для нашего же добра. А что скажешь, голубчик, коли в отлучку хозяина блудные детки разбрелись из дому отцовского, самовольно каждый отгородил себе часть из общего наследия, мать и знать не хотят, да еще буйствуют против той, которая их воспоила и воскормила. В доме у отца пожар, – ни один нейдет заливать; разбойники пришли грабить его, – детки же смеются. Кончилось тем, что плохой

84

их не обижал. Пришел отец: чем же их унял, соединил и привел в порядок? Лаской, что ль?.. мать это уж пытала...

– Нет, умною властью, силою духа. Но когда отец привел детей в послушание и они почувствовали свою вину, тогда не любовь ли умирит все стороны?

– Статься может, только мы до этого не дошли, да и не скоро дойдем. Не правда ли, Аристотель? Ты лучше наших знаешь.

Аристотель подтвердил слова великого князя, радуясь за умные его ответы как наставник, что воспитанник его выпутался благополучно из трудностей экзамена. Как бы в подтверждение своих слов, властитель схватил попугая за голову, мастерски придержал ее, и птица покорилась магически грозному взору его. Типун был счастливо снят врачом.

Лечением попугая и свидетельством дворских людей не кончилось испытание лекаря. Великий князь приказал ему с Аристотелем обождать в средней избе. Не прошло получаса, как он вышел к ним в шубе и в шапке и дал знать посохом, чтобы они следовали за ним.

У Красного крыльца стоял тапкан (крытая зимняя повозка), запряженный в два санника (так назывались лошади в зимней упряжи). Шлеи на лошадях были из бархата, кольца и пупыты на шлеях и на уздах золоченые: все это выписанное из Литвы. Лошадьми управлял возница, сидя на одной из них. Когда усадили Ивана Васильевича в тапкан, который можно было познать за. великокняжеский по двуглавому орлу, прибитому к передку, несколько боярских детей поехало верхом вперед с возгласом: пади! пади! До шести боярских детей шло у боков, оберегая ежеминутно экипаж от малейшего наклонения и поддерживая его на себе при спусках очень опасных, потому что лошади запряжены были в одни гужи, без дышла (заметьте, дышло у наших предков была вещь проклятая). Несколько бояр ехало сзади верхами, между ними художник и лекарь. Ехали шагом. Лишь только слышался громкий возглас: пади! – все, что шло по улице, в тот же миг скидало шапки и падало наземь.

– Этот раболепный обычай, – сказал Аристотель своему молодому товарищу, – перешел сюда со многими подобными от татар. Владычество их въелось сильною ржавчиной в нравы здешние, и долго русским не стереть ее. Так побежденные невольно принимают и характер своих победителей, несмотря на ненависть к ним!

– Счастлив побежденный, – отвечал Эренштейн, – если его новый господин стоит на высшей степени образования, нежели он сам; горе ему, если он попадет под власть татарина! Сила чего не делает!

– К сожалению, надо заметить, что и самое добро, самое просвещение не иначе можно ввести в необразованные массы, как силою умной, непреклонной воли. Для этой-то массы необходим человек-властитель, подобный тому, что едет теперь перед нами. Советую и тебе, мой друг, действовать для блага здешнего человечества не иначе, как через этот могучий проводник.

– Да! ты и я прекрасно начали свои подвиги, – прервал Антон иронически. – Ты, собираясь на создание чудного храма божьей матери, обжигаешь кирпичи и растворяешь известь. А я хоть не оделен, подобно тебе, дарами небесными, но, приехав сюда из такой дали, чтобы положить несколько лепт в сокровищницу наук, я лечу языки у попугаев и делаю шутовской смотр языкам придворных рабов. Начало не обещает многого.

– Антонио! Антонио! ты ли это говоришь?.. Только два дня здесь, еще не у дела, а уж молодая кровь твоя бунтует против разума, малейшие неприятности кидают тебя далеко от прекрасной цели. Так ли идут в битву для получения венца победного? Что сказал бы ты, бывши на моем месте?.. Неужели я ошибся в тебе?.. Как бы то ни было, не узнаю твердой души, которая, по словам твоим, готова идти в схватку с самою жесткою судьбой!..

– Винюсь, мой почтеннейший друг, винюсь: рассудок мой требует еще опоры, воспитание мое не кончено. О, будь же моим руководителем, моим наставником! Прости мне безрассудные слова мои и припиши их новым впечатлениям этих двух дней. Казнь литвян, ненависть ко мне без причины моего хозяина, отчуждение от меня почти всех московитов, между тем как я заранее так горячо любил их, попугай, придворные, раболепство... все это вскружило мне голову.

– Я предупреждал тебя, что ты попал среди народа–младенца, что ты находишься при вожде этого народа, великом по многим отношениям, но все–таки принадлежащем своей стране и эпохе. Вот и теперь, – наперед скажу тебе, – мы подъезжаем к тюрьме. Уверен, что он хочет показать тебе своих знаменитых пленников. На этот раз извини в нем слабость владыки, который хочет похвалиться, как он умел силою своего духа и ума оковать ужасных врагов, державших так долго Русь в неволе и страхе. Это Геркулес, но Геркулес–младенец. Он радуется, что в своей колыбели задушил змей, и любит показывать их, мертвых или умирающих! Еще прибавлю: помни время, в которое мы живем, страну, где мы находимся... помни главу нашей церкви, Павла Второго, который сам присутствовал на пытках, самого Сикста Четвертого, Стефана молдавского, названого сына его, который делает чучелы из своих пленников, Галлеаца Сфорца... не скажу более. Довольно и этих примеров, чтобы смирить твое негодование при зрелище, ожидающем тебя.

Едва Аристотель успел сказать это, каптан въехал на казенный двор. Ощетинившись своими иглами, рогатки в разных местах обеспечивали охранение этого места. Боярские дети лётом с коней, и крепость мигом разорвана. У крыльца черной избы подняли великого князя из каптана. Стража засуетилась. Она состояла из боярских детей, целовавших крест на верное исполнение своих обязанностей. Увидев великого князя, они схватились за свои секиры, стали по местам и, скинув шапки, низко поклонились. В сенях все разом окинул зоркий взгляд его. Далее, когда он вступил в узенькие переходы, глаза его заблистали дикою радостью: так хозяин знаменитого зверинца собирается показать достойным посетителям державных зверей, которых он поймал и держит в клетках. В самом деле, чуланы, где содержались пленники, походили на нечистые клетки.

– Аристотель, – сказал великий князь, – растолкуй нашему дворскому лекарю, кто сидит в этих клевушах, да вели попытать их, долго ли проживут. Татар, смекаешь ты, надо мне на всякий случай поберечь для переду: придется, может быть, и пугнуть ими. А бабу–то, ведаешь, хоть бы ныне черту баран!..

Это откровенное объяснение, искусно переданное врачу, дало его сердцу случай начать подвиги добра, на которые он собирался, ехав в Москву. В первом отделении нашли они целое семейство татар. Мужчины и женщины – мать и сын, муж и жены, братья и сестры – все валялись кое–как, кто на лавках, кто на полу.

Нечистота и духота были нестерпимые. Бледные, истомленные лица, униженный вид говорили живее слов о несчастном их положении.

– Поверишь ли, – сказал Аристотель, – что этот худой, с шафранными глазами, вот что привстал перед великим князем, царь казанский, Алегам? Царство его еще недавно было страшно для русских. Несколько месяцев тому назад полководец московский взял его в плен и посадил на его место другого царя. Полюбуйся здесь превратностями судьбы человеческой. Недавно повелевал с своего престола сильному народу, теперь едва имеет место, где приклонить голову. К предкам этих татар князья русские ходили на поклонение, у них испрашивали позволения царствовать, у них держали стремя, им платили дань; а ныне... О, конечно, сюда должны бы цари приходить учиться смирению! Но таково ослепление человека, ты видишь, с каким торжеством смотрит великий князь на своего пленника. О свободе его нельзя и не должно думать. Просьбы шибайских и ногайских князей, его родственников, не имели никакого успеха. Были об этом частые переговоры с Иоанном, при которых посылали друг другу тяжелые поклоны с легкими дарами; но и от сношений этих остался в выигрыше один Иоанн. Он выведал бессилие татарских князей и, может быть, нашел между ними ж врага против них же. Не знаю властителя, который бы лучше умел пользоваться обстоятельствами. Я сказал, что о свободе Алегама не должно и думать; но после намека самого Иоанна можно постараться улучшить его положение.

Сообразуясь с этим намеком, молодой врач сказал:

– Если великий князь желает, чтобы его венценосный пленник жил, он должен переместить его с семейством в лучшее, более просторное жилье и дать ему чаще дышать свежим воздухом. Без того не ручаюсь даже за несколько недель жизни его.

Иван Васильевич задумался.

– Да, этот нужен мне еще, – произнес он вполголоса и приказал Мамону, знавшему татарский язык, как и многие русские того времени, объявить Алегаму, что его отправят тотчас же с двумя женами в Вологду, а мать, братьев и сестер в Каргополь, что на Белоозере 2.

– Там, – прибавил он, – гуляй вволю; отпущу ему и на корм по два алтына в день.

Когда объявили это Алегаму, царь казанский бросился великому князю в ноги; его примеру последовало все семейство, кроме одной из его жен. Она ухватилась было за одежду его, чтобы удержать от рабского поклонения, и с негодованием вскричала:

– Что ты делаешь, царь казанский?

Но Алегам был уж у ног Иоанна, и царица бросила на своего мужа взгляд глубокого презрения.

Эта женщина была впоследствии женою казанского царя Магмет–Аминя 2. Она припомнила унижение своего первого мужа и успела–таки возбудить второго против Иоанна.

Новое отделение, новые знаменитые пленники. И опять татаре, опять живое свидетельство Иоаннова ума и воли, смиривших Восток. Заключенные были два брата, один седой старик, другой в летах, подвигающих к старости. Сидя рядом и перекинув друг другу руки около шеи, они молча, грустно смотрели друг другу в глаза. В них видели они свое отечество, свое небо, своих родичей и друзей, все бесценное и утраченное для них. В таком положении застал их великий князь. Смущенные, они расплелись и остались сидя.

— Ты угадал бы, что это два брата, если б я и не объяснил тебе, — сказал Аристотель, — отрывки того ж могущества, которое едва не задавило Руси и потому не задавило Европы! Именно это братья крымского хана Менгли–Гирея, лучшего друга и союзника Иоаннова, Нордоулат и Айдар.

— Друга, союзника? — спросил Антон с изумлением. — Как же согласить с этим их заключение?

— Скажу еще более: Нордоулат, вот этот седовласый, что так горько смотрит на великого князя, служил ему в войне против царя Большой или Золотой Орды, Ахмата, в войне, которою решено: быть или не быть Руси рабою Востока, нахлынуть ли через нее новому потоку варваров на Европу. Но...

Здесь послышался убедительный голос Андрюши, сына Аристотелева. Незаметно как очутился он подле великого князя, который ласкал его, гладя по голове.

— Подари мне, Иван Васильевич, этих бедных старичков, — говорил Андрюша жалобным голосом, ласкаясь к грозному владыке.

Великий князь засмеялся и спросил малютку, что сделает он тогда с пленниками.

— Дам им свободу, чтобы они благословляли твое имя, — отвечал Андрюша.

— Изволь. Дать свободу и этим, — сказал Иван Васильевич, обратясь к Мамону, — и отправить их на покой в Вологду. Назначить им там хорошие кормы. Это делаю для сыновнина крестника.

Умное дитя ничего более не просило.

Художник и лекарь думали, что великий князь решился на этот великодушный поступок, поняв беседу их и убежденный красноречивою горестью Нордоулата, некогда его усердного слуги. Не изумился, однако ж, Аристотель, когда Иван Васильевич, отведя его в сторону, прибавил, так что он только мог слышать:

— Под стать замолвил о них Андрюша. Хан Золотой Орды просит меня, через посла своего, отпусти–де я к нему Нордоулата. Ты, может статься, встретил давеча поганого еврея в хороминах моих. Вот этот еврей украл у посла ханского лист к Нордоулату и успел опять подкинуть его. Да я и без писанного листа смекнул тотчас лукавые замыслы. А приятель мой Менгли–Гирей лез было к волку в пасть. Трус! испугался угроз Золотой Орды и от себя прислал просить меня, отпусти–де я к нему брата, с которым хочет заодно царствовать. Докажу ему, что он врет; самому после слюбится! Айдара зовет к себе король польский, Нордоулат умен, Айдар не таков, да все–таки опасен. Вороги мои хитро вздумали: среди белого дня в глазах лисеньки ставят для нее капкан. Покажу им хвост. Что мы за дураки! пять пальцев на руках счесть умеем... В Менгли–Гирее имею верного друга, и куда хочу, его посылаю. Посади, видишь, на его место позубастее да поумней. Вернее посажу их в Вологду, где они и грамотки от своих не получат и куда не заглянет лукавое око татарина. А все–таки слово Андрюше сдержу: в Вологде дадут им льготу.

Слова эти, переданные Антону, всего лучше объяснили, по какой причине содержатся братья Менгли–Гирея, союзника и друга Иоаннова, и нашли в сердце молодого человека извинения жестокой политике.

Новое отделение.

Тут великий князь стукнул посохом в решетку. На этот стук оглянулась старая женщина, усердно молившаяся на коленах. Она была в поношенной кике и в убрусе, бедном, но чистом, как свежий снег, в бедной ферязи – седые волосы выпадали в беспорядке, и между тем можно было тотчас угадать, что это не простая женщина. Черты ее были очень правильны; в мутных глазах отражались ум и какое–то суровое величие. Она гордо взглянула на великого князя.

– О ком молилась ты, Марфуша? – спросил великий князь.

– Вестимо, об умерших, – угрюмо отвечала она.

– О ком же именно, если дозволишь спросить?

– Спроси об этом, собачий сын, у моего детища, а твоего названого боярина, что ты зарезал, у Новгорода, что ты залил кровью и засыпал попелом.

– О–го–го!.. Не забыла свою дурь, матушка, господыня великого Новгорода.

– Была–таки, голубчик.

При этом слове она встала.

– Не вздумаешь ли опять?

– Над чем?.. Я сказала, что молюсь об умерших. Твою Москву с ее лачугами можно два раза в год спалить дотла и два раза построить; татаре два века держали ее в неволе... чахла, чахла и все–таки осталась цела: променяла только одну неволю на другую. А господина Новгорода великого раз не стало, и не будет более великого Новгорода.

– Почем знать!..

– Подними–ка белокаменную в сотню лет.

– Подниму и в десяток.

– Ведь это не в сказке, где так же скоро делается, как и сказывается. Созови ганзейских купцов, которых ты распугал.

– А, торговка, купцов–то жаль тебе более самого Новгорода.

– От моего торга не беднел, а богател он.

– Брякну денежкой, так со всех концов света налетят торгаши на мои гроши.

– Собери именитых граждан, которых ты заточил по разным городам своим.

– Обманщики, плуты, бунтовщики, не стоят этого!

– Когда ж сила виновата!.. Найди живую воду для убитых тобой. Хоть бы ты и это все смог, воли, воли в Новгороде не будет, Иван Васильевич, и Новгороду никогда не подняться. Будет он жить, как зажженный пень, что ни горит–то, ни гаснет. Ведь и я еще живу в тюрьме.

– Окаянная воля и сгубила вас. Посмотрел бы, как повела б ты делом на моем месте.

– Ты свое дело сделал, великий князь московский, я – свое. Не насмехайся же надо мной, в моем заточении, при последних часах моих.

Марфа Борецкая кашлянула и побагровела; она прижала к губам конец убруса, но кровь пробила сквозь него, и Иоанн заметил то, что она хотела скрыть.

– Жаль мне тебя, Марфа, – сказал великий князь ласковым голосом.

– Зорок взгляд!.. Что! радостно?.. Накинь этот убрус на Новгород... Саван богатый!.. – усмехаясь, примолвила она.

– К ней! к ней!.. не могу... впустите меня к ней! – закричал Андрюша, обливаясь слезами.

На лице великого князя перемешались сожаление и досада. Он, однако ж, поднял крючок у двери и впустил к Борецкой сына Аристотелева.

Андрей целовал у ней руки. Борецкая ничего не говорила... она грустно покачала головой, и горячая слеза упала на лицо малютки.

– Спроси, сколько лет проживет она, – шепотом сказал великий князь Аристотелю.

– Много, много месяца три, а может быть только до весенних вод, – отвечал Антон. – Ей не помогут никакие лекарства – кровь верный передовой смерти.

Ответ был передан Ивану Васильевичу так тихо, что Борецкая не могла его слышать; но она махнула рукой и твердо вымолвила:

– Я знала прежде его...

– Послушай, Марфа Исаковна, хочешь? переведу тебя на свободу в другой город.

– В другой город?.. в другую сторону?.. Бог и без тебя позаботится.

– А я хотел было отправить тебя в Бержецкий верх.

– Правда, там была земля наша... Хоть бы умереть на родной земле!

– Так с богом! Молись там на всей воле, строй себе церкви, оделяй нищую братью – казну твою велю отпустить с тобой – и не поминай великого князя московского лихом.

Она улыбнулась. Видали ль вы в устах человеческого черепа что–то похожее на улыбку?..

– Прощай, более не увидимся, – произнес великий князь.

– Свидимся на суде божьем, – был последний ответ Борецкой.

Задумчиво отошел великий князь от тюрьмы ее, задумчиво, не оглядываясь, прошел мимо отделений других пленников, и когда пахнул на него свежий воздух, он перекрестился на ближнюю церковь и примолвил:

– Будешь разве судить раба твоего Ивана, а не князя московского.

В это время с крыльца черной избы открылся перед художником вид места, на котором предполагалось строить храм Успения. И он задумался, улетев туда мыслью и сердцем.

– Знаешь ли что, Аристотель? – сказал ему великий князь, положив ему руку на плечо: – Наготовь мне поболее таких рогаток. Ночью велю ими запирать улицы от пьяных и недобрых людей.

Будто с неба в грязь упал художник; он покраснел и побледнел, взглянул на своего товарища и – ни слова.

Дорогою рассказал он Антону, кто такая была Марфа Новгородская и почему с нею умер на Руси дух общины, из Германии занесенный в Новгород и Псков духом торговли; но не сказал, о чем были последние слова великого князя.

– Иоанн не всегда ли так отпевает своими милостями? – заметил лекарь.

Подле них Андрюша радостно гарцевал на лихом коне.

ГЛАВА ЧЕТВЕРТАЯ

ПАЦИЕНТЫ

> А если я твой дерзостный обман
> Заранее пред всеми обнаружу?..
> *Пушкин*

С этого времени Андрюша часто посещал Эренштейна. Он учил его по-русски, и понятливый ученик, с помощью чешского языка, делал быстрые успехи. Надо было видеть, какою важностью школьного властелина вооружался малютка во время уроков и как покорно слушал их падуанский бакалавр. Иногда учитель хмурил брови, когда упрямый язык ученика, привыкший к итальянскому легкозвучию, не покорялся стечению русских согласных. Уроки кончены – исчезали профессор и слушатель, и дружба с улыбкою своей, с живою беседой и ласками спешила их заменить. Дружба? когда одному было за двадцать пять лет, а другому половина с небольшим того?.. Что нужды! Оба с детскою душою, оба с порывами к добру и непонятным влечением друг к другу, они связались какою-то непонятною цепью, которую разорвать могла только судьба. Они называли себя друзьями и не понимали, что посторонние находили странного в этом привете между ними. Антон в земле чужой был почти одинок. Художник, по множеству разнородных занятий своих, мог только редко с ними видеться; хозяин дома и почти все русские продолжали его чуждаться, скажу более – гнушаться им: Андрей был на Руси одно любящее существо, которое его понимало, которое сообщалось с ним умом, рано развившимся, и доброю, теплою душой. И для Андрюши молодой лекарь сделался необходимостью, пятою стихиею. Без него было б ему душно в свете. Родившись в Италии, он помнил еще, будто изгнанник на бедную землю из другого, лучшего мира; он помнил с сердечным содроганием роскошь полуденной природы, тамошнего неба, тамошних апельсинных и кипарисовых рощей, и ему казалось, что от Антона веет на него теплый, благоуханный воздух той благословенной страны. Еще что-то чудное влекло к молодому немцу... что такое, хоть убили б его, не мог бы он вам сказать. Малютка любил горячо еще одно существо, доброе, прекрасное, но только менее, нежели Антона. Это была дочь Образца, Анастасия. Часто хаживал он от Эренштейна к ней и от нее к своему другу, и эти сношения, сначала невинные, безотчетные, составили между ними какой-то магический, тройной союз.

Эренштейн никогда не видел Анастасии, но слышал часто над потолком своей комнаты шаги ее ножек; нередко Андрюша рассказывал, как она хороша, мила, добра, как его любит, как его целует. Такое близкое соседство с прекрасною девушкою, которой слова маленького учителя и друга и воображение придавали все наружные и душевные совершенства, ее заключение, таинственность, ее окружающая, и трудность увидеть ее – все это возбудило в сердце Антона новое для него чувство. Он часто думал о ней, слушал речи о ней с особенным удовольствием, целовал чаще Андрюшу, когда этот рассказывал, что его целовала Анастасия, и нередко видал во сне какую-то прекрасную женщину, которую называл ее именем. Одним словом, он полюбил ее, никогда ее не видав. Но вскоре назвал он это чувство глупостью, прихотью одиночества и погасил его в занятиях своей науки, которой посвятил себя с прежним жаром и постоянством. Если и поминал когда об Анастасии, так это для шутки; самый стук шагов над собою прекрасной девушки приучился он хладнокровно слушать, как приучаются к однообразному стуку часового маятника. Посетители, вскоре осадившие его со всех сторон, заставили его угрюмо отогнать от себя всякую мысль о ней.

Вот наконец являются к нему московитские пациенты. Видно, отбросили ненависть к иностранцу и страх к чародею, каким его до сих пор почитали! Милости просим, милости просим. Наконец за дело, Антон! Сердце твое бьется сладкою надеждою помочь страждущему человечеству. Пусть осаждают тебя днем и ночью, не дают тебе покоя: эти докуки, эти труды сладки для тебя; ты не променяешь их на безделье роскошного богача.

– Кто тут?

– Я, ваш покорнейший слуга, переводчик его высочества, Бартоломей, и не один. Со мною покорнейший пациент, если дозволите, высокопочтеннейший господин врач.

– Прошу пожаловать.

И, ковыль, ковыль, вкатилось в комнату умильно–пунцовое лицо книгопечатника, страшного победителя всех женщин от Рейна до Яузы. Уцепясь за него крючьями своих пальцев, вплелся туда ж, как нарочно для контраста, живой скелет, обтянутый кожею, опушенный на голове и подбородке тощими отрывками седых волос, окутанный в шубу. От него веяло тлением. Этому давно сущему человеку могло быть хождения по земле лет восемьдесят. Казалось, в глазах его, в губах, в голосе, в каждой судороге, заменявшей движение, говорила смерть: "Не забудь, я тут, сижу крепко, льгота моя коротка". Но минувший человек забыл это и пришел просить у Антона, лекаря, немецкого чародея, который дает юность и силу старикам, переводя в них кровь детей, – пришел просить у него жизни, еще хоть десятка на два лет. У него молодая жена, он богат; ему так нужно пожить. Антон сам старик; ночью из окна видали его стариком; на день он оборачивается в юного, цветущего молодца; кто ж в Москве этого не знает?..

Живой скелет умильно, хоть и со страхом, глядел на лекаря и еще умильнее указывал на мальчика лет десяти, свежего, розового, который стоял в каком–то недоумении у дверей. Кажется, лучше не надо: точно те годы, те приметы, которые немец назначил великому князю для великой операции перерождения.

Антона самого бросило в лихорадку. "Нет, – подумал он, – никогда, никогда не решусь на этот ужасный опыт. И если б он даже удался... ценою юной, цветущей жизни этого дитяти продлить на два, на три года чувственную жизнь старичишки, который, может статься, тяготит собою землю!.. Нет, никогда!"

– Не боитесь ли, высокопочтеннейший господин, – сказал Варфоломей, нежно осклабляясь, – чтобы, в случае смерти этого мальчика, не отвечали вы, или этот почтеннейший господин?.. Не бойтесь, не бойтесь: этот мальчик – холоп.

– Не понимаю, что такое холоп, – возразил Антон, – знаю только, что он человек.

– Человек? гм, человек?.. я имею честь вам докладывать, он холоп, раб. Поверьте, я сам крайне осторожен в таких делах и на этот счет заглянул в судебник великого короля всей Руси. Там ясно сказано: "А кто осподарь огрешится, ударит своего холопа или робу, и случится смерть, в том наместницы не судят, ни вины не емлют". В переводе это значит (тут усердный толмач перевел текст по-немецки). В случае смерти мальчика мы скажем, что господин его огрешился, и концы в воду. В этом мы условились с почтеннейшим бароном, богатейшим и, прибавить надо, щедрейшим из смертных. Условие это запечатлено ужасною клятвой.

Во время этого живого разговора, который понял живой скелет по приведенному тексту, он судорожно подозвал к себе мальчика, с отеческою нежностью потрепал его, то есть поскользил пальцами по пухлой щеке, потом преумильно взглянул на лекаря, как бы хотел сказать: посмотри, словно зрелая вишня!

– Послушай, Бартоломей, – сказал с твердостью молодой врач, – раз навсегда объявляю тебе: если осмелишься когда-либо прийти ко мне с подобными предложениями, я выкину тебя из окна.

Усерднейший и нижайший переводчик всякого рода дел не ожидал такой встречи; он смутился и жалобным, чуть внятным голосом произнес, делая на каждом слове и едва ли не на каждом слоге запятые, как он делал их ногой:

– Вы... сами... высокопочтен... нейший... молвили великому князю.

– Правда, правда, я виноват. Но чтобы утешить твоего хворого старичка, я дам ему эликсира долгой жизни – недавно изобретен. Скажи ему, жаль, что он не мог употребить его лет двадцать ранее; тогда бы прожил двадцать лет более. Но и теперь пускай принимает его капель по десяти в воде, утром и вечером... надеюсь, он укрепит старичка... поддержит его хоть на время...

Пузырек с эликсиром передан ходячему скелету при переводе лекарского наставления. Дрожащая, костлявая рука положила было на стол корабельник (Schiffsnobel). Корабельник? легко сказать! Подарок царский, судя по тому, что и сам Иван Васильевич посылывал родным своих друзей, царицам, детям их по корабельнику, много по два. Несмотря на важность дара, лекарь возвратил монету, говоря, что возьмет ее, когда лекарство подействует. С этим выпроводил от себя пациента и посредника.

Эликсир, видно, действовал не так сильно, как надеялся хилый старик. Он всю вину возложил на мальчика, своего холопа, которого, по словам Варфоломея, поберег лекарь, и в сердцах огрешился... палкою по виску. Наместницы в том не судили и вины не имали, потому что закон писали не рабы. Холопа похоронили, как водится. Через неделю, однако ж, судья высший призвал и господина к своему суду.

На другой день, поздно вечером, опять стук, стук.

– Кто там?

– Я... если смею доложить, ваш нижайший слуга, книгопечатник Бартоломей.

– Войдите.

– Я не один... со мною...

– Помните наше условие, господин Бартоломей.

– Могу ли забыть?.. Скорей высохни десница моя!.. Со мною молодая госпожа... не то что дрянной, издыхающий старичишка, на которого и плюнуть гадко... нет, молодая, прекрасная госпожа, у которой можно пальчики перецеловать сто раз... богатая вдова Селинова. Ждет на крыльце. Позвольте?

– Просите.

"Верно, пришла посоветоваться насчет сына, родственника, кто знает?" – подумал Антон и спешил накинуть на себя щегольскую епанечку.

В самом деле, пригожая женщина, почти одних лет с Эренштейном, вошла к нему робко, дрожа всем телом и между тем вся пылая. Она не смела поднять глаза... скоро закапали из них слезы, и она упала к ногам лекаря.

– Помилуйте, встаньте... И без этого сделаю все, что вы желаете, – сказал Антон, поднимая ее.

– Не встану, добрый человек, пока не сделаешь, о чем прошу. Будь отец, брат родной, помоги мне; не то наложу на себя руки, утоплюсь.

И молодая пригожая женщина, рыдая, обнимала его колена.

– Объясни ж, Бартоломей, чего она хочет от меня.

– Вот в чем дело, – отвечал с ужимками книгопечатник. – Эта самая та женщина... я, кажется, докладывал вам в первый день вашего приезда, высокопочтеннейший господин... что любит сына здешнего хозяина.

Вдова Селинова, в исступлении, прервала его, забыв, что лекарь худо понимает по-русски.

– Правда, правда, для него забыла я закон, когда был жив покойник мой, забыла род и племя, лихих соседей, стыд, забыла, есть ли в людях другие люди, кроме него. Ему вынула душу свою. Когда он сманивал меня, выводил меня из ума, он называл своим красным солнышком, звездою незакатною – такие речи приговаривал: "В ту пору мила друга забуду, когда подломятся мои скоры ноги, опустятся молодецкие руки, засыплют мои глаза песками, закроют белу грудь досками". А теперь, если б ты ведал, добрый человек, теперь у моего камышка самоцветного, лазоревого, ни лучья нету, ни искорки; у моего ли друга, у милого, нету правды в ретивом сердце, говорит он, все обманывает. Полюбил мой сердечный другую полюбовницу, что живет в терему у брата Фоминишны. А чем она, разлучница, лучше меня? Разве тем получше, что стелет, убирает Андрею Фомичу постель шелковую с переменными друзьями, все с налетными молодцами. Заворожила себе окаянная гречанка кудри моего друга. С той поры злодей над моею любовью издевается, на мои ласки говорит такой смешок: "Любит душа волюшку, а неволя молодцу покор. Ты отстань, отвяжись от меня; не отвяжешься, я возьму из костра дрова, положу дрова середи двора, как сожгу твое тело белое, что до самого до пепелу и развею прах по чисту полю, закажу всем тужить, плакати". Что ни делаю, не могу отстать; по следам его хожу, следы подбираю, сохну, разрываюсь. Видишь, рада бы не плакать: плачут не очи, разрыдалось сердце. Сжалься, смилуйся, добрый человек, отведи его чистою и нечистою силою от гречанки поганыя, привороти его опять ко мне. Возьми за то ларцы мои кованы, казну мою дорогую, жемчуги бурмицкие, возьми все, что у меня есть: отдай мне только друга прежнего, ненаглядного.

Когда Селинова кончила свою просьбу, Варфоломей перевел ее, как сумел. Покоряясь предрассудкам времени и сердцу своему, Антон не смеялся над нею. Он сам был твердо убежден, вслед за своими наставниками, что существует тайная наука, которая разъединяет и совокупляет полюсы душевные. Сверх того, по доброте своей, мог ли он смеяться над чувством, столь искренним и сильным, что заставило молодую женщину, забыв стыд, прийти молить незнакомца о помощи? Но как помочь? К сожалению, Антон не знал тайной науки. Отказать же Селиновой – привести ее в отчаяние. "Время, – думал он, – принесет ей лучшее исцеление: отделаюсь временем, расскажу, что на исполнение требуемой чары нужно два, три новолуния, смотря по обстоятельствам, нужно близкое знакомство с Хабаром, с гречанкою".

Так и сделал он. Только, в прибавку к своим обещаниям, брал ее за белые руки, сажал на скамью, утешал ее, обещал ей всякую помощь. И пригожая вдова, успокоенная ли его обещаниями, или новым чувством к пригожему иностранцу, или желанием отомстить прежнему другу, вышла от лекаря почти утешенная. Недаром говорит старинная песня: "Молода вдова плачет, что роса падет; взойдет красно солнышко, росу высушит".

Пословица: через час по ложке, вместо того чтоб сбыться ей над пациентами, сбывалась над самим лекарем. Уж конечно, не прописывал он никому такой горькой микстуры, какую Варфоломей заставлял его глотать при каждом своем посещении. На следующий день опять прием, опять появление неизбежного переводчика. С ним боярин Мамон. Ничего доброго не обещает соединение этих двух лиц. Но книгопечатник порядочно напуган врачом: придет ли он снова просить о каком–нибудь вздоре?

Полно, так ли?.. Повадился кувшин по воду, тут ему и разбиться. Не деньги, не подарки любит переводчик за посредничество; нет, его страсть угождать другим как бы то ни было, кому б то ни было, хоть со вредом себе. Он готов налгать на другого, на себя, лишь бы впутаться в угождение. Что Антона в немцах знавал он сам старичком, худеньким, седеньким, лет ста, что Антон величайший кудесник – делает стариков молодыми, привораживает холодные и неверные сердца, заговаривает дерево, железо, дом, пожалуй, целый город – эти весточки все сочиненьице Варфоломея. О, коли выдумывать, так мы шутить не любим! Верь или не верь, это не его дело. А что ему верили, так доказывали все пациенты, которых приводил он к молодому врачу. Новым свидетельством этому боярин Мамон. Сам сын колдуньи, сожженной можайским князем за сообщение ее с нечистым, напуганный уж предложением лекаря поменяться кровью с маленьким дьяком, боярин прибегает ныне к чарам басурмана. Знать, нужда кровная. И не бездельная таки! Он пришел просить, во–первых, привлечь до безумия сердце Анастасии к его сыну, во–вторых, заговорить железо в пользу его самого и этого несчастного, горемычного сына, на случай судебного поединка.

– Что угодно барону? – спросил Антон.

Мамон был не трусливого десятка, но оробел, когда надо было ему прибегнуть к помощи сверхъестественной силы. Дрожа, он указал на толмача.

– У барона, – перевел Варфоломей, вспомнивший крутой нрав лекаря и потому желавший выпутаться подобру–поздорову из подвига угождения, на которое отважился, – у барона... как видите... завал в печени.

– Я ничего не вижу, – перебил лекарь.

– Как вы узнаете, хотел я сказать. Потом по временам головокружение и замирание сердца, по временам что–то вроде чахотки и опять по временам что–то вроде водяной, по временам...

95

– По временам не смерть ли уж? Или все эти болезни должны существовать в воображении барона, или вы, господин переводчик – не взыщите – изволите перевирать. Сколько могу судить по глазам и лицу пациента, облитым шафранным цветом, у него просто разлитие желчи. И потому советую ему главное: укротить как можно порывы гнева, и при этом употреблять (то и то...).

Здесь Антон советовал ему употреблять настой из разных трав, очень известных, и которые, вероятно, можно было найти в окрестностях Москвы.

Варфоломей перевел это Мамону следующим образом:

– Достань, боярин, на молодой месяц две молодые лягушки разных полов, держи их вместе, где рассудишь, три дня и три ночи, днем под лучом солнца, ночью под лучом месяца; потом зарой их живых вместе в полночь, когда совершится полнолуние, в лесу, в муравейник, а на другую полночь вынь из лягушки мужеска пола крючок, что у ней под сердцем, а лягушку женского пола оставь в муравейнике, этим крючком вели сыну своему задеть девушку, имярек...

Лекарь покачал головой и сказал:

– Ты обман.

– Обман! обман! – закричал кто–то за дверью, – и бедный переводчик, окруженный со всех сторон внезапным нападением, трясясь как лист, ни жив ни мертв, остановился на волшебном имреке. Он не имел сил пошевелить языком, не смел оборотиться.

Дверь растворилась; из нее пахнуло на страдальца смертным холодом. Обличитель стоял за ней, следственно все слышал. Он появился вооруженный пламенным мечом улики. Это был Андрюша. Увернуться некуда. Варфоломей посмотрел на своего судью... в этом взгляде соединялись коленопреклонение, мольба, упование, щемление сердца, пытка. Этот взгляд был так красноречив, что Андрюша поколебался спасти несчастного. Но, вспомнив, что орудием обмана был его друг и что пора, одним разом, кончить все проделки с ним переводчика, он бросил этого на жертву обманутых.

– Если господин придворный толмач, – сказал сын Аристотеля, – также верно переводит великому господину нашему немецкие бумаги и переговоры с послами, можно поздравить Русь не с одной парой лягушечьих глаз. На колена сейчас, сей миг, господин Бартоломей, и моли о прощении. Счастлив еще будешь, если лекарь и боярин великокняжеские вытолкают тебя в шею с тем, чтобы ты никогда не являлся к ним.

Покорный гневному взору и приказу малютки, несчастный книгопечатник пал на колена, скрестив жалостно руки на груди и потупив глаза в землю. Он не имел слова в оправдание свое.

Андрюша объяснил другу своему и боярину, как он, преследуя Варфоломея, которого уж давно имел на счету лжеца, подслушал его перевод и как был перевод верен. Изобличенный в обмане, толмач признался и в тех плутовских слухах, которые распустил в Москве о немецком лекаре. Мамон бросился было на обманщика, чтобы хорошенько подушить его; но Эренштейн защитил бедняка, прося боярина удовольствоваться одним наказанием страха И унижения. При этом случае маленьким красноречивым переводчиком передано боярину, сколько ошибаются жители Москвы, почитая лекаря за колдуна; что наука снабдила его только знанием естественных сил и употребления их для пользы человека; что, хотя и существуют в мире другие силы, притягательные и отталкивающие, из которых человек, посвященный в тайны их разложения и соединения, может делать вещи, с виду чудесные для неведения, однако он, Антон-лекарь, к сожалению, не обладает познанием этих сил, а только сам ищет их. И потому должен он отказывать всякому, кто будет просить об их помощи. Но как врач, он надеется, с помощью божией и науки, которая также дар господень, исцелять больных и готов, без различия времени, погоды, без всяких видов корысти, служить всякому, кто будет только иметь в нем нужду.

Тем кончилась и эта неудачная консультация.

– Видно, и мне суждено обжигать здесь кирпичи, – грустно сказал лекарь своему маленькому другу, когда боярин и за ним книгопечатник удалились.

"Поднять хворого с одра? – думал, усмехаясь, Мамон. – Что поет нам этот лекаришка!.. Кому роком уложено жить, тот из проруби вынырнет, из-под развалин дома выпрыгнет и в гробу встанет; кому суждено умереть, того и палка Ивана Васильевича не поднимет. Вырастил бы бороду да спознался б с лукавым! Вот этот, батюшка, и сотню немецких лекарей заткнет за пояс. Лучше пойти к лихой бабе или к жиду с Адамовой книгой".

Между тем боярин, мотая себе на ус невежество лекаря в чародействе, давал также себе слово молчать об этом.

– Пускай слывет он кудесником, который знается с нечистыми, – говорил сам себе боярин, сходя с крыльца, – похлопочу и я расплодить эти слухи. Чем ужаснее выставим поганого немчина, тем горше будет для моего приятеля постоялец его... А, Ненасыть! – сказал он, взглянув на высокого, бледного, как мертвец, мужика, стоявшего на крыльце: – Ты зачем сюда?

– К Антону-лекарю, вестимо полечиться.

– Ступай, ступай; бес этот посильнее твоего, что сидит в тебе, – разом поборет и выгонит.

Не успел еще боярин кончить этих слов, как услышал из сенных дверей голос Андрюши, зовущий больного.

Ненасыта звали так по роду болезни его. Он ел много, невероятно много, иногда столько, сколько могли бы съесть досыта четверо здоровых, и все был голоден. Лицо его выражало болезненность глубокую; между тем глаза имели какую-то необыкновенную, двойственную живость и блеск, как будто через них смотрели два существа, ошибкою природы помещенные в одном теле. Эта двойственность глаз поразила врача. Вот что на спросы его рассказал Ненасыть о своей болезни.

Он извозничал. Раз, в ночные часы, случилось ему остановиться с своим обозом на деревенском постоялом дворе, куда, почти вместе с ним, въехал на двух лошадях купец из дальней стороны. По-видимому, этот человек очень любил своих коней, потому что сам ел, как монах первых христианских времен, а своему животу – так он называл коней – задавал то и дело овса и радовался, что они на этой стойке много кушают. Об одном только горевал купец, почему судьба не наделила его таким богатством, чтобы он мог кормить их ярою пшеницею, поить медовой сытой, холить на шелковых лугах, любоваться ими, не обременяя их ездою. По-видимому, он был прост или христианин хороший, потому что верил честности ближнего, как своей душе. Эти замечания, приправленные обольщением лукавого, соблазнили извозчика на худое дело. Лишь только купец с отеческой заботливостью успевал задать любимцам своим доброе угощение и уходил в избу, сытый и довольный за них, извозчик провожал его глазом в дверь, а сам выгребал от них овес своим лошадям. Купленный им на постоялом дворе корм оставался у него в запасе, лошадки его ели до отвалу, между тем кони купца, дорогие, ненаглядные, питомцы его, его радость и услада в жизни, едва хватили несколько зерен. Постояльцы съехали со двора, перекрестясь и послав друг другу обычное христианское приветствие, довольные друг другом. Как приехали они, каждый с своей стороны, так и разъехались в разные стороны. С того времени о купце не было и слуху. Сначала извозчик в душе своей досыта насмеялся над ним; далее и далее, в ней начало темнеть и наконец сделалось черно, как в волчьей пасти. Тут было уж не до смеха. Особенно с одного дня пришло ему тошнехонько. В этот день находился он, по обыкновению, в дороге. Было время вечернее. Духота и жар налегли на землю: так иногда во сне давит нечистый, и не имеешь сил от него освободиться. Небо, казалось, обито было раскаленным железом; вдали огни то бегали змейкою, то рассыпались кубарем. Песок по колена; горбатые, уродливые сосны на страже дороги. Думаешь, отъехал от них; посмотришь, тут как тут, и кивают косматой головой, и лезут на тебя крючковатыми руками. Страшно! извозчик один. Хоть бы повеяло откуда жильем! Усталость, жажда мучат его. В груди у него горит, губы пересохли. Но вот молния осветила стальную поверхность болотного озера, похожего на помойную яму. Извозчик к нему. Густая ржавчина подернула его кроваво-зеленой пеленой, которую режут в разных направлениях отвратительные насекомые, быстро скользя по ней, будто на коньках, или прорывают пузыри, вздуваемые подводными жителями. Страшно заглянуть в эту лужу, не только что испить из ней. Что ж делать? жажда пересиливает отвращение. Извозчик черпнул шляпою воды; дунув по ней, погнал нечистую пелену на край, перекрестился и, зажмурив глаза, выпил. В этот миг, неведомо почему – отчета дать не может, – вспомнил он о купце и конях его. Стало ему тяжко на сердце; через три дня он почуял, будто камень у него лежит в груди, под ложкой, и камень этот, словно живой; ворочается и сосет ему сердце.

– А! понимаю, – радостно сказал Антон, как бы невидимо кто разгадал ему чудную задачу, над которою он ломал себе голову, – однако ж продолжай.

Извозчик продолжал, переводя по временам дух, будто отдыхал после подъема тяжелой ноши. Прижавшись к лекарю, слушал его Андрюша и переводил рассказ по-итальянски. Антон с жадностью подбирал каждое слово.

– С того часа, – говорил Ненасыть, – нигде не нахожу себе места, а пуще всего не могу наесться досыта, хоть бы съел ковригу хлеба с человечью голову и целого барана. Ходил к ведям – веди тотчас узнали, что я выгреб овес у чужих лошадей; пособить мне ничем не могли. Где я ни был, везде говорили то же; сколько денег ни потратил на снадобья, сколько овса ни прокормил чужим лошадям, какой службы ни служил я в монастырях, все не в помощь мне. Везде называют меня Ненасытем; слово это сделалось бранным; мальчики дразнят меня этим недобрым словом и бросают в меня каменьями. Видишь эту пятерню (он показал свою исполинскую руку); мог бы сплюснуть любого; да что ж в том? (Ненасыть покачал головой) и не отмахиваюсь от них. В груди у меня камень, тяжелей тех, что в меня кидают; там, видно, засел... Слышишь, как ворчит: слышишь? и там называют меня

Ненасытем... Ох, тяжело, так тяжело, хоть бы с белым светом расстаться!.. Помоги, добрый человек, выгони его из меня. Пойду к тебе в кабалу по скончание живота моего, хоть и говорят, что ты поганый латынщик, что ты немецкий басурман хуже всех татарских.

И Ненасыть, кончив свой рассказ, плакал, горько плакал.

Сделав ему надлежащее врачебное свидетельство, Антон сказал:

— Да в тебе гнездится живая тварь. С божиею помощию я выгоню из тебя поганое животное, и ты будешь здоров. Молись пречистой, и когда фряз Аристотель будет строить ей храм, в очищение души своей от греха, который тебя тяготит, потрудись над основанием алтаря.

Ненасыть обещал и с живою верою отдал всего себя воле врача. Лечение было успешно. На другой день вышла из него жаба, которую он, вероятно, проглотил в зародыше со стоячею водой. Исцеленный, он везде разносил похвалу лекарю Антону и в ежедневных молитвах своих упоминал с благодарностью имя немца, прося бога обратить его в православие. Люди русские толковали это врачевание по-своему.

ГЛАВА ПЯТАЯ

ОЧАРОВАНИЕ

> Летал соловьюшка
> По зеленому по кустарничку,
> По чистому по березничку;
> Залетал соловьюшка
> Во зеленый сад незнаючи;
> Садился соловьюшка
> На веточку не ведаючи.
> Уж та ль веточка приманчивая,
> Уж та ль зеленая прилюбчивая,
> Соловью показалася,
> Громкому понравилася.
> Не хочет с ней и расстаться.

Что делалось в это время на другой половине каменных палат? Пора и туда заглянуть.

Пребывание басурмана в палатах Образца одело их каким-то мраком; казалось, на них начерчен был знак отвержения. Зато все в доме кляло и ненавидело поганого немчина; каждый день ходили новые слухи о связи его с нечистым или о его худых делах. То видали, как бес влетал к нему через трубу падучею звездою, или таскались к нему по ночам молодые ведьмы. То наказывали отцам и матерям прятать от него детей, особенно пригожих; он-де похищает их, чтобы пить их кровь, от которой молодеет и хорошеет. То поверяли друг другу за тайну, что он заговорил Мамону железо на случай судебного поединка, что он вызвал нечистый дух из Ненасытя в виде жабы, которую держит у себя в склянице для первого, кто ему не понравится; что, проходя мимо церкви, боится даже наступить на тень ее. Видали нередко, как дьяк Курицын, Величайший из еретиков, посещал его, когда люди ложатся спать, и проводил с ним целые ночи в делах бесовских и как в полночь нечистый вылетал от него из трубы дымным клубом. Умирали холоп или рабыня в доме – виноват был басурман; хворала домашняя скотина – хозяин-домовой не полюбил басурмана. Вынуждены были достать живого огня (растиранием двух кусков дерева, заметьте, вечером, когда в доме не засвечали еще ни одного огня и залит был тот, который оставался в печах); развели костер и заставили каждую скотину, перепрыгивая через него, очищаться от наваждения вражьего. Все жильцы каменных палат (разумеется, на боярской половине) приходили черпать из этого священного костра и зажигали в нем свои светочи. Новый живой огонь разбежался по дому и осветил его снова здорово. Хорошо еще, что сердце хозяина улеглось от очистительной потехи. С этого времени четвероногие пользовались вожделенным здравием. С этого времени и в палатах стали мести на ночь, чтобы ангелам-хранителям в ночную тишь любо и привольно было обхаживать спящих, чтобы они не запнулись обо что и за то не разгневались.

Образец не знал, как освободиться от такого постояльца и не видел конца своему басурманскому пленению. Просить Ивана Васильевича о разрешении уз своих, не смел: Антон–лекарь каждый день более и более входил в милость великого князя. В горе своем боярин нередко сравнивал себя с многострадальным Иовом, которого все язвы, казалось, готов он был принять вместо этого плена.

Недокрещенцу, слуге Антона, очень понравилось у него. "Свой своему поневоле брат", – говорили на половине боярской, и паробку не позволяли ни под каким предлогом являться на эту половину. Самого Андрюшу, полюбившего басурмана, принимал Образец не так ласково, как бывало, и требовал, чтобы он, приходя к нему, делал умовение. Одна Анастасия любила по–прежнему своего крестника и еще более прежнего находила удовольствие с ним беседовать. О ком же – отгадаете ль? – О басурмане.

О басурмане?.. Может ли статься!

Вот видите, добрые люди, Анастасия была очарована.

Волшебник околдовал ее с первого раза, как она увидела его: в этом Анастасия твердо убеждена была. Иначе как же объяснить, что чувствовала к немчину, который знается с нечистыми? Кому уж, как не ей, твердили столько худого на счет басурмана! И что ж? сколько мамка ни берегла ее от худого глаза, умывая водой, на которую пускала четверговую соль и уголья; как ни охраняли рои сенных девушек; что ни говорили ей в остережение отец, домашние и собственный разум, покоренный общим предрассудкам, – но поганый немчин, латынщик, чернокнижник, лишь с крыльца своего, и Анастасия находила средства отдалить от себя мамку, девичью стражу, предрассудки, страх, стыдливость – и тут как тут у волокового окна своей светлицы.

Заметьте, волоковое окно есть особенная характеристическая принадлежность русского народа. Еще и в наше время принудьте мещанина, крестьянина сделать у себя на зиму двойные рамы: он хоть и сделает их, но все–таки оставит одно окно свободным, которое может отдвигать и задвигать, когда ему вздумается. Без этого окна он у себя дома, как в тюрьме: ему грустно, ему душно; он скорей согласится выбить стекло. Что ему до мороза, железному сыну севера? Окутанный снегами, он и в жестокий мороз отворяет свое дорогое окошечко и через него любуется светом божиим, ночным небом, усыпанным очами ангелов, глазеет на мимоходящих и едущих, слушает сплетни соседей, прислушивается с каким-то умилительным соучастием к скрипучему оттиску шагов запоздалого путника по зимней дороге, к далекому, замирающему в снежной пустыне звону колокольчика – звукам, имеющим грустную прелесть для сердца русского.

В заточении Анастасии волоковое окно, заменявшее фряжское, было также ее усладою. Оно сделалось роковым с той поры, как она увидела через него молодого, пригожего иноземца. Невольно влеклась она к этому окну, невольно, несмотря на строгие запрещения, глядела через его скромное, одинокое стеклышко или осмеливалась даже отодвинуть его, так, однако ж, чтобы ее не было видно. Стеклышко было всегда чисто; а когда сердитый мороз пушил его своим дыханием, чего не делала она, чтобы согнать с него снежную оболочку!

Вот он, этот чародей, вот пригожий иноземец! Как огонь его голубых глаз пожирает пространство! как белизна лица его спорит со снегом, когда разливается по нем огненная заря! Какой стройный, могучий стан, молодецкая походка! Как пристала к нему богатая его одежда! Сильно бьется сердце Анастасии, будто хочет вырваться из груди и полететь к нему, то расцветет, то заноет. Она любуется им, провожает его до ворот, как верная рабыня, проводом своих очей, глотает горячие следы его. Вот брякнуло кольцо – он исчез... Сердце замерло, как будто потонул он в вечности. Грустно, так грустно, хоть бы белого света не видать. Но придет опять очарователь!.. И Анастасия ждет его минуты, часы, иногда целый день. Бедная лишилась и пищи, и если вкушает ее, так для того только, чтобы скрыть от домашних свою душевную болезнь. Да, она больна, она очарована.

Часто спрашивает себя о причине своей тоски, требует у сердца отчета, почему оно любит иноземца, басурмана, которого гнушаются все добрые люди и кленет отец, чью веру прокляли святые отцы на соборе. Очарование! – говорит ей рассудок: другой причины нет и не может быть. Нередко прибегает она к божией матери, с горячими слезами молит ее спасти от сетей лукавого. Минуты две, три спокойна, и опять образ пригожего иноземца, словно живой перед нею, сидит с нею рядом, держит ее руку в своей. Сомкнула ли глаза? то же самое неземное существо, которого видела в сонных грезах детства, то самое, только с очами, с улыбкою немчина, лежит у ног ее, сложив белые крылья. Проснется, и тоска в сердце, будто жало, сидит в нем. Часто слышит она очаровательные звуки (Антон играл на лютне). Это самые те небесные голоса, те гусли-самогуды, которые в сонных видениях ее детства так сладко пели над сердцем ее.

Иногда Андрюша приходит от лекаря к своей крестной матери. Беседы с крестником все о нем одном, об очарователе. Андрюша с жаром рассказывает, как друг его добр, ласков, чувствителен, старается всеми доводами сердечной ласки доказать ей несправедливость худых слухов о нем, клянется ей всем, что для малютки священнее в мире, что Антон не колдун, не басурман-татарин, а христианин, как русские, только нерусской веры. Анастасия хотела бы верить и не смеет, не сможет. Он не чародей? Почему же она его любит, когда он не сказал ей словечка, не взглянул даже на нее хоть раз?.. Что он христианин и нерусской веры, не носит тельника (креста на груди), бедная никак не может согласить, никак не в состоянии понять этого. Только когда Андрюша собирается от нее опять к лекарю, Анастасия дарит на прощание своего крестника сладким поцелуем и невольно атласною ручкою осеняет его крестом. Не хотела ли передать то и другое иноземцу?..

И все о пригожем иноземце, и везде, во всякое время, только он.

Решено, она больна, она очарована.

А молодой врач, весь преданный науке, забыл, есть ли на свете какая Анастасия.

Так прошло несколько недель.

Пришел день благовещения. По городу разостлался звон колоколов. Почти все живущее на половине боярской хлынуло в храмы божий. Остались Анастасия с верною мамкою, несколько сенных девушек и других дворчан. И мамка, и девушки, и прочие служители, все по своим углам, затеплив перед иконами свечи, молились. Помолилась Анастасия и села потом у рокового окна. Какая–то святая тишина налегла на весь дом: ни дверь не стукнет, ни кольцо в ворота не брякнет, и слово неосторожное не канет в эту глубокую тишь. Нарушить ее – святотатство. На половине у Антона то же спокойствие и безмолвие. Он грустно сидел у своего окна. Не вспомнил ли моление с единоверцами в храмах своего второго отечества, Италии, дружеское пожатие руки ученым мужам, приветливую улыбку и огненный взор девы, ласки и благословения матери? Не почувствовал ли грубое отчуждение свое от семейной жизни в Москве и свое одиночество?

Тихо в доме, как в пустыне. Наконец он слышит над собой шаги... шаги девушки и, как сказывали ему, прекрасной, милой, доброй. Сколько привлекательного роится около нее! Она одна, он также. Словно они одни в доме, одни в свете. Не понимают ли друг друга? не сообщаются ли их души чрез эту легкую перегородку, их разделяющую? Почему знать!.. Говорил же он когда–то Андрюше, что между ними и Анастасией существует магический, тройственный союз. Зачем разрушил он этот союз равнодушием к нему?.. Мечты о нем могли бы расцветить мрачные часы его жизни. Почему нет с ним Андрюши, чтобы поговорить о прекрасной Анастасии, перенять от него поцелуи ее и благословения и вновь скрепить этот тройственный союз?

Запели снова колокола; моление в некоторых церквах кончилось.

Андрюша на помине легок. Нынче его предупреждают разнородное щебетание и чиликание птиц. Весь запыхавшись, разрумяненный, влетает он в комнату. В руках держит он торжественно трофей нынешнего дня – огромную клетку со множеством пернатых. Все чижики, жаворонки, зяблики, все вестники благодатной весны. Это подарок Андрюше от детей великокняжеских. Бедные пленники так и бьются в своем тесном заточении.

– Что хочешь с ними делать? – говорит Антон.

– Окно, отвори окно! – кричит в восхищении малютка. – Разве не знаешь? ныне благовещение.

Антон с удовольствием покоряется воле своего маленького друга. Окно отворено, и через него хлынул в комнату свежий весенний воздух; солнце бросило в нее горсти ослепительного золота, как бы радуясь своему первому годовому празднику. Сотни птичек реяли в воздухе туда и сюда, щебетали, пели на деревьях, наигрывавших уже почку[29], на кровлях, на заборах. Никогда еще Антон не видал в городах такого многочисленного собрания птиц.

– Слышишь, как они празднуют свободу свою, как они благовестят? – сказал Андрюша. – Нынче выпускают на волю крылатых узников; нынче выкупают из тюрьмы и людей, которые содержатся там за долги.

– Какое прекрасное обыкновение, – сказал лекарь, – оно мирит меня с русскими. Правду говорит твой отец: под грубою оболочкою их нравов скрывается много прекрасных качеств.

Между тем Андрюша отворил дверцы клетки.

– Ступайте и вы благовестить, – примолвил он, и пленники его, один перед другим, тесня друг друга, спешили высыпать из своего заточения. Многие тотчас скрылись из виду; иные, как будто удивляясь неожиданной свободе своей, сели неподалеку, охорашивая крылышки и осматриваясь. Только на дне клетки, за особенною перегородкою, осталась одна птичка. Долго смотрел на нее Андрюша с сожалением и нерешительностью.

– Эта пела у меня так хорошо целую зиму, – грустно сказал он.

Антон ничего не отвечал, но посмотрел ему в глаза, как бы упрашивая за бедного пленника. Малютка, с быстротою молнии, понял его.

– Правда, – примолвил он, – певец веселил меня так долго, тем скорее и выпустить его надо. Но этому пускай даст свободу моя крестная мать: он так пригож.

И мальчик исчез с своим дорогим певцом.

Чрез несколько минут Антон услышал, что вверху, в светлице над ним, отворяют окно. Он высунул голову далеко из своего окна, взглянул наверх... Сперва мелькнула белая ручка, из которой выпорхнула пташка, а потом обрисовалось лицо женщины (он в жизнь свою ничего прекраснее не видывал), и потом пал на все его существо тяжкий, волшебный взор карих очей. И мигом исчезло прекрасное видение. Будто обезумленный, он остолбенел, в глазах его помутилось. Опомнясь, Антон старался привести свои мысли в порядок. Что видел он? Земное ли существо или жителя неба?.. Он помнит чудный очерк лица, и вспышку румянца по нем, и томный, огненный взгляд, и темно–русую, длинную косу, неосторожно выпавшую из окна, и белую ручку. Все это врезалось в его сердце. Мы сказали уж, что он не любил ни одной женщины; тем сильнее было новое чувство, вдруг охватившее его. Оно было вместе и чувство одиночества, жизни на чужбине, жажда души пламенной, любящей, но сокрытой доселе под холодною корою наружности и обстоятельств, жажда сообщиться с душою, его понимающею, перенести свои ученые надежды, едва ли не обманутые, свое влечение к прекрасному на живое существо. Родник сотни лет скрывался под тяжелым утесом; ударил в этот утес молот грозы, и родник забил живым серебром. Попытайте остановить его. Вот вам любовь, какою любят в первый и в последний раз характеры сильные, необыкновенные. Может быть, любовь романов, скажете

---

[29] Г.Булгарину кажется это выражение нерусским. Пускай спросит он первого ростовского огородника, первого русского мужичка, и опять устыдится своего незнания. Впрочем, где ж было ему ознакомиться с народным русским выражением! (Прим. автора)

вы, прибавьте – и XV века, резко отмеченного печатью чрезвычайного и еще не сбросившего с себя железной брони, закаленной в огонь рыцарства.

С этого времени Анастасия для Эренштейна не существо воображаемое, имя это не соединение пустых звуков, не простое слово. В нем соединена и красота земная и красота небесная, доброта, ум, чистота, сила души. Им славословит он природу, человечество, бога; оно союз его с Русью, ковчег его жизни и смерти. С этого времени уединение его населяется: в нем живет Анастасия. Любовь его безотчетна: она вся в своем источнике, в сердце; рассудок в ней не участвует. Любовь его чиста, как первый день первого человека, как снежное темя горы, куда положила след только стопа бога. Ни один темный помысел не помутит этого чувствования. Ничего не желает он, кроме того, чтобы видеть Анастасию, только смотреть на нее, как ангелы смотрят целые веки, погруженные в море блаженства. Но боязнь ее оскорбить, навлечь на нее подозрение, укрощает в нем и это желание. Он не смеет в другой раз открыть окно под светлицей. Могут увидеть отец, брат, свои, посторонние люди; могут подумать что–нибудь худое насчет девушки. Но часто прислушивается он: не стукнут ли вверху окном? Нет, все тихо.

Выходя из дому и приходя домой, не видит он более Анастасии; только иногда, возвращаясь к себе, находит на крыльце брошенную сверху ветку, перо попугая, которое было подарено Софьей Фоминишной маленькому любимцу великого князя и перешло от Андрея к дочери боярина. Раз нашел он даже ленту из косы. Он понимает, откуда дары, он понимает эту немую беседу и, счастливый, дорожит ею выше всех милостей Ивана Васильевича.

ГЛАВА ШЕСТАЯ

БЕГЛЕЦ

А Иван Васильевич особенно жаловал своего дворского лекаря. То пришлет сказать ему свое милостивое слово, то с приказом видеть его царские очи, то с блюдом со стола своего или с поставом немецкого сукна на платье. Нередко беседует он с ним. Антон начинает довольно хорошо изъясняться по–русски; однако ж служат им переводчиками большею частью или Андрюша, или Аристотель, способствующий и радующийся от души возвышению братнина воспитанника. Беседы их чаще всего о делах Италии, так знакомой Эренштейну. Особенно любит великий князь слушать рассказы о том, как латинское царство, прежде столь сильное, ныне чахнет, разделенное на мелкие республики, и старается из этих рассказов, льстящих силе его характера, выводить для себя полезные уроки. Антон передает ему, в каком порядке, с недавнего времени, учреждена во Франции почта и, по ее примеру, в немецких землях. Иван Васильевич заводит у себя почты, ямы. Антон объясняет ему и другие нововведения в Европе, и великий князь собирается и ими воспользоваться при первом случае.

Таким–то посредничеством современное сильное развитие человечества на

Западе находит в чуткой душе Иоанна отзыв, хотя и грубый, безотчетный, бессознательный, через дочь Палеолога, послов немецких и русских, художников, лекарей, путешественников. На Западе кабинетная деятельность властителей, переговоры их через доверенных людей, гимнастика ловкого, хитрого ума, получившие название политики, дипломации, начинают заменять силу войск: этими орудиями мастерски пользуется и Иван Васильевич. Там народы и государи их сосредоточивают свои силы: то же делает и великий князь русский, соединяя воедино уделы. Там идея царя облекается в важные, великолепные формы и обряды, действующие на чувства масс: двор, места, целование руки, блестящий прием послов чужеземных, столы, снаряжение дворцов, герб, титул, дают этой идее олицетворение и у нас. На Западе учреждается регулярное войско: Иоанн также устраивает полки. Я сказал уже об основании почты. Мы увидим также, что дух умственной пытливости, давший XV веку Виклефа, Гусса и наконец Лютера, сообщился и нашей Руси под видом жидовской ереси. Одним словом: тогдашняя жизнь Европы, хотя и под формами грубыми, доходила и до нас. Не мое дело объяснять здесь, почему эта жизнь после Иоанна III не получила у нас такого отчетистого, последовательного развития.

Мы сказали, что Иван Васильевич сосредоточивал силы свои и Руси. Тверь отделяла его от северных областей: он решил правдою и неправдою уничтожить эту преграду и соединить сердце Руси с ее севером. Приготовив заранее ревностных себе доброжелателей в Твери и, как мы видели в первой части романа, причину к объявлению войны ее князю, Иван Васильевич кликнул рать, чтобы докончить одним ударом то, что подрывал так долго хитростью.

И вскипела земля русская.

Всела московская рать на коня, другой велено идти из Новгорода. Русские при Иване Васильевиче вкусили уже ратной чести не однажды; было и ныне много охотников искать ее. Огнестрельными орудиями управлял Аристотель, отторгнутый от великого труда своего; художник снова преобразился в розмысла.

Чтобы поручить это войско достойному вождю, ожидали в Москву знаменитого воеводу, служебного князя Даниила Дмитриевича Холмского. Болезнь, мнимая или настоящая, задержала его в дальнем поместье. Мнимая, сказал я: и то не мудрено, потому что он родом тверчанин, потомок тверских князей, должен был неохотно повиноваться приказу своего владыки, идти против родины своей.

И дворскому лекарю приказано всесть на коня. Он должен был сопутствовать великому князю, который собирался сам идти с войском. Иван Васильевич, под щитом военачальника своего, безопасно хотел заслужить имя покорителя Твери. С удовольствием получил Эренштейн этот приказ, дававший ему способы рассеять хоть несколько свои чувства к Анастасии и обещавший ему возможность показать свои услуги человечеству. В этих надеждах проявлялся и врожденный дух рыцарства, который смирить не могло ни воспитание, ни скромное, мирное звание лекаря. Природа невольно тянула его к тому назначению, с которого совратило мщение Фиоравенти. Надежды его питал и Аристотель, желавший воспитаннику своего брата новых почестей, нового возвышения.

После дня, проведенного на площадях, где собирались полки, Антон лег спать; но заснуть не мог, волнуемый ли мыслью об Анастасии, мелькнувшей перед ним, как прекрасное, волшебное видение, или мыслью о походе, который представлялся пламенному воображению его, его благородному сердцу, в очаровательной картине. Вдруг, посреди этих мечтаний, не дававших ему уснуть, слышит он на улице странные крики. Кричат: "Лови! лови! здесь, сюда! к палатам Образца! головой за него отвечаем!"

Антон отворяет окно на улицу. Ночь так темна, что город, кажется, скрыт под сводом земным; предметы слились в одну черную массу. Едва может он различить движение нескольких фигур, то перескакивающих через решетки (или рогатки), то исчезающих во мраке. Он следит их более слухом, нежели глазами.

Вот, ближе к дому, что-то шевелится... что-то скребет по стене и – перед ним высокая, необыкновенно высокая фигура, загородившая собой почти все окно. Надобна нечеловеческая сила и ловкость, чтобы взобраться по стене на такую высоту. Эта мысль, внезапность чрезвычайного явления заставили Антона в первую минуту испуга отодвинуться назад.

– Спаси, ради господа спаси! – говорит вполголоса неизвестный и, не дожидаясь ответа, вскакивает в окно так быстро и сильно, что едва не сваливает лекаря с ног, потом осторожно запирает окно.

Антон не знает, что подумать об этом явлении, да и не имеет времени. Высокая фигура стоит перед ним будто на ходулях, ощупывает его, берет его за руку, жмет ее и, запыхавшись, говорит вполголоса:

– Спаси... меня ловят недельщики... меня хотят заковать в железа. Друже мой, ты ли это или Иван Хабар?

– Нет, но все равно... Чего хочешь? – отвечает лекарь, догадываясь, что несчастный, убегая от преследований, ищет скрыться у своего друга, Образца. "Друг воеводы, – думает он, – не может быть злодей".

– Нет?.. Боже мой, кто же ты?.. А! понимаю... лекарь-немец... я пропал.

И говоривший отшатнулся, как бы хотел броситься в окно.

Антон удерживает его и с необыкновенною твердостью и одушевлением отвечает ему по-русски, как умеет:

– Да, я лекарь, но христианин такой же, как и русские. Не бойся. Поверь божьей матери.

– Добро, верю матушке. По голосу твоему слышу, ты не злодей. Вот видишь, я – воевода, князь Холмский. Может быть, слыхал обо мне.

– Аристотель много рассказывал мне о славном победителе Новгорода.

– Этого-то победителя, по приказу великого князя, ловят теперь... хотят в железа, в тюрьму...

– Как так? Тебя ждали ныне из поместья твоего, чтобы поручить тебе рать московскую, которая идет на Тверь.

– Я приехал... был у Ивана Васильевича... Тверь моя родина... я отказался идти... Но слышишь? стучат в ворота, будто бьют в набат. Избавь от железа, от черного позора...

– О! когда так, спасу, хоть бы пришлось заплатить жизнью своею. Разве по мертвому телу моему дойдут до тебя.

Действительно, в ворота стучались так, что стены в доме дрожали. Кричали:

– Отворяй ворота... именем господина великого князя, отворяй... не то выбьем вон!

Стук, крик, шум увеличивались.

Все в доме спало крепким сном; все переполошилось и встало на ноги – боярин, боярышня и дворчане: псари, сокольники, птичники, бражничие, повара, конюшие, истопники, огородники, сенные девушки и проч. и проч., что составляло тогда дворню боярина. Мужчины кидались в ужасе, кто куда попал, будто на пожаре, спрашивали друг друга о причине тревоги, зажигали светочи, толкали друг друга. Слышалось имя великого князя, и думали, не сам ли он по каким–нибудь наговорам приехал забирать их господина. Боярин испугался, ожидая чего–то чрезвычайного, и прибегнул с молитвой к небесной заступнице. Анастасия была ни жива ни мертва. Брата ее не было дома; он где–то проводил разгульную ночь.

Между тем Антон не дремал.

У него был огромный шкаф с аптекой. Разом ящики и склянки вон, пленника туда.

– Что? дышать свободно?

– Свободно.

Пленник присел на корточки, но и так не умещался. Что делать?.. На колена.

– Вот так, хорошо.

– С богом.

Дверцы на замок, ящики и склянки под кровать.

В этом–то бедном шкапе, служившем басурману для хранения его зелий, в таком–то унизительном положении поместился правнук князя Всеволода Андреевича Тверского, вождь знаменитый, герой шелонский, победитель Новгорода и Казани, лучший самоцвет в венце Иоанна, слава и честь Руси. Тот, который заставлял бежать от себя тысячи воинов, неприятелей его отечества, который, стоя с полками перед страшным Ахматом, в роковую для Руси минуту, не послушался повеления грозного владыки отступить, теперь так испугался гнева Ивана Васильевича, что спрятался у немчина в шкапе.

Именем великого князя отворяют ворота. Боярин Мамон тут, при этой экспедиции. Он везде, где только есть выполнение жестокой воли, где злобной душе его есть упражнение, достойное ее; везде он, особенно где может найти случай мстить врагу своему. Предводя недельщиками, боярскими детьми, он объявляет дворчанам Образца, что, по приказу Ивана Васильевича, велено им поймать служебного князя Даниила Дмитриевича Холмского, что они гнались за ним из дома его до палат боярина и что ему негде укрыться, как в этих палатах. В руках одного недельщика и железа, в которые должно сковать беглеца. Мамон требует именем великого князя, чтобы дозволили ему сделать осмотр во всем доме.

Смеет ли Образец противиться этому грозному, священному имени, Образец, который держит это имя по старине, по наказу родительскому, который блюдет его в сердце, как завет бога?

Недельщики, боярские дети, толпою, под начальством неистового Мамона, вторгаются в палаты словно неприятели, вырывают светочи из рук холопов, шумят, голосят, гремят железами, всюду проникают в клети и подклети, в божницу и повалушу, на дворы, в сады, в жилые и нежилые строения, везде шарят, тычут мечами, все переворачивают вверх дном. И до светлицы Анастасии доходит

107

отчаянная ватага. Но здесь она встречает преграду – девическую стыдливость, охраняемую любовью отца и брата; здесь, у дверей светлицы, ожидают Мамона сам старик Образец и сын его, успевший прибежать домой по первому известию верного служителя. Оба вооружены. Их окружают несколько молодцов с топорами, с дубинами, готовых по первому взгляду господина послать в другой мир без покаяния того, кого укажет им этот взгляд. В виду этой живой твердыни запнулись шаги Мамона; он остановился перед ней с своею дружиной.

– Видит господь, – сказал с твердостью Образец, – в терему моей дочери нет и не может быть князя Холмского. Но сделаешь шаг вперед, Мамон, и (старик затрясся) не введи в грех кровавый.

– Что? свиделись опять, пятенщик мой! – сказал Мамон с адскою усмешкой.

Седые густые брови воеводы нахмурились; лучи раскаленных глаз его устремились на врага и, казалось, проницали его насквозь; исполинскою, жилистою рукой сжал он судорожно меч, грудь его поднялась, как разъяренный вал, и, издав какой-то глухой звук, опустилась. Боярина смирила мысль, что будет пролита кровь при дверях дочерниной комнаты. Он видел движение руки своего сына и, стиснув ее, предупредил роковой удар.

Эту грозную мимику понял Мамон; он спешил отступить.

– Мы еще не были в клетях лекаря, – сказал он, собираясь вниз.

– Туда, и к черту или к своей матери колдунье, а если замешкаешься, берегись оставить здесь поганые кости свои! – закричал Хабар-Симской вслед ему.

Мамон остановился и, покачав презрительно головой, послал ему в сердце адскую усмешку.

– Батюшка, позволь! – вскричал Хабар вне себя.

Образец опять остановил его и сказал с твердостью:

– Постой, сын; везде, где хочешь, лишь бы не здесь, у светлицы твоей сестры.

– Слышишь?.. – был вопрос Симского, полный жажды мести.

– Слышим-ста! – был глухой ответ Мамона.

Стук, беготня в доме, крик, шаги вверху, у светлицы Анастасьиной, все это отдается в ушах и сердце Эренштейна, трепещущем от неизвестности, что делается в семье боярина. Дорого заплатил бы он, чтобы там быть. Но вверху все замолкло, шум оборачивается в его сторону, приближается к нему. Стучатся в сенях. Он высекает огня.

Какая досада, какая мука! следы огромных ступней, ходивших по грязи, означились на полу и провели дорожку прямо к шкапу.

Что делать?.. Платье, утиральники, что ни попадается в руки, – на пол, и предательские следы уничтожены. Слава богу!

Он только что к двери, слышит: что-то рухнулось в шкапе так, что дверки затрещали; потом смертное хрипение, потом глубокий вздох и – гробовая тишина.

У Антона сердце оторвалось, волосы встали дыбом.

Что, если Холмский, пораженный гневом великого князя, мыслью о заточении и казни, истерзанный страхом, измученный скоростью побега, усилиями взлезть на стену, всем, что его так ужасно и так внезапно разом обхватило, если он испустил дух?.. Может быть, задохся в шкапе... может быть, удар! Ужасно!

Князя Холмского найдут мертвым у лекаря... Что скажет молва?.. И так слывет он чернокнижником; назовут его убийцей. Потребуют его головы. Властитель, разгневанный укрывательством беглеца, выдаст ее народу. Антон знает, что такое озлобленный народ; лютость зверя ничего перед его жестокостью. Он имеет довольно духу идти в битву со смертью на одре болезни, даже на плахе, которой он не заслужил; он готов идти в битву, когда потребует долг; но смерть в когтях разъяренного народа – ужасна. И что еще ужаснее, он будет невольной причиною смерти ближнего...

Посмотреть в шкап, испытать врачебные средства нет возможности. Стучатся еще сильнее. Замешкаешься отворить, навлечешь на себя подозрение и усилишь розыски. Кто знает? могут выколотить дверь, и тогда застанут его очи на очи с беглецом.

А Холмский, может статься, жив!

Ни разум, ни сила духа и мышц, ничто человеческое не спасет. Разве бог, один бог! Все упование на него.

Ад в груди; между тем Антон старается составить свое лицо прилично обстоятельствам. Стилет под мышку, лампаду в руки, и дверь в сени отворена.

Перед ним Мамон и его дружина.

– Что вам от меня в ночное время? – грозно спрашивает Антон.

– Не взыщи, господине лекарь, – отвечает Мамон, почтительно кланяясь, – по приказу великого князя ищем важного беглеца. Он бежал сюда к палатам боярина, здесь и скрылся. Одному из наших вздумалось только теперь сказать, будто слышал, как Холмский лез по стене, будто твое окно отворилось...

– Неправда! – перебил Эренштейн. – Ложь!.. Ему померещилось... я не укрыватель беглецов... За что такое оскорбление?.. Кто это сказал?.. Я буду жаловаться великому князю.

– Не я, не я! – воскликнуло несколько голосов. Между ними был голос и доказчика. Думали, не подшутил ли над ним нечистый; знали, в какой милости властитель содержит лекаря, и опасались гнева Ивана Васильевича за то, что потревожили напрасно его любимца; опасались мщения самого басурмана-колдуна, который потому уж чародей, что выучился так скоро изъясняться по-русски – и не было более свидетельства, что беглеца видели у окна его. Мамон, по своим причинам, не настаивал.

– Однако ж, – сказал Антон, – чтобы не оставить вас в подозрении, я прошу, я требую осмотра.

И Мамон, за ним два недельщика, боязливо озираясь и творя шепотом молитву, вошли в спальню лекаря.

Все осмотрено, и на постели и под постелей, во всех углах. Мамон подходит к запертому шкафу и прислушивается у него жадным слухом.

Эренштейн собрал все присутствие ума и духа, чтобы не обнаружить своего смущения, в прибавку еще усмехнулся, между тем как в сердце и в уши било молотами.

Ну, если боярин потребует, чтобы отворили дверцы?.. Если Холмский только в обмороке и, очнувшись именно в эту минуту, когда Мамон прислушивается, застонет, хоть вздохнет?..

Не в состоянии дать себе отчета в своих движениях, Антон запускает руку поближе к стилету.

Все замолкло; никто не шевельнется.

109

– Никого, – сказал наконец Мамон.

– Никого, – повторили недельщики дрожащим голосом.

– Куда же он девался?

– Поищем его около дома.

И ватага стремглав высыпала из комнаты лекаря с запасом разных страшных замечаний. Иной видел кости человеческие, измолотые в иготи, другой кровь в скляницах, третий голову младенца (бог ведает, что в этом виде представил ему страх), четвертый слышал, как на голоса их отвечал нечистый из какого–то ящичка, висевшего на стене (вероятно, из лютни). Бедные, как еще остались живы и целы!

Слава богу, сыщики скрылись! Антон прислушивается: брякнули кольцом... ворота на запор... посыпались проклятия на Образца, на Холмского. Еще минуты две–три, и все замолкло глухою тишиной.

Двери на запор, простыню на окно, и... дрожащая рука, блуждая по замку, едва могла отворить шкап.

Глазам Антона представился старик необыкновенного роста, втрое согнувшийся. Он стоял на коленах, опустив низко голову, которою упирался в боковую доску шкапа. Лица его не было видно, но лекарь догадался, что это голова старика, потому что чернь ее волос густо пробрана была нитями серебра. В нем не обнаруживалось малейшего движения. С трудом освободил Антон этого человека или этот труп от его насильственного положения и еще с большим трудом снес его на свою постель.

К пульсу... Милость божия, пульс едва–едва бьется, как слабый отзыв жизни из далекого мира. Этот признак возвращает лекарю разум, искусство, силы, все, что было оставило его. Сделаны тотчас врачебные пособия, и Холмский открывает глаза. Долго не в состоянии он образумиться, где он, что с ним; наконец, с помощью возрастающих сил своих и объяснений лекаря, может дать отчет в своем положении. Тронутый великодушною помощию Антона до того, что забывает его басурманство, он благодарит его со слезами на глазах.

– Господь заплатит тебе сторицею, – говорит он. – Ах! если бы ты окрестился по–нашему, – прибавляет воевода, – отдал бы за тебя любую дочь свою.

Только теперь может Антон рассмотреть его наружность, мощно изваянную, черты его лица, резкие, грубые, но и вместе выражающие величие и благородство души. Едва не на смертном одре, под секирою грозного владыки, которая того и гляди готова упасть на его голову, он и тут, образумившись от первого, нежданного удара, кажется так спокоен, как будто после трудного дня пришел отдохнуть под гостеприимный кров. Жизнь воеводы спасена, свобода обеспечена – надолго ли? Кто может поручиться? Надо искать средств избавить его совершенно от гонений великого князя или укрыть на время от них, пока не прошел гнев владыки. Эренштейн дает себе слово стараться умилостивить Ивана Васильевича, собственным своим влиянием и влиянием сильного Аристотеля. В этом случае нужна величайшая осторожность. Укрыть же на время знаменитого беглеца может только Образец. Но как довести к нему Холмского теперь, в ночные часы? Слабый от пущенной крови, воевода не в состоянии идти без чужой помощи, да и с этою помощью нет возможности переправить его через тын, отделяющий двор боярский от басурманской половины. Провести же его через улицу и двое ворот нельзя и думать. Стучать в ворота, чтобы иметь вход через них, опасно. Можно ли ручаться, что Мамон не оставил около них караула? Время, однако ж, летит; вторые петухи обвестили город, что наступила полночь. Нет возможности откладывать перемещения воеводы до утра, потому что к лекарю из подклета явится его слуга и могут явиться посетители. Не опять же прятать воеводу в шкап и опять начинать ту же страшную процессию, которой повторение могло бы стоить жизни одному или другому.

Надо же решиться на что–нибудь, и Антон решается пробраться на половину боярскую, какими путями вздумает. Экспедиция хотя не дальняя, но затруднительная и опасная по отношениям одной стороны к другой. И потому запасся он своим надежным стилетом, который прицепил к поясу, и шестопером, вроде дубинки, вооруженной несколькими металлическими когтями: это был подарок от Аристотеля, добытый в войне против новгородцев. Сверх того Холмский дал ему жуковину – перстень с родовым гербом, служивший печатью при засвидетельствовании важных актов. Он носит ее всегда на пальце. Ныне эта жуковина могла уверить Образца, что лекарь действительно посол от его ратного товарища и друга. С такими орудиями брани и мира отправился Антон в свою экспедицию, не забыв исправно запереть знаменитого беглеца.

Первую осаду сделал он на тын, отделявший, как мы сказали, половину боярского двора от басурманского. Молодость и отвага творят чудеса, и он с пособием их уничтожил эту преграду, то есть перелез через нее не без того, чтобы не запечатлеть этот подвиг несколькими легкими ранами и потерей нескольких клочков платья. Как билось его сердце, когда он подумал, что находится в первый раз и в полночь, как тать, на половине боярина, который питает к нему незаслуженное отвращение и, может быть, ненависть! Свет от лампады трепетал в верхней светлице. Тут живет Анастасия. Как близко это сокровище и вместе как глубоко заперто от него за тридевятью замками! Об этом мог он думать очень недолго, потому что сейчас налетела на него огромная собака. Лай ее загорел на всю окрестность. Борьба была неровная; ей не дали много горячиться: стилет в бок, шестопер по голове, и верный сторож замолк навеки. Антону жаль было бедного пса, но миновать этой жертвы не было возможности. Не так ли и в обществе? Не встречают ли и там благородных несчастливцев, которые, служа другим для достижения цели, падают жертвами их?

Антон далее, и на красное крыльцо. Осторожно брякнул он кольцом в железную дверь, ведущую в сени. Никого. Он попытал тронуть дверь, и она отворилась. Антон в сенях. Поиграв несколько в гулючки, он попал на новую дверь. И в эту запрос легким стуком. Кто–то отвечал кашлем, дверь отворилась, и – перед ним старик, белый как лунь. Светоч, который он держал в руке, освещал на лице его грустную заботливость. Но как скоро он, сделав рукою щит над глазами, разглядел того, кто перед ним стоял, лицо его подернулось ужасом. Это был сам Образец.

Беспокоясь о своем друге и ратном сподвижнике, он не мог заснуть. С мыслью, не придет ли еще беглец искать у него убежища, он приказал дворчанам своим лечь спать (второпях забыл сказать, чтобы привязали собаку), а сам отворил калитку с улицы и оставил незапертыми двери в сенях. Потом он то молился божией матери, известной под названием "взыскание погибших", то, отворив окно, ловил малейший звук, струивший ночную тишь, то сходил вниз, к сеням. Он слышал лай собаки, он слышал шорох шагов по каменному крыльцу, стук в железные двери и спешил выйти навстречу своему другу.

И что же? перед ним его ужасный постоялец. Он ли еще или оборотень в его виде? Чего ему надо у боярина в полночь, когда он и днем не бывал на боярской половине?.. Бледный, весь дрожа, Образец с трудом поднимает отяжелевшую руку и творит крестные знамения, читая вслух:

– Да воскреснет бог и расточатся врази его!

– Да воскреснет бог и расточатся врази его! – говорит за ним Антон.

Повторим, что Эренштейн хотя еще не совсем хорошо изъяснялся по–русски, однако ж понятно.

– С нами бог! – прибавляет он с твердостью, – и в доказательство этого послал мне ныне свою особенную милость. Твой друг, князь Холмский, у меня. Он ошибкою попал ко мне. Не веришь? вот перстень его.

Боярин, крестясь, вглядывается в жуковину и признает ее; но, увидав кровь на руке немца, вскрикивает в ужасе:

– Господи, уж не ранен ли он, не убит ли?

– Успокойся, это кровь твоей собаки. К делу, боярин! Заря занимается. В последний раз спрашиваю тебя: хочешь ли укрыть у себя друга своего или оставить его у меня, в опасности?

– Хочу ли? вестимо! – отвечает боярин, собрав свои рассеянные мысли. – Ступай теперь тем путем, которым пришел. А мы с сыном... (тут он задумался) сын впустит к нам князя через железную дверь, что из твоих хоромин на нашу половину.

Ни малейшей благодарности, хотя бы легкое изъяснение доброго сердца, что оно понимает прекрасный подвиг. Суровой душе боярина эта благодарность стоила бы тяжкого подвига. Он и так совершил его, разрушив ужасную преграду, которая отделяла православную половину от басурманской.

Князь Холмский, о котором рассказывали, что он сдирал кожу с неприятельских воинов и собственною рукою убивал своих за грабеж, был чувствителен к добру, ему оказанному. Он не принял назад жуковины и просил лекаря оставить ее у себя на память великодушного поступка. Перстень, по металлу, не имел высокой цены, и Антон не посмел отказать.

Когда Хабар отворил железную дверь, чтобы впустить через нее князя на свою половину, он ласково поклонился иноземцу и сказал ему от души спасибо.

– Будешь иметь нужду в выручке, – прибавил он. – кликни только Хабара.

С этого времени он стал питать к немчину доброе расположение. Мудрено ль? благородному сердцу его подавало голос другое благородное сердце; к тому же юность, открытая, сообщительная, легко сбрасывает с себя предубеждения, не рассчитывает так много, как старость, закоснелая в предрассудках, имеющая более опытов, а с ними и более подозрений. Образец и тут не хотел видеть своего постояльца, зато немало поворчал на него Холмский. На все убеждения друга он хранил глубокое молчание; в его душе восставали против лекаря сильнейшие убеждения, воспитанные ненавистью ко всему иноземному, неединоверному, проклятому, – как он говорил, – святыми отцами на соборе, и еще более проклятому душою суровою, угрюмою с того времени, как пал от руки немца любимый сын его.

От Анастасии таили подвиг Антона-лекаря; но она как будто отгадала его и на другой день, когда очарователь выходил от себя, подарила его из окна пламенным взглядом, который мелькнул по-прежнему и по-прежнему оставил глубокий след в душе его. Он осмелился ей поклониться; она кивнула ему и исчезла. С этого времени, когда они уверены были, что никто их не видит, взоры их стали вести разговор, которому давали красноречивый смысл то вспышки Анастасьина лица, подобные зарнице, предвещающей невидимую грозу, то взоры, отуманенные любовью, то бледность этого лица, говорившая, что не было уж спора рассудка с сердцем. Антон берег свое сокровище, как алмаз, не имеющий цены, купленный втайне, который у него тотчас отнимут, как скоро он покажет его; только один на один любовался им, радовал им свои взоры, освежал свою душу.

Через несколько дней участь Холмского была решена. Образец прибегнул к ходатайству митрополита и других духовных властей. Такое посредничество должно было иметь успех, тем более что служебный князь отдавался сам в руки своего властелина. Ходатаи молили великого князя умилостивиться над воеводой, который был всегда верный слуга Ивана Васильевича, доставил ему и всему православному краю столько добра и чести, который готов и ныне идти всюду, кроме Твери, куда только укажет ему господарь его и всея Руси.

— Великий грех пал бы на твою голову, господине и сыну наш, — говорило одно духовное лицо, — коли б воевода пролил кровь своих родичей.

С своей стороны, Аристотель и дворский лекарь искусно объяснили властителю, что слух о несправедливом гневе его на знаменитого воеводу может повредить ему в хорошем мнении, которое имеют об нем римский цесарь и другие государи; что гневом на воеводу великий князь дает повод другим подданным своим быть изменниками отечеству; что Холмского не наказывать, а наградить надо за его благородный поступок, и что эта награда возбудит в других желание подражать такой возвышенной любви к родине. Сверх того, Аристотель доказывал, как легко покорить Тверь и как славно будет для Ивана Васильевича, не подвергая себя опасности, своим лицом решить победу, так искусно приготовленную его же умною и хитрою политикой.

— Пускай слава этого великого дела принадлежит тебе вполне, — прибавлял Аристотель.

Иоанн не был храбрый воин. Когда шло дело о битве, он любил держаться в стороне; приятны ему были лавры, пожатые чужими руками. Но никто не откажет ему в великом искусстве приготовлять войну, улучать для нее время и пользоваться им; а это стоит личной отваги и славы знаменитого полководца. В настоящем случае Иоанн, опираясь на сильную помощь своих доброжелателей, обещавших ему отворить ворота города, лишь только он покажется, опирался на силу и храбрость московских полков, на искусство своего розмысла, умевшего так метко шибать из пушек. Он уверен был, что не закладывает своей безопасности в деле покорения тверского княжества. С этой уверенностью он объявил, что как скоро водополь спадет, он сам с сыном поведет войско против крамольного князя, нарушившего святость договоров и родства. Вместе с этим простил Холмского. Милость эта не обошлась, однако ж, без выгод для него. Зная, как воевода был ему нужен вперед, и потому боясь, чтобы он не вздумал вновь, при первом неудовольствии бежать в Литву, где укрывали врагов и изменников московского княжества, как Москва укрывала у себя врагов и изменников Литвы, требовал поручной записи. В тот же день восемь таких записей, или поручных кабал, одни в полутретьесте рублях, другие и более, все в двух тысячах рублях, были даны именитыми московскими людьми, большею частию боярами, в том, что они обязывались заплатить великому князю эту сумму в случае, если б воевода вздумал отъехать или бежать в чужую сторону. Оценкою в две тысячи рублей знаменитого полководца Иван Васильевич остался доволен. Сверх того, князь Холмский целовал крест, что ему лиха своему государю не хотети никакого.

И осподарь его, великий князь, своего слугу пожаловал, нелюбье свое ему отдал.

И тому делу был навсегда погреб (совершенное забвение). (Впоследствии великий князь отдал дочь свою за сына Холмского. Так шли в то время, рука об руку, необыкновенный гнев, сопутствуемый железами и казнью, и необыкновенные милости, вводившие осужденного в семью царей!)[30]

ГЛАВА СЕДЬМАЯ

ПОСЛЕДНИЙ В РОДЕ

> Глупому сыну не в помощь богатство.
> *Пословица*

> – Чу! шум. Не царь ли?
> – Нет, это юродивый.
> *"Борис Годунов". Пушкин*

Какая ужасная, заповедная стена разделяла семейство Образца с его постояльцем! Но добродушный отважный Хабар раз заглянул через нее, и вот опять стучится у дверей и сердца Антона. Посещение вечером. Время для тайн, сказали бы вы, и угадали б. Хабар тайком от домашних (боже сохрани, если бы узнал отец!) пришел просить лекаря об одной больной. Он верит теперь, он убежден, что Антон может делать чудеса: это сказала ему прекрасная женщина, к которой он ведет его. Во всякое время молодой лекарь поспешил бы на зов страждущего, тем охотней в Москве, где он еще, кроме попугая и Ненасыта, не имел на руках ни одного больного, и где хотел бы искусством своим приобресть доверие и любовь русских. Теперь же особенно с каким восторгом летит он на помощь больной, когда зовет его брат Анастасии. Анастасии? сколько очарования в этих словах! На лице его отражается что–то ей принадлежащее, какое–то

---

[30] Сын Холмского, в царствование Василия Ивановича, сослан на Белоозеро и умер там в заключении. Виною его был только этот самый брак с дочерью Иоанна III. (Прим. автора)

семейное сходство, какой–то слепок с ее физиономии, этого лица нашей души – слепок, сделанный не совсем верно, но все–таки напоминающий подлинник. Он пришел к Антону с тайною просьбой, с доверчивостью дружбы. Кто бы мог поручиться за это дня два назад? Молодой лекарь едва сам верит посещению и в восторге не знает, как довольно обласкать своего минутного гостя, как изъяснить ему, что он не тот страшный, поганый немчин, каким представляют его в Москве. Один легкий спрос у доброго сердца его, и он на эту доверенность готов отвечать всякими жертвами: это доказал он уж очень хорошо помощию князю Холмскому. Собираясь в Московию с такою любящею душой, с такими обольстительными мечтами о житье в новом краю, он, по приезде своем, едва было не разочаровался, едва не узнал всей тяжести и горечи сиротства на чужбине и несправедливости людей. И вдруг господь посылает ему приветный взгляд чудной девы, благодарность знаменитого полководца, которого благодетелем позволяет ему быть, посылает ему теперь и дружескую тайну.

Добрый Антон! он забыл уже отвращение и ненависть к нему русских, он счастлив.

Идут. По небу рассыпались мириады звезд и перебирают лучами своими; но эти звезды горят не для нас: у них свой мир, который они греют и освещают. В этот вечер не зажигалась наша земная лампада. Антон идет за своим вожатым в темноте, не зная, куда его ведут; он знает только, что они не вышли из города и что они идут по тесным, кривым улицам, потому что беспрестанно готовы наткнуться на угол дома. Едва могут разобрать предметы. Но вскоре окружают их со всех сторон многочисленные яркие огни, при свете которых будто сошлись святые мужи и жены на ночную божественную беседу или на стражу царского жилища; воздух напитан благоуханием ладана. Действительно, Антон с своим вожатым находились у хоромин великокняжеских, опоясанных часовнями и церквами, горящих усердием религиозным. Потом опять темнота.

– Осторожней, – сказал Хабар едва слышным голосом, взяв его за руку, чтобы провести через ущелье между домами, – осторожней, господине лекарь, здесь слово может накликать беду.

Скоро свежее пахнул на них ветер. Этот вестник дал знать Антону, что они освободились из ограды домов и находятся на возвышении. По звездам, повторяющимся в отрывках воды, как будто в блеске вороненой стали, и по шуму мельничных колес он догадывается, что под горою Неглинный пруд, на котором держатся еще кое–где опоздавшие льдины. Ему сейчас приходит на память кулачный бой на пруде и тут же, в одной связи душевных представлений, пунцовое покрывало, развевавшееся из терема. "Этот терем должен быть недалеко", – думал он.

Товарищ остановил его.

– Здесь, – сказал Хабар и только что хотел в калитку, как почувствовал, что кто–то крепко обхватил его ноги.

– Не пущу, – произнес глухо женский голос, выражавший отчаяние, – не пущу, разве задушишь меня. Придешь, злодей, гречанки своей не застанешь в живых.

Вместо ответа раздался могучий удар.

– Убей, не пущу тебя! – произнес опять голос отчаяния.

– Закричишь громче, убью! – сказал Хабар.

Свет из окна осветил слегка и мгновенно женщину молодую, пригожую, без кики и убруса, лежавших поодаль от нее, с распущенными косами. Она обвилась руками своими около ног Хабара и под градом ударов целовала его колена, а может быть, старалась, прилепясь к ним устами, задушить отголосок своих страданий.

Это Селинова. Она хочет не гибели своего любовника, но только отвлечь его от опасной соперницы, и в какую минуту? когда этой сопернице необходимо пособие врача: может пройти минута спасения, и победа на ее стороне. Ужас, негодование, отчаяние переливаются на лице Хабара. И для него наступило решительное мгновение: надо восторжествовать во что б ни стало или погубить ту, для которой он пожертвовал Селиновой, ту, которая, по-видимому, так дорога для него. Это любимица, столько предпочтенная, столько дорогая, умирает, ждет его помощи тут, в доме, куда загородила ему путь ужасная ревность женщины. Он делает усилие, отрывает Селинову от ног своих, как отрывает плющ, въевшийся годами в могучий дуб, перебрасывает ее себе на плечо и, сказав Антону, чтобы он шел в дом через отворенную калитку, уносит свою добычу.

И лекарь, с грузом странных, неприятных впечатлений, входит на двор, на крыльцо. Лестница освещена фонарями: богатый восточный ковер бежит по ступенькам. Антон в сени, в прихожую. Видна необыкновенная суета в доме. Страх написан на всех лицах; в суматохе едва заметили лекаря. Слуги не русские. На каком-то неизвестном языке спрашивают его, что ему надо. Он говорит по-русски – не понимают, по-немецки – то ж, по-итальянски – поняли.

– Господин Антонио! господин лекарь! – раздается по дому. С поспешностью ведут его и вводят в маленькую горницу теремка, богато убранную в восточном вкусе.

На постели разметалась молодая женщина; красота ее торжествует и над болезнью. Мутные глаза издают фосфорный блеск, губы запеклись; две черные длинные косы вьются по белоснежным плечам и волнующейся груди, как два черные змея, которым смелая стопа придавила голову. Над нею, перед иконой греческого письма, осыпанною дорогими каменьями, горит лампада из цельного накра. Увидав молодого, пригожего врача, больная, несмотря на свои страдания, старается оправить на себе одежды и уничтожить на лице, в своем положении, все неприятное, наброшенное на нее мучительною болезнью.

– Если еще время, возвратите мне жизнь, господин врач. Я так молода, мне еще хотелось бы пожить, – говорит она на итальянском языке, который вдвое слаще в ее устах, и вслед за тем подает ему руку. Притянув его к себе, прибавляет ему шепотом, на ухо: – Мне дали яду, я это чувствую; только ради бога не говорите никому.

Возле постели мужчина, лет за сорок, низенький, лысый, тщедушный, на козьих ножках. Должен быть хозяин дома, потому что челядь, стоящая около него в изумлении и грусти, дает ему почет. Глаза его красны и распухли от слез. Ему бы действовать, подавать какую-нибудь помощь, а он плачет, он хныкает, как старая баба.

– Спасите ее! – жалобно говорит он лекарю дурным итальянским языком. – Когда бы я имел еще свою империю, отдал бы ее за жизнь Гаиды. Теперь вознагражу вас достойно, как деспот морейский.

Кто бы мог подумать? этот человек с клеймом физических и душевных немочей, этот плакса – последняя отрасль византийских царей, Андрей Палеолог.

И вот что осталось от величия Римской империи!

Отец его, Фома, брат последнего из Константинов, с одним сыном, именно Андреем, и дочерью Софьею, принцессою сербскою, искал убежища от победного меча оттоманов сначала в Корфу, потом в Италии. Другой сын предпочел остаться в Константинополе – как говорили тогда наши, русские, на хлебах у поганого царя – и не каялся: ему было сыто, тепло и спокойно у великодушного султана. Изгнанник Фома принес в Рим голову апостола Андрея, права свои на престол византийский и свои несчастия. Драгоценную святыню принял от него первосвященник и обещал, вместе с миланским герцогом, возвратить ему потерянный венец. Обещания не исполнены, и он умер изгнанником в Дураццо, оставив по себе в летописях Италии несколько строк, где говорится, что он служил при какой–то великолепной церемонии великолепным официантом. Желая найти с востока врага неверному покорителю Константинова города и привлечь Русь под сень своей тиары, папа Павел II сосватал дочь Фомы за русского великого князя. Иоанн обманул расчеты римского первосвященника. Приезд в Москву Андрея, из простого ли желания навестить сестру или с нехитрыми видами обольстить своего зятя правами на Византию, только послужил ему опытом, что одни те права действительны, которые можно поддержать великим умом, силою и деньгами. Не Ивана Васильевича было обольстить такою мишурой: он тотчас отгадал своего шурина и, видя, что он ему в тягость, не крепко честил его 6. Дружба султана, хоть и неверного и поганого бесермена, зарубленная на мече, льстила более его видам. А ему папа, жид Хози, Стефан молдавский, Баторий венгерский 6, хан татарский все были равно любезны, когда были ему нужны.

Мы сказали, что Андрей Палеолог, погруженный в слезы, стоял у кровати прекрасной страждущей женщины, но не сказали, что эта женщина, отравленная злодейскою рукой, которую, вероятно, навела ревность соперницы, его любовница. За год тому назад она продана, против воли ее, корыстолюбием родной матери.

К счастью ее, отрава не сильна, время не упущено. Сила врачебных пособий, сделанных ей Антоном, уничтожает силу яда. Гаида спасена. Это прекрасное создание, близкое к уничтожению, расцветает снова жизнью пышной розы; на губы, на щеки спешит свежая кровь из тайников своих. Обеими руками своими, отлитыми на дивование, берет она руку молодого врача, прижимает ее к груди и, обращая к нему черноогненные глаза, из которых выступили слезы, благодарит ими сильнее слов.

От такой небывалой благодарности Антон покраснел до белка глаз и смутился... Несвязно, едва внятно, изъясняет он свою радость, что возвратил к жизни такое прекрасное существо. Вспомнив о брате Анастасии, он не удивляется, почему гречанка препочтена вдове Селиновой.

Деспот морейский от радости ходит около постели, как ученый кот на цепочке, и вдруг, по первому взгляду, брошенному на него из жалости, впивается в ручку, которую Гаида протягивает ему неохотно, едва не с презрением.

– Теперь вниз, к собеседникам, к друзьям моим, – говорит он, пощелкивая пальцами и увлекая за собою Антона, – мы отпразднуем здоровье нашей царицы. Если бы можно, я заставил бы весь мир веселиться с нами.

Врач невольно следует за ним, подаренный на прощанье обольстительным взглядом, которым так умеют награждать женщины, уверенные в своей красоте. Но едва успели они переступить через порог комнаты, как сладкозвучный голос Гаиды отозвался слуху Палеолога. Он бросается к ней на хрупких ножках своих.

– Слышишь? ему, моему спасителю, – говорит она повелительным голосом, отдавая Палеологу золотую цепь дорогой цены.

– То-то умница, – отвечает он, – я хотел... да не знал, что подарить: раздумье брало. Ну, еще ручку на прощанье, хоть мизинчик.

– Некогда, тебя дожидаются; пошел! – сказала Гаида, и деспот – одним именем, спешил исполнить волю своей госпожи.

Антон вспомнил бедную мать свою – и принял царский подарок. Он еще имеет дорогое ожерелье от великой княгини Софии Фоминишны за лечение попугая, соболи и куницы от великого князя. Все ей, милой, бесценной матери. Как она пышно разрядится и покажется соседям! "Это все мой добрый Антон прислал мне", – скажет она с гордостью матери.

Как скоро Гаида уверилась, что Палеолог далеко, она велела всем женщинам своим выйти, потом позвала одну из них.

– Ты давеча подавала мне пить? – спросила она ее, покачав головой в виде упрека. – Что сделала я тебе?..

Женщина была бледна как смерть. Рыдая, она упала в ноги своей госпожи и призналась во всем. Селинова подкупила ее: был дан яд, но страх, совесть уменьшили долю его.

– Это останется между нами и богом, – сказала Гаида, подавая ей свою руку. – Моли отца всех нас, чтобы он тебя простил, а я тебя прощаю. Грешная раба его смеет ли осуждать другую грешницу?.. Но... идут. Встань, тебя могут застать в этом положении...

И преступление навсегда осталось тайною между этими двумя женщинами, лекарем и богом.

Явился Хабар. Преданность и любовь служителей обоего пола к их госпоже отворяли ему двери во все часы дня, отводили от него подкупленный взгляд сторожа; эти чувствования стояли на часах, когда он посещал ее тайком. Лицо его было пасмурно. Оно тотчас прояснилось при первом взгляде на него Гаиды.

– Ко мне, сюда, бесценный мой, сокровище мое, – сказала она и прижала чернокудрую голову молодца к своей груди. – Без тебя я умерла бы. Ведь ты прислал мне лекаря?

– Я, конечно, я. Пошел бы и в преисподнюю для тебя, прости господи! Ненаглядная моя, жемчужина моя!

– Теперь будешь ли называть лекаря поганым басурманом, колдуном?

– О, теперь готов побрататься с ним. Что ж? скажи, не утай от меня, чем ты захворала, моя ластовица? Не зелье ли уж?..

– Да, зелье... только не от чужой руки... Сама, дурочка, всему виновата. Пожалела серебряную черпальницу, да взяла медную; в сумраке не видала, что в ней ярь 6 запеклась, – и черпнула питья. Немного б еще, говорил лекарь, и глаза мои закрылись бы навеки. Видит бог, света мне не жаль, жаль тебя одного. Поплакал бы над моею могилкой и забыл бы скоро гречанку Гаиду.

– Нет, не томил бы очей своих слезами, а велел бы засыпать их желтыми песками. Сосватала бы меня гробова доска с другою, вековечною полюбовницей.

Нежная, страстная Гаида поцеловала его поцелуем юга. Так земля полуденная, в палящие дни, жадно пьет небесную росу.

– Чу! – сказал Хабар, подняв голову, будто конь, послышавший звук бранной трубы. – Шумят внизу. Иду.

– Пускай их пируют себе! Мой названый царек теперь без ума от хмеля; а ты, мой царь, мой господин, подари хоть два, три мановения ока своей рабыне.

– Пируют?.. А меня нет?.. Не могу... Прощай, голубица моя; темны ночи наши.

– Твое веселье – мое. Ступай.

И ринулся Хабар из объятий ее, с одного пира на другой.

Между тем лекарь был представлен разнородному обществу, которое в большой продолговатой комнате с нетерпением ожидало Палеолога. Тут были русские, греки, итальянцы, стенные и палатные мастера, литейщики, делатели серебра и меди, бояре с вичем и без вича 6, боярские дети, дьяк Бородатый, переводчик Варфоломей; тут были и из прочих крупных и мелких чинов, которых Иван Васильевич наделал и поставил на свои места по разрядам, а теперь уравнивала вакханалия. Нетерпение их происходило не от желания насладиться лицезрением и беседою великого деспота морейского и претендента на византийский престол, но от жажды иностранных вин, которыми любил он потчевать своих гостей. Без него оловянники, в зевающем положении, серебряные, писанные стопы и кубки, с грустною, сухою миною, и ковши, будто от стыда обратившиеся навзничь, стояли на дубовом столе, одиноком, покинутом, как разоренный хлебосол, который не может более угощать сытными обедами. По числу многоемной суды, поставленной в эффектном беспорядке, по изобильному окроплению стола, по отуманенным взорам и красным носам гостей можно было видеть, что Вакх не дремал и чашники служили ему усердно. Скамьи всего более пострадали: они стояли в таком положении, как будто над их линиями делали разные причудливые опыты военных маневров. Полавочники то спущены были, как водопад, неровно стекающий, или как вытянутое крыло, то, немилосердно скомканные, служили изголовьем гостю, уснувшему на полу. Теньер 6 нашел бы здесь для своей кисти обильную жатву. Иной из гостей, несмотря на пары, обвивавшие его голову, чувствуя, что он находится у претендента на византийский престол, старался чинно восседать и придерживать губы, руки, ноги, все, что могло забыться в жилище такой высокой особы. Другой бродил около осиротевшего стола и жалостно заглядывал то в ту, то в другую опустевшую стопу. Третий всел на скамейку, как на коня своего. Были такие отчаянные, которые просто возлежали и трубили во славу деспота морейского. Но лишь только вошел Андрей Палеолог, все очнулось, кто сам, по какому-то магнетическому сочувствию, кто от толчка своего товарища, и вдруг составилась около хозяина живописная вопросительная группа. Каждый говорил, на каком языке умел и как умел, и всякий хотел предупредить другого своим усердным вопросом, отчего составилась такая кутерьма, хоть святых выноси вон. Наконец можно было разобрать:

– Можно ли поздравить с выздоровлением синьоры?

– Что, господине деспот, твоя голубица Гаида Андреевна?

И тут иностранец предупредил русского.

Зато русский был смышленее в выборе величания. Как звали отца Гаиды, кто его знает! Деспот ей отец, брат, друг, все, все... Чего ж лучше, Андреевна! Поди-ка кто другой, выдумай!.. "Сейчас видно, что тонкая штука", – сказала бы Гоголева городничиха.

– Спасена! Спасена! – кричал деспот морейский. – И вот спаситель! – прибавил он, указывая на Антона.

– Чем же позволила захворать сударушка?

– Покушала неловко (тут он показал на желудок, делая кислую ужимку)... Теперь все прошло, все ладно, ребята! Ну-ка, по-византийски за здоровье лекаря! Чашник, лучшего фряжского вина!

На этот возглас оловянники очнулись, стопы и ковши тронулись и заговорили в руках пировавших.

Русские гости возложили на себя крестное знамение.

– Во здравие немчина Онтона! – сказали несколько голосов по-русски.

– Благ ему от росы небесный и от тука земного! – примолвил дьяк Бородатый.

– За здоровье нашего Антона! Он наш, он нам родной по воспитанию! – вскричали итальянцы.

– Наш грек привез его сюда, он сберег розу нашего царского сада, он и нам не чужой! – воскликнули греки.

– Грех творим, Матвей Сидорович, – сказал потихоньку один боярин, без вича, своему товарищу с вичем: – вино так и в горле остановилось, словно кол. Ведь поганый басурман – колдун... Добро бы фряз!

– А у меня, Сема, и рука не довела стопы до устен, словно невесть что подымаешь. Да вот что-то и соседушка задумался...

Сосед, дрожа, показал им свою стопу, до краев налитую.

– Посмотри-ка, не дразнит ли кто там языком?

И каждый, увидав в вине свою рожу, свои растрепанные волосы, думал видеть беса с рогами.

– Выпили? – спросил деспот.

– Все, все! – закричали гости, – и ноготку не досталось.

– Вот те порукой... великой... выпили... – повторили боярин с вичем и его товарищи, зажав стопу тучною ладонью.

Когда Антону надо было благодарить осушением огромной стопы, которая уложила бы его под стол, потому что он никогда еще не вкушал соку виноградного, он губами едва коснулся стопы. Извинением служили ему обязанности звания, призывающие его к делу во всякий час дня и ночи, и слабость здоровья.

– Врач все равно что священник: оба дают обет служить богу, обещая служить человечеству; каждый у алтаря своего должен предстать чистым и непорочным. Если же, – прибавил Антон, – могу своим присутствием расстроить ваши удовольствия, так я готов удалиться.

– Нет, нет, не хотим, ты у нас лучший гость! – кричал Палеолог. – Посмотри, как мы с друзьями пируем. Вина, скорей вина!.. Или у царя византийского недостало его?..

В это время переводчик Варфоломей двигался, как маятник, то подойдет с одной стороны к Антону – не увидел, то с другой – и тут не заметил. Наконец стал возле уха его и зажурчал над ним так, что молодой человек вздрогнул.

– А, это ты?

– Как же, высокопочтеннейший господин!.. Я, кажется, докладывал вам, что я здесь человек домашний, свой. Гм! не правда ли? Какой умный, доблестный человек наследник великого Константина!

– Разве потому, что он доблестно осушает ковши! И тут, кажется, скоро померкнет его звезда.

– Тише, тише, высокопочтеннейший, не погубите меня... А видели красоточку? Что, солгал?..

– Впервой сказал правду.

– Если б?.. только намекните... это мое дело.

И переводчик глупо–лукаво мигнул глазом.

– Много чести. Присоедините и этот венок к тем сотням, которыми закидали вас от Рейна до Москвы.

И Антон, посадив переводчика на мель, спешил от него к палатным мастерам, с которыми приехал из Германии.

В самый разгар пира явился Хабар. Узнав, что многие были недовольны лекарем за излишнее воздержание его:

– Я за него и за себя отвечаю! – воскликнул он. И перед ним поставили красаулю, в которой налито было двойное число стоп, выпитых каждым в его отсутствие.

– Вот как у нас, по–византийски, купайся в вине! – кричал Андрей Палеолог. Ножки его путались, как мокрое лыко; нижняя челюсть, которая и без того выдавалась вперед, опустилась еще более, так что профиль его с резкими углами тупоумия, ложившийся на стене, был уморительно смешон.

– Вот как у нас по–русски! – сказал Хабар, осушив ужасную красаулю.

Хмель всего скорее обнаруживает характеры; не на дне колодца, а на дне стакана надо отыскивать истину. Отвага заискрилась в глазах и словах Хабара; деспот морейский тотчас высказал в себе хвастунишку. Оба заняли главную сцену пира.

– Что же мы? – сказал Хабар, – пили за здоровье великого князя, великой княгини и благородного хозяина, а не честили благородного братца его, Мануила Фомича, что стережет для него Константинов град на заветных камешках?

Сколько ни сквозило в голове Фомича, он понял, однако ж, насмешку и объявил, что брат за бегство свое к султану лишен их отцом прав на византийский престол. Тост был отказан.

– О братцы, тяжела ноша царская, – сказал деспот, печально нахохлившись и вздыхая, – я и сам от нее отказался. Ведь Византийская империя не то, что ваше московское княжество. Сколько в ней морей и рек и сколько великих городов! Самый меньшой городок больше Москвы. Не только что конному, и птице в год не облететь наше царство. А вашу землишку и всю в горсть захватишь.

– Наша земля и так в длани божией, да в могучей руке нашего богатыря Ивана

Васильевича, и эта ручка махает широко! – произнес важно дьяк Бородатый, приосанясь и охорашивая свою бороду. Торжественное удовольствие блестело в глазах маленького великокняжеского Тита Ливия.

– Спасибо! – воскликнул Хабар. – Выручил! Никогда еще так ладно и складно не говорил. Поцелуемся за то и выпьем во славу и красование нашей землицы... Прибавь еще: матушка наша Русь святая растет не по годам, а по часам, а Византия молилась да молилась до того, что уложилась вся в господине великом, деспоте аморейском, Андрее Фомиче.

– А кем же ваш московский князек и мой неблагодарный зятек вышел в люди, как не через Фомичей?

Хабар и за ним несколько боярских детей захохотали. Около спорного пункта составился кружок; Антон с удовольствием смотрел на эту борьбу, в которой деятелями были, с одной стороны, благородная любовь к родине и своему государю, с другой – хвастливая слабость. Кто бы не пожелал победы первой стороне и не ручался за нее!

– Да, да, таки с того времени, как появилась на Руси сестра моя София Фоминишна, вы и свет божий взвидели, татары от вас побежали, Новгород пал, Москва стала походить на город; с того времени Иван Васильевич сам поумылся...

– Ох! – вырвалось из богатырской груди Хабара. Казалось, он глазами хотел съесть византийского хвастуна.

Боярин с окладистою, седою бородой вышел на сцену и произнес, низко поклонившись:

– Мы чествуем и кланяемся сестрице твоей, а нашей господыне, великой княгине Софье Фоминишне за то, что она Русь нашу полюбила паче своей родной земли (да стоит ли упоминать об этой соромной земле, которую поедает поганый бесермен, аки татарская саранча). А тебе, господине, деспот аморейский, не пригоже заочно на нашего осподаря Ивана Васильевича ла... (боярин остановился, покачав головою), не пригоже и мне твоей милости молвить худое слово.

– Ваш господарь, а мой зятек и сам обижает меня – считает хуже бракованной куницы. Выдал дочь мою за Верейского князя и из бабьего узорочья прогнал его в Литву. Спасибо! Какая мне честь во дворе великокняжеском? В какой льготе держит он меня? Какие дары от него? Хуже, чем татарскому царевичу Даньяру!

– Дед и отец татарского царевича и он сам трудились много христианского дела ради, – молвил боярин, опять кланяясь, – каждому по заслугам.

– А я... я... эки вы дураки!

Боярин еще ниже поклонился и почесал голову.

– Знаете ли? у меня в кармане Византийская империя.

– Невеличка, – прервал Хабар, – коли в твой карман уместилась, так я посажу за свою пазуху и пяток твоих царств.

Этот ответ сопровождался хохотом русских, которые были помоложе, и многих иностранцев, понимавших русский язык. Кто из них, будто нечаянно, толкнул деспота морейского, кто показал сзади, что готов щелкнуть его по лысине. Греки печально головой качали. Боярин с окладистою седою бородою сохранял важный, холодный вид.

– Я мог бы... я сулил вашему Ивану мое византийское царство.

– Летит журавль на небе! – запел Хабар.

– Не мешай же мне, щенок! – воскликнул претендент, топая повелительно ножкой. – Знаешь ли? словечко сестре, мигом тебя в железа!

Вспыхнул Хабар и встал во всю молодецкую высоту свою со скамьи, на которой до сих пор сидел перед Палеологом. Он засучил правый рукав своего кафтана и, гордо подбоченясь левою рукой, закрутил большой палец ее блестящим поясом.

Претендент, довольный своей отвагой, может быть и первенькой, продолжал, похваляясь и горячась более и более:

– Не честил меня Иван, как подобает честить царя и шурина своего, так я ему шиш показал. Знайте, все права свои на византийское мое царство подарил я шпанскому королю Фердинанду и королеве Изабелле 6.

– Ты забыл, господин деспот, – сказал почтительно один из греков, – что отдал сперва эти права французскому королю Карлу Восьмому, что он по этому случаю наряжался в Константинову багряницу 6 и торжественно величал себя Августом.

– Да! – сказал презрительно Андрей Палеолог. – Не угодил мне, так я разгневался на него и отдал другому Такой же окаянный, как и русский Иван...

– Лжешь! – вскричал Хабар и вместе с этим дал пощечину наследнику великого Константина и Августа.

– Прекрасно, – сказал Антон, – кто не умеет заставлять уважать себя, не достоин уважения.

И бросил золотую цепь, подарок деспота, к ногам его; она тяготила благородного молодого человека.

– Любо! – воскликнуло несколько голосов. – За всю Русь нашу кланяемся тебе, Иван Васильевич Хабар.

– Ох, ох! – завопил деспот, придерживая щеку ладонью. – Греки, мои греки, вступитесь за меня... Обида господину вашему!.. Унижение!

Сделалась суматоха. Кто брался за шапку и острил лыжи, кто утекал и без шапки. Знаменитая пощечина отдалась в голове пирующих и отрезвила многих. Несколько домочадцев, составлявших двор деспота, бросилось было, чтобы схватить Хабара, но отступили, испуганные ли его грозным, неподвижным положением или криками русских, что они бревна целого не оставят в доме, если только дотронется кто до их товарища. Может быть, дворчане боялись наказу Гаиды – беречь милого человека. Кончилось тем, что Андрей Палеолог, в надежде пожаловаться великой княгине, пошел жаловаться своей возлюбленной, а гридня, за несколько минут такая веселая и шумная, опустела и замолкла. Последние из нее вышли Хабар и постоялец отца его.

У ворот перенял кто–то Хабара. Это была гречанка. Она пришла не пенять ему (смело ли это ее сердце?), но проститься с ним, может быть надолго... может быть, чтобы никогда не увидеться. Как–то передадут это происшествие Ивану Васильевичу; каков час найдет на грозного властителя!

ЧАСТЬ 3

ГЛАВА ПЕРВАЯ

РЕШЕНИЕ БЕЗ АПЕЛЛЯЦИИ

По крытому переходу, который вел от двора великокняжеского к церкви Благовещения, еще тогда деревянной, возвращался Иван Васильевич с утренней молитвы. Когда он выходил из храма божьего, по ясному челу его носились приятные впечатления, оставленные в нем молитвою; но чем далее он шел, тем тяжелее гнев налегал на это чело и ярче вспыхивал во взорах. За ним, в грустном раздумье, следовал красивый статный молодец: это был сын его Иван.

Следом их шел боярин Мамон. Никто не смел нарушить угрюмое молчание великого князя. Иоанн-младой старался скрадывать шорох шагов своих, чтобы не оскорбить им слуха отца в такое время, когда малейшее неловкое впечатление могло разрядить ужасную вспышку гнева. Он знал, что гнев этот, не возбужденный потворством или своекорыстием приближенных, мог еще улечься или по крайней мере не иметь роковых последствий. И потому берег он эту возможность, как искусный механик дает свободный пропуск сердитым водам, накопившимся от непогоды, чтобы они не прорвали плотины. На лице боярина разыгрывались то удовольствие злобы, то страх; и слухом и взором жадно следил он малейшее движение своего господина. Молчание их похоже было на то, когда вынимают из урны роковой жребий. Жребий был вынут: Иван Васильевич остановился в середине перехода и, обратясь к сыну, сказал:

– Слышал, Иван, что сделал твой любимый Хабар?

– Слышал, господине, – отвечал спокойно Иоанн-младой.

– Легко вымолвить: заушил деспота морейского.

– А за что, сказали тебе, отче?

– Ни с того ни с сего, вестимо хмельной! не впервой ему озорничать. Коли до нынешнего дня носил еще голову на плечах, так это ради тебя.

– Коли ныне снесет эту голову, так ради тебя, господине, и нашей православной Руси, – произнес с твердостью Иоанн-младой. – Когда пойдет на лобное место, я поцелую его в эту голову.

– Как так?

Великий князь грозно посмотрел на Мамона; этот старался, сколько мог, затаить свое смущение и встретил его очи с твердостью.

– Вот как дело было, – продолжал Иоанн-младой с спокойствием истины. – Вчера, на пиру у Андрея Фомича, были созваны, будто напосмех, и бояре твои и смерд, старые и молодые гуляки. Хмельной, он братался со всеми, пил за здоровье непотребной гречанки и обнимался с чеботарем, что шьет на нее черевики. Ты ведаешь, как он распутством своим бесславит род свой и наносит скорбь матушке, великой княгине Софье Фоминишне. В самом разгуле хмеля стал порочить русскую землю, и что стоит она только греками, и что вся сила и краса ее от греков, без них–де мы б и татар не выгнали, и Новгород не взяли, и Москвы не снаряжали. Лаялся, будто ты, господине, не помнишь его милостей и худо честишь его; за то и подарил он шпанскому королю византийское царство свое, а не тебе...

– Ах он собака!.. И конуру–то дают ему из милости, а дарит царства. Один брат лижет мисы на поварне у бесерменского царя и скоморошничает у него; другой слоняется по углам да продает первому глупцу кречетов за морями... Ну, что ж потом?

– Не посмею сказать, как он тебя облаял.

– Говори, я тебе приказываю.

– Молвил, что не отдал тебе Цареграда, ты–де... Воля твоя, отче, язык не двигается...

– Иван, ты меня знаешь?

Этот вопрос заставил бы и мертвого отвечать.

– Называл тебя псом, окаянным. И Хабар дал ему за то пощечину.

– И он не задушил его?.. – закричал великий князь и не мог более слова вымолвить. Глаза его ужасно запрыгали, дыхание остановилось в груди, будто сдавленной тяжелым камнем. Немного успокоившись, он сказал сыну:

– Воистину ли так?

– Спроси дьяка Бородатого, бояр постарше и ненадежнее, что были на пиру, дворского лекаря Антона.

Иван Васильевич задумался.

– Нет, не надо. Ты мне сказал, Иван: стану ли я допрашивать бояр и дьяков?

Великий князь любил очень своего сына и уверен был в его благоразумии и праводушии.

– Ты же что?.. – произнес он, грозно обратясь к Мамону, и вслед за тем ударил его посохом по лицу.

Мамон чувствовал, что жизнь его висит на волоске, и отвечал с твердостию:

– Волен, государь, казнить меня, а я доложил тебе, что слышал: я сам на пиру не был.

– А чтоб ты вперед выведывал повернее, заплати за бесчестье Симскому-Хабару сто рублей, да отнеси их сам, да поклонись ему трижды в ноги. Слышь?..

– Иван, – прибавил он, – вели, чтобы отныне звали его во всяком деле Хабаром. Хабарно[31] русскому царю иметь такого молодца. Недаром жалуешь его.

– А как попался на пир лекарь Антон? – спросил великий князь своего сына, когда Мамон удалился.

– Захворала гречанка Андрея Фомича. Позвали его, и когда он сделал ей легкость, притащили и его на пир. Пить он отказался. Говорят, деспот подарил ему за лечение золотую цепь, а как молвил обидное о тебе слово, так лекарь бросил дары назад. А цепь была дорогая.

Видно было по глазам великого князя, что это известие льстило ему. Несмотря на то, он возразил:

– Неразумно, коли была дорогая.

Так развязалась участь Хабара; часом ранее нельзя было ручаться за жизнь его.

---

[31] Выгодно. (Прим. автора)

Мамон уверен был в успехе своего доноса, имея на своей стороне и важность преступления, и покровительство Софии. Хотя великая княгиня и не любила брата за слабость его характера и развратное поведение, так бесстыдно выставляемое, однако ж на этот раз приняла живо к сердцу неслыханное унижение его, как бы оно сделано было ей. Но Иван Васильевич однажды решил, и никакие связи не могли изменить его приговора. Бессильная против этого определения, София обрекла Хабара своему недоброжелательству и с этого времени стала питать на лекаря неудовольствие. Надо прибавить, что между ею и супругою Иоанна-младого начинало возрождаться какое-то завистливое соперничество, и потому дело, выигранное княжичем, тронуло ее за живое. Брату ж ее, после решения великого князя, оставалось выехать из Руси.

Как же попал в ходатаи Иоанн-младой? Отвага и тут помогла Хабару. С первым просветом зари он явился к нему и рассказал все, как было на пиру деспота. Призваны для поверки его слов малютка дьяк, боярин, возражавший Андрею Фомичу, двое боярских детей и лекарь Антон. Все подтвердили истину. Мы видели, что прямодушный, высокий характер наследника русского стола умел воспользоваться показаниями любимца своего и призванных свидетелей и твердо стать на защиту истины и благородного подвига.

Не без тревоги сердечной Хабар и лекарь Антон, каждый на своей половине, ожидали развязки этого происшествия. Один, хотя не каялся в своем поступке и повторил бы его, если бы опять представился такой же случай, хотя бесстрашно готов был выдержать казнь, однако ж боялся позора этой казни для престарелого отца своего и сестры-невесты. Антон беспокоился о том же за него. Он начинал брать в нем живое участие, сочувствуя его отваге, грубой – это правда, но все-таки увлекательной по благородству ее источника: даже самым слабостям ее готов он был потворствовать. Желая заслужить любовь русских, Антон и на вчерашнем пиру старался присоединиться к их стороне и радовался, что на этой стороне была честь и правота. С особенным удовольствием слушал он, как молодые боярские дети, прощая ему ненавистное для них имя басурмана, которое за ним ходило, от души расточали ему похвалы за то, что он отвергнул дар деспота. Кто знает? из этого желания приобресть их любовь, может статься, не отделился бы от них в деле отваги, не столь похвальном. Винить ли его в этом случае? Пускай молодой человек на его месте бросит в него камень!.. Можно судить, что он чувствовал, видя, как обстоятельства ежедневно более и более спрягали с ним судьбу Хабара.

Любовь к Анастасии, усиленная препятствиями, конечно, играла важную роль во всех этих сердечных тревогах и в участии к ее брату. Без цели, без отчета, часто подавляемая рассудком, любовь эта все-таки делала успехи. Она пустила еще сильнейшие побеги от следующего обстоятельства.

Когда Антон возвращался с Хабаром домой, заря, обещавшая прекрасный день, уже занималась. У ворот своих они простились друзьями. Смотря на их прощание, никто не подумал бы, чтоб один из них считался в семье другого за служителя сатаны. Сыну Образца сбережен был вход в калитку преданным служителем. Антон отпер свою ключом, который имел при себе. На крыльце остановился он, чтобы вздохнуть после скорой ходьбы и подышать свежим весенним воздухом. Сады по скату городской горы и рощи замоскворецкие оперялись; казалось, они покрыты были зеленою сетью; Москва-река, свободная от ледяных оков своих, отдергивала полог тумана, чтобы показать и спесивую красоту полногрудых вод своих, и свежую зелень своих берегов. Сквозь улетающие фантастические покровы этого тумана виднелись то блестящий в лучах венец Донского монастыря, то белая риза Симонова. Только что успел Антон бросить жадный взгляд на эту картину, для него новую, над ним стукнуло заветное окно. Смотрит и не верит глазам своим: не видение ли уж? У окна Анастасия, в такие часы, когда и птицы еще лениво расправляют свои крылышки. Точно она, только бледная, грустная! Антону кажется, что глаза ее заплаканы, что она покачала ему головой, как бы упрекала его... Он скинул берет и стал перед ней, скрестив руки, будто молил ее о чем—то; но роковое окно задвинулось, и опять скрылось его прекрасное видение.

Не зная, что подумать об этом грустном явлении, Антон постоял несколько минут на крыльце; но видя, что окно вновь не отдвигается, и боясь нескромных свидетелей, вошел к себе. "Анастасия печальна, проводит ночи в слезах", – думал он и, вспоминая все знаки ее участия к нему, иноземцу, ненавистному для отца ее, с грустным и вместе сладким чувством, с гордостию и любовию, относил к себе и нынешнее явление. Он заснул, когда солнце было уж высоко, но и во сне не покидал его образ Анастасии.

Вместе с его сердцем разберите сердце девушки, воспитанной в семейном заточении, не выходившей из кельи своей светлицы и за ограду своего сада и вдруг влюбленной; прибавьте к тому, что она каждый день видит предмет своей любви; прибавьте заклятие отца и мысль, что она очарована, что она, земная, не имеет возможности противиться сверхъестественным силам, которых не отогнала даже святыня самой усердной, самой пламенной молитвы. Перебрав все это, станете ли удивляться, что она уже не противится этим силам и совершенно предалась очарованию? Жадно следя шаги милого постояльца, Анастасия заметила вчера уход его из дому с братом ее – с братом, который ведет разгульную жизнь, которого отец журит иногда за ночные похождения. Не мудрено, он и любимца ее научит этой разгульной жизни. Долго ждала она Антона, и Антон не возвращался: никогда еще он так не опаздывал. В груди ее заговорила ревность – она упрекала брата, упрекала милого иноземца, с которым не говорила еще слова, но которого считала уже своим; тосковала, сердилась, бранила себя за холодность, плакала. И вот наконец он идет – пускай видит ее слабость, пускай знает, что она плакала, и по нем!

Недаром слывут наши пословицы золотыми. Одну из них очень кстати применить к сердечному состоянию наших влюбленных: "Девушка в терему, что запрещенный плод в раю". Можно бы и так сказать: "Что под деревом с запрещенным плодом в раю".

Бедная пташка к полдню была испугана появлением злого коршуна, который так часто кружил над ее гнездом. Опять Мамон в доме Образца, но теперь не так, как гордый вестник от великого князя, а как приговоренный, в сопровождении двух недельщиков и двух вооруженных боярских детей. Прежде, чем взяли его из дому, отобрали на нем оружие.

Именем господина великого князя спрашивают сына воеводы, Симского—Хабара. Не без сердечной тревоги готов он выслушать свой смертный приговор. Вместо того объявляют ему, что боярин Мамон, по воле Ивана Васильевича, принес ему сто рублей бесчестья и пришел земно бить челом. Да, пришел этот

127

Мамон, гордый, ужасный в своем мщении, просить у врага прощения. И мог ли он не прийти? его прислал великий князь Иван Васильевич. Страшны были его шафранное лицо, исковерканное душевною бурей, его глаза, налитые кровью, лес черных волос, вставших на дыбы. В таком виде представил бы художник сатану, скованного высшею силою.

И пришел он и подал Хабару сто рублей.

– Сто рублев счетом, – сказал он твердым голосом и пал униженно пред своим врагом – раз, другой. Тут он коварно, адски усмехнулся, пал в третий раз. – То было княжее, а это мое, – сказал он, приложился к ноге Хабара и оставил на ней кровавый, глубокий оттиск зубами. – Вот это мое пятно, – повторил он и адски захохотал. Недаром звали его Мамоном. Вскрикнул Хабар – так сильно был он поражен, и первым движением его было вырвать клок из бороды противника. Их тотчас рознили.

– Поле, позываю тебя на поле! – вскричал Мамон.

– На поле! – вскричал Хабар. – Давно пора! Бог да судит нас!

И враги, поцеловав крест, выбрав каждый своего стряпчего (секунданта) и поручника, расстались с жаждою крови один другого.

Образец, не желавший видеть унижения своего врага, не был при этой сцене. Когда ж узнал развязку ее, благословил сына на суд божий. Несмотря на грозные запрещения духовных властей, считалось постыдным делом отказаться от поля, на которое каждый за убой волен был вызвать. А запрещение духовных отцов было ужасно[32]. "Аще который человек позовется на поле, да приидет к какому попу причаститись, ино ему святова причастья нет, ни целования крестнова. А кто утепет, лезши на поле, погубит душу, по великова Василия слову душегубец именуется, в церковь да не входит, ни дары не приемлет, ни богородицына хлеба, причастия же святого не приемлет восемнадцать лет... Убитова не хоронить". Каков наказ для наших православных, набожных предков! Но честь (только под другим именем), которая и для них была дороже всего, над всем брала верх.

Когда донесли великому князю об этом позыве, он сказал:

– Теперь не мое дело, а дело "Судебника". В "Судебнике" стоял следующий закон: "Кто у кого бороду вырвет и послух опослушествует, ино ему крест целовати и битися на поле".

Против закона, уложенного самим великим князем с сыном и боярами, нельзя было идти; только приказано полю быть не прежде, как полки воротятся из Твери. Для дела ратного еще нужен был такой молодец, как Хабар.

Слово "поле" омрачило дом Образца и без того несветлый; это слово отозвалось, будто удар ножа, в сердце Анастасии, знавшей, что она виновница ужасной вражды между отцом ее и Мамоном и может быть виною братниной смерти. Слово "поле" долго ходило по домам, как в наши дни ходит роковая карточка с черными каймами и с изображением мертвой головы. Прохожие, идя мимо домов Образца и Мамона, слышали уж в них пенье по усопшем.

---

[32] См. Послание митрополита Фотия к новгородцам, в 1410 году. (Прим. автора)

ГЛАВА ВТОРАЯ

ТЕЛЬНИК

> – Ах! няня, няня, я тоскую.
> Мне тошно, милая моя:
> Я плакать, я рыдать готова!..
> – Дитя мое, ты нездорова;
> Господь помилуй и спаси!
> Чего ты хочешь, попроси...
> Дай окроплю святой водою,
> Ты вся горишь... – Я не больна:
> Я... знаешь, няня... влюблена.
> *Пушкин*

Доверенность Хабара к лекарю Антону была так велика, что он просил его полечить от раны, сделанной живым оружием. Рана была довольно глубокая; но молодцу ль, завороженному в русских снегах, в фатализме воспитания, ведать опасения и боль? При операции, сделанной ему Антоном, он не больше поморщился, как бы пчела слегка ужалила его. Благодаря живительной силе молодости, здоровья и пособию врача, исцеление было скорое. Но и до выздоровления он показал себя товарищам-удальцам и, окутанный плащом-невидимкою ночи, украл у претендента на византийский престол несколько горящих поцелуев его Гаиды. Одно, что в этом случае беспокоило Хабара, так это грусть сестры, которой причиною, думал он, живое участие к нему. Другой причины он и не подозревал.

Анастасия, имея теперь возможность отнести вину своей грусти к походу, разлучавшему ее с братом и к страшному поединку, не удерживала себя более, не таила более слез в груди. Вскоре уверили ее, что поля не будет, что великий князь грозною волею своею помирил врагов. Хабар удовлетворен по законам за кровавую рану несколькими полтинами, и тому делу был положен навсегда погреб. Это убеждение успокоило ее насчет брата и между тем обратило на один предмет все помыслы, все способности ее души, которые разделили было по себе два предмета, равно ей драгоценные.

Равно ли? Бог знает! Заглянув оком своим в глубину ее сердца, он увидел бы в нем перевес на сторону басурмана. Так очарование овладело этим сердцем!

Анастасия целый день видела, слышала, как полки собирались в поход. Бывало, она веселилась, смотря из окна своей светлицы на движение их, торжественное, полное жизни: она утешалась мыслью, что, с уходом из Москвы на войну большей части молодцов, ей свободнее будет с подругами гулять и водить хороводы в садах. Ныне же вид этих полков был ей несносен. Казалось, они кругом осадили ее и преследовали даже в доме родительском. Открывала ли окно своей светлицы на Москву-реку – по Великой улице тянулось воинство густою массою. Отворяла ли другое окно – видела, как у церквей городских духовенство благословляло стяги, как отцы, матери и родичи беспрестанно входили в домы божьи для пострига детей и для служения молебствий о благополучном походе, как Иоанн-младой делал смотр полкам. Открывала ли, при случае, окно на двор постояльца? тут ничего не видела – слезы туманили очи ее. И, сидя в углу своего девичьего заточения, она не могла забыться: кругом отзывался топот конницы по деревянным мостовым и вторгался в ее светлицу. Со всех сторон осажденное вестью о разлуке, сердце ее надрывалось тоскою невыносимою.

В наше время хорошее воспитание, где оно есть, уроки матери и наставницы, избранное чтение, изучение с малолетства закона божия с нравственным применением к жизни, связи общественные – все это остерегает заранее сердце девушки от подводных камней, мимо которых оно должно плыть, приучает ум ее быть всегда на страже против обольщений и различать ложь от истины, пагубное от полезного.

Что ж ограждало сердца наших прабабушек от обольщения, кроме стен и заборов? Какое благоразумное воспитание, какие уроки и примеры? Какие светские отношения, повторяя опасность любви, знакомили с этою опасностью, приготовляли сердце девушки к должной обороне? Мать, частое обращение к богу и святым его, это, правда, заменяли многое. Но руководство матери большею частью ограничивалось строгим наказом беречься недоброго глаза, ограждать себя крестом и молитвою от наваждения диавольского. И что доброго успевала создать родная в сердце дочери, то нередко разрушали неблагоразумные беседы мамки и сенных девушек, сказки о похождениях красавцев царевичей, песни, исполненные сладости и тоски любви. Заборы были высоки, светлицы и терема девиц крепко-накрепко защищены; но раз случай помог влечению сердца или просто неопытности, раз эта преграда разрушена, – и грех, если не страсть, торжествовал над всем: над связями семейными, над стыдом девическим, над святынею. Сколько примеров, что дочери боярские, обольщенные налетными молодцами, убегали с ними в дремучие леса и там делили с ними грубую злодейскую жизнь! Песни, эти вернейшие легенды нравов, лучше всего это подтвердят.

Как бы то ни было, по щучьему ли велению, по наваждению ли нечистого, по закону ли природы, Анастасия вся предалась своей любви, не думая уж защищаться от того, что почитала очарованием. Так же как и подруги ее, жила она в девическом заточении, воспитана была в тех же предрассудках, под влиянием тех же сказок и песен, какие смущали ее подруг. Но, заметьте, она не имела над собою ни ока матери, ни ежедневного благословления ее, зато каждый день находила случай видеть молодого, очаровательного иноземца, с которым делила их только деревянная преграда. А такие ли преграды уничтожает сердце!

Итак, Анастасия, преданная любви своей, разрывалась, что будет долго в разлуке с очарователем. Как ни заглядывала в свое сердце, как ни старалась вытеснить из него латынщика, паписта, чернокнижника – не могла. А хоть убейте ее, она не знала, что такое латынщик, папист. Что-нибудь да страшное! Вероятно, слуга нечистого, из роду проклятых на святом соборе. Однако ж крестник ее, Андрюша, не раз уверял ее, клялся всеми святыми, что Антон хрестьянин, верует в бога, пречистую и угодников божиих. Как бы испытать его и вместе как бы спасти от адских мук? Думать и думать об этом, и сердце внушило ей подвиг великий, тяжкий для девицы, воспитанной в строгом православии. Что дороже тельника (креста, носимого на теле, на груди) могло быть для нее? Эта святыня,

130

благословление матери, не покидала ее с самого крещения, охраняла ее от нездоровья и всяких бед, от стрелы громовой, летящей днем, от навета звезды, рассыпающейся во тьме ночной, соединяла ее с небом, со всем, чем пламенная вера населяла небеса, с ангелом-хранителем ее. Этот святой талисман, залог чистоты ее мыслей и чувств, обручал ее с распятым господом: он должен был идти в заветное наследие к ее потомству, как шел к ней от бабушки и прабабушки ее, или сопровождать ее в гроб, непорочную, богобоязненную. Она должна была представить его на Страшном суде без пятен, без ржавчины смертных грехов. И с этою святынею, с этим заветом родной и неба решается она расстаться: его-то решается отдать басурману для спасения его души. А свою погубить?.. Нет, она сделает святое дело, обратив латынщика в веру крещеную, православную. Сколько мук, сколько борьбы и молений стоит ей этот подвиг!.. и все-таки она решилась совершить его.

Для исполнения ее намерения нужен был Андрюша, крестник ее и поверенный сердечных тайн. Она стала ожидать его с нетерпением: время было дорого.

Отец и брат уехали на Кучково поле смотреть, как Аристотель будет шибать из огромной пушки, только что вылитой им на славу. Большая часть дворчан туда же отправилась. Андрюша пришел навестить друга своего Антона, но не застал его дома. Андрюша собирается также в поход. На днях готовится он к постригу (на который согласился великий князь, несмотря, что ему не было еще узаконенных шестнадцати лет); может быть, до похода не удастся ему увидеть свою крестную мать, которую он всегда так любил. Ему жаль крестной матери, пригожей, ласковой, целующей его так сладко, как, бывало, целовала его мать, и он пришел проститься с нею. Сердце сердцу весть дает.

Как приступить Анастасии к тому, что хотела передать своему креснику? И собиралась сказать, и боялась. Она была бледна, как мертвец, и вся дрожала, будто собиралась признаться в ужасном преступлении. Андрюша заметил ее состояние и спросил, не больна ли она.

– Неможется, – сказала Анастасия и потом, немного погодя, сделав над собою необыкновенное усилие, взяла Андрюшу за руку, крепко пожала ее и спросила его, любит ли он свою крестную мать.

– Отца разве люблю больше тебя и Антона, – отвечал малютка, целуя ее руку.

По врожденной девушке стыдливости и потому, что это противно было русским обычаям, она никогда не позволяла ему целовать свою руку; теперь только слегка отдернула ее, встала, посмотрела, нет ли кого у дверей в сенях, и, когда уверилась, что никто не может слышать ее беседы с Андрюшей, просила подтвердить ей, любит ли он лекаря.

– Опять скажу, не знаю, чего бы я ни сделал для него и для тебя, – отвечал Андрюша голосом живого соучастия.

– Если так, я хотела тебя попросить вот о чем. Говорил ты мне, что Антон крещеный?

– Говорил.

– Что он верит по-нашему в господа бога и матерь божию и в святых угодников.

– Готов и теперь поклясться, что это правда.

131

– Почему ж, сказывают, не носит он тельника?

– Мой друг говорит: у него крест в сердце.

– Не пойму, что–то мудрено для меня. Вот видишь, если все это правда, если он не связался с нечистою силой, наденет ли он мой тельник?

Глаза мальчика необыкновенно заблистали.

– Не люби меня, не пускай к себе на глаза, – сказал он, – если друг мой не наденет твоего креста и не будет носить его.

– Пожалуй... дам ему свой тельник... только смотри, Андрюша, голубчик мой... – Она не договорила; но он понял душою, что в ее словах был запрос о жизни и смерти.

Дрожащими руками, вся пылая, Анастасия скинула с себя тельник. Это был большой серебряный крест с грубым изображением на нем, чернью, распятого спасителя; к нему привязана была и ладанка. Смотря боязливо на дверь, она надела его Андрюше на шею и спрятала глубоко на груди его. Все это старалась сделать так поспешно, как бы боялась одуматься; но пальцы ее путались в шелковом гайтане: гайтан с трудом отставал от них.

– Скажи ему, чтоб он крестился по–нашему, вставая от сна и на сон грядущий, – примолвила Анастасия. – Но... смотри, Андрюша, не выдай меня, не погуби... отцу не открой... побожись...

Она говорила только "отцу", уверенная, что крестник и без просьбы никому другому не скажет.

И Андрюша, дрожа, будто участник в преступлении, скрепил тайну, ему вверенную, самою ужасною клятвою, какую только знал.

– Может быть, – прибавил он, смутно Понимая душевную тревогу своей крестной матери и желая ее и себя утешить, – может быть, Настя, мы введем его этим тельником в нашу веру. Господь знает, дар твой не будет ли у него на груди, когда будешь стоять с ним в церкви под венцом.

– Нет, Андрюша, не говори мне про венец... не для того это делаю... мне жаль только, что он басурман... хотела бы спасти его на том свете от смолы горячей...

– Ах, Настя, если не ему идти в рай, так кто же будет в нем?

Послышался кашель мамки. Заключившие тайный союз спешили оправиться от смущения и потом проститься. Андрюша обещал еще увидеться с крестною матерью до похода.

Когда он ушел, Анастасии стало на груди холодно, очень холодно, как будто кусок льду на ней лежал. Она погрузилась в страшные думы. В первый еще раз пришло ей на мысль трудность скрыть от мамки, что на ней нет тельника. Куда его девала? где могла потерять? Забывшись, она шептала про себя невнятные слова, потом шарила на себе крест и, не находя его, готова была хоть броситься в воду. Она променяла благословление матери на грех смертный; она продала себя сатане. Бедная! видно, доведена до этого чародейною силой!..

– Что с тобою, родная моя? – спрашивала ее мамка. – Ты вся горишь, ты, сидя, вздрагиваешь и говоришь сама с собою непонятые речи.

– Худо можется, мамушка, сама не знаю с чего.

– Не сглазил ли кто тебя? не нанесло ли ветром? Выпей–ка, душка, богоявленской водицы – немочь будто рукою снимет.

Анастасия послушалась своей мамки, с крестом и молитвою выпила воды, и стало ей как будто легче. Надолго ли?

ГЛАВА ТРЕТЬЯ

ЛИЦАРЬ ПОПЛЕВ

Здесь место рассказать, как новое лицо пришло участвовать в драме нашего героя и, может быть, разыграть в ней одно из важнейших действий. Это был имперский рыцарь Николай Поппель, племянник и приемыш барона Эренштейна. Пригож, статен, ловок, самонадеян и горд, он имел все наружные достоинства и все блестящие пороки, чтобы понравиться придворному одинаких с ним свойств. Эренштейн, усыновляя его, угождал тем себе и императору, который оказывал особенную благосклонность Поппелю за путешествие в Московию, землю чудес, как этот рассказывал. Император благодарил барона за достойный выбор. После того смел ли барон, весь во власти честолюбия, думавший только о возвышении своем, допустить до себя и мысль, чтоб признанием сына-лекаря, отчужденного от него с малолетства, омрачить навеки фамильный щит свой, который он сам сочетал с щитом одной венчанной особы; смел ли открытием обмана раздражить своего повелителя? Сердце его очерствело в битвах за придворные венки, и голос природы не был ему слышен в хоре страстей, напевавших ему свои песни на один и тот же мотив. Казалось, все согласилось, чтобы в нем питать эту мелкую страсть и подавить малейшую искру совести, все – и двор, при котором он влек, со своими собратами, колесницу фортуны через развалины феодализма, и самый возничий этой колесницы. Двор погрязал в суетности, император малодушием своим дивил чужие земли и умел заставить своих подданных презирать себя. Этот император был Фридерик III, сильный средствами империи, но ничтожный своею особой. Помните, как он испугал было первосвященника римского, внезапно нагрянув к нему накануне праздника рождества Христова; как вся эта проделка, заставившая Рим вооружиться, кончилась тем, что Фридерик целовал руки и ноги у папы, держал у него стремя, читал всенародно евангелие в одежде церковного причетника и наконец уехал, осмеянный теми самыми, которые так испугались было его? Величие души и слабости государя сообщаются его двору и даже расходятся по массе народной: это давным-давно сказано и не раз повторено. Мудрено ли, что к характеру барона, слабому, шаткому, беспрестанно погруженному в омуте эгоизма и тщеславия, прилипла новая тина от порочной власти? Если он и думал иногда о сыне, так это для того только, чтобы не допустить вести об его плебейском существовании до ушей императора и придворных. К чести нашего времени, такие характеры кажутся нам уродливыми; но в XV веке и гораздо после еще они были не редки.

Слыша о любви Антона к науке, слыша о привязанности к нему врача Фиоравенти, барон радовался тому и другому: то и другое должно было разрушить навсегда унизительную связь с отчужденным. Самоотверженная любовь баронессы к сыну не пугала ее супруга: с этой стороны он был обеспечен клятвою Амалии, что она не посмеет открыть происхождение Антона и искать правам его законного утверждения. На этом условии позволено ей было видеться с сыном в бедном богемском замке. После свидания с ним она попытала еще тронуть жестокосердого отца. Но, не успев в этом и раздражив мужа только своею настойчивостью до того, что он начал еще грубее поступать с нею, она удалилась в свой богемский замок. Там заключила себя, как в монастыре, проводя дни в молитвах о благополучии любимца своего. Выбор Поппеля в наследники их имени и состояния жестоко огорчил было ее; но вести из Московии через соотечественников жида Захария, верного в выполнении своей благодарности, вести о милостях тамошнего царя к Антону, о почестях и богатстве, которые его ожидают, утешили бедную мать. С этого времени все мысли ее и чувства обратились на восток. Московия сделалась для нее дороже ее отечества: страну эту, которую доселе почитала варварскою, начала она представлять себе каким-то эдемом – одно имя ее приводило ее в сладкий трепет; все слухи о ней собирала она с жадностию, отыскивая в них хоть малейший след милого сына. Там хорошо ему без баронства, там нечего ему опасаться. Почему ж Антону и не остаться в Московии? По первому призыву его и она решится ехать в эту землю, которую уже передвинула сердцем ближе к себе: там и смерть будет сладка в глазах того, кем теперь жизнь только и дорога.

Мы видели, что спокойствие барона насчет отчужденного сына было нарушено известием Фиоравенти о посвящении его в лекари; видели, как барон вышел из оборонительного положения и стал действовать наступательно орудиями ужасными, заставившими укрыть Антона под защиту русского великого князя. Между тем слухи о милостях московитского государя к лекарю Эренштейну еще более встревожили гордого отца и заставили его стать на новой, усиленной, страже. Он начал опасаться, чтобы Антон, посредством сношений Иоанна с императором, которые становились чаще, не вздумал, по наущению Фиоравенти, искать потерянных прав своих и не обнаружил всего, что в тайне его рождения и воспитания было так горько и унизительно для сердца баронского. И потому, узнав, что император намерен отправить в Московию нового посла для скрепления дружеских отношений с ее государем, он старался, чтобы поручение это сделали племяннику и приемышу его Поппелю. На это Фредерика III тем легче было склонить, что Поппель был, как мы уже, кажется, сказали, за несколько лет назад в Московии и, следственно, знал хорошо тамошнего властителя и двор его. Тогда племянник барона посещал эту страну более как счастливый искатель приключений. К случаю только поручено ему было от короля римского, Максимилиана, узнать, что за страна находится на востоке, о которой слухи стали доходить и до цесарского дома и которой дела начинали понемногу вязаться с делами Европы. Так как он приезжал в Москву без свиты, русские не верили, чтобы он был послом от немецкого государя. Однако ж он мог похвалиться милостями великого князя, которому приятно было у новосозданного двора своего видеть иностранцев, приезжавших удивляться его могуществу и разносить потом вести об этом могуществе в своих землях. На этот раз лицарь Поплев, как называли его на Руси, приехал в Москву настоящим послом от императора, с дарами и уполномочием.

Не посвященный в семейные тайны дяди, он между тем и от него был уполномочен узнать, что за самозванец Эренштейн находится лекарем при дворе Иоанна, и стараться всячески, не вредя ему, уверить московитского государя, что лекарь Антон низкого происхождения и присвоил себе самовластно дворянское прозвание, столь знаменитое в Германии. Если же Антон безумышленно вздумал принять имя Эренштейна и смиренно носит его, не хвастаясь родством своим в империи и не предъявляя никаких прав на баронство, то поручено было Поппелю оставить его в покое. Кому же вернее было сделать такое поручение, как не избранному в наследники имени и состояния гордого барона? Конечно, рыцарь Поппель, вооруженный таким уполномочием и такими богатыми надеждами, должен был храбро защищать свои права. Надо было только опасаться, чтобы он, по легкости характера своего, не переступал данного уполномочия. Он приехал в Москву за два дня до смотра огромной пушки.

В день его приезда посетил Антона дьяк Курицын. Всякое посещение этого умного, любознательного дьяка означалось или милостью и ласковым словом великого князя, или предостережением от чего–либо недоброго. Все это говорил и делал он будто во имя какого–то таинственного лица, которое приказало ему быть хранителем Антона и попечителем о его благосостоянии. Приказал? Кто же мог это быть, как не великий князь. Однако ж это был не он. Если же Курицын и не нес какого–нибудь душевного и вещественного гостинца, так самая беседа его, исполненная жажды познаний, была всегда приятным подарком для Эренштейна. Таким образом, пустыня Антонова населялась более и более любовью, радушием и дружбою, которые, думал он в первые дни своего приезда, не посетят его никогда на Руси. Одно, что его сильно огорчало, так это суровое отчуждение от него самого Образца.

Дьяк, уведомив его о приезде Поппеля, прибавил, что он должен, по приказанию таинственного господина своего, которого называл иногда и наставником, стать с этого времени у Антона на усиленной страже. Вместе с этою оговоркой подал ему письмо. Оно было писано знакомою рукою моравского брата. Боже! письмо от матери. Послание несколько раз расцеловано прежде, нежели дрожащие руки Антона переломили печать. Им извещали милого сына, сколько радуются благополучию его, намекая также, что, по некоторым обстоятельствам, которые составляют фамильную тайну, мать желала бы, чтоб Антон оставался подолее в Московии, куда и она приехала бы, если б он нашел себе оседлость в этой стороне. Баронесса наказывала ему быть осторожным с послом императора, рыцарем Поппелем. "Этот человек для тебя опасен, – прибавляла нежная мать, – его усыновил барон Эренштейн, дальний наш родственник, который в милости у императора, горд, тщеславен до безмерности, и почтет себя и весь род свой оскорбленным, услышав, что однофамилец его лекарем".

Какою нежною любовью благоухало письмо! Антон читал и перечитывал несколько раз все выражения, которые только женщина, мать или другое любящее существо умеет расточать с таким простым, сильным красноречием. Эти выражения не отыскиваются в уме и воображении: они просто выпадают на перо из сердца. Так дорогие жемчужины легко выкатываются из своей колыбели при малейшем прикосновении к ней, между тем как самые бедные, незрелые добывать надо, раскрывая с трудом крепко сомкнутые уста раковины. Любящий мужчина скажет почти то же, но все не то, может быть умнее, но никогда так вкрадчиво-сладко. Мать убеждала Антона остаться на Руси; она сама хотела приехать к нему. "Почему ж не так?" – думал молодой человек, разгоравшийся от этой мечты, которой подлаживало сердце. Воля ее не есть ли воля судьбы? Властитель Руси держит его в великой чести; Иоанн-младой, наследник престола, добрый, великодушный, надежда Руси, особенно расположен к нему; русские, по крайней мере многие, перестают питать к нему отвращение и со временем его полюбят; вот и меж ними приобрел он себе друзей. Воспитателя может он навестить когда-нибудь. Было еще одно существо, которое день от дня становилось для него дороже, которое в его мечтах ластилось около него, прижималось к груди и так убедительно, так нежно упрашивало остаться с ним. Вы угадаете, что это была Анастасия. Для нее променяет он родину, чудное небо Италии, ее землю, эту роскошную, цветочную колыбель, в которой ветерок, упитанный ароматами и негою, качает баловня природы под лад Тассовых октав; для нее променяет Колизей, мадонн, академии, все это на зеленое небо севера, на глубокие снега, угрюмые сосны и брусяные избы с невежеством, в них обитающим. Что ж, родину принесет ему мать; чудное небо Италии найдет он в глазах Анастасии; пламя полудня на устах ее; все радости, все возможное счастие в ее любви. Но он не единоверец ей; поэтому и дано ему унизительное имя басурмана, которое равняет его, в глазах русских, с татарином. Только приняв русскую веру, может он уничтожить все преграды, все расстояние, которое отделяет его так резко от семейства Образца; только с этим условием рука Анастасьина может ему принадлежать. Но тогда будет он отступником для своих видов. Никогда на это не решится. "Нет, не мне владеть этим сокровищем", – говорил он сам с собою. И между тем сладкие думы, роясь в голове и сердце пламенного мечтателя, сулили ему какие-то непонятные надежды. Самые препятствия, самая странность любви немца к русской девушке разжигали еще более любовь его.

"Будь осторожен с Поппелем, умоляю тебя, милый друг!" – Эти слова матери наводили мрачную тень на письмо ее и сердце его. Странно! и Курицын предупреждал его о том же.

– Виноват ли, – говорил Антон дьяку в искренней беседе с ним, – что я родился Эренштейном и что судьбе угодно было произвести на свет какого-то, одноименного мне, чванливого барона? Бог с ним, не набиваюсь к нему в родство и даже готов забыть о нем, как будто и не слыхал никогда. Барон бездетен и усыновил Поппеля: не боятся ли эти господа, чтобы я когда-нибудь предъявил свои права на наследство? О! пусть будут они спокойны на этот счет. Я довольно горд, чтобы отринуть все возможные почести и богатства, хотя бы присуждал мне их закон, не только что униженно, происками, вымаливать эти почести и богатства. Имя мое есть моя законная собственность; не переменю его для угождения какому-нибудь чопорному барону. Оно почетно для меня не потому, что имперский барон носит его, а потому, что я его ношу. Звание мое не положило на него пятна, и я буду уметь заставить уважать его, если б кто и осмелился унизить. Не оскорблю сам прежде никого – мать моя и люди, желающие мне добра, могут в этом утвердиться, – но не попущу оскорбления себе. И природа и воспитание научили меня платить кровью за обиду чести: недаром эту обиду называют кровною! Буду осторожен с Поппелем: этого хочет мать. Как можно подалее от него! Но если чванливый господчик сам наскочит на меня, пускай не пеняет.

Лицаря Поплева приняли на этот раз в Москве с особенными почестями, как посла императорского. Приставы встретили его за десять верст от города. Поздравить его с благополучным прибытием был наряжен поезд, составленный из великого дворецкого, дьяка Курицына и нескольких бояр. При этой церемонии находился неизбежный Варфоломей, который обязан был переводить им слово в слово речи посла. Блеск золотых одежд был ослепителен; казалось, солнце радовалось в них. Депутация прибыла к послу на подворье. Прием и речи бояр выражали глубокое уважение, но смиренная простота их и церемониальный этикет раздували только тщеславие рыцаря и ослепляли его. Простачков этих он готовился провесть. Всех лукавее казался ему и почитал себя Варфоломей. Между тем мужички, как называл их заочно посол, умели тотчас проникнуть его насквозь и запастися верною описью его умственных и нравственных достоинств.

Посол, в чаду своего величия, чванился, ломался, говорил необдуманно и неприлично. Он часто поправлял свои усики, играл золотою бахромою своей епанчи, гладил с чадолюбием бархат одежды и бренчал острогами, точь-в-точь как мальчик перед бывшими своими товарищами, школьниками, надевший в первый раз офицерский мундир.

— Вот когда я приезжал к вам, — говорил он кобенясь, — вы, господа бароны, не поверили, что я посол великого императора. У него, сказывали вы, слуг мало; он не бросает корабельниками, не дарит нас бархатами. Теперь видите? (Он указал на множество дворян–слуг, стоявших за ним в почтительном отдалении и богато одетых.)

— Видим, господине лицарь Поплев, — отвечал дворецкий. — Пожалуй, не вмени нам в вину прежнего нашего неверия: люди простые, глупые, живем в глуши, не знаем заморских обычаев.

— Благородных, высокоблагородных корабельников нужно ли? Я могу устлать ими вашу Великую улицу. Венецианским бархатом окутаю все чины ваши.

Депутация униженно поклонилась золотому тельцу.

— Грамота ль, по–вашему лист, нужна вам от моего великого императора, обладателя полувселенной, и вот (он указал на серебряный ковчежец, стоявший на столе) я привез грамоту светлейшему вашему князю. Вы плохо честили меня, но ваш государь далеко видит очами разума: он тотчас понял рыцаря Поппеля. За то мой повелитель предлагает великому князю, своему дражайшему другу, пожаловать его в короли.

— Но осподарь, великий князь всея Руси, Иван Васильевич, — отвечал дьяк Курицын с твердостью и выпрямись, — хочет дружбы цесаря, а не милостей: равный равного не жалует. Говорю к слову; а коли твоей милости доверено что от твоего императора, то высокие слова его не нам слышать, а нашему господарю, великому князю всея Руси, не нам и отвечать.

Поппель немного покраснел и спешил скрыть свое смущение в побрякушках острогов. Слова дьяка замкнули ему на время уста и заставили его задуматься. И было над чем: он уверил Фридерика, что Иоанн, хотя и государь сильный, богатый, почтет, однако ж, за милость, если император немецкий пожалует его в короли. Но дело было сделано: он вез предложение о том великому князю и все еще надеялся обольстить честолюбивое сердце его званием короля. Когда прошло смущение Поппеля, он изъявил желание своего государя получить в дар от Ивана Васильевича живых лосей и вместе одного из вогулят[33], которые едят сырое мясо, и прибавлял, что император злобил на него, почему он в первую поездку свою не привез таких зверей и людей. Потом, приподняв чванливо голову, спросил дворецкого, давно ли находится в Московии лекарь Антон.

— С Герасима-грачевника, — отвечал дворецкий.

— И всемочнейший, начальнейший Иоанн допускает побродягу до своего лица!

— Осударь наш, великий князь всея Руси, держит лекаря Онтона в великой чести и часто жалует его видеть свои царские очи, а от них и смерд просвещается.

— Жаль, очень жаль. Это просто жидок, обманщик; я знавал его в Ниремберге. Он сначала лечил там лошадей, потом вздумал спознаться с нечистым и пустился в чернокнижие.

Переводчик усмехнулся и, обратясь к боярам, сделал движение рукой, как бы хотел сказать: вот видите, я вам говорил.

— Потом, — продолжал Поппель, — начал лечить людей, и разом переморил десятка с два. Его хотели повесить, да он как-то успел скрыться и убежать в вашу землю.

Бояре с ужасом посмотрели друг на друга. Один дьяк Курицын не показал на лице малейшего знака удивления или страха: только губы его означали глубокое презрение. Не стоило тратить слов против рыцаря; муж не вступает в спор с мальчиком. Варфоломей ковыльнул ножкой и, сделав из своей фигуры вопросительный знак, примолвил:

— Жидок?.. Должно быть, несомненно так, высокопочтеннейший посол! Я тотчас увидел, лишь взглянул на него, и сказывал об этом встречному и поперечному. Поганый жидок! Да, да, несомненно! И говорит в нос на израильский лад, и такой же трус, как обыкновенно бывают из еврейской породы. Иногда чванлив, только что не плюет на небо, в другой — стоит на него лишь прикрикнуть хорошенько, тотчас задрожит, как лист тополевый.

— Радуюсь, что здесь вы по крайней мере проникли его, почтенный переводчик.

— Теперь и многие разумеют его ничтожным лекаришкой; по мне и вся Москва затрубила про него. Без хвастовства сказать, высокомощнейший посол, мне стоит только намекнуть, уж во всех концах города кричат: быть посему; дворской переводчик это сказал. О, Русь меня знает, и я знаю Русь!

— Прошу вас и мне быть полезным в передаче моих слов.

— Не преминую, не преминую. Разнесу новые вести о нем на крыльях усердия (тут он ковыльнул хромою ногой) и любви к высокой истине (опять запятая). Как благодарили бы здесь вас, благороднейший из благороднейших рыцарей, если б вы успели склонить нашего государя, чтобы вышвырнуть жидка за рубеж Московии!

— Это легко сделать. Я открою глаза Иоанну: я предложу ему другого лекаря.

---

[33] Вогуличи, жители Угорской земли, незадолго до того покоренной Иоанну, ныне обитатели Березовского уезда Тобольской губернии. (Прим. автора)

Есть у меня один на примете, не этому обманщику чета. Именно: майстер Леон, придворный врач императора – такой весельчак, балагур и чудно знает свое дело. Вообрази, раз император хотел испытать, до чего простирается его искусство; велел потравить его собаками. Собаки истерзали его, но сами издохли, а он? Думаешь, умер, по крайней мере слег? Нет, заменил все раненые места живьем и на другой день смеясь явился ко двору будто ни в чем не бывал.

– Чудо! – воскликнул переводчик и спешил передать депутации подвиг врачебного искусства.

Бояре перекрестились от изумления и ужаса; один Курицын, в знак сомнения, покачал головой.

– А как зовут здешнего... ну... жидка–то?..

– Онтон–лекарь, – отвечал дворецкий.

– Есть, надеюсь, у него какое прозвище?

– Кажись, Герштан, господине.

– То есть Эренштейн, – присовокупил переводчик.

– Эренштейн? Да знает ли он, в чью епанчу нарядился!.. Во всей империи и, думаю, во всем мире есть один только барон Эренштейн; он находится при моем императоре Фридерике III, владеет великими землями и богаче многих удельных князей русских. Детей он не имеет, и я, рыцарь Поппель, как вы меня видите, удостоен им и императором в наследники знаменитого имени и состояния барона Эренштейна.

– Всемогущий ведает, кого почтить столь высокими милостями, – сказал переводчик.

– Мы проучим этого самозванца! мы вышколим его! – прервал Поппель, горячась и кобенясь; потом обратился к депутации и примолвил, почтительно наклонясь: – На первый раз позвольте откланяться вам, именитые мужи, и просить вас передать высокомощнейшему, светлейшему государю всей Руси мою благодарность за высокую честь, которую он оказал мне, прислав вас ко мне с поздравлением. Чувствую во глубине души эту честь и постараюсь достойно заслужить ее.

Бояре почтительно откланялись, оставив у посла, как водилось, двух приставов для почета и не менее для присмотра за его действиями. Поппель махнул переводчику, чтобы он остался.

– Сходи, любезнейший, к лекарю Антону, – сказал он Варфоломею, – и скажи ему, что я, посол римского императора, приказал ему, подданному императора, тотчас явиться ко мне.

– Не лечить ли уж кого из ваших слуг? Боже сохрани! Раз вздумал один здешний барон, старичок, полечиться у него: как пить дал отправил на тот свет! Да и мальчик баронский, слуга, которого он любил, как сына, лишь приложился к губам мертвого, чтобы с ним проститься последним христианским целованием, тут же испустил дух. Так сильно было зелье, которое Антон дал покойнику!

– О, не беспокойся, я и кошки своей не поручу ему. Исполни только мое желание.

Весь не свой, будучи одержим бесом знаменитости, явился Варфоломей к лекарю Антону. Тон, вид, осанка, походка, несмотря на хромоту, все в нем означало какую–то важность, невиданную, неслыханную в нем доселе. Это

139

исступление не укрылось от Эренштейна. Он померил его с ног до головы, осмотрел крутом и засмеялся.

Переводчик начал говорить, задыхаясь от усталости, но сохраняя все свое ужасное величие:

– Посол всемощнейшего, всесветлейшего императора немецкого Фридерика III, благороднейший рыцарь Поппель, по прозванию барон Эренштейн (здесь он иронически посмотрел на Антона), приказал тебе, лекарю Антону, немедленно явиться к нему.

– Приказал?.. мне?.. немедленно?.. – сказал Антон, продолжая смеяться от всей души. – Ты, видно, ослушался, господин великий посол великого посла?

– Передаю тебе, что слышал своими ушами.

– Правда, есть чем и слышать!.. Нет ли у него больных?

– Нет.

– А если я не пойду, крепка ли будет голова на плечах моих?

– Не ручаюсь. Берегись, Антон–лекарь!

– Так поди, скажи ты, всесветный переводчик, своему светлейшему послу и рыцарю и барону, что он невежа; что если желает меня видеть, пусть явится ко мне, Антону–лекарю, по прозванию Эренштейну, просто – без баронства. Да еще кстати передай дураку, бывшему книгопечатнику Бартоломею, что если он осмелится заглянуть ко мне хоть одним глазом, так я ему обрублю его длинные уши. Слышишь ли? (Здесь он могучей рукой заставил переводчика сделать искусный пируэт, отворил дверь и толкнул за нее презренное существо, так что ножки его залепетали по полу, будто считали ступени.)

ГЛАВА ЧЕТВЕРТАЯ

ДАРЫ

Сохрани мой талисман:
В нем таинственная сила!

Он тебе любовью дан.
Пушкин

Москва, разметавшаяся по слободам, по садам и концам, заключала в себе между ними то рощи, то поля, то луговины. Самые обширные из полей были Воронцово и Кучково. На первом стоял терем великокняжеский с садами – любимое летнее жилище московских венценосцев: здесь тешились они соколиною охотой; отсюда выезжали на ловлю диких зверей в дремучие леса, облегавшие Яузу с востока; отсюда могли любоваться на Кремль свой, и Замоскворечье с Даниловским монастырем, и городище за Яузою. Прямо через эту реку, шумную, пересекаемую многими мельницами, глядела очи в очи на терем великокняжеский святыня Андроньевской обители. Васильев луг (там, где ныне

140

воспитательный дом), большею частью болотистый, отсекал Великую улицу и выше Варьскую. Кучково поле начиналось от Сретенской церкви, с именем которой пробуждается воспоминание об освобождении нашем от ига татарского. Высокий вал провожал его по кузницы Занеглинья и тут, расставаясь с ним, служил оградою этому посаду с прудом его и кидался в Москву-реку. Путается воображение в преследовании других границ Кучкова поля, ежегодно стесняемого новыми нитями улиц, которыми сновал умножавшийся люд московский. География того времени так неотчетлива, так неясна, что терпение самого Бальби нашло бы в ней камень преткновения.

Чего не было на Кучковом поле? И тучные пажити, и богатые нивы, и рощи, и дымящиеся болота. Там, между улицами, паслись стада, блистали подчас ряды косцов, мелькали жницы в волнах жатвы, кричали перепел и коростель, соловей заливался в пламенных песнях, и стон зарезанного умирал, неуслышанный. В тот день, в который хотим посетить Кучково поле – день весенний, озаряемый играющим солнышком, – на лугу, раскинувшемся от Сретенской церкви до болота (где ныне Чистые пруды), народ пестрел многочисленными толпами и ожидал чего-то с радостным нетерпением. Сам великий князь с сыном своим и дворскими людьми (к которым успел присоединиться Андрюша) стояли верхами подле рощи, осенявшей стены монастыря, и, казалось, разделяли это нетерпение. В виду их, у болота, построен был деревянный городок, в который хотели шибать из огромной пушки, вылитой Аристотелем[34]. Несколько смельчаков очертя голову забрались чем свет в эту крепостцу и там притаились, боясь, чтобы недельщики не выгнали их оттуда, то есть чтоб не спасли их от смертной опасности. В роще стоял пешком и лицарь Поплев, закрываясь приставами и Варфоломеем от взоров великого князя, которому еще не представлялся. Он спросил переводчика, не видать ли где лекаря Антона, успевшего так досадить ему своим непослушанием. И что же с ним сделалось, когда переводчик показал ему на статного, пригожего немца, в бархатной епанечке, обложенной золотом, ловко управлявшего рьяным конем! Великий князь нередко обращался к своему лекарю и, по-видимому, очень милостиво с ним разговаривал. Горько же ошибся Поппель, составив себе заранее в воображении портрет Антона, которого намалевал маленьким, тощим, неуклюжим, с рыжею бородкой. По лицу его выступили багровые пятна, глаза налились завистью и злобою; он искусал себе губы. Ему казалось, что он видит в молодом немце своего соперника и при повелителе Руси, и в соискании фамильных прав. Лекарь помрачил его пригожеством, статною осанкой, одет не беднее посла императорского, и даже с большим вкусом. Только острогов у него недостает (и это заметил Поппель!..), чтобы походить совершенно на знатного рыцаря; но и остроги может пожаловать ему великий князь. С этого времени Антон обречен на унижение. Втоптать его в грязь, уничтожить – вот обет, который дает себе благороднейший из благороднейших рыцарей!.. Бедный Антон, и тут опять виноват ты, зачем родился так благовиден.

– Едет, едет! – закричал народ, и вслед за этими возгласами, со стороны кузниц, черневших на обоих берегах Неглинной речки, потянулась пестрая толпа,

---

[34] Самая огромная пушка того времени, Царь-пушка, была вылита Дебосисом. (Прим. автора).

и над ней зевнула огромная медная пасть. Это была пушка необыкновенной величины и толщины. Она, казалось, возлегла на плеча народа, который ее тянул, и тяжело переваливалась с боку на бок. Радостные крики сопровождали и встречали ее. За нею Аристотель следовал верхом; те из народа, которые были поближе к нему, превозносили его могущество, целовали даже его ноги.

– Эку ты матушку сотворил! – говорили они с восторгом, пораженные идеей силы, которую он отлил. – Попытайте так успешно тронуть толпу идеей изящного!

Когда пушка пришла на назначенное место, Аристотель приказал затинщику-немцу (обыкновенно немцы исправляли должность артиллеристов) снять ее с передков; потом, прицелясь в городок, установил ее на колоде (станке, или лафете) и велел затинщику всыпать в нее ватин и вкатить ядро едва ли не с человечью голову. Народу сказано отойти подалее. Пальник горел уж в руке самого Аристотеля; он готовился положить его на затравку и – остановился. Мрачная дума пробежала по лицу, рука дрогнула. Что, если пушку разорвет?.. Не за себя боится он, нет, а за свое создание, за храм, который с ним погибнет! Он поднял глаза к небу, перекрестился, приложил пальник к пушке – медная пасть послала от себя вспышку дыма, грянул удар. Окрестность повторила его в многочисленных перекатах. Казалось, основания земли поколебались. Часть народа пала ниц, думая, что по полю катится огромная железная колесница. Еще удар сильнее, еще, и народ, попривыкший к этому грому, начал вставать и осеняться крестом от напасти молниеносной. Смотрит – городок уж весь в огне. Лишь только Аристотель объявил, что шибить более не будет, громкие восклицания огласили воздух, и художник очутился на руках радостной толпы. В таком торжестве отнесли его к великому князю. Иван Васильевич был вне себя от радости, надел мастеру на шею золотую цепь, поцеловал его в макушку головы и назвал золотоносцем. Народ радовался таковому благоволенью к человеку, который отливал колокола для призыва к молитве, лил пушки на голову ворогов и собирался строить дом Пречистой.

Вдруг из горевших развалин городка поднялись веселые возгласы; ветерок отпахнул дымную занавесь, и показались, одна за другою, две головы отчаянных молодцов, засевших в крепостце. Провидение хранило их. Кроме незначительного повреждения рук и ног, с ними не случилось никаких бед.

– Ай да ребята, ай да молодцы! – кричал им народ.

Из этой-то похвалы жертвовали они своею жизнью! Таков искони русский человек.

Великий князь, радуясь удачному шибанию из пушки и обещаясь употребить ее при осаде Твери, простился с Аристотелем и поскакал в город; за ним последовал весь поезд дворчан его, в том числе и лекарь Антон. От лошадей их поднялось облако пыли и, несясь на рощу, окутало посла императорского. Чернь едва заметила его и оставила без внимания: одно зрелище по превосходству отвлекло от другого. Угрюмый Поппель, нахлобучив на глаза берет и вонзив остроги в коня, отплатил на бедном животном свою досаду. Приехав домой, он заперся с своими мрачными думами.

Напротив, Антон был весь радость, весь торжество. Нынешний день великий князь особенно благоволил к нему. Были на то две причины: он знал, что Аристотель, слуга ему столь полезный, столь необходимый, любил Антона как сына, и старался в этом случае показать свое доброе расположение художнику на близких ему; Иоанн слышал уже об оскорбительном отзыве посла насчет его придворного лекаря и хотел милостивым своим обращением к обиженному отплатить заносчивому рыцарю. Подъезжая вместе с Андрюшей к своему жилищу, Антон не думал более о невзгоде, набежавшей на него с немецкого подворья. Он, однако ж, не столько радовался милостям великого князя, как тайному голосу сердца, сулившего ему что–то особенно приятное. Предчувствие это подтверждали загадочные слова Андрюши, который обещал, как скоро они домой приедут, сделать ему такой дорогой, бесценный подарок, какого он себе и вообразить не может. "Анастасия в доле этой тайны", – думал молодой человек и стремил вперед коня своего. Когда ворота на его половине отворились, он не дождясь, чтобы приняли высокую подворотню, отважно перескочил через нее.

– Говори скорей, скорей, милый Андрюша, что у тебя за тайна? – спрашивал Антон, лишь только вошли они в горницу.

Дитя принял важный вид.

– То, что я хочу передать тебе, не шутка, – сказал он трогательным голосом и слегка вздрагивая, – говорят, в этом деле спасение твоей души.

– Объясни ж, не мучь меня.

– Здесь, в Москве, разносятся слухи, что ты связался с нечистым. Знаю, это неправда, это клевета глупых и злых людей. Ты просто латынской веры, как отец мой, как я был, всё христианин же. Однако, видно, вера русская почему–нибудь лучше вашей: без того б не заставили меня переменить на нее прежнюю. Ты говоришь, у тебя крест в сердце. Мы с Настей этого не понимаем и очень огорчаемся нашим неведением. Хочешь утешить нас?.. (Андрюша вынул тяжелый серебряный тельник из–за пазухи и снял его с шеи.) Возьми вот этот крест, на котором изображение спасителя, надень его и носи. Это крест Анастасии, благословение ее матери. Она сняла его для тебя, для спасения твоей души и во здравие тебе. Пускай охраняет он тебя на всех путях твоих и приведет... в наш русский храм. Ах! если бы в одно время встретил там мою крестную мать.

Андрюша говорил это, и слезы падали по горевшим щекам красноречивого миссионера. Не выдержал и молодой друг его: он обливал драгоценный дар слезами, осыпал его жаркими поцелуями. Перекрестясь, Антон надел тельник.

– Видишь, – говорил он, – я надел крест ее с радостью, с восторгом, скажи это Анастасии, скажи, что я каждый день буду молиться на него, что я никогда не покину этого креста, разве снимут его с меня, мертвого!.. Нет, нет, что я делаю, что я говорю, безумный? – присовокупил он, опомнясь от первого восторга.

В голове его блеснула ужасная мысль. Он любил Анастасию чистою, пламенною любовью, с какою целью, сам не знал; но теперь куда вел его тельник? Не обручал ли его с Анастасией, как жениха с невестой, – с русской, которая не иначе может быть его, как тогда, когда переменит он веру! Чтобы получить Анастасию, надо сделаться отступником... Крест тяжелый надевал он. Но смел ли от него отказаться?.. В каком виде представится он ей тогда? Чернокнижником, нечистым, в связи с дьяволом!.. Неужли броситься в роковую будущность?.. Он подумал также, что Анастасия, из любви к нему лишаясь креста, благословения матери, будет каяться в своем поступке, что мысли об этом лишении истерзают ее. И между тем он оставил крест у себя, хоть на день: завтра же отдаст назад через

143

Андрюшу. Этим докажет Анастасии, что не имеет связей с нечистыми и хороший христианин; отдав же тельник, успокоит ее. Так он мирил совесть и долг свой с любовью.

– Не скрою от тебя, – сказал он своему маленькому другу, приступая к этому подвигу, – что Анастасия сделала неосторожно, прислав мне такой драгоценный подарок тайком от отца, хотя в ее поступке было только желание сестры спасти душу брата. И я необдуманно, может быть, насказал, чего тебе и не надо было бы слышать. Вот и ты, бедняжка, попал в эту тревогу, которая не по тебе!.. Всему я причиною. Прости мне, милый друг, милый брат мой!.. Ты не знаешь пагубных страстей, которые терзают человека и могут помрачить рассудок до того, что высокое божие творение уподобится животному. И не знай этих страстей, чистое, прекрасное создание! Годы твои, годы райские: горе тому, кто растравит их!.. Вот видишь, я взял крест и надел с благоговением христианина, но завтра возвращу его. Не хочу доставить ей причин к раскаянию: благословение матери должно быть для нее дорого. Тоска ее отравит для меня сладость подарка; он будет напоминать мне только, что это жертва тяжкая, что она уносит с собою ее здоровье, ее спокойствие. А для сохранения того и другого готов сам на все жертвы, на все муки. Узнай повернее, нынче ж, если можно, теперь, нет ли для нее какой опасности; вглядись хорошенько в лицо ее, не заметишь ли на нем следа болезни, тени уныния; вслушайся в ее речи, в ее голос... не утай от меня ничего. От меня скажи ей все, чего ты видел, слышал теперь; благодари ее за драгоценный дар; скажи, что отныне буду креститься русским крестом, буду молиться русскими молитвами. Не правда ль, ты научишь меня русским молитвам? Начну и кончу их воспоминанием о ней.

Все это говорил Антон, прерывая речь то поцелуями дорогому миссионеру, то вынимая из груди крест и прижимая его к губам своим. Малютка в первый раз видел друга своего в таком тревожном состоянии: губы его судорожно произносили слова, глаза горели каким-то исступлением, щеки пылали. Этой душевной тревоги испугался Андрюша; он каялся уже, что, исполнив поручение крестной матери, лишил, может статься, их обоих спокойствия и здоровья. Как мог, старался он успокоить своего друга, обещаясь ему сделать все, что он желал. Но докучливые свидетели помешали ему в тот же день переговорить с Анастасией о великой тайне их.

Опасения Антона были пророческие; гроза вскоре скопилась над головою очарованной девушки.

В полночь старая мамка осторожно встала и посмотрела, каково спит ее питомица. Бедная вся горела, лебединая грудь ее тяжко подымалась. Мамка хотела прикрыть ее куньим одеяльцем. Смотрит ястребиными глазами – ахти, мать пресвятая богородица! тельника-то на ней нет. Едва не вскрикнула старуха. "Господи, господи, куда ж девался тельник!" Искать кругом – нет. Может статься, оборвался гайтан, и он лежит у голубушки под изголовьицем. Ждать-пождать утра. Мамка целую ночь не смыкала глаз. Наутро искала тельника на кровати, под кроватью – не видать. Стала замечать, не спохватится ли Анастасия Васильевна. Нет, ни словечка об этом. Только, одеваясь, дитя боярское в смущении закрывало от нее грудь свою. Мамка осмелилась спросить о тельнике: Анастасия зарыдала и наконец, на все увещания, обеты и клятвы не говорить отцу, сказала, что, вероятно, потеряла крест, гуляя на днях в саду, что искала и не могла найти. С какими муками могло сравниться состояние Анастасии при этом случае! Да и мамке было нелегко. Сказать боярину, поставят ей в вину, что не видала, как тельник пропал; не сказать, голову снести. Сказать и не сказать, – на этом старуха едва не рехнулась. Кончилось тем, что, убоясь огорчить свою питомицу и в надежде отыскать пропажу, она утаила беду от боярина, грозного и неумолимого в подобных случаях.

Едва не забыл я сказать, что в этот самый день рыцарь Поппель приходил к Аристотелю жаловаться на дерзость лекаря, порученного, как он слышал, вниманию художника.

– Он сделал должное, – отвечал художник.

– Жидок! ослушаться посла императорского! – вскричал заносчивый Поппель.

– Клевета, недостойная простого мужа, не только сановника государственного! Уберегите ее для бывшего книгопечатника Бартоломея. Один глупец поверит ей.

– По крайней мере цирюльник!

– Скажи вернее – врач при дворе московского государя! Знай, воспитанник брата моего такой же благородной крови, как и ты, и имеет равные с тобою права на уважение.

– Разве потому, что баронится! Не хочешь ли, господин художник, вывесть его в настоящие бароны?

– Легче всего. Стоит ему только потребовать, что ему принадлежит.

– Право?.. И, конечно, в бароны Эренштейны.

– Во что он есть, без сомнения.

– Московская новость! По крайней мере ее не знают при дворе моего государя.

– Если нужно будет, и там ее узнают, как древнее, кровное право.

Поппель горячился более и более и задыхался от гнева; художник говорил с приличным хладнокровием и твердостью.

– Знаешь ли ты сам, что это право мое, и я готов защищать его мечом.

– На этот раз меч рыцаря переломится о закон и слово императора.

– Именем его величества я потребую от тебя объяснений твоим загадкам.

– Дам их, когда сочту нужным! Уважаю твоего государя наравне с другими венценосцами, но не подчиняюсь его власти. Я гражданин Венеции и здесь под сильною защитой русского государя, Иоанна, именем Третьего.

– Мой меч заставит тебя объясниться.

Аристотель засмеялся:

– И сейчас, если имеешь хоть искру благородства.

Поппель схватился за рукоять меча.

– Потише, молодой человек, – сказал с важностью художник, положа свою руку на плечо рыцаря, – умерь свою горячность; она ничего не поможет твоему делу. Не заставь думать, что орудие чести в твоих руках только опасная игрушка в руках ребенка и что император немецкий нарядил ко двору московскому представлять свое лицо не разумного мужа, а задорного мальчика. Образумься, господин рыцарь! Взгляни на мои седины; по летам моим я мог бы быть отцом тебе, а ты зовешь меня на безумную драку? Какая слава могучею рукой юноши сразиться с хилой рукою старика! Будет чем похвалиться!.. И в моем доме! Не назовут ли нас обоих безумными? Поверь, я не обнажу меча; ты можешь напасть

145

на безоружного и променять имя рыцаря на имя разбойника. Что я не трус, скажут тебе государь московский и лучшие воеводы его. И потому советую тебе употребить свое оружие и свой пыл на лучшее дело и искать более равной битвы. Еще прибавлю тебе, господин рыцарь, насилие, каково бы оно ни было, ускорит только нарушение прав, которыми ты незаконно награжден. Будь благоразумен и не горячись: может быть, сама судьба поможет тебе назло справедливости.

Сказав это, Аристотель просил рыцаря оставить его и не отвлекать от важного дела, порученного ему великим князем: в противном случае хотел позвать из сеней приставов, имевших надзор за послом.

Рыцарь Поппель был заносчив, а не храбр; у таких людей не бывает истинной храбрости: он выказывал только ее формы, которые могут обманывать одну неопытность. "Как хорошо сложен этот мужчина!" – говорят, любуясь прекрасными формами иного денди на склоне лет. "Вата, сударь, одна вата и искусство, более ничего!" – скажет вам его слуга и разоблачит перед вами этого поддельного Антиноя. Такова была и храбрость Поппеля. Пристыженный, с добрым уроком и мутною идеей о сопернике, который готовился оспаривать права его на наследство знатного имени и богатого состояния, вышел он от художника. Но и тут не хотел признаться в победе над ним. Подняв гордо носик, как утлая ладья, брошенная могучим валом на берег, он запел в дверях веселую песенку:

У Карла было у Великого
Семь незаконных детей:
Всем снился венец золотой –
Лишь одному он достался.

ГЛАВА ПЯТАЯ

ПОХОД

Куда бежать, тоску девать?
Пойду к лесам тоску губить,
Пойду к рекам печаль топить,
Пойду в поле тоску терять...
В густых лесах она со мной!
В струях реки течет слезой!
В чистом поле траву сушит!
От батюшки, от матушки
Скрываются, шатаются.
Мерзляков

Молодость, словно крепкий мед, бьет через край, пока не установится. Разгулу ее посвятил Хабар целую ночь, в которую то вино, то с друзьями тяжба за

146

первенство на игрищах, то любовь попеременно вызывали на бой его могучие силы. И везде вышел он победителем.

Утренняя звезда проводила его из ворот деспота морейского; алая заря улыбнулась ему дома.

Вскоре на боярской половине началось необыкновенное движение. Туда и сюда суетились дворчане, несли оружие из кладовой, пытали доброту коней, снаряжали обильным вытьем и пирогами оружейного, конюшего и прочих холопов, которые должны были идти в поход вместе с сыном воеводы. Во время этой суеты послышался усиленный конский топот, и вслед за тем многочисленный поезд остановился у ворот. Все, составлявшие его, подобраны молодец к молодцу, перо к перу. Щеки – что твоя малина, в глазах огонь соколиный: взглянут на друга – рублем дарят, взглянут на недруга – крови хотят. Они в коротеньких кафтанах из немецкого сукна; под низенькими шапочками, которые щегольски заломились на один бок, сказываются буйные головушки; ремень, отороченный серебром, стягивает их стан; у боку длинный нож и кинжал в ножнах, описанных на злате, сзади – ослоп, только что молодцу на подъем. От них отделились человека три, слезли с лошадей и дали о себе знать кольцом приворотного столба. Это были головы и сотники, избранные от нескольких десятень сурожан и суконников, которые охотились искать ратной чести под Тверью. Они, с дозволения великого князя, приехали бить челом Хабару–Симскому, чтобы он взял их под свое воеводство. Сын Образца, известный удальством в пирах и на городских побоищах, не менее славился ратною отвагой. Он водил уже раз охотников против Мордвы на лыжах и добыл с ними хорошую долю славы для себя и для них. В его наезде на Мордву видны были, однако ж, не одна отвага, удел каждого рядового ратника, но и быстрый сметливый взгляд вождя, уменье пользоваться средствами неприятельской страны, нравами тех, против кого воевал, и искусство внушать любовь к себе и порядок в воинах, подчинившихся ему добровольно. Князь Даниил Дмитриевич Холмский, поручавший ему отдельный отряд под Казанью, после этого опыта предсказывал в нем знатного полководца. Достоинства эти умел оценить Иван Васильевич и за них–то извнял в Хабаре буйные вспышки молодости, хотя говорил обыкновенно при таких случаях, что прощает его в уважение любви к нему Иоанна–младого. И ныне Хабар с радостью принял начальство над охотниками. Все они были угощены из братины, которую сам старый воевода обнес по ним, пожелав каждому того, что каждый из них шел добывать. Завтра положено было собраться у церкви Иоанна, списателя лествицы, "что под колоколами", отслужить там молебен, потом в приходской церкви Николы–льняного, и оттуда прямо всесть на коня. Образец обещал испросить для них у Ивана Васильевича милость, пустить их в передовые, с тем чтобы они, вместе с государевыми окольничим и путным, очищали путь от всякого недоброго человека и случая.

На другой день, ни свет ни заря, всё в доме Образца было уже на ногах. Когда пришел час снаряжать сына в поход, лицо воеводы осенилось грустью. Это была не порывистая грусть, подобная весенним водам, которые неистово мечутся в разные стороны, вопят на всю окрестность и вдруг исчезают, как бы их не бывало. Нет, печаль отца походила на белый ключ, который едва заметно бьет из–под тяжелого камня и между тем от века питает широкую реку. Много мрачных дум в

147

прошедшую ночь посетило душу старца. И было ему над чем задуматься. Он потерял уж на войне одного сына: милый юноша и теперь нередко в одежде ангельской посещает его и, указывая, с тоской невыразимою, на рану, которая точит ему грудь, кажется, говорит: "Отец, больно, очень больно!" За ним следовала мать. Сколько драгоценных потерь! И ныне старец, глядящий им вслед, отпускает на войну последнего сына. Если война и побережет его, так его ждет поле в Москве. Если падет – кто останется подпорою сестры, еще не пристроенной? Но бесчестье хуже смерти: "Мертвые срама не имут" – искони заветное слово русских. И без того позора не пережить! Вся надежда на суд божий; милости господни неизреченны. С упованием на них Образец идет в божницу, куда, по приказанию его, молча следуют за ним Хабар и Анастасия.

Идут молча, объятые чувством благоговения. Пришли в божницу. Единственное окно ее завешено. В сумраке, слабо побежденном таинственным светом от лампады, среди глубокой тишины, изредка нарушаемой вспышками светильни, смотрят на вас со всех сторон темные лики спасителя, божией матери и святых угодников. От них, кажется, повеяло холодом нездешнего мира. Здесь никуда не укроешься от их взоров: со всех сторон следят они вас в малейшие изгибы мыслей и чувствований. Истомленные лица, тощие члены, сухие ребра – плоть, уморенная в молитвах и посте, страдания, крест, – все говорит здесь о победе воли над страстями. Сами пример телесной и душевной чистоты, они требуют ее от приходящих в божницу, это святое собрание их.

К ним–то прибегала Анастасия в тревоге сердечной, от них просила себе помощи против искушений нечистого, и не было помощи ей, слабой волею, предавшейся страсти, которую принимала за неземного обольстителя!

Образец три раза со крестом и молитвою повергнулся перед иконами, три раза повергнулись за ним сын и дочь. После этого благоговейного вступления старец прочел псалом: "Живый в помощи вышнего". Так и доныне у нас на Руси – православный воин, идя на брань, почти всегда вооружается этим надежным щитом[35]. Хабар с сильным чувством повторял слова отца. Все приготовляло Анастасию к чему–то страшному: она трепетала, как голубица, застигнутая в поле, где негде ей укрыть себя перед грозой, готовой над ней разразиться. Когда молельщики встали, Образец взял с искоса небольшой образ Георгия–победоносца, литый из серебра, с ушком для ношения на груди.

– Во имя отца и сына и святого духа, – сказал он твердым голосом, держа левою рукой образ, а правою сотворив три крестные знамения, – этим божиим милосердием благословляю тебя, единородный и любезный сын мой Иван, и молю, да подаст тебе святой великомученик Георгий победу и одоление над врагом. Береги это сокровище, аки зеницу ока; не покидай его никогда, разве господь попустит ворогу отнять его у тебя. Знаю тебя, Иван, не у живого отнимут, а разве у мертвого. Помни на всякий час благословение родительское.

Анастасия побелела как снег, и вся дрожала; на грудь ее налег тяжелый камень, в ушах ударяло молотом. Ей слышалось, будто все лики святых, один за другим, грозно повторяли слова отца ее. Он продолжал:

---

[35] Я знавал нескольких знаменитых полководцев 1812–1814 годов, которые носили на груди этот псалом, зашитый в ладанку вместе со крестом. (Прим. автора)

– Великое дело это благословение. Кто его не помнит или ни во что считает, от того сам отец небесный отвратит лицо свое и навеки отступится, забвен тот будет и во царствии небесном, и адово будет достояние. Блюди свято слова мои.

Каждое слово Образца падало на сердце Анастасии, как смола горючая. Ей казалось, она призвана на Страшный суд Христов услышать проклятие отца и свой вечный приговор. Она не выдержала и горько зарыдала, свет помутился в глазах, ноги стали подкашиваться. Образец услышал ее рыдания и прервал свое напутствие.

– Настя! Настя! что с тобою? – спросил он с живым участием дочь, нежно любимую. Она не в силах была ничего вымолвить и упала на руки брата. Перекрестясь, боярин положил образ на прежнее место и потом спешил окропить дочь свою богоявленскою водой, которая всегда стояла в запасе в божнице. Анастасия очнулась и, когда увидела себя окруженною отцом, братом в каком-то темном тесном склепе, закричала диким голосом и обращая вокруг себя мутные взоры.

– Свет мой, дитя мое милое, голубица ты моя, что с тобою? – говорил отец. – Опомнись; ты в божнице. Знать, попортил тебя недобрый глаз. Помолись-ка пречистой: она, милосердая, избавит тебя от напасти.

Отец и сын подвели ее к иконе божией матери: брат с трудом поднял ее руку, и она, дрожа, сотворила крестное знамение. Тяжело, глубоко вздохнула она, ледяными устами приложилась к образу и потом показала рукой, чтобы ее скорее вывели. Ей чудилось, что пречистая покачала ей с упреком головою.

Когда Анастасию привели в ее светлицу, ей сделалось легче. Ржание коня у крыльца Антонова заставило ее содрогнуться и опомниться. Оно навело ее мысли на милого чужеземца и опасность, какой подвергала бы себя и его, если бы обнаружила тайну тельника. Чувство раскаяния пересилено любовью, и место его заступило лукавое желание отвесть подозрение отца и брата от настоящей причины ее болезни, когда бы это подозрение и могло существовать. Она собиралась обманывать, но еще не умела. Слова: разлука с братом, опасения войны, грусть одиночества, слова несвязанные, холодные, замирали на устах ее. Легко было уверить и без слов, что все эти причины были настоящие. Голубь, ключевая вода, белопутный снежок представлялись в уме ее отца и брата не чище Анастасии. Образец убил бы того, кто б осмелился сказать противное; его зашибло бы смертным ударом, если б он сам противное узнал. В голове его хоть и вертелась мысль о порче, может статься и басурманом, но чтобы сама Анастасия осмелилась быть в сердечном заговоре с ним, этого и в помышлении у боярина не было. Как бы то ни случилось, успокоенные несколько ее выздоровлением, воевода и сын его возвратились в божницу, не без страха, однако ж, что благословение, прерванное так ужасно, вещует для них худое. Отец боялся, не причиной ли этого несчастного случая гнев божий на сына его за разгульную жизнь. Взяв в помощь слова святых отцов, примеры чистоты и непорочности знаменитых русских воинов, удостоившихся славы земной и венца нетленного на небесах, он убеждал Хабара исправиться.

– На тебе более, нежели на ком другом, – говорил Образец, – лежит тяжкий ответ за грехи твои. Тебя господь наградил разумом, силою телесной, отвагой. Овому талант, овому два, тебе их дано много, и все их топчешь в грязи. Князь

149

Холмский хвалит воинские способности твои, обнадеживает, что ты со временем заменишь меня. Старики, бывшие ратные товарищи мои, твои соратники, мое сердце, все говорит мне, что имя Хабара–Симского еще слышнее будет на Руси, нежели имя Образца–Симского. Твой отец, твой господин – великий князь, твоя родная земля ожидают этого от тебя. Не посрами моей седой головы, не потревожь костей моих, когда лягу в гробу, праха матери и брата своего. Не забудь, у тебя сестра – невеста в поре: твой позор может падать на нее, на весь род твой. Помни, тебя ждет здесь поле, суд божий; к нему должен ты предстать с чистым покаянием, омытый от всякия скверны. Иван, пора тебе одуматься, пора также вспомнить, что мне осталось жить недолго. Скоро перейду и я в иной мир. Что прикажешь тогда сказать родной своей?..

В голосе старца дрожали слезы, хотя в строгих очах не было их. По лицу Хабара слезы бежали ручьем. Он пал в ноги отцу и дал ему обет именем господа, именем матери, исправиться отныне и тем заслужить любовь родителей здесь на земле и за гробом. В свидетели брал угодников божиих. Обет был искренен, силы и твердости воли доставало на исполнение его.

Лица отца и сына просияли, также радостно было и в душе их. Вместе с ними, казалось, осветилась ярче и божница, и лики святых приветнее на них глядели.

Наконец заблаговестили к обедне. Печально звучали колокола: они почти каждый дом извещали о разлуке с одним из дорогих жильцов его. Анастасия превозмогла себя и, не дожидаясь, чтобы брат пришел с нею проститься, сама сошла к нему. Хабар, которого Иван Васильевич назвал посыльным воеводой, был уж в полном вооружении. Дядька его с гордостью смотрел то на своего воспитанца, то на сияющие доспехи его, словно на свое творение. Одного он выпестал на славу, другие, также на славу, вычистил ныне, как скло. В прощании брата и сестры сказалась любовь самая нежная, самая трогательная. Несколько раз железная броня его была орошена слезами, несколько раз грубые наручники печатлели следы его объятий на нежном теле Анастасии. Все дворчане толпою собрались у крыльца и напутствовали боярского сына благословениями. Отец проводил его до церкви.

Навстречу им кто–то борзо скакал на статном коне, клубя под собою пыль. Народ останавливался перед ним и скидал шапки. По богатому вооружению его, по стальному, украшенному бирюзою, шлему, по серебряной насечке лат и меча, осыпаемых лучами солнца, вы приняли бы его за знатного юношу, только что постриженного. Но по лицу, росту, ухваткам виден был в нем дитя, который утешался конем и нарядом своим, как игрушкой. Это был Андрюша, сын Аристотелев – сам игрушка великого князя. Он ехал от церкви Благовещения, где совершали над ним обряд пострига. Вид его поразил Образца: он напомнил ему милое детище. Таков был младший сын его, когда собирался с ним на войну против крыжников. Боярин спешил войти в церковь и молитвами заглушить в сердце своем печальный голос природы. Прощаясь с последним сыном, он крепко обнял его.

– Господь с тобою, – сказал он дрожащим голосом, и эти слова сопутствовали Хабару во весь поход, привечали его, лишь только он открывал глаза, и смыкали ему вежди на сон грядущий. Этими словами он был вооружен крепче, нежели железными латами и мечом своим.

Андрюша спешил видеться с Анастасией, пока боярин не возвратился из церкви. В сенях верхней светлицы мамка встретила его и, поздравив с постригом, ласково, осторожно спросила, не видал ли голубчик–молодик барышнина тельника. Может статься, она обронила его, Андрюша нашел, захотел пошутить над ней и спрятал. При этом неожиданном вопросе маленький воин вспыхнул, как порох, но поспешил оправиться и сказал с сердцем:

– Шутишь, что ли, надо мною, мамка?

И начала она клясться и божиться, что говорила вправду, только просила не сказывать об этом ни Анастасии, ни боярину.

– Знаешь, какой он грозный, – прибавляла она, – тотчас снесет голову с бедной старушки. А кабы ты ведал, мой птенчик, мое наливное яблочко, как мать твоя крестная горюет, мечется во все стороны, не пьет, не ест, а во сне только и говорит что о тельнике, да, кажись, прости господи, и поганого басурмана прибирает. Знать, ангел–хранитель отступился от моего дитятки.

Старушка ждала ответа от Андрюши – Андрюша был уж в светлице своей крестной матери. Здесь встретили его улыбкою, приветом, задушевными ласками, но под этими розами не укрылась от внимания малютки змея–тоска; она проникала невольно в словах, в движениях Анастасии. Недолго повертелся он в светлице. С добычей грустных замечаний сошел он к лекарю и все рассказал ему. Как поразил Антона этот рассказ! Он бранил себя, проклинал, зачем послушался двух детей, воспользовался слабостью неопытной девушки и взял от нее дар, который мог бы погубить ее навеки. Расстаться с ним, напечатлеть на нем прощальный поцелуй и молить бога, чтобы крест пришел вовремя осенить грудь Анастасии от всяких бед и напастей – вот что Антон спешил сделать. Молитва его услышана, тельник получен вовремя.

Затрепетала Анастасия, увидав свой крест. "Видно, не снес его!.." – подумала она, и какое–то отчаяние ею овладело. Легче б, если бы отец узнал о потере тельника! Что сделалось с ней? Ее помыслы, бывало, не отвергли б небесные жители, в сердце ее могла бы глядеть сама божественная дева. А теперь в душе кипят черные страсти; рука едва не оттолкнула тельника, губы едва не произнесли: пропадай же, душа моя!.. но ангел–хранитель остановил ее на краю пропасти. Она схватила крест и со слезами на глазах прижала к груди. Крестный сын ее, урывками и украдкой от сторожких глаз и слуха мамки, передал ей свой разговор со старушкой, мучительные опасения Антона, чтобы не узнали о пропаже драгоценного креста, опасения насчет ее здоровья и спокойствия; Андрюша рассказал все, все, что ни говорил друг его, и Анастасия не могла не благодарить того и другого. Она обещала себе быть благоразумней и осторожней, хотела дать обещание перестать любить, но не могла. Тельник перешел с груди басурмана на грудь ее и, вместе с словами Андрюши, только что раздул прежнее пламя.

Хитрая мамка, несмотря что ничего не слыхала из беседы крестной матери и сынка, догадалась, что между ними кроется тайна. Догадки эти усилились, когда она, раздевая свою воспитанницу, увидала на груди ее серебряный тельник, который старалась Анастасия, будто ненарочно, выказать. Передать прямо эти догадки боярину она не смела: могли быть неудовольствия для нее самой, для Анастасии, для Андрюши; не залить бы скоро пожара этих неприятностей. Однако ж надо было предупредить новые. Для успеха в этом стоило умненько, да хитренько намекнуть боярину, что Андрюше непригоже ходить в светлицу боярышни. Ему, дескать, хоть и четырнадцать годков – детская nopa! к тому ж он такой разумник, такой смиренник, – однако ж Андрюша постриг по милости великого князя Ивана Васильевича; а с именем пострига вертится у каждого в голове: коли он на войну готов, так не дитя! Кто пойдет справляться с его годками? Злые языки разом намекнут недоброе, хоть и не посмеют сказать. Честь девическая должна быть, как скло: от нечистого дыхания оно не загрязнится, но тускнеет. Как задумала мамка, так и сделала. Боярин хвалил ее за разумный совет и обещал, как скоро Андрюша возвратится из похода, запретить ему входить в опочивальню Анастасии и позволять ему говорить с нею только при отце и брате.

Все улажено как нельзя лучше. Сам Антон, виновник семейной тревоги, до сих пор скрытой, старался отдалить малейшие подозрения от прекрасного создания, за честь которого готов был отдать жизнь свою. Он не искал более случая видеться с Анастасией. На другой день должен он был отправиться в поход вместе с великокняжеским поездом: он теперь же потребовал своего коня и ускакал со двора боярского с тем, чтобы переночевать у Аристотеля и уж оттуда в путь, обещаясь не вступать ногою в тот дом, где жила Анастасия. "Время, – думал он, – разум, невозможность видеться победят сердечную тревогу, может быть прихоть девушки, заключенной в четырех стенах. По крайней мере ей возвращу спокойствие".

Оставшись один с самим собою, он оглянулся на путь, пройденный им на Руси в течение нескольких месяцев. Зачем он приезжал в нее? Не для того ль, чтобы посвятить себя служению науке и человечеству, чтобы совершить подвиг на пользу их? Что ж совершил этот жрец высокого и прекрасного? Вылечил попугая, мастерски щеголял, успел понравиться великому князю и отравил сердце неопытной девушки. Чудные, знаменитые подвиги! Стоило из-за них приезжать так далеко! В Италии он был хоть свободен, а теперь скован страстью, теперь он не в силах разорвать свои цепи. Он не может возвратиться на родину, он променял ее на чужую землю; на Руси отныне должен жить и умереть. К дому русского боярина, его недруга, прикованы сердце, мысли, все существо его; в этом доме – все благо и несчастие его жизни, здесь его судьба. Вот отчет, который дал себе Антон в своем настоящем положении.

В борьбе с своею страстью он обещал высвободить себя из неволи ее и умирить все голоса, восставшие против него из глубины его совести. Обещал, да! Посмотрим, у кого из молодых людей, почти одинаких лет, достанет силы воли совершить свой обет – у русского разгульного ли молодца или степенного падуанского бакалавра.

Ворота на половине басурманской заперли замком. Анастасия это видела. Слух и сердце ее жадно следили топот лошади, замиравший вдали, ловили последний звук подковы, как последнее биенье пульса милого человека, которого теряют навеки. Он исчез... Бедная ужаснулась своего одиночества, сердце ее замерло. Ей казалось, отец, брат, родные, весь мир покинул ее, несчастную сироту. О! с какою радостью поменялась бы теперь на муки нынешнего утра и прошедших дней, лишь бы ей знать, что он тут, недалеко от нее, в одном с нею доме, что ей можно будет увидеть его, встретить его взоры, хоть ждать его возврата!

Необыкновенный шум расстроил печальные мысли Анастасии; топот конницы залил прилегающие улицы.

– Слышишь? играют в набат![36] – вскричала мамка, бросаясь к окну. – Посмотри, ластовица ты моя, большой полк идет. На ратниках жаром горят колонтари и шеломы. Вот и сам воевода полка. В руках у него шестопер изукрашен самоцветами. На небе одно солнышко, а тут что ни камышек, то солнышко. Да какой же молодой, пригожий! Ахти, мать моя, да это княжич Иван! Ох, ох, кабы не Олена Волошанка, быть бы тебе княгиней; царь-государь миловал бы тебя, целовал бы во малиновы уста. Стала бы ты, моя голубица, покоить и меня на старости лет, под кунье одеяльце, на лебяжьи пуховики укладывать, в золот-атлас рядить, медами крепкими поить. Надо же было на беду подвернуться Волошанке, да помутить наше счастье, отнять у нас женишка дорогого, незаменного. Приехала сюда на Русь, только что жидовскую ересь к нам привезла с дьяком Курицыным. Чтобы дьяку поганому да ей тут же ни пути, ни дороги! Посмотри, сударик-то мой, Иван Иванович, как грустен да пасмурен, словно вчера овдовел. Все по тебе тужит, моя родная. Поравнялся со двором нашим, не утерпело молодецкое сердце, посмотрел-таки сюда умильно. Вот и стяг государев везут на возу. Смотри, как полощется по ветерку. Крестись же, родная, на лик спасителя...

Старушка сама усердно творила кресты, и Анастасия, не смотря в окно, сидя на своей кровати, машинально крестилась. Мамка продолжала:

– Лик-то золотом шит. Сказывают, Софья Фоминишна сама вышивала. Эти молодцы, будто писаны! Не угадать: может статься, один тебе и суженый, Настасья Васильевна. Это что?.. Господи, светы мои! Посмотри, не морочат ли меня глаза на старости. Ахти, это он, воистину он, голубчик наш, соловушко наш, Афанасий Никитич. Босые ноженьки его спутаны железами, а ручки заложены назад и залиты оловом.

Действительно, сказочника Афанасия Никитина вели скованного, за караулом недельщиков. В чем же бедного вина? за что такое наказание? А вот за что. Иван Васильевич, проведав, что он тверской уроженец, знает каждый пригорок и каждый куст около Твери, велел ему языком идти с полками да, подойдя под Тверь, сказывать, о чем его спросят. На это Афанасий Никитин отвечал:

– Воля божия на небеси, а великого князя Ивана Васильевича на земли; прикажи он мне утопиться – утоплюсь, только на родной град, на Спаса златоверхого, врагом не пойду. Скорей своею кровью захлебнусь, чем соглашусь навести войско на кровь моих родичей и братьев.

И на те слова опалился зело Иван Васильевич.

– Ведь он не воевода князь Холмский! – закричал он ярым голосом. – Торгаш, лапотник! Сковать его в железа и неволею вести на Тверь. Коли не хочет указывать нам дорогу туда, так мы ему кажем и подалее.

По этой-то причине шел сказочник Афанасий Никитин в железах. И железа мерно гремели по улице, и мамка стала под них причитывать жалобную песнь. На эти звуки, раздирающие душу, Анастасия встрепенулась. Она вынула из своего костяного ларца несколько пул и велела мамке снести к бедному пленнику.

– Отнесу, матушка, – говорила мамка, все еще заглядывая в окно, чтобы не потерять удовольствия зрелища, – отнесу, хоть бы сам Иван Васильевич стоптал меня конем своим. Да вот и наш басурман... Он что тут?.. Побежать, родная, побежать, не опоздать.

Лишь только мамка вышла из терема, Анастасия осторожно взглянула в окно и увидела, что милый Антон предупредил ее.

Он не выдержал, он еще раз хотел проехать мимо дома Образца, проститься с жилищем ее, если не с ней, может быть навсегда, догнал большой полк, идущий в поход, увидел бедного Афанасия Никитина, с которым познакомил его Андрюша и который не раз беседовал с ним о жизни и природе на Западе, и спешил подать страже его горсть серебра. Афанасий Никитин с благодарностью взглянул на лекаря, но недельщик отворотился от басурмана, и серебро рассыпалось по деревянной мостовой. В это время подбежала мамка, подала недельщику деньги своей боярышни; этот перекрестился и принял их. Со стыдом и негодованием отъехал Антон. Можно вообразить, с какими чувствами дочь Образца смотрела на эту сцену. Все отвращалось от басурмана, а она, несчастная, очарованная неземною силою, так много, так неодолимо любила его.

Рассыпанные деньги долго лежали на мостовой.

ГЛАВА ШЕСТАЯ

ЗАИМКА

Тише едешь, дале будешь.
Пословица

Полки делали самые малые переходы. Они не дошли еще до Клина, а охотники были уже под Тверью. Сотни этих удальцов, под воеводством Хабара, наводили страх на нее; то являлись в посадах с гиканьем и криком, с вестью о разорении и гибели, то исчезали в тверских лесах, унося с собою и следы свои.

Мало того что Хабар успел переговорить с тверчанами, которые были преданы Иоанну и куплены им заранее в собственных домах их; мало, что выведал все слабые стороны неприятельской засады: он переплыл Волгу и установил сообщение с войском, которое шло из Новгорода, под начальством тамошнего наместника. Возвратясь на правый берег, дал знать великому князю Ивану Васильевичу, что с своими сотнями московских удальцов берется взять Тверь. В помощь просил только Аристотелеву пушку. Так обнашивал Хабар–Симский ясного сокола, свою ратную удаль, вместе с достойными пайщиками ее.

Иван Васильевич, которого по всей справедливости можно было назвать медлителем, приказал через гонца сказать свое ласковое слово, первое Хабару, а второе всем охотникам, и известить их, что он идет. И пошел он по–прежнему черепаховым ходом. Первого, кто осмелился слишком громко роптать на эту медленность, великий князь московский пожаловал — построил ему на перекрестке дорог высокие хоромы на двух столбах с перекладиной. Афанасию Никитину снарядили такой же почет. Он готовился умереть с твердостью христианина, но лишь только хотели накинуть на него роковую петлю, его освободили и отпустили на все четыре стороны. Сделано ли это по просьбе Иоанна–младого или по собственному побуждению великого князя, неизвестно. Разумеется, тверчанин побрел в противную от Твери сторону, чтобы не быть свидетелем пожара и разорения родного города. На дорогу бояре и простые воины снабдили его щедрыми дарами, а лекарь Антон бальзамом для рук, болевших от горячего олова, которым они были залиты. Кто встречал его, не слыхал от него жалобы ни на великого князя, ни на судьбу свою. Молясь и за князя и за простых людей, а более за сохранение родного города от гибели, и славя одного господа, он поспешил в Москву доканчивать недосказанные сказки.

Великий князь московский обыкновенно располагал станы в больших селах. Тут останавливались с ним Иоанн–младой, дворчане, большой полк с государевым стягом, Аристотель с огнестрельным орудием и неразлучный касимовский царевич Даньяр. Этого он особенно любил и жаловал за верную, испытанную его службу Руси. На нем особенно хотел он показать, как выгодно татарам переходить под покровительство русского властителя. Прошло уж более недели, как полки выступили из Москвы. Было время дня, когда солнце гонит росу и прохладу утреннюю. День был прекрасный; все в природе улыбалось и ликовало появлению лета: и ручьи, играющие в лучах солнца, все в золоте и огне, и ветерок, разносящий благовоние с кудрей дерев, и волны бегущей жатвы, как переливы вороненой стали на рядах скачущей конницы, и хоры птиц, на разный лад и все во славу единого. Эта волшебная улыбка, это ликование природы растопили и железную душу Ивана Васильевича. Переехав речку за селом Чашниковым, он велел разбить шатер свой на высоте и полкам тут же, вокруг, расположиться заимкой. Он въехал на высоту, скинул свой коран (военный плащ) и сошел с лошади. Все это делалось с помощью различных дворских чинов: обряды наблюдались и в поле; и в поле хотел он казаться царем.

— Вот здесь построил бы я себе село, — сказал Иван Васильевич, любуясь окрестностью.

И было в самом деле чем любоваться.

Вообще надо заметить, что человек, по врожденной склонности к красотам природы – может быть, наследственной от первобытного жильца земли, – царь ли он или селянин, любит располагать свои жилища на красивых местах. Одна нужда, одна неволя загоняют его на безводные равнины, в леса, по соседству болот. В выборе местности для русских городов и царских увеселительных сел особенно заметна эта любовь. Иван Васильевич, любуясь живописною картиной, которую развернул перед ним великий художник, вспомнил свои села: Воробьево, Коломенское, Остров, свое Воронцово поле, где он встречал весну и провожал лето в удовольствиях соколиной охоты и прогулок по садам. Пока разбивали шатер его, он сел на складное кресло, которое всегда за ним возили. Вокруг него стояли Иоанн–младой и несколько ближних дворских людей. Между ними заметен был сутуловатый татарин, который свободнее других обращался с великим князем. Это был касимовский царевич Даньяр, предмет особых попечений его[37]. В виду их под гору бежали Андрюша и семнадцатилетний сын царевича, Каракача: один – тип европейской красоты, с печатью отеческой любви творца к своему творению на всей его наружности, другой – узкоглазый, смуглый, с высунутыми скулами, зверообразный, как будто выполз на свет из смрадной тины тропиков вместе с гадами их, с которыми смешал свою человеческую породу. Каракача поймал голубя и собирался разрубить его ножом; Андрюша вступил в борьбу за крылатого пленника: уступая татарину в силе, но гораздо сметливее и ловче его, он успел выхватить вовремя жертву и пустить ее на волю. За минутною ссорой последовала мировая, заключенная уступкою какой–то монеты, которая очень нравилась татарскому царевичу. Оба, сбросив с себя тяжесть вооружения, спешили освободиться от жара, их томившего, в студеных водах речки. Товарищество во дворе великокняжеском, куда они каждый день ходили, будто в школу, сближало их и заставляло забывать различие их вер и нравов (Каракача был еще магометанин).

– Отважные ребята! – сказал Иван Васильевич, обратясь к царевичу татарскому и художнику. – Будут знатные воеводы у сына моего, коли бог не даст мне самому их дождаться.

Эта похвала навела удовольствие на лица обоих отцов.

– А когда ж окрестим твоего сына? – спросил великий князь царевича.

– Придет пора, будет время, батька Иван, – отвечал Даньяр. – Ты сам не спешишь, да здорово делаешь.

– По фряжской пословице, что меня Аристотель научил: "Тише едешь, дале будешь". Я и тебя не неволю. Отец твой и ты служили мне верно, хоть и некрещеные были. Ради спасения души молвил только о крещении.

– Глупо еще детко. Вот коли в чистом поле срубит две головки тверские, так батырь; пора крестить и жену взять.

– Добро! а я ему невесту готовлю, красота писаная! Будет одних лет с твоим сыном.

– Кто ж такая, батька?

– Дочь воеводы Образца.

При этих словах легкое содрогание пробежало по губам Иоанна–младого, Антон вспыхнул и побледнел. Иван Васильевич все это заметил.

– За нее отдам свое детко, – сказал царевич с видимым удовольствием. – Говорят, славная девка! тафьи вышивать умеет; почерним ей зубки да выкрасим ноготки, и хоть сейчас к нашему пророку Махмуту в рай.

Иван Васильевич очень смеялся этому назначению.

Шатер для него разбит, стража приставлена. Возле соорудили и походную церковь полотняную (в ней же постлали сперва кожу, а на ней плат, на который и ставили алтарь; когда ж снимали церковь, палили место под нею огнем). Великий князь вошел к себе в палатку с сыном, и все дворчане разошлись по своим местам.

Тверскую дорогу и поле с северной стороны оградили рогатками, телегами и

---

[37]Во многих грамотах того времени видна примечательная заботливость о его благосостоянии. (Прим. автора)

стражей. Полки (были одни конные в тогдашнее время) усеяли окрестность так, что шатер великого князя составил средоточие их. А как располагались тогда полки? что за заимки, станы были тогда? Просто разбивали шатер для каждого из воевод, тут же ставили воз с полковым стягом, близ него, на возах, огнестрельный снаряд, состоящий из пищалей, и пушки, если случались. Лошадей пускали табунами на луга или засеянные поля как попало; сами ратники располагались десятнями (артелями) в виду воеводы, варили себе в опанищах (медных котлах) похлебку из сухарей и толокна, пели песни, сказывали сказки – и все под открытым небом, несмотря на дождь и снег, на мороз и жар. Что им было до нападения стихий? Природой и воспитанием они закованы были от них в железную броню: Лошади, рожденные в степях азиатских, не хуже своих всадников терпели непогоды и довольствовались тощею пищей.

Грустен, мрачен лежал Антон в шатре Фиоравенти Аристотеля. Во время похода он старался заглушить голос сердца занятиями своего звания. Он углублялся в рощи, опускался на дно оврагов, собирал там растения, которых врачебную силу уж знал, и те, которые неизвестны были в южных странах: эти готовил он в дар месту своего воспитания. Останавливался ли в деревне, тогда через паробка своего узнавал о ведях и колдунах, о которых слыхал от Аристотеля, что они хранят врачебные тайны, передаваемые из рода в род. Некоторые из этих тайн успел он выведать с помощью ужасной власти великого князя или золота. Так, возвратясь к своим ученым занятиям, он, казалось, ставил крепкую, высокую ограду между собой и Анастасией, которой образ часто осаждал его. Предрассудки Образца, его отвращение к нему, воспитание, отечество, вера, множество других препятствий, около него роившихся при первой мысли о союзе с ней, приходили на помощь науке и рассудку, чтобы побороть чувство, которое его одолевало. Но когда Антон услышал имя Анастасии в устах нечистого магометанина – имя, которое он произносил с благоговейною любовью в храме души своей, с которым он соединял все прекрасное земли и неба; когда услышал, что дарят уроду-татарину Анастасию, ту, которою, думал он, никто не вправе располагать, кроме него и бога, тогда кровь бросилась ему в голову, и он испугался мысли, что она будет принадлежать другому. Никогда еще эта мысль не представлялась ему в таком ужасном виде. Так страстный любитель искусств, поэт-художник в душе, ходивший каждый день в картинную галерею поклоняться одной мадонне, видит вдруг, что ее продают с молотка. Вот уж неземную оценили торгаши; светские люди, презренные ростовщики, жиды перебирают ее достоинства, находят в ней погрешности. Любитель отдал бы за нее все свое имущество, отдал бы себя, но он имеет мало вещественного, он сам нейдет в цену, и божественная должна принадлежать другому. В его душе отзывается уже крик аукциониста: "Кто больше?", с замиранием сердца видит он, поднят уже роковой молоток... В таком состоянии был Антон.

За что же он любил Анастасию?.. Он с нею никогда не говорил, а для такой пламенной, глубокой любви, какова его, мало одной красоты наружной. Конечно, мало; но он видел в глазах ее красоту душевную, пламенную любовь к нему, что-то непостижимое, неразгаданное, может быть свое прошедшее в мире ином, доземельном, может быть свое будущее, свое второе я, с которым он составит одно в той обители, которых сын божий назначил многие в дому отца своего. Расторгнет ли он это сочетание, этот брак двух душ, отдаст ли он другому свое второе я на земное поругание? Нет, этому не бывать.

Аристотель глазами отца видел, как быстрый румянец и необыкновенная бледность лица Антонова изменили тайне его сердца, когда великий князь заговорил о дочери боярина, как потом неодолимая грусть пожирала его. Встревоженный, он искал развлечь своего молодого друга и начал разбирать с ним характер Иоанна.

– Да, – сказал художник-розмысл, – gui va piano, va sano[38] – эту родную пословицу перевел я когда-то великому князю на русский лад. Иоанн много утешался ею, и не мудрено: она вывод из всех его подвигов. И потому хочу я выбрать ее девизом для медали великого устроителя Руси.

– Не слишком ли во зло употребляет он эту осторожную медленность? – возразил Антон, вызванный на поле рассуждений, от которого душою был так далек. – Ты сказал мне, что Иоанн хитрою политикой своей заранее все приготовил к покорению Твери. Мне кажется, судя по обстоятельствам, стоит ему только нагрянуть на нее страхом своего имени и войска, и тотчас достигнет цели, для которой он теперь тратит время.

– Сколько я понимаю его намерение, Иоанн желает, чтобы великий князь тверской догадался бежать из своей столицы, оставив ему без бою верную добычу. Тот ждет все помощи из Литвы и думает, что Новгород, недавно покоренный, не пришлет Иоанну своего войска. Этот, наверное, знает, что помощи Твери ниоткуда не бывать; словом своей железной воли он приказал Новгороду идти на врага, и, покорный этой воле, Новгород стоит уж с своей ратью у стен Отрочьева монастыря. Может статься, великий князь, как ты говоришь, действительно рассчитывает слишком осторожно: не спорю – он рожден не воином, а политиком. Медленность, прибавь к этому и прозорливость, всегда удавались ему; все успехи его были следствием того, что он умел выждать удобное для себя время. Видно, он и теперь боится или не хочет променять на новые, неиспытанные орудия старое, которое ему никогда не изменяло. Недаром говорит Стефан, господарь молдавский: "Дивлюсь свату моему: сидит дома, веселится, спит покойно и все-таки бьет врагов. Я всегда на коне и в поле и не сумею защищать земли своей". Да, он не суетится, не гарцует беспрестанно на бранном коне, не кричит о своих завоеваниях и намерениях, а готовит тихомолком, втайне, дела великие, которых исполнение изумляет других государей. "Удача! счастие! – кричат его недоброжелатели или завистники. Удача?.. Она без гения может раз, другой увенчать государственного делателя, полководец ли он, советник царя или царь: но тот жестоко бывает наказан, кто понадеется на нее без других важных пособий. Нет, почти все успехи Иоанна принадлежат силе духа, твердости воли, уму хитрому, ловкому, искусству приготовлять для себя обстоятельства и пользоваться ими. История, конечно, причтет его к малому числу великих делателей, которые переменяют судьбу царств и устроивают ее на несколько веков. Имя устроителя Руси, конечно, принадлежит Иоанну. И когда б не жестокий нрав его, врожденный и усиленный воспитанием и местностью, то мы могли бы гордиться

---

[38] тише едешь, дальше будешь (итал.)

счастием служить ему. Не нам, слабым смертным, пророчить его будущность: старость брюзгливая, болезненная, обыкновенно притупляет способности ума и усиливает худые склонности. Но какова б ни была она, Русь должна за все, что Иоанн сделал уж для нее, произносить имя его с благоговением. Если хочешь искать в его царствовании пятен – от них же слабость человеческая не избавляет ни одного правителя народного, – так строгая истина укажет тебе покуда на одно, и не бездельное. Это пятно не вытравить жарким оправданием людей, ему преданных; его не изгладят упрямые софизмы будущих умников и тщеславная сила их красноречии. Черное не сделаешь белым.

Увлеченный любопытством, Антон просил художника объяснить ему, за что строгая истина могла б призвать Иоанна к суду потомства. Аристотель спешил исполнить его желание.

– Что такое были для Руси монгольские орды? – начал снова Аристотель. – Двухвековая судьба, которая налегла на эту несчастную страну всею тяжестью своего могущества. Восток, переполненный своим населением, готов был внести вместе с ним стихии варварства, где б ему ни приглянулось. Ангелы божий спешили сделать из Руси оплот для Запада, в которой только что раскидывался цвет образованности и куда манили завоевателей богатые добычи. Итак, Русь была несчастною жертвой для спасения других. Когда назначение ее исполнилось, ей дана, еще до Иоанна, передышка. Иоанну готовилась слава освободителя своего отечества от двухвекового ига. Вот как это было: Ахмат, царь Золотой орды, с многочисленною ратью явился на Руси. По обыкновению своему, великий князь не дремал. В богатой сокровищнице своего ума и воли он отыскал надежные средства отразить ужасного неприятеля и приготовил их как нельзя лучше. Одушевление народа, уверенность его в победе, бодрость и сила войска, неискусные расчеты Иоанновых неприятелей, ошибки самого Ахмата, – все соединилось, чтобы ручаться за торжество Руси. И что ж? когда наступил роковой час ударить, когда сам Ахмат, видимо, колебался, наступать ли ему или защищаться, Иоанн упал духом – да, упал духом, это настоящее слово, – стал медлить, отлагать нападение. Правда, наступила для него решительная минута, потерять ли ему плоды своих побед, выигранных умом, или утвердить их, быть или не быть Руси свободной. Но в такие именно минуты и познается величие правителя народного. Когда он сам себе был лучшим советником в приискании великих мер, когда успешно, надежно приготовлены были эти меры, он приехал от войска в Москву под предлогом совещаний с матерью, с духовенством и боярами. Мать, духовенство, большинство бояр, голос божий – голос народа, убеждали его сразиться с неприятелем. Он не послушался тех, у которых приезжал просить совета, а послушался низких царедворцев, умевших пользоваться слабостью своего властителя; их тайные речи льстили его упавшему духу. Вместо того чтобы утверждать народ в надежде и бодрости, он только пугал его нерешительностью и резкими мерами обезопасить свое семейство. Враг был еще очень далеко: чего ж было ему опасаться за близких ему? Когда царь защищает права и честь своего народа на войне, царица должна оставаться с народом, залогом его спокойствия – по крайней мере до последней крайности, если у ней недостает духа умереть с честью этого народа. Напротив, Иоанн спешил заблаговременно отправить Софию, детей своих из Москвы далеко, в северные области. Чудная политика, чтобы успокоить народ!.. Осталась в столице, в Вознесенском монастыре, мать великого князя, хилая старушка, и эта голова, клонившаяся ко гробу, служила народу порукою его спокойствия, около нее столпилось упование Москвы. Что ж было б, когда осталась София?.. Народ ожидал, что великий князь, по примеру Донского поспешит ехать к войску, а он спешил жечь посады, обвестив народ этим печальным знамением, что ждет неприятеля в Москву. Присутствие его в войске, которое с нетерпением желало видеть его посреди себя, было лучшим ручательством за победу. Вместо того чтобы ехать к нему, он звал к себе – опять для совета! – начальника войска, князя Холмского, и сына своего Иоанна. В какое же время? Когда первый своим умом, мужеством, опытностью, славным именем победителя Новгорода был главною силою войска, когда второй, любимый Русью, был его душою. Оставить дружину в этот решительный, роковой час казалось им ужасным преступлением, за который они должны дать ответ богу, и оба исполнили свое дело: оба не послушались приказания Иоаннова. Льстецы великого князя обвиняли их, но сам Иоанн лучше понял их подвиг и свой проступок, – он не взыскал за ослушание и никогда не мстил за него. Наконец он прибыл к войску и тут старался быть вдали от места действия. Стал опять дожидаться – чего? Чтоб дух воинов утомился бездействием, потерял бодрость, и дождался. Войско бежало при первом движении Ахмата. Но провидение было на стороне Руси. Ахмат, думая, что хитрый Иоанн завлекает его в засаду, сам бежал; узнав же о разорении татарами его улусов, оставил вовсе Русь, чтобы защитить свои собственные земли. И это счастие, эти расчеты свыше, советники Иоанновы причли к его предусмотрительности, к его утонченным и переутонченным расчетам. Слова ничего не доказывают, если дела противоречат. Народ справедливее славил одну милость божию. "Не оружие и не мудрость человеческая спасла нас, а господь небесный", – говорил народ вслед за духовными пастырями, и говорил верно. История не панегирик: она скажет то же. Передаю это тебе не для того, чтобы омрачить величие Иоанна: устроитель своего государства и с этим важным проступком будет всегда велик в глазах современников и потомства[39].

– Ну, кончил ли об Ахмате? – спросил кто–то резким голосом, пошевелив полу шатра.

Аристотель невольно вздрогнул и смутился: это был голос великого князя.

Полы ставки раздвинулись, и Иоанн, показав между ними свое лицо, подернутое иронической усмешкой, продолжал:

– Немало стою здесь, а только и слышу в речи твоей: Иоанн, да Ахмат, да София, и опять Ахмат, да Иоанн. Не трунишь ли над старыми грехами моими?.. Крыться не хочу, было время, и я оплошал, оробел, сам не знаю как. Кто этому теперь поверит? Правду молвить, и было чего бояться! В один час мог потерять, что улаживал годами и что замышлял для Руси на несколько веков. Господь выручил. Но... по нашей пословице, кто старое помянет, тому глаз вон. Оправь меня в этом деле перед немцем. Спи здорово, Аристотель!

---

[39] Романист, может быть, не у места увлекся описанием Иоаннова проступка. Оправданием мне служить может, что я желал принесть должную дань истине, водившей пером Карамзина при описании Иоаннова проступка, который защищает г. Полевой, без всяких исторических и логических доказательств. (Прим. автора)

С этим словом Иван Васильевич опустил полог и удалился, оставя собеседников в немалом смущении.

ГЛАВА СЕДЬМАЯ

ПРОВОДЫ

> Что привез—то я тебе, сват, дары.
> Золотой ларец, в нем стрелы калены,
> Гребешок—самохват в двух зубах.
> Молодцу на подъем, посмотрись как в стекло.
> Что гостинцем одним сердце потешу,
> А другим—то гостинцем спать уложу.
> *Старинная песня*

Войско Иоанново наводнило окрестность тверскую на несколько десятков верст. О прибытии его возвещено ударом огромной пушки – только одним; от этого удара лихорадка забила домы и сердца тверитян. Молчание, наступившее потом, было еще ужаснее: так лежащему на смертном одре природа дает минутный отдых перед его кончиной. Ночь одела город и окрестности своим мраком, но скоро последняя заискрилась в тысячи огней, словно богатый парчовый покров, который готовят на знатного мертвеца. Что делала Тверь в эту ночь? Что делает несчастная, готовясь на вдовство, бессильная отнять своего родного, своего ненаглядного у врага всемогущего? Только рыдает и бьет себя в перси.

Утро следующего дня осветило сотни займищ московских, на полях встала безграничная колоннада дымов. Полкан–пушка выставил вперед широкую грудь свою; вот он громко приветствовал первый луч солнца, и его пробуждение отозвалось в посаде Твери; оно сокрушило несколько домишек и раздавило под одним целое семейство. Вслед за этим богатырем проснулись задорные ребятишки его и залепетали по–своему: подожди, Тверь, вот и мы зададим тебе нечестье, коли ты чести не знаешь. По крайней мере так толковали тверские смельчаки, приходившие поглядеть из–за крайних тынов посада на неприятельский стан. Они видели, как застрельщики–немцы утверждали пищали на станках и железных вилах, как ратники плели из хворосту осадные плетни и заливали их смолою, как десятни (отряды), вооруженные луками, бердышами и рогатинами, описывали Тверь серпом со стороны Москвы. Они видели все это и разносили по домам ужасные вести. "Не устоять Твери, – кричали по улицам небывалые юродивые, – жатва приспела, жнецы наготове". Черный ворон вместе с ними прокричал городу смерть на кресте Спаса златоверхого и на гребне великокняжеского терема. Не менее вещие, князья и бояре, тайные доброжелатели Ивана Васильевича, распускали между народом и защитниками Твери слухи о невозможности противиться силе московского князя. "Ударит грозный владычною рукою, так

161

сровняет с землей; посыплет милости, что твое солнышко после дождя", – говорили они. Пришел день, и они явились к великому князю московскому с покорною головой.

Тверь была уж покорена без бою. Но великий князь ее, Михайло Борисович, и бояре, оставшиеся ему верными, хотели еще защищаться. Они заперлись с войском в городке, который с одной стороны омывала Волга, с другой – Тьмака; ворота заделаны, из костров (башен) выглянули пищали, зубцы перенизаны воинами, вооруженными смолой, каменьем, стрелами. Твердыня, мертвая и живая, готова принять осаждающих кровавым гостинцем. Слабая защита, когда надежда отступилась от защитников и измена шепчет им на сердце роковое слово гибели!

Иван Васильевич стоял в деревне Кольцове, откуда мог видеть Тверь, как на ладони. Явился к нему Хабар–Симский за повелением. Он знал, что Михайло Борисович, дрожа за свою безопасность, а более – молодой супруги своей, внучки короля польского Казимира, собирается в следующую ночь бежать из городка. Хабар брался захватить их и в этом деле отдавал голову свою порукой.

– Что мне в них? – сказал Иван Васильевич. – Кормы заключенным мне и так накладны. Пускай бегут в Литву: изменники Руси изменниками и останутся. Отрезанный ломоть не прирежешь силою. Пустить Михаила Борисовича на все четыре стороны, знал бы Казимир, что тверской его приятель и сват мне не опасен. Тверь и без заложника будет крепка за мною.

И в этом случае расчеты его были верны. Наедине поговорил он еще что–то с Хабаром; разговор их остался тайною.

У Хабара во всех заимках были приятели. Много чудного порассказывал он им о Твери.

– В одно ухо нырнул, в другое вынырнул, – говорил он, – и Спасу златоверхому успел поклониться. Удальцы тверчане продавали и покупали мою голову, да я молвил им: "Не задорьтесь, ребята, попусту, не надсаживайте напрасно груди; жаль мне вас, и без того чахнете: продана моя буйная головушка золотой маковке Москве, дешево не отдаст, дорого вам нечем самим заплатить".

– Ну, что, много ли полонил красоток тверских? много ли бочек выкатил на волю из тюрем боярских? – спрашивали московские удалые головы.

– Полонил я только одну красавицу, разумную думушку, – отвечал Хабар, – она шепнула мне полюбовное слово и вам велела молвить: родные–то мы, братцы, по святой по Руси, родные скоро будем и по батюшке Ивану Васильевичу. Приду я к вам, мои кровные, припаду к вашим ногам, примите меня, друженьки, во свою семью. Вам раскрою белу грудь мою: выроньте в нее семя малое, слово ласково разрастется широким деревцом. Снимете вы голову, не плачьте по волосам; помилуете, буду ввек вам рабыней–сестрой.

– На то и пономарь, чтоб к обедне звонить, а нам, ребятишкам, не в попы же идти! – возражали прежние товарищи Хабара–Симского. – Любо ль будет приходу, как станем зельем снарядным кадить, кистенем по лбу крестить. Попал ты, Хабар, в воеводы, не в уроды. Думушку ты постную из кельи взял напрокат; не твоя она, не срослась с тобой, дружок: слышишь, зашумела, прокатилась, и следок простыл. Дума–то твоя родная, молодецкая, что разгул буйного ветра в степях, что размашка сокола в вольных кругах: эта с тобой, словно берег с водой. Девица ль, вдова ль хороша, то и наша сестрица–душа; поцелуешь в уста – что хмелина твоя, поцелуешь в другой – сердобольник[40] что твой, а заглянешь в стопу, и горе за лоб. Ты, Хабар, воевода Ивана Васильевича, на коне боевом, а наш, протянувшись под лавкой, столом.

Так поменялись молодцы посылками на русский лад. Бочки меду, добытые в окружных погребах боярских, красовались в стане и глядели очень умильно на Хабара; речи товарищей разжигали в нем прежнюю удаль. Но он помнил свой обет отцу, свои обязанности, как воин отрядный, и отблагодарил друзей только одною красаулей.

От них зашел он в шатер Аристотеля. С ним должен был повидаться и поговорить насчет освещения будущей ночи. Живой рассказ его о веселой жизни в охотниках воспламенил молодого лекаря и Андрюшу: оба умоляли посыльного воеводу взять их с собой в ночную экспедицию. Хабар помнил услуги лекаря во дворе Палеолога и невольно любил его, несмотря на басурманство. По доброте души своей, сын Образца готов был на услуги всякого рода. Он согласился принять его в свой отряд, с тем, однако ж, чтобы Антон оделся и остригся по-русски. Этот вызов льстил сердцу Антона: она узнает об этом преобразовании, она увидит его в русской одежде, думал молодой человек, дитя душою, и сам подал ножницы Хабару. Пали кольца его прекрасных длинных волос к ногам посыльного воеводы – и чрез несколько мгновений немец–лекарь преобразился в красивого русского молодца. Нашли для него доспехи, шлем, латы, меч–кладенец. Воинственный наряд так шел к нему, как будто он не скидал его никогда. Видно было, что он родился для ремесла воина и судьба ошибкою указала ему другое назначение.

– Ты берешь у меня обоих детей моих, – сказал розмысл Хабару, принеся позволение великого князя "молодым ребятам поохотиться", – смотри, береги их, как родных братьев.

На прощание подарил он каждому из них железных Яблоков, начиненных порохом, кто сколько мог взять, объяснив способы хранения и употребления их. Он только что их изобрел и назвал потешными. Яблочки эти должны были ужасно действовать на воображение наших предков, видевших беса во всяком орудии, которое превышало их понятие; сравнивая их с нынешними гранатами, можно догадываться и об ужасных следах, которые они оставляли по себе.

Кто посещал Жолтиков монастырь по дороге, провожающей Тьмаку, останавливался, конечно, не раз полюбоваться ее живописными излучинами. Вас не поразят здесь дикие величественные виды, напоминающие поэтический мятеж стихий в один из ужасных переворотов мира; вы не увидите здесь грозных утесов, этих ступеней, по коим шли титаны на брань с небом и с которых пали, разбросав в неровном бою обломки своих оружий, доныне пугающие воображение; вы не увидите на следах потопа, остывших, когда он стекал с остова земли, векового дуба, этого Оссиана лесов, воспевающего в час бури победу неба над землей; вы не услышите в реве потока, брошенного из громовой длани, вечного отзыва тех богохульных криков, которые поражали слух природы в ужасной борьбе создания с своим творцом. Нет, вас не поразят здесь эти дикие, величественные картины. Скромная речка, будто не смеющая разыграться, смиренный лепет вод ее,

---

[40] Так называют шиповник в Тверской губернии. (Прим. автора)

мельница, тихо говорящая, берега, которые возвращаются к дороге, лишь только забывшись немного, убежали от нее, лужок, притаившийся в кустах, темный бор, который то вздыхает, как отшельник по небе, то шепчет словно молитву про себя, то затянет томный сладкозвучный мотив, будто псалмопевец в божественной думе, перебирающий золотыми струнами своих гуслей; в виду два монастыря, жилище архипастыря, кругом глубокое уединение: все напоминает вам по вашему пути, что вы идете в духовную обитель.

Вот здесь-то, у самой дороги, провожающей речку Тьмаку, стояла во время, которое описываем, небольшая мельница (на том самом месте, где и ныне стоит она). Колеса молчали: тверчанам и окружным черным людям, занятым военною тревогою, было не до житейских забот – не до молотья муки, когда в жерновах судьбы выделывалась участь целого княжества. Было время к ночи, и потому единственные жильцы мельничной избушки, хозяин ее, старик седовласый, и мальчик лет двенадцати, приемыш его, немой, укладывались спать. Тишину их уединения нарушал только переговор речки, которая, с жалобою на свое заключение, слезилась кое-где сквозь плотину. Вдруг мальчик стал прислушиваться, замахал рукою и замычал. Слух немого был чрезвычайно остер; жалкие звуки всегда верно давали знать о приближении посетителя или прохожего. И ныне эти предвещания, заставившие старика выглянуть в окно, вскоре оправдались. Послышался топот конницы. Старик зажег лучину, и свет от нее, выпадавший из окна на левый берег речки, беспорядочно осветил толпу всадников. Один из них сошел с лошади и просил мельника голосом, не смевшим громко обнаружиться, чтобы он показал им дорогу через плотину. Просьба эта была немедленно исполнена, и всадники, которых мельник насчитал десятков до десяти, перебравшись через плотину, расположились на правом берегу Тьмаки. Болота и выкопанные между ними рвы охраняли с этой стороны от нападения неприятелей. Оставшиеся на левом берегу всадники, может быть до двадцати, засели на мельничном дворе и в самой избушке. Это была тверская дружина, которую князь Михайло Холмский (родственник московского воеводы, служебного князя Данилы Дмитриевича), один из вернейших слуг своего государя, почти неволею набрал и отрядил сюда. Ратники, ее составлявшие, пришли будто на погребальную процессию, и не мудрено: их нарядили не защищать своего князя в стольном граде, у гробов его венчанных предков, под сенью Спаса златоверхого, а проводить человека, который перестал быть их государем и добровольно, без боя, оставляет их на произвол другого, уже победителя одним своим именем. Не простившись подобру-поздорову с своими подданными, ночью, как тать, украдывая от них великого князя и святость всего, что с этим именем соединяется, он бежит робким изгнанником в землю литовскую, искони вражескую. Этим постыдным бегством не разрешает ли их присягу? Довольно и этой мысли, чтобы потерять бодрость. К ней примешались убеждения и подкуп Иоанновых доброжелателей, слухи о милостях, которыми сильный и богатый московский великий князь, неминуемый их властитель, станет осыпать тех, кто скорей перейдет на его сторону, и слухи о казнях, которые падут на упрямых и опоздалых. Не прошло часа, как большая часть их, один за другим, под разными предлогами, выбралась за кусты, направила путь свой вверх по левому берегу речки и в удобном месте перебралась в займища московские. Они потому только этого прежде не сделали, что из городу не было возможности перебраться туда безопасно. Какой–нибудь десяток храбрых воинов, оставшихся в кустах, не изменил покуда своему долгу. И была важная тому причина – сон их одолел. Они предались ему, затрубя во славу князя Михаила Борисовича и Ивана Васильевича, без различия, кто кому приснился.

Голова этой дружины ничего не подозревал; он сидел спокойно в избе, обращая речь то к мельнику, то к сотским и десятским, которые с ним были, или прислушивался. К полночи поджидал он условного знака со стороны старицкой дороги.

– Что это, сынишка твой? – спросил он мельника, указывая на мальчика.

– Приемыш, батюшка. Вот в Оспожино говейно[41] минет три года, нашел я его в монастырском лесу. Словечка не выронил – знать, обошел его лесовик. С того денечка нем, аки рыба. Ни роду, ни племени не обыскалось, так я ему, ведаешь, стал родной.

Тут начались рассказы тверских воинов о разных немых, которые такими сделались, потому что их обошел лесовик.

– А что, лесовик, с твоим хозяином ладят? – спросил опять голова.

– Грех молвить, помянуть его лихом не за что; да и нас не про что обиждать; палаты его брусяные бережем, бесчестья ему не кладем.

– Чай, в гостях у тебя, дедушка, бывал?

– Не без того, родимый.

– Сам зашел или ты позвал его милость? угостил ты его калачом или пестом? – смеясь спросил один из сотских, вольнодумец, esprit–fort[42] того времени, сидевший у самого окна.

– Не шути про него шуток, боярин, как аукнется, так и откликнется, – отвечал мельник.

В это мгновение что–то сильно заскребло у окна, и сотскому послышались тысячи шагов в лесу.

Этими звуками подрало по коже храброго воина.

– Смотри–ка, – вскричал голова, надседаясь со смеху, – на сотском лица нет, кошки испугался!

– На то и голова ты, что удалее нас, – отвечал с сердцем сотник, отодвинувшись от окна.

– Ну–ка, старина, – сказал голова, обращаясь к мельнику, – распояшься, расскажи–ка нам, как лесовик побывал у тебя в гостях.

– Пожалуй, коли это милости твоей в угоду. Было это в запрошлое лето о Николе, с мостом, в ночную пору, хоть бы теперь, в добрый час молвить, в худой помолчать. Мороз был лютый, осерчал, аки голодный зверь, носу не высунешь на двор, так и хватает когтями; избушка моя то и дело надувалась да охала, словно кто ее дубиной по ребрам колотил. Час места спустя и поотдало малое толико. Откуда ни возьмись вихорь, застонал, завертел, поднялась и метелица, аки рать конная скачет и гонит одна другую, али нити у проворной мотальщицы на воробе, не знать, с неба ли падает снег али с земли подымается, зги божьей не видать.

---

[41] Успенский пост. (Прим. автора)
[42] вольнодумец (франц.)

Приемыш мой спал; мне было не до сна – того и гляди крышу снесет и по бревну животы размечет. Щепаю себе лучину, а сердце так и ходит ходенем. Вдруг слышу, что–то сзади меня пахнуло холодом, инда поперек меня хватило; смотрю, стоит передо мной старик – высокий, седой, голова встрепанная, аки у сосны, борода по колено, не менее доброй охапки чесаного льну, белехонька, словно у нашего брата, коли суток двое безвыходно помелешь; глаза серые, так и нижут тебя насквозь, тулуп шерстью вверх. Нечего греха таить, язык отнялся, ноги словно кто их пригвоздил к земле. "Не бойсь, – молвил он, – зашел к тебе погреться; с той поры, как вырастил лесок, такой погоды не видывал". И стал он греться у печурки, растопырив свои костлявые пальцы. Погревшись немало–немного, учал собираться восвояси. "Спасибо, – молвил он, – николи не забуду твоего добра". С того времени, осударь ты мой, не видывал его. Только слово свое лесовик сдержал. Мужички, что ездят ко мне муку молоть, не нахвалятся добрым человеком: в непогодь встретит их у лесу да проводит до меня; у которого клячонка заартачится, лишь руку подложит к саням, так пошла себе, будто к ней жеребца припрягли. И дорожки–то ко мне всегда гладки да катки, словно по первому белопуту, и...

Вдали послышался стон и повторился.

– Не наши ль сторожа на большой дороге окликают нас? – спросил голова.

– Прискакал бы сюда посыльный, – сказал сотский.

– Посмотри–ка в окошко.

Сотскому стыдно было ослушаться. С предчувствием чего–то худого отодвинул он волоковое окно и вдруг с криком отпрянул назад. Не один он, многие ратники, сам голова, видели, как посыпались искры в окно и выглянул в него седой старик с длинною белою бородой.

Никто не смел пошевелиться. Окно стояло открыто. Двух, трех мгновений не прошло, показалась опять ужасная личина старика. На этот раз он крикнул гробовым голосом:

– Убирайтеся вон отсюда, да через плотину! К моему лесу не подходить, не то косточек не соберете.

И скрылся.

Дрожь проняла воинов; казалось, и взглянуть боялись друг на друга, не только что подняться с места, так перепугал их лесовик. Они сидели на лавках, словно омертвевшие.

Вслед за тем покатился кубарем огонек и захохотал, будто сотни ведьм на шабаше. Казалось, по лесу деревья ломались. В стену так ударило, что стены задрожали, косяк у окна разлетелся в щепы и осколком своротило лицо у одного ратника. Тут бросились все вон из избы, на ногах, на четвереньках, падая друг на друга, перелезая друг через друга, бросались на двор за лошадьми, толкались с теми, которые спали на дворе, и, встревоженные со сна, выбегали куда попало, хватались за первую лошадь, какая попала, брались за узду, за хвост. Перепуганные лошади кидались со двора на плотину, в лес, с грохотом падали в воду; хозяева их, стеснясь на плотине, толкая друг друга, падали туда ж. Суматоха была ужасная. Дружина, лежавшая на правом берегу речки в кустах, также переполошилась. Не зная, что за тревога, бежали на плотину, сшибались с встречными, от страха рубили друг друга и по воздуху. Вслед им лесовик сверкал своими огненными очами то в одном месте, то в другом; пламя сыпалось кубарем, ранило, мертвило бегущих; адский хохот рассыпался за ними и перекатывался по водам и лесу в сотнях отзывов. Через несколько минут от дружины, которая должна была охранять проводы великого князя тверского, осталось на мельнице и в окружности ее, на несколько сот человечьих сажен, только с десяток раненых, убитых, утопленных в реке, погруженных в болота. Прочие все подобру–поздорову уплелись прямо к великому князю московскому. Во время своего бегства видели они, как в разных концах Твери зажглися огненные языки и начали перебегать по кровлям; они слышали, как пушечные громы порывались все более и более в посады, и поднялись вопли набата. Скоро присоединились к этому отпеванию тверского княжества крики осаждающих и стоны народа.

Кругом мельницы наступила тишь. Но мельник, обезумленный всем, что видел и слышал, ни жив ни мертв, стоял все еще на одном месте, посреди избы, и творил молитвы. В таком положении застали его новые гости. Это были двое вооруженных молодцов; они несли торжественно на руках маленького лесовика и посадили его на лавку. Между ними начался такой смех, что они вынуждены были подпереть себе бока.

– Ну, спасибо, дедушка, пособил нам, – сказал маленький лесовик.

Старик ничего не понимал из этого явления и не знал, что отвечать.

– Исполать тверскому храброму воинству! – сказал один из пришедших ратников: – бежало от лошадиного хвоста.

Тут Андрюша (ибо это был он, опушенный белыми хвостами, которые отрезали на этот случай от двух лошадей и припутали ему на скорую руку к подбородку и на голову), тут Андрюша снял все атрибуты лесовика и явился перед мельником в своем настоящем виде. К этим нежданным гостям присоединилось еще несколько десятков из удалой дружины Хабара–Симского, и пошли рассказы о том, кто и как действовал в этой чудной победе. Насмеявшись досыта и заплатив мельнику лошадьми, которые остались на дворе, за повреждение избушки и за будущие похороны убитых, охотники спешили к другому делу. Андрюша и двое ратников, которым он был поручен, отряжены к Хабару с донесением об удаче; остальные присоединились к сотням, расставленным в лесу так, что по первому условному знаку могли собраться, куда этот знак призывал их.

Между тем Хабар–Симский с лекарем Антоном и несколькими десятками ратников делал свое дело. Они сняли два дозора (по–нынешнему пикеты), немногочисленные, стоявшие у выезда из посада затьмацкого и поближе к бору, и передали бежавших засаде охотников, которые, в свою очередь, приняли и проводили их порядком к Жолтикову монастырю. Перебрав смертные ступени по этой лестнице, тверские всадники на конце ее не досчитались у себя многих. Когда посыльный воевода убедился этими проводами и донесением Андрюши, что дружина московская обеспечена со стороны затьмацкой, он стал дозором с малым числом своих удальцов на том самом месте, у выезда из посада, на котором стояли сбитые тверчане. Отсюда закинул невод всадников по Тьмаку с одной стороны и по Волгу – с другой. Дорогой рыбке нельзя было ускользнуть. Ожидали тони богатой.

– Едут, – сказал Андрюша, которого отвага, ничем не удержимая, занесла

167

ближе к посаду. – Я первый услыхал, скажите это отцу моему и Ивану Васильевичу.

В самом деле, послышался бег лошадей, и вскоре несколько всадников зароилось в темноте и поравнялось с Хабаром.

– Кто едет? – вскричал он.

– Свои! – смело отозвался один из всадников.

– А вы? – спросил дрожащий голос.

– Твои провожатые, господине, – отвечал Хабар, догадавшись, что это был голос великого князя тверского, хилого старика, и свистнул посвистом соловья-разбойника.

На этот знак расставленная им цепь собралась около него в несколько мгновений. Темнота не позволяла различать лица.

– Ко мне ближе, господине, – сказал Хабар, – подле меня путь тебе чист.

Великий князь Михайло Борисович отделился от своих дворчан и подъехал под крыло Хабара, ведя за собою другого всадника.

– Ради бога, поберегите мою княгиню, – сказал он, – господи, прости мои прегрешения!

– Обо мне не беспокойся, – отозвался смелый женский голос.

К стороне княгини подъехал Антон. Таким образом, драгоценный залог был под мечами двух сильных молодцов, которые, в случае нужды, могли поспорить о нем, один с двоими. Дворчан великого князя окружила дружина Хабара. Холмский, ничего не подозревая, ехал в нескольких саженях позади. Он беспокоился более мыслью о погоне из города и нередко останавливался, чтобы прислушаться, не скачут ли за ними.

Тронулся поезд; молчалив был он. Только изредка Михайло Борисович нарушал это молчание, умоляя ехать тише, чтобы дать ему вздохнуть, и творя жалобным голосом молитвы.

Лишь только стали они подъезжать к бору, загрохотали пушки к стороне московской, в городе ударили в набат и начали посады освещаться.

Лошадь у Михайлы Борисовича оступилась, но Хабар успел схватить ее за узду, поддержал ее – и тем спас великого князя от падения.

Предметы начали выступать из мрака.

Великий князь взглянул на своего спутника, взглянул на спутника великой княгини и опять на своего. Лица незнакомые, оба с мечами наголо, кругом его дворчан все чужие! Он обомлел: смертная бледность покрыла щеки его; несчастный старик готов был упасть в обморок и остановил своего коня. Молодая княгиня, ничего не понимая, смотрела с каким-то ребяческим кокетством на своего пригожего оруженосца. Она была в мужской одежде – прекраснее мальчика не видано, – но литвянка умела ловко выказать, что она женщина.

Перед Холмским развернулась вся эта ужасная игра: государь его был в плену.

– Мы в засаде, – закричал он, – други, выручим нашего великого князя или умрем с ним!

На этот голос дворчане вынули свои оружия и стали было выпутываться из сетей, которыми их окружили.

Хабар свистнул, и лес родил сотню молодцов.

– Не горячись попусту, князь, если хочешь добра и живота своему господину!

168

– крикнул он, задерживая лошадь Михаилы Борисовича. – Не проливай крови напрасно, побереги голову его; не то разом слетит.

Он еще раз свистнул, и другая сотня выступила из бору.

– Видишь, ваших ни одного, моих родятся тысячи, коли надо. Тверская дружина, что ты поставил на мельнице, вся разбежалась и передалась уже нашему великому князю. Ни теперь, ни вперед Михаиле Борисовичу нечего ждать от Твери. Знай москвичей: они умеют добывать честь и славу своему государю и, коли нужно, умеют провожать с честью и чужих князей.

Что можно было делать горсти против неравного числа? Последние защитники великого князя опустили оружие, князь Холмский склонился на переговоры.

Хабар оборотился к великому князю тверскому:

– Время дорого для тебя и бывшей твоей Твери, Михайло Борисович, – сказал посыльный воевода. – Видишь, как она затеплилась. Это пламя от гневных очей Ивана Васильевича; оно сокрушит домы божий, домы богатых и бедных. Погаси это пламя, ты один можешь. Тверчане были твои дети: неужли отец, оставляя их, хочет от них проклятия, а не благословенного помина? Слышишь вопли их?.. Они на прощание молят тебя о милости: спаси жилища их, детей, жен, спаси их от неповинной крови и огня. Поставь вместо этих огней, что ходят по кровлям, слово милости, как свечу перед образом господа нашего.

В начале этих убеждений страх и нерешительность изображались на лице Михаилы Борисовича: наконец, тронутый, он сказал:

– Что ж мне делать? научи.

– Вот что. Пошли тотчас с моим гонцом князя Холмского в Тверь и вели ему скорее, именем твоим, отпереть ворота городские великому князю московскому Ивану Васильевичу и бить ему челом от тверчан, как своему законному государю.

– С кем же я, княгиня останемся? – сказал робкий старец.

– Нас тебе нечего опасаться. Мы не в плен пришли взять князя тверского, а проводить с честью Михайлу Борисовича, шурина великого князя московского. В плену и без того довольно князей у нашего господина: Иван Васильевич велел тоже сказать тебе. Мои молодцы, сурожане и суконники московские, проводят тебя до первого яму и до второго, коли тебе полюбится. Выбери сам провожатых, сколько в угоду тебе. За один волос твой будут отвечать головой своей. Порукою тебе в том пречистая матерь божия и Спас милостивый.

Здесь он перекрестился.

– Коли не веришь, я, Хабар–Симский, отдаюсь без оружия опащиком[43] князю Холмскому.

– За Хабара я поручителем, – сказал Холмский.

Кто на месте великого князя тверского, бездетного, безнадежного, окруженного изменою, в его старых летах, не согласился бы на предложение великого московского воеводы?

Скинув шапку и тафью свою, трижды осеняясь крестом, венчанный старец, в виду зарева своего стольного города, передал дом святого Спаса и великое княжество Тверское властителю всея Руси. Трогательна была речь его, словно

---

[43] заложником, аманатом. (Прим. автора)

духовное завещание умирающего. Слезы текли по бледному изнеможденному лицу, и несколько раз рыдания прерывали ее.

Проезжая мимо Жолтиковского бора, вспомните, что под мрачным навесом его совершилась эта передача.

– Кабы у меня было поболее таких слуг, – сказал Михайло Борисович, обнимая Хабара на прощание, – Тверь была бы крепка за мною.

Литвянка обратила голову, чтобы не показать слез, выпадавших из ее глаз, потом протянула руку Хабару в знак своего благоволения. Этот не поцеловал руки и сказал с гордостью:

– Не взыщи, у чужой господыни руки не целую.

Покраснела княгиня до белка глаз, и дуги ее черных бровей сошлись от негодования.

– Ну, так мне эту хорошенькую ручку! – воскликнул Андрюша, слезши с лошади и сняв свой шлем.

Белую ручку подали ему с большим удовольствием и обняли пригожего воина–мальчика.

– Кто ж проводит нас? – сказала княгиня, обратив с живым участием на Антона огненные глаза свои.

Хабар спешил отрядить достаточное число охотников, которые должны были сопутствовать бывшему тверскому властителю до первого яма; сам спешил с Холмским в город, чтобы остановить разлив пламени и напрасное кровопролитие. Антон поехал с ними; пора было ему исполнять обязанности врача (об этом он едва ли не забыл). Он был очень рад, что избавился обворожительных очей Казимировой внучки, не опасных, но затруднительных. Вместо него неизбежный Андрюша напросился в проводники. Зато на первом привале в роще колена прекрасной литвянки служили ему изголовьем: утомленный, заснул он на них, как на коленях матери, сном крепким, сном ангельским. И жаркий, тревожный поцелуй не возмутил его чистых видений.

На другой день княгиня и князь убеждали Андрюшу проводить их еще верст с десяток. Он согласился.

Князь ехал в повозке, высланной к ним навстречу с первого яма. Княгиня ехала с Андрюшей верхом. "Прекрасные дети, конечно, брат и сестра!" – сказали бы вы, смотря, как они резвились, обгоняли друг друга, останавливались в рощах слушать пение пташек. Казимирова внучка забыла о потерянном царстве и, казалось, радовалась своей свободе, будто птичка, выпущенная из золотой клетки. В Твери сокрушало ее теремное заточение; все там было ей так чуждо; в Литве ожидают ее родина, друзья, родные, жизнь привольная. Мысль эта веселила ее, молодую, живую, еще гостью на пиру жизни.

Когда Андрюша прощался с изгнанниками, его уговаривали ехать с ними в Литву.

– Нет, – сказал он, – не могу, я русский.

Остальную повесть о покорении Твери доскажу вам словами историка[44]. "Тогда епископ, князь Михаила Холмский, с другими князьями, боярами и земскими людьми, сохранив до конца верность своему законному властителю,

---

[44] История Государства Российского, т. VI, стр. 173. (Прим. автора).

отворили город Иоанну, вышли и поклонились ему, как общему монарху России. Великий князь послал бояр своих и дьяков взять присягу с жителей, запретил воинам грабить... въехал в Тверь, слушал литургию в храме Преображения и торжественно объявил, что дарует сие княжескому сыну Иоанну Иоанновичу, оставил его там и возвратился в Москву. Через некоторое время он послал бояр своих в Тверь, в Старицу, Зубцов, Опоки, Клин, Холм, Новгородок описать все тамошние земли и разделить их на сохи для платежа казенных податей. Столь легко исчезло бытие тверской знаменитой державы, которая от времен святого Михаила Ярославича именовалась великим княжением и долго спорила с Москвою о первенстве!"

ГЛАВА ВОСЬМАЯ

РАЗРЫВ–ТРАВА

> Глухим предчувствием томимый,
> Оставя спутников своих,
> Пустился в край уединенный
> И ехал меж пустынь лесных,
> В глубоку думу погруженный, –
> Злой дух тревожил и смущал
> Его тоскующую душу,
> И витязь пасмурный шептал:
> "Убью!.. преграды все разрушу..."
> *Руслан и Людмила*

В повести нашей мы видели две враждующие партии: боярина Мамона против семейства Образца, и рыцаря Поппеля против лекаря Эренштейна; не говорю уж о тайных ненавистных нападках отца на сына, возмущающих душу. Одним внушил способы нападения сам демон злобы и зависти; другие, исполняя только свой долг, отражали их силою и благородством духа. Покуда первые ничего не успели, если исключить басурманский дух, которого засадил Мамон в дом Образца на горе его и беду нежно любимой дочери. Они воспользовались отсутствием великого князя и главных противников своих, чтобы сыскать новые вернейшие орудия с адской закалкой. Все средства были перепытаны в уме и сердце изобретательных на зло. И на него родятся гении. Мщение любви присоединило к этой партии новое лицо, вдову Селинову. Из жертвы она делается жрецом, острит нож на гибель Хабара, ищет ядов, чтобы извести его. Между ними вертится всесветный переводчик, готовый услужить и нашим и вашим и даже своему неприятелю, лишь бы услужить. Все кругом Антона и Анастасии ковало на них ковы, а они, простодушные, невинные, ничего не подозревали, ничего не ведали, что около них делается, не видели, не слышали демонских угроз, будто два ангела, посланные на землю исполнить божье назначение, стояли они на грани земли и

171

неба, обнявшись крыльями и с тоскою помышляя только о том, как бы подняться к своей небесной родине и скрыться в ней от чуждых им существ.

Варфоломей не замедлил свести Поппеля с Мамоном. Ветреный, вздорный рыцарь и злой боярин скоро сошлись. Этот имел в нем надобность и старался тешить его тщеславие особенными знаками уважения и ловкою игрою угождений. Тому нужно было, на чем достойно опереть свое тщеславие, и он доволен был, найдя эту опору на плече боярина, клеврета Иоаннова. А тайное влечение друг к другу подобных душ? и его надо считать сильной амальгамой в этой связи. Золото не иначе может сообщаться с нечистым металлом, как посредством другого благородного металла; а тут ковачу не трудно было разом соединить два однородные вещества. Разница была только в легкости и тяжести того и другого; Вместе соединенные, они представляли одно нечистое целое, на котором незаметна была и спайка неискусного ремесленника. Чего ж искал Мамон в рыцаре?

Вы помните, боярин готовился на судебный поединок с своим смертельным врагом. Он знал, что иноземцы искусные бойцы на мечах (это недавно доказал один литвин, победивший в поле знаменитого русского бойца единственно ловкостью, отчего Иваном Васильевичем с того времени и строго запрещено было русским биться с иноземцами); он слышал, что в свите посла находится такой мастер, и возымел неодолимое желание брать у него уроки. Этого нельзя было сделать без дозволения Поппеля. Сойдясь с ним через переводчика, рыцарь с удовольствием дал не только это позволение, но и сам – знаменитый боец, как себя величал, – вызвался усовершенствовать его в искусстве управлять мечом. "Сын Образца должен погибнуть", – говорил он. "А за что? – спросили бы, – ведь вы не знаете его даже в лицо". – "За что? – отвечал бы он, – за что?.. я желаю добра другому... я сказал, что тот должен погибнуть, и этого переменить нельзя. Вот увидите". Право, бывают такие чудаки; бывает еще и то, что от таких слов, сказанных наобум и потом поддержанных коварством и силою, безвинно гибнет несчастный, опутанный со всех сторон сетьми – гибнет с ним и честь его и память.

Сначала благородный рыцарь усердничал Мамону из желания ему добра и зла человеку, которого он не знал, потом усилил это доброжелательство, узнав в противнике молодого человека с воинскими достоинствами и с заслугами отечеству. Завистнику всегда кажется, что тень великого человека может упасть на него и его заслонить от глаз толпы, хотя они идут и разными путями; а завистнику то и дело кажется, что толпе нет другой работы, как смотреть на его величие. Надо высокого человека долой, и как можно скорее! Наконец от этой мысли, двигавшей усердием рыцаря к Мамону, перешел он к желанию делать зло Хабару из желания себе добра. Он обещал помогать его мщению; в замену благородный, признательный Мамон, узнавши, что лекарь Антон помеха для его благополучия, клятвенно обещал ему сбыть эту ничтожную пешку, лишь бы самому остаться победителем на поле. И сам простодушный основщик знакомства их, всесветный угодник Варфоломей, не мог никогда и помыслить, что на его основе выткутся такие яркие узоры.

Мало было для Мамона обыкновенных, естественных пособий человека, чтобы сокрушить врага: он искал их в мире сверхъестественном, прибегал за ними к демону. Он слышал, что адепты жидовской ереси, имеющие свое гнездо в

172

Москве, владеют тайнами кабалистики или чернокнижия, творящими чудеса, и решился прибегнуть к силе этих чароведцев.

Мы говорили уж, что пытливая любознательность XV века, доходившая до исступления, тревожила тогда почти все народонаселение Европы. Заслуги ее неисчислимы: кто их не знает? Но мало было для нее, что она увековечила мысль, освободила ее от кабалы давности, от власти папизма, дала человеку на морях неусыпного вожатого и свела для него громовержца на землю; мало, что подарила человечеству новый мир на его родной планете; нет, эта всепожирающая пытливость ума захотела еще завоевать небо и похитить у него тайны, никому и никогда не доступные. Эта зараза неминуемо должна была перенестись и на Русь через дипломатические сношения, родственные связи с одним западным двором и через искателей приключений и личных выгод. Под формами жидовской ереси она действительно перенеслась к нам. Сначала Киев получил ее от жида Схариа, "умом хитрого, языком острого"; потом Новгород от него же; отсюда победа перенесла ее в Москву. Новые, свежие семена ее ввезены потом в поезде Елены, дочери Стефана Великого (как звали его у нас, воеводы волошского). "Сталася та беда из Угорьския земли", – говорит летописец. Дьяк Курицын, умный, тонкий, но любознанием увлеченный до простодушного, слепого доверия, привел к сердцу своему эту заразу в Венгрии и разнес, куда только мог. В этом случае на мудреца, по пословице, нашла какая–то детская простота и только в этом случае; дипломатические заслуги его Иоанну III, достойно оцененные, ручаются за его ловкий, глубокий ум. И опять надо сказать, причиною этого простодушного доверия была та же любознательность, всепожирающая, та же пытливость ума, которая овладела и гениальными единицами и грубыми массами XV века. Знанием кабалистики хвалился Схариа. Она разгадывала тайны жизни и смерти, а жаждою разрешить их часто мучился умный дьяк, и потому бросился он в этот хаос, взяв вожатым своим хитрого жида. Сильный пример дьяка, пример самой супруги Иоанна–младого, Елены, обольщенной ложным учением, коварство и ловкость миссионеров, легковерие, ум и глупость, соединясь вместе, образовали наконец ту жидовскую ересь, которая угрожала бы в Новгороде и Москве поколебать краеугольный камень нашего благополучия. Духовные и женщины, князья и смерд, богатый и бедный стремились толпами в эту синагогу, несмотря на увещание и даже проклятие церковных пастырей, истинных ревнителей о спасении душ. Так сильна была зараза, что сам первосвятитель московский, митрополит Зосима, принимал в ней ревностное участие. В его палатах было нередко сборище еретиков. "Мы увидели, – пишет Иосиф Волоцкий, – чадо сатаны на престоле угодников божиих, Петра и Алексия, увидели хищного волка в одежде мирного пастыря"[45]. Великий князь смотрел на ересь как на дело любознания, столь сродного человеку. Что оно не имело опасной цели, в этом уверить его успели приближенные, или сами члены тайного скопища, или подкупленные ими, а более всего любимец его Курицын, давший ему столько опытов своей преданности и верности. Дело было ведено так хитро, что Иван Васильевич, при всей дальновидности своей, и не подозревал противного. Надо еще сказать, терпимость, редкая в то время, блистала крупным самоцветом в венке

---

[45] История Государства Российского, т. VI. (Прим. автора)

этого гениального человека. Она—то, вместе с ревнивым самовластием, которое нарочно шло наперекор народу, вопиявшему иногда без толку против его полезных нововведений, была причиною, что великий князь оставался глух на все представления духовных о примерном наказании еретиков.

Антона привез в Москву жидок. Воображал ли молодой бакалавр, что сам провозит в русский стольный город основателя секты на Руси. Извозчик его не иной кто был, как Схариа. Правда, он успел дорогой заметить в своем возничем необыкновенный ум, увлекательное красноречие, познания химические и редкую любознательность; но лукавство умело все это так перемешать, что часто за самою умною беседой следовали самые глупые вопросы и объяснения, путавшие сначала догадки Антона. Никогда, во всю дорогу, еврей, даже двусмысленно, не искал поколебать в молодом человеке основания веры. Он видел, что попал на разум ясный, твердый, от природы логический и искушенный в горниле науки. Тогда еще Антон не знал любви; а для ней, как вы изволите знать, и Геркулес взялся за прялку, Ришелье наряжался шутом и проч. и проч.; так диво ли, что и наш бакалавр растерял на Руси все доводы логики, данной ему от бога и усовершенной в академии. Но тогда, говорю я, то есть на пути в Московию, ум его, как мощный атлет, готов был встать в полном вооружении, с какой бы стороны и как бы сильно ни было нападение. И потому хитрый еврей в деле религии держался сам в оборонительном положении против Антона; зато спешил вознаградить себя с другой стороны. Он воспользовался длинным путем, чтобы занять у падуанского бакалавра разные сведения в химии, которыми этот успел себя обогатить. "Верно, умный плут хочет играть на Руси роль магика", – говорил сам себе Антон, сделав наконец вывод из всех его поступков и разговоров. Главы секты никогда в нем не подозревал. И в Москву приехав, Схариа не старался ввести Антона между своими адептами: он боялся и тут, чтобы сила логических доводов и одушевленное красноречие не расстроили здания, которое созидал он с помощию таких хрупких лесов. Если молодой бакалавр и познакомился с Курицыным, так беседы их ограничивались одним естествознанием. Схариа умел этого так остеречь в деле религии, что он, боясь в молодом человеке нескромности, свойственной его летам и опасной по близости его к великому князю, никогда не говорить с Антоном о предметах религиозных. Этим наружно ограничивалась связь лекаря с главою еретической секты и с печальником о ней на Руси. Ни разу Схариа не посетил Антона, ни разу не засылал даже к нему: чувство благородности, тонкое, осторожное, берегло его даже от малейшего подозрения, что он знается с жидом. И так уж басурману напрасно достается за еретичество и чернокнижие! Что ж было бы ему, когда б его увидели в сношении со врагом Христа! Но сердце этого презренного жида хранило благодеяния молодого бакалавра, как святой завет; оно—то строго наказало Курицыну беречь его, как зеницу своего ока, как любимое дитя свое, внушать великому князю все доброе о нем, помогать ему, в случае нужды, деньгами, силою своего влияния, огнем и мечом, чем хотел, лишь бы уберечь драгоценную голову от житейских бурь. Оно—то, через агентов при дворе императора и в свите самого Поппеля, узнало об опасности, угрожавшей сыну барона Эренштейна, и приказало дьяку стать около него на усиленной страже. И дьяк, покорный ученик Схариа, исполнял со всею точностию и усердием наказ своего наставника и второго отца, как он называл его; еврею известно было все, что делалось в доме Образца, на половинах боярской и басурманской. Как это узнавал он, не ведал и сам Курицын, который относил и эту загадку к тайнам чернокнижия. Между тем Схариа знал и о любви Антона к дочери боярина, испугался этой любви, которая могла погубить молодого чужеземца, и стал неусыпно следить его и все, что его окружало. По таким отношениям сделался он благосклоннее к дому Образца, которого прежде не жаловал, потому что не мог поколебать его твердого, религиозного основания. В деле вражды двух партий он стал на той стороне, которой Антон принадлежал связями сердечными.

Приезд Схариа в Москву был для единомышленников его настоящим торжеством. Говорили, что он достал книгу, полученную Адамом от самого бога, и самую Адамову голову, что он вывез новые тайны, которые должны изумить человечество. Эти слухи поразили и Мамона. Попытки его у чародейства Антона не удались. И потому решился он прибегнуть к чернокнижию всемогущего волхва–еврея. Отсутствие Ивана Васильевича развязывало ему на это руки. Правда, труден был доступ к великому магику, которого жилище не было никому известно, кроме самых близких ему. Говорили, что он везде и нигде. Тем труднее был доступ для тех, кто, не посвящая себя в его учение, просто искал чародейской помощи. Мамон же находился только в числе последних. Однако ж с помощию больших денег и ревностного усердия друзей ему наконец назначен день приемный.

Ночью водили его с завязанными глазами по улицам и, после многих запутанных обрядов, ввели в дом. С трудом шел он по лестнице, вившейся улиткой. В одном месте предупредили его, чтобы он как можно ниже нагнул голову; но сколько он ни старался сгорбиться, по ней чем–то ударило так сильно, что искры посыпались из глаз. Потом его остановили и не велели трогаться с места, под опасением быть задавлену. Тут изумили его какие–то сладкие нечеловеческие звуки, которые то возвышались, то утихали и напоследок, замирая, готовы были его усыпить. Лишь только он склонился было к невольной дремоте, загрохотали громы и послышался серный запах. Пол под ним заколебался, и ему показалось, что он проваливается сквозь землю. Дрожь его проняла. Он хотел перекреститься, но остерегся, вспомнив, что самое легкое означение креста погубит его. Вскоре спала с него повязка, и он очутился в колеблющихся облаках сизого тумана или дыма, в котором, казалось ему, носился он. Мало–помалу облака начали редеть, затеплились огненные, багровые пятна, и он стал освобождаться от своего таинственного покрова. Мамон очутился в огромной комнате; перед ним стоял необыкновенной величины стол, покрытый парчой, на которой золото рассыпалось на бесчисленные частицы, так что глазам больно было смотреть. На столе стояли семь свечей из воску ярого, девственной белизны, в золотых подсвечниках; на нем же лежали: огромная раскрытая книга, столь ветхая, что, казалось, одно прикосновение к ней должно было превратить ее в прах, и череп человеческий. Мамон заметил голову змеи, выглядывающей из глазной впадины черепа. За столом, на некотором возвышении, сидел старик. Взор строгий из–под пушистых бровей, смуглое лицо, белая борода по колена; черная, широкая мантия, исписанная кабалистическими знаками кровавого цвета, – все это должно было поразить пришедшего.

– Нам известно, зачем пришел ты, – сказал таинственный старец голосом, будто выходившим из могилы, – ты должен биться на поле с заклятым врагом своим, Хабаром Симским, и просишь у нас победы над ним. Не так ли?

Мамон отвечал, что таинственное лицо, которого он назвать не знает, читает в мыслях его, и пал издали в ноги перед грозным существом.

– Вера твоя в наше могущество сильна, – произнес таинственный старец. – Только что явился ты к нам, раскрылась сама собой книга нашего прародителя Адама и указала, как тебя спасти от железа. Слушай. Духи ночные произвели на свет чудодейную разрыв-траву. Сила ее разрушает крепчайшее железо. Прикосновение ею к мечу изломает его в куски. Она скрывается от ока человеческого во глубине непроходимых лесов: стерегут ее вечно по два змея, которые на день и на ночь сменяются. Орел, царь птиц, один имеет дар и силу достать ее из-под этой стражи. Вели слугам своим сыскать в окружных лесах орлиное гнездо с птенцами. Теперь самая пора, когда они оперяются. Изготовив сеть, сплетенную из прутьев, толщиною с клинок меча, прикажи подстеречь, когда орел и орлица полетят на добычу для своих детенышей. Останется орлица, спугнуть ее. Тогда должно прикрепить сеть над гнездом так, чтобы птицам-старикам нельзя было пролезть к детям, ни давать им пищу. Эти низкие приготовительные обязанности сделают твои слуги: так сказано в Адамовой книге. Между двух зарей орел достанет разрыв-траву, разобьет ею сеть и спрячет траву в гнездо на другой подобный случай. Теперь наступит череда твоих подвигов. Чувствуешь ли в себе довольно силы и бодрости, чтобы сразиться без чужой помощи, один с двумя орлами, именно у гнезда, где ты должен сам найти и взять разрыв-траву? Помни, когда будешь совершать этот подвиг, духа человеческого, кроме твоего, не должно быть ближе ста сажен, ни один человек не должен видеть, как ты будешь брать чародейную траву; сражайся орудием каким вздумаешь, но без брони. Смотри, подвиг не свыше ли твоих сил?

– Готов хоть на стаю орлиную, лишь бы одержать мне победу над врагом ненавистным, – отвечал Мамон.

Таинственный служитель невидимых духов уверил его в несомненной победе, лишь бы достал он разрыв-траву, и дал ему наставление, как прикрепить ее незаметно к концу меча посредством вещества, которое бы не было из металла и походило цветом на железо.

– Теперь, – примолвил он, – ступай и исполни все предреченное, не отступая на волос от наших приказаний, и с верою в наше могущество, которое получили мы от самого отца рода человеческого.

По данному заранее наставлению Мамон положил на стол горсть серебра и пал опять на землю. Тут снова пошли ходить струи дыма, сгущались более и более и наконец затмили все предметы. Исчезли и таинственный старик, и книга Адамова; только мелькали вниз и вверх семь огненных пятен, и череп скалил свои желтые зубы. Голова у Мамона закружилась, и он пал без памяти. Придя в себя, очутился на берегу Яузы, где его ожидали холопы и лошадь его.

На другой день жажда мщения рано пробудила Мамона. Первою мыслью, первым делом его – разослать ловчих и сокольников по окрестным лесам. Богатая награда назначена тому, кто отыщет гнездо с орлиными птенцами. Не прошло недели, как один из его посланных привез ему желанную весть. Верстах в двадцати от города к северу, в заповедных лесах, по указанию ближних крестьян, отыскано гнездо с двумя орлиными детьми, которые только что начали одеваться перьями.

"И на родившего их удостоился взглянуть, – говорил счастливый ловчий, – такого матерого орла сродясь не видал. Как подымется, крыльями застилает солнце". Обещанная награда, и с придачею, выдана. Теперь стало дело за железною сетью и уменьем прикрепить ее ко гнезду. Посланы исполнители; голова их порукою за точное исполнение.

Между тем боярин наяву и во сне сражается с орлом. Исчислены все случаи нападения со стороны царя птиц, изучены все меры защиты против него, все способы его уничтожить. Мамон ладил и с медведями; мохнатый не чета птице, хоть и державной, а не один миша лег под его ловкою и могучею рукой. Он заранее торжествует победу над орлом и над Хабаром. Грудь его ширится от радостных поисков, сердце растет.

Вслед за посланным отправился он сам с несколькими сокольниками, чтобы ближе быть к месту действия. Заповедный лес, где найдено гнездо, стоял недалеко от левого берега Москвы–реки[46]. На этом берегу разбили боярину белотонкий шатер. Ловчие расположились кругом. Другого, более спокойного духом, заняла бы живописная панорама, которая обступила боярина. Сколько предметов для души доброй, любящей, не изгнанной еще из рая чистых помыслов и наслаждений! Река игриво раскидалась серебряною битью и образовала множество разнообразных мысов, лугов и заливов; творческая кисть великого художника разбросала то зелено–шелковые луга, то зеркальные озера, ненаглядные для своего неба, то гряды или пышные букеты дерев, то мрачный бор, который укрепился на высоте зубчатой стеной, или робко сошел с горы уступами, или излился вниз черным потоком. Кто знает берега Архангельского и Ильинского, согласится со мною, что было чем полюбоваться. Именно в этих местах находился боярин. Но душа его летала далеко за другою добычей и, как голодный вран, не могла успокоиться, пока не напилась крови. Когда б он в силах был, скликал бы всех хищных птиц окрестных лесов на свой кровавый пир, где лучшей яствой предложил бы труп врага.

Посреди этих черных дум Мамон слышит над собою роковое слово "готово". Встрепенувшись, весь дрожа, он требует от своих посланцев, чтобы повторили его. Святотатец, он знаменуется крестом, этим знамением смирения и чистоты душевной, богохульник смеет молить господа об успехе своего дела. Он расспрашивает подробно, что, как было, как исполнено его приказание; он слушает с жадностью донесение ловчих, и когда кончен рассказ, все еще хотел бы его слушать и опять заставляет повторить себе.

Когда дворчане Мамоновы проведали, что он идет один на орлов (не зная, однако ж, для какой цели), все, в ноги ему, стали умолять не пускаться в такую неровную битву. Не из любви это делали – боярин и для них был злодеем, – нет, а из страха за себя. Пускай бы шел хоть на верную смерть, лишь бы их не вел к

---

[46] В 1818 году, в подмосковных дачах князя Юсупова, пойманы были два молодые орла, удивлявшие своею величиной. Они подарены были владельцем графу Остерману–Толстому. (Прим. автора)

ответу. Поверят ли, чтобы он не приказал им следовать за ним, когда предстояла такая видимая опасность. Моления служителей напрасны; боярин решился на бой.

Завтра, чем свет, он должен отправиться на место действия.

Силится сомкнуть глаза и не может. К полуночи забывается немного, но страшные видения тревожат его и полусонного. То ворон клюет ему утробу и, вынув сердце, каркает и хохочет над ним. То вереница уродливых видений пляшет кругом, налегает на него, схватывает так, что сердце отрывается, и носит его по бездонным пропастям. То холодная, скользящая змея клубом свилась у него, сонного, на груди, не может удержаться, спалзывает, опять взбирается на грудь, положила ему голову в открытые уста, и он выпил ее медленным, томительным глотком. И всякий раз, при этих страшных видениях, Мамон просыпается. Сердце замерло, волосы дыбом. Хоть бы откуда–нибудь услышал приветный крик петуха! Он будит людей своих и, не веря глазам, спрашивает, не занимается ли заря. "Все еще гуляет зарница", – говорят ему, и он опять ложится, опять засыпает. Тут является ему мать в железной клетке, обнятой пламенем; сквозь огненные складки она высунула свое желтое, иссохшее лицо, погрозила ему обгорелыми лохмотьями своего рукава и сказала: не ходи. Он снова проснулся. Над ним кто–то стоял.

– Разбой! – крикнул он ужасным голосом.

– Боярин, помилуй, это я, – молвил ловчий, – пришел сказать, потянул ветер с восхода солнечна, заря хочет заниматься.

И поднялся Мамон, и стал в раздумье, как путник перед хрупкими жердями, которые должны перевесть его через бездну или сбросить в нее.

Он вышел из шатра. Заря подбирала уж тень к тени из палевых и пунцовых шелков своих. Дворчане стояли во всей готовности к походу. Оседланные кони ржали.

– Коня и охотничий снаряд! – вскричал Мамон.

В один миг он снаряжен луком, тулом, кистенем, ножом, другим. По приказанию чернокнижника брони не надел. Впереди сильного поезда въехал он в лес.

Едут сначала по тропам, слабо пробитым; потом и они исчезают в пышном мохе, который никогда не оставляет на себе следа живого существа. Знаки на деревьях, сделанные посланцами боярина, одни служат указателями. Деревья растут и ширятся более и более; гордые, могучие, они захватили густыми верхами все пространство, делившее их друг от друга, и, кажется, условились не пускать расти в своем обществе тощие деревца и кусты, эту чернь, которая осмелилась попасть между ними. Одни вершины их пользуются светом, под ними все мрачно. Только изредка луч солнца, пробираясь украдкою сквозь их ветви, обвивает ствол ранжевою лентой, кропит мох росою золотой, расстилает по кустам зыблющуюся сетку. Под этот луч то прилегла ящерица, зеленая как ярь, то змея нежит свою леопардову спину. Все тихо в лесу тишиною смертною. Певчей птички ни одной. Лишь гады, послышав человека, пищат и шипят, или деревья, тронутые ветерком, спешат передавать друг другу какую–то таинственную весть. Кое–где всадники должны пробивать живой плетень грудью коней. Вот едут они версты с две. "Близко ль?" – спрашивает Мамон. "Сажен человечьих с двести", – отвечает один из ловчих. Отъехали еще несколько, и боярин велит остановиться. Получив объяснение, по какому направлению ехать далее до заветного дерева, дав приказание скакать тотчас на помощь, лишь только подаст он голос, и, перекрестясь, он отправляется один добывать разрыв–траву.

Конь, почуя свое одиночество, храпит и упирается; по шерсти его перебегают изменчивые отливы. Но одно движение, один возглас могучего всадника, – и конь, дрожа, стремится далее.

Вот наконец и заветное дерево. На нем нарублены ступени. Это вяз, который веки растили. Кудрявая голова в полной силе, между тем как у подошвы время прорыло глубокое дупло, и жилистые корни просятся вон из земли. Разбросанные кругом головы и остовы животных и птиц указывают, что тут логовище крылатых хищников. На вершине безобразная куча сухих прутьев – колыбель орлиных птенцов, цель путешествия боярина. Царь птиц заклегтал, послышав врага; в звуках его голоса выражается скорбь и отчаяние могущества. Воздух наполняется его жалобами. Мамон слезает с коня, привязывает его к дереву, поодаль, и подходит к заветному вязу. У корня лежат обломки железа. Худо ли была скована сеть рукою, купленною обманщиком Схарием, разломали ль ее орлы, или сами ловчие, задобренные серебром жида, в этом рассказчик не может дать отчета. Знает он только, что следы разорванной сети порадовали и ободрили боярина.

Орел сидел на суку.

Взвидев его, Мамон засучил рукава; дрожа от восторга, натянул тугой лук, прицелился, зазвучала тетива, запела стрела... Но глаза, которые не боятся смотреть на солнце, предупредили стрелу: орел взлетел, зашумел и скрылся под защитою дальних дерев. Стрела, вонзившись в огромную ветвь, застонала, сучья посыпались. Боярин вновь поджидает орла, но он не летит; царь пернатых сам стережет его. Нетерпение взяло Мамона. Тул и лук долой, ноги занесены на дерево. И орел опять над ним. Очертив в воздухе широкий венец, он сел на родной вяз, ближе к детям. Клегтание его будто звончатая труба, зовущая на бой. Вызванная этим голосом, мать выбралась из гнезда, где она притаилась было, повела кругом головой и, увидев неприятеля, отвечает самцу жалобным голосом. Казалось, они сговариваются защищать детей или умереть. Мамон ходит уж по сучьям; вдруг около него зашумело, будто градовая туча. Орлы вьются кругом, яростно клокочут, распускают над ним когтя и так дерзко близятся к нему, что едва не хватают его клювом. Он обороняется от одного, другая нападает. Вот махнул по самцу кистенем – кистень, скользнув по крылу птицы, разбивает надвое огромный сук и, увлеченный силою удара, падает на землю. Испуганная лошадь шарахнулась в сторону. Птицы, как бы озадаченные этим ударом, дают себе отдых. Мамон пользуется им, взбирается на сук, другой, третий, и вот уж недалеко от цели. Но орлы не оставят детей своих без защиты. Они засели между гнездом и неприятелем. Чародейный взгляд их впился в Мамона и мутит его душу. Крылами своими они накрыли его, будто шатром. Вслед за движением его ножа самец перелетает на другой сук, в тыл врагу. Мамон следит их взором, между тем заносит ногу выше, одною рукою хватается за гнездо, другою хочет вонзить нож в грудь самки; она в сторону, под защиту сучьев, и только слегка ранена. На жалобный крик ее птенцы высовывают голову из гнезда: самец налетает сзади на Мамона, впивается ему когтями в спину и клювом дерет ее. Ободренная примером самца, и орлица с другой стороны бросается на неприятеля. Начинается бой. Птицы хлещут, секут его крыльями, режут клювом, будто серпом, терзают

179

когтями. Но и Мамон отчаянно обороняется, нападает, разит ножом. Кровь льется с той и другой стороны. Крики детенышей ободряют пернатых бойцов. Охотнику нет уж надежды выпутаться из ужасных когтей: он падает отчаянный сигнал, и лес с трепетом повторяет его. Орлы обвертывают Мамона своими крыльями, спутываются с ним, и все трое, истощенные, истекая кровью, валятся с дерева безобразным клубом; остановленные ветвями, качаются на них, будто в воздушной колыбели, и наконец с грохотом падают на землю. Испуганный этим падением, конь рванул, порвал тесменные повода и умчался.

Дворчане прибегают, секут орлов ножами, бьют кистенем и едва могут освободить своего господина, полумертвого, из ужасного плена. Обрубленные ноги птиц еще держатся за врага своего, впившись в него когтями.

Гнездо разорено, птенцы убиты.

Боярина приводят в чувство и уносят на носилках в ближнюю деревню. Благодаря крыльям птиц он избавился смертельного ушиба. Но на теле его не было почти места без язвы.

Так кончилось похождение Мамона за разрыв–травой. Распущены слухи, что он в побоище с медведем был под лапою его, но все–таки его убил. За эту отвагу боярин удостоился от удальцов не одного лишнего поклона.

ГЛАВА ДЕВЯТАЯ

ЛУКАВАЯ ПОСРЕДНИЦА

> Но чувства прежние свои
> Еще старушка не забыла
> И пламя позднее любви
> С досады в злобу превратила.
> *Руслан и Людмила*

Анастасия, простившись с братом и проводив сердцем милого чужеземца, осталась в глубоком одиночестве. Никогда еще она так сильно не чувствовала этого одиночества; грудь ее разрывалась, сердце надломило. Она понимала, что любит басурмана, но почему, за что, с какою целью любит, все–таки не могла дать себе отчета. Мысль быть вечною подругою его, если и приходила ей в голову, пугала ее самое: девушка, воспитанная в строгом православии, могла ли соединить судьбу свою в доме божием с поганым немцем? Дошли до нее новые слухи, распускаемые Варфоломеем, этою пожарною трещоткой, которая наводила тревогу, сама не зная что делает, слухи, подтвержденные послом императорским, что Антон–лекарь жидок, коновал и бог знает какой недобрый человек. Они еще более вооружили ее бедный рассудок против постояльца. Но оторвать от него свое сердце, забыть его, изгладить его прекрасный образ не могла: это было свыше сил Анастасии. Очарование победило слабую волю. Эта мысль день ото дня все более укреплялась в ней.

180

Правда, Антон брал крест ее?.. Но надевал ли? Если и надевал, так, видно, не мог снести благодати. А статься может, брал крест, чтобы ворожить над ним. С тех пор в груди у ней кипит словно смола; когда смотрит на Антона, не может отвесть от него глаз, не может досыта насмотреться; так и хотела бы вынуть душу из груди и отдать ему. Если бы могла слететь к нему пташкой, готова б забыть девическую стыдливость, отца, брата, и обняла б его и замерла бы на его груди. Вот теперь он далеко под Тверью, а она все видит его, будто он с нею, будто волшебным взглядом просится к ней в душу: не пустить не сможет. Закроет глаза? очарователь тут как тут, и сидит с нею, и шепчет ей прилучные, приманные слова, на которые за ответом разве на небо господне сходить. Откроет глаза? перед ней стоит пригожий чужеземец, словно живой. Не открестится, не отмолится. Девушки-подруги говорили ей (знать слыхали от матерей), можно полюбить суженого-ряженого, и то когда увидишь его несколько раз, можно полюбить мужа, когда поживешь с ним годок, два. А этот никогда не был ей суженым: отчего ж, лишь взглянула на него, предалась ему всею душою, всеми помыслами? Хотя б истоптал своими острыми каблуками, и тут не могла б отстать от него. Ходит ли она по саду – голову повесив, ищет какого-то цвета ненаглядного, нездешнего. Ноженьки ее путаются в шелковой траве; возвращаясь домой, шепчет про себя: "Все цветы, цветы видела, одного цвета нет как нет, уж как нет цвету алого, самого моего прекрасного! Иль его красным солнышком выпекло? иль его частым дождем выбило? иль его совсем в саду не было?" Ни игры, ни хороводы и песни не могут развлечь ее тоски. Посреди хороводов видит она милого чужеземца; подруга ль жмет ей руку, содрогается; песни только что разжигают ее сердце и наводят на него новую грусть. Без надежд, без сладкой будущности, она только желает одного – освободиться от тяжкого очарования. Но сказать о том не смеет никому. Грешная только в любви к басурману, она часто изливается в слезах молитвы, бьет себя в грудь и кается в тяжких грехах, неведомых ей самой.

Мамка заметила, что питомица ее грустит, сохнет, спадает с лица; отец тоже стал примечать. Послали за старушками-ведями; гадали, ворожили на воде, на угольях и четверговой соли, выводили таинственные круги на дверях, клали жеребейки под местные иконы в церкви Девяти Мучеников. Решили наконец ворожейки, что она тоскует по суженом, которого переехал недобрый человек. Было много женихов: иные казались не по нраву боярина – ведь она одна у него, словно солнышко на небе, – других разбивал Мамон через подкупленных свах. "Анастасия Васильевна с изъянцем, – говорили они, – у ней какое-то родимое пятнышко, тут веснушка, здесь рубчик; нередко находит на нее куриная слепота; и устарок-то она, и житья недолгого". Очных ставок наводить нельзя было, верили на слово свахам, и женихи позамолкли. Отец и мамка ходили на богомолье, ставили местные свечи, теплили неугасимую лампаду, оделяли щедро нищих, и все с одною мыслью отогнать от милой Насти, света-радости, того недоброго человека, который переехал ей путь к счастию супружескому.

Вдова Селинова узнала через знакомых ворожеек и подруг Анастасии о нездоровье ее. Ощупью ума лукавого, чутьем сердца и опыта, она стала угадывать, что тут кроется тайна. Доведаться ее и сделаться в ней участницей – вот чего хотела добиться во что б ни стало. По муже она была дальняя родственница Образцу. Овдовев, редко посещала дом воеводы, остерегаясь будто дерзких

181

поступков Хабара; она была так молода, могла еще выйти замуж, и берегла свое доброе имя!.. При людях образец скромности, слова свободного не проронит, очей не поднимет на мужчину, от нескромных речей вся горит. Нередко матери ставят ее в пример своим дочерям. Зато сбереженное наружно, расточает тайно своему избранному любимцу. Все ему, и роскошь ночей, и дни с сладкими воспоминаниями о них, с надеждами на другие, и всякого рода жертвы, какие мог только требовать от нее удалый молодец, деспот в любви, и какие могла только изобресть в угоду ему. В таких случаях страсть бывает творцом высоким: перед нею ничто Байрон, Мицкевич, Пушкин. Все в дань несет своему идолу поклонница его – золото, серебро, спокойствие, красоту. Но Хабар, разгульный, раздольный, остановит ли свою победу на одном предмете? Такая победа для него не тот же ли плен? Широко рукам, широко воле и сердцу, вот его заветное слово. Помеха прочь с его дороги! не то он изломает того, кто поставил ее; попытайте накинуть на него цепи, изорвет богатырски. Он видел опасность любви Гаидиной, и добыл эту любовь сквозь стражу деспота морейского, может быть, на концах ножей, изощренных силою золота. Завтра готов потерять голову, а ныне возьмет свое.

Когда Селинова узнала, что у сердца его другая прилука, что жертвы другой ему угоднее, ревность закипела в груди ее. Сначала пытала возвратить его новыми ласками, новыми жертвами, как покорная рабыня, терпела от него жестокое обращение, даже побои. К кому она не прибегала, чтобы обратить к себе неверного, – и к ворожеям, и к жидовину, у которого Адамова книга, и к лекарю Антону. Даже не устыдилась просить помощи у переводчика Варфоломея. Как простодушное дитя, она готова была верить даже и тому, что ей советовали делать, шутя над ней. Но когда все эти средства не помогли, она хотела во что б ни стало известь свою соперницу. Видели мы, что это ей не удалось. Теперь решилась мстить Хабару, какими бы орудиями ни было, и для того, пользуясь его отсутствием, вползла змеей в дом Образца. Двор ее был почти обо двор Анастасьина отца; посещения стали учащаться.

Боярин не знал и не хотел знать о связях своего сына, тужил о его разгульном поведении и журил его изредка в надежде, как мы сказали прежде, что молодой конь перебесится. Только одно увещание, которое он сделал ему при расставании, конечно, стоило всяких жестоких выговоров. Увидав в доме своем вдову Селинову, он с простодушною ласкою ввел ее к дочери, как умную, скромную собеседницу. С каждым новым посещением вкрадывалась она глубже в душу Анастасии. То затевала в садах новые игры, то учила песням, которыми подлаживалась под состояние ее души, или указывала ей затейливые узоры для кружев, то подстилала ей сказочный ковер–самолет. А Селинову поневоле заслушивались: и простая–то речь ее была вся на песенных поговорках; что ж, когда она рассказывала с желанием угодить? Между тем она пытала осторожно, искусно, не бьется ли сердце девушки по ком из соседних молодцов, которого могла увидеть сквозь садовый тын. Тут узнала допросчица, что никто из денди того времени, остриженных в кружок, не пленил дочери Образца. Потом перевела она речь на Иоанна–младого. Известно было, как Анастасия понравилась княжичу, наследнику московского стола, и как эта склонность нарушена замыслами великого князя, который искал в браке своих детей не сердечного союза, а политического. "Не крушится ли она по таком дорогом, прекрасном женихе? не тоскует ли о палатах великокняжеских, о венце светлом?" – думала Селинова. И после попыток с этой стороны осталась ни при чем, как богатыри наших сказок на перекрестке разных дорог, не зная, которую избрать, чтобы доехать до цели своих поисков. Анастасия совсем забыла о княжиче: любовь его была некогда принята за шутку; так и теперь вместо шутки она слушала напоминание о ней. Однако ж нельзя было сомневаться, что у дочери Образца болит сердце, а не сама она больна. Опытный глаз умел это различить. Кто ж бы такой был предмет ее любви? – думы об этом сокрушали Селинову.

Раз сидели они вдвоем и плели кружева. Какой-то злой дух шепнул ей заговорить о басурмане-постояльце.

Вообразите себя брошенных судьбою в чужую землю. Кругом вас все говорят на языках незнакомых: речь их для вас какая-то смесь диких, странных звуков. Вдруг среди толпы упало слово на языке родном. Не пробежит ли тогда судорожный трепет по всему существу вашему; не замрет ли ваше сердце? Или представьте себе русского селянина в концерте, где расточена вся творческая роскошь и премудрость иностранной музыки. Дитя природы слышит с равнодушием непонятные звуки. Но вот Воробьева соловьиным голосом затянула: Не кукушечка во сыром бору куковала. Посмотрите, что сделается тогда с полуспящим слушателем. Так и с Анастасией. До сих пор Селинова говорила ей языком чужбины, выводила для нее звуки непонятные. Но лишь только вымолвила слово родное, тронуло струну сердечную, и все струны ее существа отозвались так, что готовы были порваться. Анастасия затрепетала, руки ее блуждали по кружевной подушке, лицо помертвело. Она не смела поднять глаза и отвечала кое-как, невпопад.

"А! – подумала Селинова, – это недаром; вот с какой стороны дует непогода!"

Обе замолчали. Наконец Анастасия осмелилась взглянуть на подругу, чтобы выведать в глазах ее, не заметила ли она ее смущения. Взоры Селиновой опущены на рукоделье; на лице не видно и тени подозрения. Лукавица хотела мало-помалу, незаметно, выиграть доверенность неопытной девушки.

– Так он куда ж пошел? – спросила немного погодя молодая вдова, не называя, о ком спрашивала.

– Пошел с великим князем в поход, – отвечала Анастасия, краснея; потом, одумавшись, прибавила: – Ведь ты меня спрашивала о братце родном?

– Нет, радость моя, речь-то у нас была об Антоне-лекаре. А куда как жаль, что басурман! такого молодца и между нашими москвичами поискать. Всем взял, и ростом и пригожеством; взглянет, словно жемчугом окатным дарит, кудри по плечам лежат, словно жар горят, бел, румян, будто красная девица. Диву даешься, откуда такая красота, с божьего ли изволения, или неспросту, от нечистого наваждения. Так бы и глядела на него, да кабы не грех молвить, и на том свете досыта б не насмотрелась.

От этих похвал помертвелое лицо Анастасии вспыхнуло пожаром зари, когда она предвещает бурю.

– Ты разве видала его? – спросила влюбленная девушка дрожащим, замирающим голосом, оставив свою работу.

183

– Видала не раз. На коня ли садится – под ним конь веселится. Скачет ли – что твой вихрь по вольному полю! – конь огнем пышет, под собою земли не слышит. По лугу ль едет? – луг зеленеет; через воду? – вода–то лелеет. Не только видала, подивись, свет мой, я была у него в хороминах.

Девушка покачала головой; очи ее подернула тень задумчивости; чувство ревности, тайком от нее, закралось в ее сердце.

– Да как же не побоялась идти к нему? – сказала она, – ведь он басурман!

– Кабы ты знала, Настенька, что не сделаешь любя!

– Любя?.. – произнесла Анастасия, и сердце ее сильно застучало в груди.

– Ох, кабы не боялась, открыла б тебе тайну задушевную.

– Скажи, пожалуйста, скажи; не бойся, вот тебе матерь божия порукою, твои слова умрут со мною. – И девушка дрожащею рукой творила широкий крест.

– Коли так, поведаю тебе, что богу одному сказала. Не поверх одного моря синего ложится туман, черна мгла, не одну господню землю кроет темна ноченька, осенняя; было времечко, налегала на мою грудь беда тяжкая, ретиво сердце потонуло в тоске со кручиною: полюбила я твоего братца Ивана Васильевича. (От сердца девушки отошло; она вздохнула свободнее.) Ты не знаешь, свет мой, мое дитятко, что такая за примана любовь, и дай господь не ведать тебе никогда. Придет ли темна ноченька, очей не смыкаешь; взойдет ли красна зоренька, встречаешь в слезах, и денек–то весь пасмурен. Много людей на белом свете, а видишь только одного, в светлице своей, на улице, в доме божием. Камень стоит в груди, а свалить не сможешь.

Заплакала тут Селинова искренними слезами. Собеседница слушала ее с жадным участием; ей описывали собственные ее чувства.

– Вот, – продолжала молодая вдова, обратясь к лукавой цели своей, – поведали мне добрые люди: приехал Антон–лекарь от немцев, лечит, дескать, всякие недуги, и от недоброго глаза, и с ветру, и от своей глупости. Послушала я добрых людей, пошла к лекарю с толмачом Варфоломеем.

– Что ж сделал тебе какую помощь наш Антон?

– Дал мне травку, пошептал над ней и велел мне бросить через голову. Поверишь ли, свет мой, словно рукой сняло: груди стало легко, на сердце весело. Тут взглянул на меня басурман, так и потянул к себе очами. Но я взмолилась ему отпустить душу на волю, и он сжалился, отпустил. С той поры опять начала знать, что день, что ночь, видение пропало, летаю себе вольною пташкой, щекочу песенки с утра до вечера и тоске–кручине смеюсь за глаза.

Лукавая речь начинала волшебно действовать над слушательницей. Анастасия глубоко задумалась, стала без толку перебирать коклюшками и выводить такие мудреные узоры, какие могла разве вывести любимая ее кошечка, если б заставили ее плесть кружева. Как бы ей избавиться ужасной тоски, ее снедающей, думала она, хотела посоветоваться об этом с Селиновой, и вдруг как будто стало жаль ей своей кручины. Было глубокое молчание. Молодая вдова перервала его.

– Настенька, свет мой? – начала она голосом такого трогательного, живого участия, который невольно вызывал на откровенность.

Дочь Образца взглянула на нее глазами, полными слез, и покачала головой.

– Откройся мне, как я тебе открылась, – продолжала Селинова, взяв ее руку и сжимая у своей груди. – Я поболе тебя живу на свете... поверь мне, легче будет... Ведь по всему видно, что с тобой, радость моя, деется.

И Анастасия, рыдая, вымолвила ей наконец:

– Ох, душа моя душенька, Прасковья Володимировна! возьми булатный нож, распори мне белу грудь, посмотри, что там деется.

– Уж зачем брать булатный нож, уж зачем пороть белу грудь, смотреть в ретиво сердце! ведь по твоему белу лицу всем дознать тебя, дитятко, как бело лицо потускнилося, как алы румянцы призакрылися, очи ясны помутилися. По всему дознать, полюбила ты сокола залетного, молодца заезжего.

Анастасия ничего не отвечала; она не могла говорить от слез, закрыв глаза руками. Наконец, обольщенная дружеским участием Селиновой, уверенная, что ей легче будет, если сдаст тайну свою такой доброй подруге, рассказала ей любовь свою к басурману. Эпизод о тельнике был выпущен из откровенной повести, кончившейся все-таки убеждением, что она очарована, околдована.

Бедная Анастасия!

Прекрасный цвет подснежник, рос ты один в неге родной долины! И красное солнышко приходило каждый день любоваться в твои утренние зеркала, и светлый месяц после знойного дня спешил опахивать тебя крыльями своих ветерков, и божий ангелы, убаюкивая тебя на ночь, расстилали над тобою парчовый полог, какого и у царей не бывало. Откуда ни возьмись буря, занесла издалече, с чужбины, семя повилики, рядом к тебе, и повилика растет, ластится около тебя своею любовью, душит тебя, чудный цвет! Этого мало: червь приполз к твоему корню, впился в него и подточит вас обоих, если не спасет благодетельная рука.

Торжествовала лукавая подруга: тайна великая, дорогая, ей принадлежит. С этим талисманом волшебница может сотворить дивные дела. Лишь махнула им в уме своем, и бьет через край мысль алмазная. Первое, что она почерпнула в ее волшебных струях, было убеждение Анастасии, что она действительно очарована. Чтобы снять очарование, к кому ж прибегнуть, как не к самому виновнику его? Может быть, он сжалится над несчастною девушкой и избавит ее от несносной скорби, как избавил Селинову. Анастасия сама об этом не раз думала. В этом сошлись они как нельзя лучше. Но как дочери Образца пройти к лекарю? Как сделать, чтобы домашние и посторонние не видели, не видали? Она тотчас умрет, как скоро узнают об ее похождении. Усердная посредница все уладит. Из светлицы Анастасьиной ведет лесенка к железным дверям, отделяющим половину боярскую от басурманской: дверь эта замкнута одним железным затвором. Добрый час выпадет – отец, брат не будут дома; Селинова станет на страже, и концы в воду. Анастасия сойдет к Антону-лекарю, упадет к его ногам, обольет их своими слезами... Очарование снято – и красная девица вспорхнет от него в свою светлицу, будто птичка, которую окорнал было злой ворон и у которой приросли вдруг новые крылья, вспорхнет легко, весело и зальется в песнях о своем девичьем счастии. От одного помышления об этих замыслах стало легче Анастасии.

ЧАСТЬ 4

ГЛАВА ПЕРВАЯ

СНЯТОЕ ОЧАРОВАНИЕ

> У тоски моей нет крыльев полететь,
> У души моей нет силы потерпеть,
> У любви моей нет воли умереть!
> *Мерзляков*

Анастасию несколько времени утешала мысль, что снято будет с нее очарование. Потом прекрасный образ чужеземца стал опять тесниться в грудь ее, и эта мысль начинала уступать прежней тоске. Казалось, около нее начертан был волшебный круг, из которого она не могла выйти. Видно, заключена в нем до гроба. Теперь только и дум, что о милом басурмане, только и дела, что ждать его. С именем этим она свыклась, его не чуждается более, оно стало ей сладко, дорого, как имена отца, брата, если не дороже. Сидит пригорюнясь у окна своей светлицы и смотрит, не скачут ли из Твери дворчане великокняжеские. С содроганием сердца внимает беседам: не промолвит ли кто слова о басурмане? прислушивается даже к голосу ветра: не принесет ли ей ветер полуночный весточки о нем? Он, княжич ее души, беспрестанно в ее мыслях; о нем тайно беседует она сама с собою и хотела бы, чтобы отец, домашние, народ, все творение говорило также об Антоне. И между тем ни от кого о нем не слышит. Скачет ли всадник, стукнет ли кто кольцом в ворота, она трепещет, как осиновый лист на ветке. Встречает день, провожает его в ожидании постояльца. Не приученная рассудком и воспитанием владеть собою, она вся отдалась на волю своей страсти. В слезах, забывшись, умоляет милого Антона скорее возвратиться и спасти ее от погибели, не боится греха молить о том же небесные силы, не стыдится открывать свое мучительное нетерпение лукавой посреднице.

Еще Тверь не была взята, а в Москве говорили уж о покорении Твери. Кто привез эту весть, никто не мог сказать. Так часто в народе есть какое–то чудное предчувствие великих событий. Через сутки гонец прискакал от господина всея Руси к Софье Фоминишне и митрополиту с подтверждением этой вести. Москва заликовала. Старшая сестра ее входила с покорною головой в разрозненную семью и водворяла в ней согласие и силу. По святому обычаю русских, во–первых, дань богу – отслужили благодарственное молебствие; потом дань господину – когда Софья Фоминишна шла от благовещения, народ приветствовал ее радостными восклицаниями. На улицах обнимались, поздравляли друг друга, окружали гонца, не давали ему нигде дороги, спрашивали о подробностях великого события, когда, как взята Тверь, кто положил живот за матушку Москву, кто отличился в ратной удали. Разумеется, на радости, также по русскому обычаю, во всех концах города многие славили победу без памяти, то есть до того заглядывали в большие ковши и стопы, что потеряли способность помнить что-либо.

Гонца зазывали к себе, угощали, честили, как будто он был виновник победы.

В его рассказах имя Хабара чаще других повторялось, и повторялось как имя знаменитого богатыря. Охотники следовали за ним в почетном ряду изустного бюллетеня. "Каковы-ста мы! – говорили сурожане и суконники за торговыми прилавками, охорашиваясь и с самодовольством поглаживая бороду, – мы-ста и нынче не ударили себя в грязь; мы взяли Тверь". Иные от души поздравляли их, как настоящих победителей, кланяясь в пояс: другие вздумали оспоривать у них победу и затевали с ними своего рода побоище, доходившее до пролития крови и даже до убийства. Имя Андрея Аристотелева, к общему удивлению, переходило также из уст в уста. "Каков постреленок, – приговаривали старики, слушая о его похождениях, – мал, да удал, не дождутся годы, махнет в воеводы". – "Не диво удальство его, – прибавляли другие, – отец нарвал ему каких-то потешных яблочков из чертова сада: лишь кинет в десятню, десятни не бывало. Сказывают, и Онтон-лекарь очертил его кругом, что ему лиха ни от огня, ни от стрелы вражьей". Более всего эти вести лелеяли сердце старого воеводы Образца. Гонец прямо из двора митрополичьего явился к нему с ласковым словом от господина всея Руси и с большим спасибо отцу за сына. На этот раз природа победила его твердость: слезы оросили лицо старца. Никогда собственная ратная слава так не льстила ему, как слава, добытая сыном. Сперва в божнице своей, а потом в дому божьем принес он трофеи сына ко кресту того, кем побеждена самая смерть и чьей защите обязан был здравием и успехами воина, столь дорогого сердцу его.

То и дело начали приезжать в Москву передовые великого князя; пыль не ложилась по улицам городским. Прибыли и дворецкий вместе с путным. Кончив свое дело во дворе великокняжеском, он посетил больного приятеля и застал его хотя и на одре, изуродованного, но уж подававшего надежду на выздоровление. Болезнь и досада, что не добыта разрыв-трава, которая была под руками, растравила только злобную душу Мамона. Никогда горячка мщения так сильно не пылала в ней. Когда он услышал об успехах Хабара, лицо его ужасно перекосило. Когда ж дворецкий принес ему весть, что великий князь хочет выдать дочь Образца за царевича Каракачу, он в первый еще раз воспрянул с одра своего и воскликнул:

– Видит бог, пока я жив, тому не бывать. Ее не отдали за моего сына, оставайся же она вечно в девках. Постригись она, зарой себя живую в землю, что мне до того; а замужем ей не быть! Взгляни, друже, на меня, на сына: это все их дело. – Сын Мамона, стоявший у постели, был бледен как смерть; из чахлой груди его по временам отдавался глухой кашель, отзыв смерти, будто из-под склепа.

По приказанию боярина подали ему лучшие серебряные кубки и стопы его. Не говоря ни слова, он положил их за пазуху дворецкого, в карманы, куда только мог. Этот не брал, отказывался, благодарил, опять отказывался и все-таки принял. Он понял своего приятеля и унес с собою тяжкую добычу, безмолвный, но красноречивый залог мести.

Новый гость принес отраду истерзанной душе Мамона. Это была Селинова. Она протоптала дорожку черным вестям между двумя враждующими домами. Долго колебалась она рассказать ему про очарование Анастасии, но мысль об измене и насмешках Хабара, мысль, что он скоро приедет и будет опять у Гаиды, радостной, торжествующей надо всем, преодолели сожаление, которое пробудили в ней и совесть и приязнь влюбленной девушки. Она рассказала Мамону все, что узнала о склонности ее к басурману. Злоба имеет свой восторг: Мамон смеялся навзрыд, услыхав дивную весть, упавшую на него так неожиданно.

– Господин великий князь приехал! – разнеслось по городу, и по всем концам его зашумело, как в рою пчелином, когда возвращается матка, отлетевшая погулять с своею охранной стражей. "Господин великий князь приехал", – повторилось в палатах Образца, и сердце Анастасии забилось ожиданием. Не брата ждала она: о Хабаре пришло отцу известие, что по воле Ивана Васильевича он оставлен на время в Твери при Иоанне–младом. Трепетная, сидела она у окна своей светлицы. И вот наконец к палатам прискакал всадник; он остановился у половины басурманской. На стук приворотного кольца паробок Антона отворил ворота, стал вглядываться в приезжего и наконец усердно раскланиваться с ним.

Это не Антон. Тот в немецкой епанечке, светлые волосы его падают кудрями по плечам, а этот молодец острижен в кружок, в русской одежде, в шеломе и латах. Щеки его горят, он весь в пыли с головы до ног. Между тем паробок принимает коня его, служит ему, как своему господину, и дает знать, что он может идти в хоромы.

Сквозь отверстие едва раскрытого окна Анастасия взорами следит незнакомца. Она не знает, что подумать о появлении его на место Антона–лекаря. Вот он остановился на крыльце, скинул шелом свои, украшенный веткою и пером попугая, утер платком лицо свое и остановился на крыльце. смотря с грустью на окно светлицы.

– Господи, это он! – восклицает Анастасия, краснея и бледнея.

Да, это был Антон Эренштейн. Любовь пересилила его обет; он не смог выполнить его, он притащился опять к очарованному дому, к которому приковано было его сердце, все его существо.

– Кто такой, дитятко? – спросила вошедшая мамка, поймав свою воспитанницу на неосторожном восклицании.

– Он... мамушка... Посмотри, не братец ли приехал... – отвечала испуганная девушка, бросясь от окна. Она не знала, что сказать; мысль, что своим восклицанием могла возбудить подозрение в изобретательном уме мамки, совершенно ее смутила.

– Стоит какой–то молодец на крыльце у басурмана, – сказала мамка, качая головой, – только не братец твой родимый. Вот пошел в хоромы к Онтону–лекарю.

Антон, увидав морщиноватое лицо старушки вместо Анастасьина, спешил войти к себе...

Тут начались бедной девушке наставления, как опасно смотреть на чужой двор, как может испортить ее недобрый глаз, и пуще глаз басурмана–чернокнижника, какие от того могут выйти ужасные последствия: все это с разными народными текстами, с подкреплением свидетельств и примеров. Настоящая пытка! Анастасия и без того горела на угольях; теперь вытягивали у ней душу.

– Я думала, братец родимый, – говорила она несколько раз в извинение свое, прося, со слезами прощения. Но, видя, что ничто не сдержало ужасного потока, готового захлебнуть ее, она голос отчаяния объявила, что наложит на себя руки, если мамка не перестанет ее грызть или скажет об этом происшествии отцу ее. Угрозы подействовали, как ушат холодной воды над сумасшедшим, который готов замахаться до смерти головой; мамка приутихла и обещала под клятвою не говорить об этом боярину. Между тем при первом случае, когда Анастасия сошла вниз к отцу, заветное окно было крепко–накрепко, глухо–наглухо заколочено. В таком виде светлица сделалась для нее хуже тюрьмы: у нее отняли последнее утешение, последнюю радость. С этого времени она не могла терпеть мамку и выгоняла ее от себя, как скоро та появлялась.

Что сделалось с бедным сердцем ее, с бедным рассудком? Крутые меры против нее только усиливали ее любовь, а ей казалось, что с приездом Антона очарование действует на нее сильнее, неотступнее. Мучения ее были нестерпимы! она готова была лишиться рассудка или в самом деле наложить на себя руки, как обещала мамке. Селинова, посещая ее, то и дело подкладывала горючих веществ под костер, и без того неугасимый, то и дело питала в несчастной мысль, что она околдована. Надо было разрубить этот узел, который судьба затягивала насмерть.

Прошла неделя в такой душевной тревоге. Анастасия решилась на тяжкий, но необходимый подвиг. Она ждала только случая исполнить его. Случай этот наступил. Брат еще не приезжал из Твери, отец поехал к приятелю на пир по случаю какого–то домашнего праздника, мамка отправилась на торг для закупок; постоялец был дома – это доказывали прилетавшие из его комнаты печальные звуки его голоса и волшебного снаряда, которым он, между прочими средствами, очаровывал дочь Образца. Сердце ее замирало в груди так, что дышать было тяжело. Решалась идти и боялась. Стыдливость, страх, любовь под видом тоски неизъяснимой долго боролись в ней и привели ее в лихорадочное состояние. Наконец какое–то исступление овладело ею: она решилась... и послала сенную девушку просить к себе Селинову. Эта знала зачем и поспешила явиться.

Сенные девушки отпущены в сад погулять, в хороводы поиграть.

Анастасия подала дрожащую руку Селиновой. Они вышли из светлицы и спустились по темной лесенке, ведущей на половину басурманскую. Несколько раз дочь Образца просила свою подругу дать ей отдохнуть, не раз скользила ее нога по ступенькам.

Перед ними роковая дверь.

Анастасия остановилась у двери; она с трудом перевела дух. Сквозь туман ее мыслей представилась ей еще раз одна, ужасная. К кому идет она, девица, дочь боярина?.. К мужчине, к чужеземцу. Если б видел отец, брат!.. Один взгляд их убил бы ее на месте. Еще время одуматься, можно еще воротиться. Она посмотрела на свою подругу, как бы умоляла ее о помощи. Луч света сквозь железные двери падал на лицо ее. Селинова заметила ее нерешимость и, вместо того чтобы удержать слабую, исступленную девушку на роковом пороге, отодвинула железный запор, дверь отворилась... Легкий толчок вперед лукавой посредницы, и Анастасия на половине басурманской, в горнице, где сам Антон–лекарь... Селинова успела осторожно спрятаться за дверь так, что он не заметил ее. Антон, положив виолю на стол, сидел, облокотясь на него, в глубокой задумчивости. Шорох за дверью заставил его встрепенуться. Он стал прислушиваться... Шорох усилился за дверью. Что это значит? Не нападение ли какое? Странно, днем? из

189

половины боярской?.. Оружие на стене, почти под рукою, стоит только сделать шаг и схватить. Бояться нечего. Разве сила одолеет? Но из какой причины? Разве из ненависти к басурману?

Вот стукнули запором... скрипнула дверь... отворилась...

Боже! Анастасия?.. Она сама. Антон вскрикнул и всплеснул руками. Обезумленный ее появлением, он не имел сил двинуться с места.

Анастасия у ног его, молит его о чем-то... Наконец он едва может расслушать слова:

– Сжалься, смилуйся надо мною... сними с меня нечистую силу... не смогу более нести... тяжело! душит меня!

Молодой человек поднимает ее, берет за руки, сжимает их в своих руках, умоляет ее объясниться, говорит, что ему должно быть у ног ее, и, вместо того чтобы ждать объяснений, рассказывает ей в самых нежных, пламенных выражениях свою любовь, свои муки и опасения. Исступленная, в слезах, вся пылая, она кажется еще прекраснее, чем он видал ее прежде, издали. Нет, никогда в жизни своей, в Италии, на родине, на пути в Москву, не встречал он женщины, которую дерзнул бы хоть приблизительно сравнить с нею. Только в голове художника-поэта мог осуществиться идеал ее. Он не знает, что говорит, что делает; увлеченный своими чувствами, клянется ей в вечной любви и осмеливается напечатлеть поцелуй на руке ее.

И она, что пришла она сказать ему, о чем пришла его молить? Где ее намерения, цель борьбы ее? Его голос, его речи и ласки все перевернули вверх дном. Она забыла прошедшее, она не понимает настоящего, но это настоящее так сладко, так приятно струится в ее крови, что она не променяет его на все протекшие годы жизни своей. Язык ее хотел дать ему имена врага божьего, колдуна, очарователя, и не смеет произнести этих слов, будто богохульство. "Свет мой, радость моя", – желала бы она вымолвить, но и того пуще не сможет, хотя сердце втайне и твердит эти имена. Рука ее в его руке; хотела 6 отнять, не в силах. Наконец она зарыдала и упала на грудь его.

Антон берет ее в свои объятия, сажает на скамейку, становится перед нею на колена. Смутно понимая, что она хотела сказать ему словами "нечистая сила, очарование" и соображая с этими словами слухи, распущенные о нем по Москве, клянется господом богом, пречистою, всеми святыми, что он христианин, почитает волшебство великим, смертным грехом, и никогда не думал делать какие-либо чары над ней. В свидетели указывает ей на икону греческого письма, поставленную в его комнате, крестится русским крестом, вынимает из груди и целует серебряный тельник, выпрошенный им у Хабара.

– Люблю тебя более всего на свете, – говорит он ей, – более матери родной. Только и отрады – хоть издали увидеть тебя; сохну, как лист осенний, без тебя, свет очей моих, жизнь моя! Не променяю взгляда твоего на все груды золота, на богатство великого князя, на почести бояр его, всех вместе. Поэтому и я околдован, и на меня насланы чары. Нет, бесценная, дорогая моя, это любовь, а не колдовство. Богу так угодно было, а не силе поганой. Потребуй от меня чего хочешь, отдам тебе по куску тела моего, по капле крови; прикажи, вымолви только слово, и я исполню его. Ненавистен я тебе, вели мне убежать в землю далекую – я убегу и изною там в тоске по тебе, но исполню волю твою.

– Нет, – сказала Анастасия, вдохновенная любовью, – останься, только окрестись в нашу веру.

Та, за честь которой он отдал бы свою жизнь, переступила порог мужской комнаты; этот поступок кинул пятно на девственное покрывало ее. Антон видит бездну, над которою судьба поставила неопытную девушку и его самого; зашли слишком далеко, чтобы воротиться, и – он дает обет принять русскую веру. Условием только рука ее. Ответа нет, но за нее говорят прекрасные очи, подернутые завесою черных длинных ресниц, румянец, играющий на щеках. Он обвил ее стан своею рукой и прижал ее к сердцу. Поцелуй замер на губах ее, поцелуй жениха невесте, обручивший их на жизнь и на смерть. Анастасия не имела сил противиться.

Дверь скрипнула. Анастасия и вырвалась из объятий.

– Кто ж там? – спросил в ужасе молодой человек.

– Моя подруга... не бойся... – отвечала Анастасия, бросившись в дверь.

Антон стоял как вкопанный на одном месте, будто ошибло его громом. "Подруга? поэтому честь девушки в залоге у третьего лица", – думал он и подтвердил в душе своей роковой обет.

Железная дверь вздохнула на своих петлях, стукнул запор, и все бездушные вещи пришли на свои места. Но какое превращение испытали трое существ, разыгрывавших прошедшее явление. Да, трое, потому что Селинова, готовая на отраву любовника и на самоубийство для него, готовая в минуту мести на злодеяние и в минуту великодушия на необыкновенные жертвы, была так тронута любовью Антона и дочери Образца, что раскаялась в своих гнусных поступках и намерениях против них. Она дала Анастасии клятву молчать об их свидании, оставила ее наслаждаться своим счастьем, которое – знала она по опыту – бывает так быстролетно на земле, и прямо побежала к Мамону. Здесь, со слезами на глазах, ударяя себя в грудь, призналась ему, что все сказанное насчет Анастасии выдумано ею, все клевета, ложь, что она, истерзанная, измученная раскаянием, готова подтвердить это под ужасною присягою, даже под колоколами, если понадобится. Раздраженный этим признанием, сокрушенный им в лучших своих надеждах, Мамон грыз себе кулаки и едва не вытолкал вдову из дома своего.

Что ж с Анастасией?.. Где она была, что слышала, что ощущала? На руке, на устах, в груди, во всем ее существе, горят следы, которые и в гроб возьмет с собою. Как пригож, как ласков!.. Нет, он не поганый басурман, не чернокнижник, а милый Антон, родной ее, суженый, сокровище ненаглядное. Что она чувствовала, и Антон тоже чувствовал; что с нею было, было и с Антоном: это не колдовство – это называют любовью. Глупенькая, она этого прежде не понимала! Неправду сказали ей и подруги ее про любовь: видно, они сами не знали ее. Он окрестится в русскую веру... будет сватать ее... отец спросит: люб ли тебе Антон? Люб мне, как свет божий, скажет она. Нет, она этого не посмеет сказать отцу, он поймет из ее молчания... Чего не говорил ей воркун, сизый голубчик! В ласковых речах отца, брата, подруг не было таких речей. Откуда взял он их? Так радостно, так хорошо от них было душе, ввек хотела бы слушать, и не наслушалась бы. Многих слов не поняла: видно, тех приманных, прилучных слов, что шептал он ей и во сне, на которые за ответом разве на небо господне сходить! А как взял ее за руку, света божьего невзвидела, в глазах помутилось. Вот этак раз мамка смеха ради напоила

191

ее хмельным медом. Правда, в глазах было мутно, да сердцу так хорошо не было, не знаешь как уж и рассказать. А как поцеловал ее в уста... Господи, не помнит она, жива ли была или умерла на это время!

Анастасия вся кипучий восторг, вся расцвет жизни, как полный праздничный фиал под венцом своей искрометной влаги, как роза, вспыхнувшая из своей девственной почки от пламенного луча полудня.

Что ж было с Антоном?.. Не дитя ли он, которому случай послал дорогую игрушку, ожиданную с тоскою и страхом нетерпения?.. Нет, он молод летами, но муж душою, готовый выручить слово свое из борьбы с властями земли, со всеми насланиями рока. Он не пойдет назад, хотя б стояла перед ним бездна. Он дал обет и исполнит, разве смерти уступит. В сердце его нет уж борьбы, есть один долг, святой, неизменный. Кстати его решению помогает мысль, что мать, воспитатель намекали ему, только что не приказывали в каждом письме остаться на Руси. Мать сама обещала, по каким-то важным, но тайным причинам, переселиться к нему, если он найдет свою оседлость в этой стране. Русь будет его вторым отечеством – в таком случае надо принять и исповедание ее. Что ж? исповедание христианское, чистое от укоризны в злоупотреблениях и фанатизме, в которых можно упрекнуть западную церковь. Целые народы полудня волнуются за новые религиозные мнения; Виклеф, Гус имеют тысячи последователей; за эти мнения родина его пролила столько крови!.. Правда, там действует убеждение, а здесь не корысть ли, не себялюбие ль? Нет, и здесь не одна корысть, не одна любовь. Спасение ближнего, друга, сестры, невесты, от бесчестья, от погибели, здесь и на том свете, спасение всего семейства ее от позора, престарелого отца от преждевременной смерти, себя самого, может быть, от ужасного греха убийства, не есть ли тоже цель высокая, достойная и великих пожертвований? Антон знает, что этими жертвами не губит души своей; а хотя б пришлось и погубить ее для Анастасии, для спасения чести ее, которая была пущена в такую ужасную игру, он не задумается. Такими доводами вооружался герой нашей повести, чтобы успокоить свою совесть, немного мятежную. Нечего греха таить – многие из них диктовало ему сердце, страсть, а не разум, не сила воли. Не хотим его сделать лучше, чем он был.

Получить руку боярской дочери не есть мысль безрассудная. Одно условие – исповедание. С исполнением этого условия иноземцу свободен вход в дом божий, помазанная святым елеем голова может стоять под брачным венцом с русскою девицею. Сколько примеров было, что татаре новокрещеные женились на дочерях боярских! Отцы думают спасти душу свою такими браками, которые, по мнению их, искупают поганых от огня вечного. Сам великий князь одобрял подобные союзы русских с иноземцами и дарил новобрачных поместьями. Бог видит, не поместья прельщают Антона: он от них откажется.

Но рука Анастасии обещана великим князем касимовскому царевичу Каракаче, но боярин Образец питает к своему постояльцу особенное недоброжелательство!.. Как предупредить ужасный союз с татарином и разрушить препятствия, разделяющие его с отцом Анастасии? К кому ближе, успешнее прибегнуть для достижения того и другого? В таких мыслях застал его Андрюша.

ГЛАВА ВТОРАЯ

РОДИМЕЦ ХУДОЖНИКА

Любовник, когда он видит смерть обожаемой женщины 26, мать, разлученная навеки с дочерью, отец, отверженный неблагодарными детьми, изгнанник, который не может обнаружить клеветы, все эти несчастливцы не знают тех страданий, какие испытывает художник, когда, непризнанный, он переходит в вечность.

Ролла во Флор. Лафон

— Милый, ах, милый Антон! спаси отца моего! — вскричал сын Аристотеля, вбежав в комнату.

— Что с ним сделалось? — спросил лекарь, целуя малютку. — Да ты сам в крови?

— Ушиб немного висок... упал с лестницы... пройдет... Но отец, отец! ах, что с ним будет! Вот уж сутки не пьет, не ест, не спит, все бредит, жалуется, что ему не дают подняться до неба... Давеча к утру закрыл глаза; подошел я к нему на цыпочках, пощупал голову — голова горит, губы засохли, грудь дышит тяжело... откроет мутные глаза, смотрит и не видит и говорит сам с собою непонятные речи. Теперь сидит на площади, на кирпичах, что готовят под Пречистую, махает руками и бьет себя в грудь.

— Успокойся. Это ничего, душа моя... какое-нибудь огорчение художника. Пойдем к нему и посмотрим, что надо с ним сделать.

Они поспешили выйти и почти бегом направили путь свой к развалинам Успенского собора.

Художника застали еще в том положении, в каком оставил его Андрюша. Голова его не была покрыта, ветерок развевал беспорядочно длинные волосы, в мутных глазах изображалось отчаяние; золотая цепь с гривною, дар великого князя, лежала задом наперед. Между грудами камня он казался живою развалиной. С приходом лекаря ироническая улыбка пробежала по губам его.

— Откуда? — спросил он, обращаясь к Антону. — Не из двора ль господина всея Руси? Что? чай, лечил попугаев, кошек великокняжеских? Польза вперед изящного! Так и должно быть. Лечи, лечи, брат, это здоровее, нежели тягаться за тайнами неба! И языки смотрел у царедворцев?.. А?.. В здоровом положении?.. По-прежнему намазаны медом, когда надо говорить горькую истину, по-прежнему — ядом, когда надо защищать угнетенных?.. Насыпал бы на них негашеной извести, вытянул бы их горячими клещами до второго пришествия! Пигмеи!.. Что, господин лекарь, черпальщик живой и мертвой воды, теперь пришел посмотреть на унижение художника, посмеяться, как рука невежества свалила разом все лучшие мечты его, которыми он хотел на небо?.. Смотри, любуйся!.. Чай, смешно?.. Не насмехайся заранее; подожди, та же участь ждет тебя!

— Мы пришли утешить тебя, помочь тебе своею любовью, — сказал Антон, тронутый до слез. — Ты не узнаешь детей своих?

— Помочь?.. Поздно!.. (Аристотель покачал головой.) Нет у меня детей!.. Посмотрите, вот было мое создание, мое детище (он указал на разорванные клочки

193

чертежа, рассыпанные кругом). Это гроб его. Похороните меня здесь, с ним вместе. Гроб, ничтожество, вот что меня ждет!.. Я хотел создать им храм, храм богу, понимаете ли? Куда им! Им надо пушки, колокола, чем огромнее, тем лучше, чем звучнее, тем изящней! Хорошо, смастерю им колокол, чтобы гудел про весь мир об их невежестве, чтобы зычал, как они завлекли меня сюда на приманку небесную и вместо нее засыпали мне глаза песком, известью. Вылью им из меди пушку в две версты, поставлю ее против этого городишка – все в развалины, все в прах, и живое, и мертвое!.. О, тогда я останусь один. Никто не помешает мне созидать храм. Я могу еще собрать части его: он тут еще (Аристотель ударил себя кулаком по голове и в грудь), тут, пока я жив. Тогда из развалин построю храм живому богу: пускай народы придут издалече поклониться ему в этой огромной пустыне!

Горько было Андрюше слышать безумную речь отца. Он сидел на камне возле него, целовал его руки и обливал их слезами. Желая хоть сколько–нибудь поправить и заставить извинить беспорядок его наружности, унижающей родного старика в глазах прохожих, он скинул, будто от жары, шапочку, чтобы подпариться ему, и поправил на нем цепь. Аристотель взглянул на него с участием.

– Поправь, поправь, дитя мое, – сказал он, гладя сына по голове. – Это дорогая, высокая награда за обжигу кирпича, за мосты, за большую пушку! Тебе ж достанется в наследство с именем литейщика и муровщика!.. (Немного подумав и покачав головою.) Не о такой награде думал я, когда ехал сюда: цепью бессмертных годов думал украсить свое имя; славное имя Аристотеля–художника, создателя храма, хотел я оставить тебе в наследство. (Он остановился и заплакал.) Благодарю бога, удержался хоть тебя сделать художником. Помнишь, Антон? ты упрекал меня за это.

Лекарь видел в слезах своего друга добрый знак; обрадованный также, что речь склонилась на Андрюшу, он старался поддержать ее.

– Не упрекал, добрый друг мой, – сказал он, – а спрашивал только о назначении твоего сына. Не будь неблагодарен к милостям творца: для фамилии Фиоравенти он был щедр на великие уделы. Брат твой знаменитый врач; обетованная земля изящного. Италия чтит в тебе великого художника; сыну твоему выпал жребий воина. Кто знает, какими великими подвигами не означится этот жребий! Ты, конечно, поступил благоразумно, предоставив ему путь, открытый ему так широко самою судьбою и отважным характером его. Не всем идти по одной дороге.

В это время на небе наступилась туча, ветер завыл, будто прорванная плотина, и стал прохватывать художника. Он ощупал голову. Андрюша предупредил его и подал берет, который за ним нес, когда отец выходил из дому, а потом положил недалече от него, между камнями. Аристотель накрыл голову.

– Будет сильный дождь, – сказал сын его.

– Укроемся у меня, – подхватил Антон и подал руку художнику. Этот не противился и молча, как покорное дитя, последовал за ним, но прежде посмотрел на лоскуты чертежа. Ему как бы жаль было, что их намочит дождем. Андрюша понял взгляд отца, подобрал лоскуты и бережно положил их к себе за пазуху.

– Да, хорошо, умно сделано! – говорил Аристотель грустным голосом, идя к своему другу.

Он остался ночевать у Антона и целые сутки пробыл в тревожном состоянии духа и тела. Речи его большею частию были несвязны. Наконец он стал приходить в себя, а когда образумился, начал осуждать свое назначение. Так, или почти так, говорил он своему молодому другу:

– Ты не знаешь, Антон, что такое жизнь художника! Еще дитя, он тревожится непонятными, тяжкими думами; ему гений–сфинкс задал уж свои загадки; в нем засел уж Прометеев ворон и растет вместе с ним. Товарищи играют, веселятся; они готовят на зрелые лета воспоминания о райских днях детства, которых дважды не бывает: придет время, он будет помнить одни мучительные грезы этого возраста. Настанет юность: для других это время любви, связей, разгул, пир жизни; для художника их нет. Дикарь, отступник общества, он бежит красавиц, бежит веселия в пустыню своей души и там, в тоске неизъяснимой, в слезах вдохновения, на коленах перед своим идеалом, молит его сойти на землю, в его скудельную обитель. И ждет он дни, ночи и сохнет по красоте неземной. Горе ему, если она не посетит его! еще большее горе, если посетит! Нежный состав юноши не выдержит ее брачного поцелуя; ее удел – союз с богами, и земной уничтожится в ее объятиях. Не говорю об учении, о заготовке механической. И тут на каждом шагу вещественность цепляется за тебя, ставит тебе преграды: проводит безобразную жилу на мраморе твоего болвана, мешает сажу в твой кармин, путает воображение сетью уродливых чисел и формул, велит быть рабом у маляра или каменотеса. А что ждет тебя, когда выйдешь победителем из этой школы механики, когда успеешь сбросить с себя тяжкую суму тысячи ненужных правил, которые педантизм навалит на тебя, когда возьмешь на выбор только те законы, которые так просты и единичны?.. Что ждет тебя тогда? Опять вещественность! Бедность, нужды, труд заказной, оценщики, соперники – эта вся голодная стая, которая разом налетит на тебя и готова разорвать, лишь только узнает, что ты чистый сосуд дара божьего. Душа твоя хочет творить, а тут желудок требует куска хлеба, вдохновение подвязало тебе крылья, а тело просит не только прикрыть наготу свою обычною покрышкой, но и тонкого сукна, шелка, бархата, чтобы явиться перед судьями твоими в приличной одежде, без которой тебя не примут, ты и твое произведение умрете в неизвестности. Чтобы достать пропитание, одежду, надо работать: тебе торгаш заказывает анбары и погреба, синьор – конюшни и псарни. Вот наконец приготовил ты себе насущный хлеб, одел прилично свои кости и мясо: вдохновение жаждет своей пищи, просится из твоей души в образы, в формы. Ты творишь, ты сводишь свой идеал в исполнение. Как быстро задвигались колеса твоего существа! Бытие твое удесятерено, пульс твой бьется, как бы ты дышал атмосферой самых высоких гор. Ты тратишь в один день месяцы жизни. Сколько ночей, проведенных без сна, в неразрывной цепи дней, исполненных тревоги! Лучше сказать, не дней, нет ночей для тебя, нет времен года, как для других людей. Кровь твоя то кипит, то леденеет, лихорадка воображения изнуряет тебя. Восторг тебя сожигает, неудача исполнения бесит, терзает на части; тебя мучит то страх людского мнения, то боязнь умереть, не кончив труда. Прибавь неотступную тень славы, которая ходит везде по пятам твоим и не дает тебе минуты покоя. Вот период творчества! Творя, ты жил у подножия высшей красоты. Земные окружают твое произведение, судят, ценят, разбирают по суставам; покровители хвалят орнаменты, величину столбов, тяжесть труда; милостынераздаватели бросают в честь твою жетоны или подползают мышами под чертежи твои и во мраке ночей грызут их. Нет, друг мой, жизнь художника – жизнь мученика.

Так говорил Аристотель, не давая Антону делать ему возражения, за которые этот несколько раз осторожно принимался. Когда ж он успокоился, молодой человек осмелился отвечать ему:

– Незавидное изображение художника сделал ты! Позволь мне сказать, ты снял одну черную сторону картины. Только два, три вопроса, и я замолчу.

– Ожидаю их.

– Разве, творя или, как ты справедливо объяснился, живя у подножия высшей красоты, лобызая края ризы ее, не наслаждался ты в один миг восторгами, которых простой смертный не купит целою жизнью своей? Разве, выполняя свой идеал, не имел сладких, райских минут, которых не хотел бы променять на все сокровища мира? Разве воспоминанием этих минут не был ты счастлив! Мало ли награжден от бога?.. Не свыше ли миллиона подобных тебе?.. Ты грешишь, друг мой!

– Правда, правда, Антонио! – воскликнул художник с чувством, пожимая его руку, – всем этим я наслаждался. И если б мне опять пришлось начинать жизнь свою, если б отдавали мне на выбор радость богача, победителя, царя и мои прошедшие радости, я взял бы опять последние, опять пошел бы смиренною тропою художника. Так, мне дано, что мне было надо, чего требовала душа моя еще до появления в этот мир. Но человек странное существо; самолюбие, славолюбие, назови как хочешь, доводит его до безумия. Ему мало самому наслаждаться своим созданием, он хочет, чтобы другие, тысячи наслаждались им; мало ему хвалы современников, он хочет, чтобы потомство, будущие поколения, будущие веки поклонялись ему. Негодуя на краткость своей жизни он стремится жить и за гробом. Мертвый, под могильным камнем, он не услышит себе ни похвалы, ни осуждения; но терзается заранее, если обречен последним, заранее наслаждается, мечтая, как имя его будет переходить из уст в уста, когда он будет лежать в земле.

– Прекрасное стремление! – сказал Антон. – Без него чем отличить бы человека от животных? без него земля лишилась бы лучшего своего украшения, человечество – лучших своих подвигов.

– Хорошо, хорошо, мой друг! Мы пришли к тому, с чего бы должны начать. Что ж значит стремление к прекрасному без исполнения, высокое, благородное желание жить в веках, чувство самопознания, силы воли, дара в себе, возможности творить достойное бессмертия и не иметь возможности осуществить свое создание в достойных вековых формах?.. Существенность, злая существенность – вот что меня мучит, пожирает! вот что приводит меня в безумие!.. Слушай и осуди меня, если я достоин. Сказывал я тебе, с какими высокими, пламенными надеждами направил я путь свой в Московию, от каких богатых предложений отказался, чтобы осуществить эти надежды. Ни дружба дожа Марчелли, ни усердные зазывы других итальянских властителей, ни моления родных и друзей, ни будущность в неизвестной земле, которою меня пугали, ничто не остановило меня. Я оставил свое отечество с его благословенным небом, пошел в землю далекую, на край света, в снежные сугробы, прельщенный обещаниями, которые льстили моему сердцу, и собственною уверенностью располагать здесь для моего дела средствами, какие только пожелаю. Здесь, единственный художник, лелеемый властями, любовью, уважением народа религиозного, готового на все жертвы для дела церкви, я мечтал осуществить свое создание скорее, чем где–нибудь. Наконец я здесь. Ты знаешь, каких труженических услуг стоило мне приобретение милостей великого князя. Ему служил я, как поденщик; лицо мое опалено порохом, спина преждевременно согнута, на руках мозоли. Такими трудами дошел я, однако ж, до апогеи царских милостей. И любовь народа, черни приобрел я до того, что получаю сам вклады на построение церковное. Сын, которого я отдал этому народу в залог моей преданности, моей верности ему, которого окрестил в русскую веру, помощь моя в ратном деле, строгая жизнь, приготовление грубых материалов, литье пушек, колоколов, самое имя церковного строителя – все доставило мне уважение и любовь русских. Материалов для храма приготовил я много и мог бы еще приготовить во время стройки; десятки тысяч кирпичей ежедневно привозятся даром с заводов моих. Бояре, имеющие избы вокруг Успения, охотно снимают их под церковное место: "Под основание дома божьего готовы мы и себя положить, – говорят они. – Это не то, что ломать церкви под сады". Я мог располагать еще тысячами усердных рук. Казна Иоаннова, обогащенная победами, в которых я немало участвовал, открывает мне свои средства. Все, вместе с новым торжеством по случаю завоевания Твери, давало мне право приступить к выполнению моего создания. Недоставало только слова Иоанна: да будет! Вот третьего дня велено мне было представить ему чертежи свои. Приношу их. Сам великий князь, София и высшая духовная особа моими судьями. С трепетом сердца раскрываю чертежи, объясняю их... Вижу неудовольствие на лице Иоанна, еще большее на лице духовной особы; София смотрела на меня с сожалением и живым участием. "Помилуй, – сказал великий князь, – что это хочешь ты нам выстроить?" – "Храм божьей матери, который был бы ее достоин", – отвечал я. – "Храм?.. – возразил Иоанн, – мы хотим дом божий, а ты что нам сделал?.. Ездил ты во Владимир, видел там соборную церковь?" – "Ездил и видел". – "Такую построй, господин Аристотель, только немного побольше и потолще; та для Владимира, а нам для Москвы, понимаешь? За то молвим тебе от всей православной Руси доброе слово и без награды не оставим". – "Когда так, зачем же звал ты славного мастера из Венеции? – сказал я с сердцем, свертывая свои чертежи. – Велел бы построить муровщику любому!" – "Вот ты и прогневался! Постой, покажи опять свои листы" (и стал он снова рассматривать их). "Воля твоя, мудрено что–то, не про нас писано. Кажется, и на бумаге того и гляди задавит тебя". В это время духовная особа посмотрела на чертежи и примолвила: "Совершенная божница латинская!" – "Только не жидовская школа", – возразил я. Духовная особа побледнела. София стала защищать меня, говоря, что такой храм будет на удивление чужеземцам, что в самом Константинополе церковь в честь ее святой едва ли будет равняться с ним красотою и величием. Великий князь покачал головой и призадумался. "А сколько сажен человечьих надо под церковь твою?" – спросил он. "Двести", – отвечал я. "Двести? ты обезумел, Аристотель! Поэтому боярские хоромы помелом, церкви извечные долой". – "Избы твоих бояр и часовни, которые вы называете церквами, конечно, долой. Ломал же ты их для садов княжеских. Если хочешь быть великим государем, надо и делать все великое, достойное удивления народов". – "Ладно; да где мы возьмем столько кирпичей?" – "На моих заводах их много приготовлено, приготовлю их еще больше". – "Откуда ж возьму для Кремля? Не забудь, мне надо поставить стену, ворота, стрельницы". – "Где хочешь, государь, а я готовил кирпич под храм Пречистой, а не для твоих татарских башен". – "Нет, этому не быть, – вскричал в гневе Иоанн, – ты обезумел, Аристотель, на тебя нашел родимец. Много тешил я тебя, а этому не бывать – невмочь. Согну дуб в дугу, да как слажу, чтобы он вырос до неба! И вся Русь только что оперяется, а ты хочешь ощипать у нее последние перья. Гневайся или не гневайся, хочу, чтобы собор Пречистой был строен по образцу владимирского, только попросторней и потолще; чтобы это был дом божий, а не храм, не божница латинская". – "У тебя много фряжских палатных мастеров, прикажи им". – "Хочу, чтобы ты строил". – "Не стану". – "В цепи тебя, – вскричал Иоанн, застучав посохом и пожирая меня разожженными очами, – в цепях будешь строить". – "Буду в цепях строить свой храм, коли дозволишь". – "Хочу дом божий, по образцу владимирского". – "Не буду". – "Иль ты меня не знаешь?" – "Знаю, и не буду". – Я думал, он ударит меня посохом, но только замахнулся и не ударил. Я вышел от него, хлопнув за собою дверью. И вот тебе цель моих кровавых трудов властителю, вот плоды моих вдохновений, исполнение моих лучших надежд!.. Есть ли от чего с ума сойти?

– Покуда вижу, ты ошибался насчет великого князя, насчет средств его и Руси, – сказал Антон, взявший на этот случай роль советника. – С величием его духа ты соразмерно придавал ему и любовь к изящным искусствам, которую привык находить в князьях Италии. Разве дикарь, как бы умен ни был, переходя из шалаша в мраморные палаты, не испугается и не бежит из них?.. Теперь, если мое желание не слишком самонадеянно, позволь видеть чертежи свои. Доверь их не суду моих познаний, но любви к прекрасному и холодного рассудка. Быть может, знакомство с высокими памятниками зодчества в Италии, знакомство с великими художниками образовали вкус мой до того, что ощупью его пойму то, что другие поймут наукою.

Образумившийся художник с удовольствием согласился на предложение своего молодого друга. Лоскуты чертежей, которых было немного, тотчас разложены на столе и соединены клейким веществом. Но лишь только Антон собирался рассматривать их, явился посланный от великого князя. Он имел дело до одного лекаря и вызвал его в сени. Здесь изъяснил, как беспокоится Иван Васильевич насчет здоровья художника, которого боялся потерять, и передал Антону приказ явиться к нему с удовлетворительным ответом (полагать надо, с ответом, что Аристотель скоро выздоровеет: на то Антон и лекарь, чтобы больные были здоровы; хоть умирай сам, а немощный должен встать, особенно когда приказывает господин всея Руси). "Вот этот родимец, – говорил посланный, – случается с ним не впервые. Было дело, Иван Васильевич сломает избы две, три кругом Успения, и позатихнет палатный мастер. А нынче невмочь стало господину нашему: сломай, видишь, все избы, все церкви извечные и палаты, что в городе. Сам ты рассуди, человек разумный, статочное ли дело!" – Антон не мог не улыбнуться, слушая простосердечное объяснение, но вместе с этим убедился, что требования друга его превышают возможность удовлетворить их. Он уверил

198

посланного в безопасности художника, обещал сделать ему нужную помощь в случае надобности и тотчас после того явиться к великому князю.

Возвратясь в комнату, застал художника с лицом, несколько прояснившим. Посылка ли великого князя, дававшая Аристотелю новые надежды (он не мог сомневаться, чтоб эта посылка не была насчет его), или рассматривание чертежей сделали в нем благодетельную перемену, может быть то и другое вместе, только лекарь застал на губах его улыбку, вполне развернувшуюся. Но мало–помалу стала она исчезать, и новые тучи надвинулись на чело его.

– Правда, Антонио, – воскликнул он, – я безумный!

Антон стал рассматривать чертежи. Что он увидел, того язык не перескажет. Может быть творение, подобное храму святого Петра в Риме, может быть пантеон христианский, Божественную комедию, сложенную из камня. Знакомый с высокими произведениями художества в Италии, приготовив свое воображение к чему–то необыкновенному, он увидел, что создание Аристотеля перегнало и воображение и существенность. Долго стоял он перед рисунками, не быв в состоянии дать отчет в своих впечатлениях.

Преддверие храма было мрачно; лишь только входили в него, вас обнимал священный ужас; все там было тяжесть греха, уныние, скорбь, сокрушение. Исполинские четвероугольные столбы из огромных камней, истесанных, источенных ржавчиною веков, скрепленных плеснею времени, наваленных в дивном, гармоническом беспорядке, казалось складены были всемогущею рукою природы, а не смертного; из сводов, согласного размера со столбами, грозно выглядывали каменные гиганты и готовы были задавить вас; молитвенный стон должен был отдаваться под этими сводами, как вздох из чахлой груди не одного человека, а целого человечества. Сквозь небольшие, беспорядочные расселины, местах в двух, трех, свет солнца ронял скупо свой одинокий луч то на божественный лик распятого Христа, то на плащаницу его, то на лицо Магдалины, облитое слезами. Но чем далее углублялись во внутренность храма, тем легче, светлее, отраднее становилось душе: тут размеры, формы, образы снимали свои вериги, забирали более воздуха, облекались в полусвет надежды, в упование бессмертия. Наконец, приближаясь к последнему отделу, вы теряли более и более земли под ногами своими и погружались в какой–то святой неизмеримости. Там восседала благодать, там все было эфир, гармония, блеск, радость. Слова не перескажут того, что чувствовал Антон, рассматривая чертежи дивного, тройственного храма.

– Нет, – сказал наконец молодой человек в восторге, которого не в силах был скрыть, – нет, великий художник; ты творил не на земле и только для земных, которые разве долго после нас придут и силою Архимедова рычага заменят миллионы сил человеческих. Самое воображение не в состоянии выдержать величие этого создания и, смущенное, падает перед ним: что ж, когда б оно было выполнено!.. Виноват, скажу тебе горькую истину: прав, сто раз прав русский властитель! Если б он мог постигнуть вполне величие этого здания, он еще более понял бы невозможность осуществить его. Брось, хотя на время, свои надежды – идея твоя далеко перегнала существенность. И не так ли всегда на деле? что создало небо, того земле не выполнить.

Бледный, дрожащий, внимал ему Аристотель, как бы слушал свой смертный приговор. Он готовился к этому приговору и, услыхав его, не мог образумиться.

– Высокий, гениальный мечтатель, житель неба, сошедший на нашу бедную землю, – продолжал молодой человек, взяв холодную руку художника и сжимая ее, – ты ошибся в наших земных расчетах, в наших размерах. Еще более ошибся ты в мечтах осуществить свое создание здесь, на Руси, в теперешнее время. Ты удивляешься, что тебя здесь не поняли: мудрено ль? ты пришел слишком рано. Подумай: Иоанн одарен душою сильною, волею железною, он побеждает время и способы; но он не всемогущ... Вдохнет ли он в себя чувство прекрасного, пламенную любовь к нему до того, чтобы усыновить теперь твое дело? Пожертвует ли для него сокровищами своей казны, отказавшись от других предприятий, которые почитает для себя выгоднее, полезнее? Пожертвует ли тысячами рук своего народа, сотнями домов своих бояр, церквами, которыми дорожит православная Москва? В нем идея силы, созданная для того, чтобы соединить воедино разрозненные части великого целого, исполняет свое назначение; но идея прекрасного ему невнятна или представляется ему смутно, и все–таки в образах силы, твердости, узорочности. Послушай меня, сократи размеры своего чертежа вполовину, если не на одну треть. И тогда еще гений изящного и высокого признает твое произведение своим, потомство будет ему удивляться. Но и тогда приготовь к нему властителя русского опытом здания, который приучил бы Иоанна и народ его если не к идее изящного, то хоть к идее величия, который был бы посредником между русскими и тобою. Построй им сначала здание примирения. Оно будет новою жертвою от тебя народу русскому. А там, сократя размеры своего храма, выбери под него место не в Кремле, а на одной из высот московских окружностей. Тогда, полный властелин своего дела, укрепясь средствами человеческими, с помощью божьей создашь памятник себе бессмертный. Для этого можно взять слово с Иоанна.

– Слово Иоанна?.. – воскликнул Аристотель и зарыдал, как ребенок.

– То, что я говорил тебе, до сих пор говорил твоему рассудку. Теперь обращаюсь к твоему сердцу. Отказываясь строить храм Пречистой, не отнимаешь ли у ней один из алтарей ее? Там, где бы ей поклонялись тысячи, где приносили бы ей достойную жертву, ты оставляешь место запустения, беспорядка, нечистоты? Куда девалось чувство христианского смирения?.. О друг мой, что сделал ты с чувством благочестия, которое тебя всегда отличало?

Эти слова обдали художника невыразимым ужасом.

– Да, я обезумел! – воскликнул он, – воображение затмило мне рассудок, самолюбие погубило во мне все доброе, все святое; не храм господу хотел я строить, а себе, не пречистой – хотел в нем себе поклонения!.. Хуже, чем язычник! Я уподобился израильтянам, ведавшим истинного бога и падавшим перед золотым тельцом. Ты образумил меня, юный, но рассудительный друг! Да, я принесу смиренную жертву, но не великому князю, не русскому народу, а матери божьей. Ей даю обет построить храм, дом божий, как мне приказывают строить, а не такой, какой хотело бы создать мое самолюбие (художник перекрестился). Взгляни, пречистая, милосердым оком на сокрушение моей воли и призри на меня, униженного грешника, с высоты своей.

С трепетом святого восторга он схватил чертежи свои и изорвал их в мелкие лоскуты, потом, рыдая, пал перед иконою божьей матери. Долго лежал он на полу, и, когда поднялся, лицо его, казалось, просияло. Он обнимал своего молодого друга, целовал с нежностью сына, как человек, пришедший домой из дальнего, трудного путешествия. Перелом был силен, но он совершен. Голос веры сделал то, чего не могла сделать ни грозная власть князей, ни сила дружбы, ни убеждения рассудка.

– Теперь, – сказал Аристотель, с твердостью обратясь к лекарю, – иди к великому князю и скажи ему, что я, не цепей убоясь, а исполняя обет пречистой, завтра ж начну строить дом божий, по образцу владимирского.

Известие об излечении Аристотеля от родимца, как русские называли его припадок, обрадовало Ивана Васильевича. Он боялся, чтобы его розмысл и церковный строитель не сошел с ума; добро б еще, когда бы не имели более в нем нужды! Может статься, и в самом деле художник был из числа тех гениальных безумцев, которых надо бы запереть вместе с Тассом и Бетговеном в желтый дом. Но, заметьте, тогда не было домов для призрения умалишенных. Радость свою не мог скрыть Иван Васильевич, благодарил несколько раз лекаря и дал ему слово, когда Аристотель выстроит церковь под Успенье так, как ему, великому князю, хочется, пожертвовать любимым местом за городом и своею казною под новую церковь, которую может палатный мастер созидать по–своему, лишь бы уменьшил размеры чертежа.

На другой день, с приличными духовными обрядами, заложен первый камень под основание Успенской соборной церкви. Вслед за тем начал Аристотель и строить ее по образцу владимирской. С удовольствием заметил он, что тип ее находится в Венеции, именно церковь святого Марка. Но перелом, сделанный в нем победою религиозной воли над славолюбием и лучшими его надеждами, был так силен, что положил его на болезненный одр, с которого не легко подняли его пособия врача и друга и любовь сына.

В таких обстоятельствах мог ли Антон упомянуть ему о своих надеждах? А кого ближе было ему выбрать в сваты, как не Аристотеля?.. Выздоровление художника должно было решить его участь.

ГЛАВА ТРЕТЬЯ

ПРИЕМ ПОСОЛЬСТВА

В Москве и в деревнях кругом необыкновенная тревога. Недельщики, боярские дети ездят с утра до ночи и выбивают народ. Русский мужичок всею радостью рад глазеть по целым дням хоть и на то, чего не понимает, лишь бы не работать, а тут еще и палкой выгоняют в город на целые сутки праздности. Валят тысячи со всех концов, и все они налягут на сердце Москвы: душно будет ей, родимой! Из этого–то народа хотят выставить декорацию московской силы.

И во дворе великокняжеском не меньшая суета. На следующий день прием цесарского посла. В русском царе, как начинал величать себя Иван Васильевич, возникало уж чувство достоинства, собственного и народного, и потому в сношениях с послом императора, заносчивым и изыскательным, дворчане великого князя торговались за малейшее преимущество. Несколько дней сряду бояре ездили в посольский двор для переговоров о встрече, проводах, сидении, вставании, целовании руки, о числе поклонов, об одном шаге вперед или назад, и едва ли не о чихании. Выведали, что Поппель будет говорить, и приняли свои меры для приличного ответа. Поппель требовал, чтобы великий князь беседовал с ним наедине – в этом отказано. Наконец, когда все улажено с обеих сторон, назначен день приема.

Умы или, сказать лучше, воображение народа занято блестящим приемом послов как бы праздником. Но под щитом церемониальных сует устроитель Руси готовил себе новое завоевание. Он приобретал целую область без меча, без союзов и переговоров.

У него был гость из Углича, брат его родной, Андрей Васильевич старший. Гостю обрадовались, на радушие не были скупы. Лишь только приехал он, провел весь вечер у великого князя в беседах искренних и веселых. Он ожидал невзгоды за то, что не прислал Москве вспомогательной дружины против ордынских царей. Ничуть не бывало: никогда еще так дружелюбно не принимали его, никогда так задушевно не беседовали с ним. На другой день зван он с своими боярами обедать. Иван Васильевич встречает его, сажает на почетное место, рассыпает перед ним ласки, ограненные так искусно под блеск дружбы, что угличский князь принимает их за настоящие самоцветы. В глазах, в речи хозяина не видно и тени лукавства; он не изменяет себе до конца. Эта игра играется в западной избе, которая, вероятно, так названа потому, что обращена лицом к вечеру, но отныне должна называться западней. Пора было захлопнуть в ней неосторожную жертву. Иван Васильевич выходит в повалушу и не возвращается более. Время обедать. Званых на пир не замедлили угостить на славу. В столовой гридне все дворчане Андрея Васильевича забраты под стражу. Ничего не подозревая, ждет он, чтобы пришли его в столы звать. И пришли бояре московские. Один из них[47] хочет что-то передать ему и не может: слезы мешают говорить. Наконец, прерываемый ими не раз, он сказал:

– Государь князь Андрей Васильевич, пойман ты богом да государем великим князем Иваном Васильевичем всея Руси, братом твоим старейшим.

Андрей изменился в лице, встал с своего места, но, скоро оправившись, отвечал с твердостью:

– Волен бог да государь брат мой, а господь рассудит нас в том, что лишаюсь свободы безвинно.

Выходя из гостеприимного жилища брата, несчастный променял свой угличский удел на казенный двор и цепи.

В тот же день разнесся по Москве слух о заключении угличского князя: он привел в ужас нескольких избранников божьих, которые не побоялись гласно осуждать поступок великого князя. Но большинство, чернь, не рассуждающая, была против несчастного узника, называла его изменником, предателем, врагом церкви и отечества. Успели надуть в уши народу приближенные Ивана

---

[47] Князь Семен Иванович Ряполовский. (Прим. автора)

Васильевича, что угличский князь пойман в переписке с королем польским, которому обещал голову Ивана Васильевича, что он для этого нарочно и прибыл в Москву со множеством бояр своих, что он уж во дворе великокняжеском и посягал на жизнь старшего брата, да встретил неудачу по случаю предательства одного из своих людей. Тут же поминали и старые вины его против Москвы, давно забытые и прощенные: о заслугах его Москве никто не замолвил слова. И потому не мудрено, что большинство было на стороне силы, а не правды. На следующий день готовился народу ротозейный праздник, и о несчастном узнике скоро забыли. За него некому было вступиться, кроме бога.

Вечером того же дня, как угличский князь схвачен и заключен в железа, Антона–лекаря позвали к великому князю. Ивана Васильевича застал он в тревожном состоянии.

– Послушай, лекарь, – сказал великий князь, – брат умирает; помоги, пожалуй.

Антон обещал сделать все, что может.

– Брат хоть и злодей мне, – продолжал великий князь, – хоть и посягал на мою душу, на Москву – за то и посажен в железа, – да я лиха смертного ему не желаю, видит господь, не желаю. Хочу только проучить его, наказать, аки отец наказывает. Хочу добра Москве и братьям моим. Кому ж и печальником быть о них! Ведь я старший в семье. А с Андреем от малых ногтей возросли вместе.

И заплакал он слезами притворными. Но страх его был искренен. Он боялся, чтобы Андрей Васильевич не умер в первый день заточения и чтобы смерти этой не причли ему в вину. Зарезать, удушить, отравить – таких мер никогда не брал он с своими пленниками: он считал это грехом ужасным. Обыкновенно морил он их медленною смертью в цепях, предоставляя срок жизни их богу: тут еще нет греха.

– Продержу его месяц, два и отпущу, – говорил он лекарю. – Ступай себе в любую сторону. Хоть и злодей, да кровный!.. Помоги, Антон! Службы твоей не забуду николи, сосватаю тебе невесту по сердцу... дам тебе поместье... Отведи душу мою от скорби великой. Вот, дворецкий проводит тебя к Андрею Васильевичу.

Антона изумил намек на невесту... Неужли великий князь знает уж о любви его к Анастасии? кто мог сказать о ней? Однако ж долго изумляться было некогда; он поспешил к заключенному и застал его в опасном положении. Угличский князь выдержал отважно первый удар; но когда измерил глубину своего несчастия, когда подвел свою будущность под участь прежних важных пленников своего брата, он ужаснулся этой будущности. Вся кровь его прилила к груди... Не наше дело описывать, какие меры принимал Антон, чтобы помочь несчастному; довольно, если скажем, что он силою врачебных средств, несмотря на сопротивление больного, сделал ему нужное пособие. Может статься, он был виною, что протянул его тюремную жизнь еще года на два.

Радостно взыграл угличский гость на небосклоне московском, будто молодой месяц, и как молодой месяц, тотчас погиб на нем. И на смертном одре одним прощальным ему звуком был звук желез.

Скорая помощь, оказанная угличскому князю, возвысила лекаря в глазах русского властителя. Еще в большей чести стал он держать его: дары следовали за дарами, ласковым словам умели дать цену. Этими милостями воспользовался Антон, чтобы испросить облегчение несчастному князю. Сняли с него на время железа, но как скоро он выздоровел, опять надели их. Антона ж уверили, что он совсем от них освобожден, и с того времени не позволяли лекарю видеться с заключенным.

В антракте этого ужасного происшествия сыграли посольский прием. Из посольского двора вели Поппеля объездом, лучшими улицами, Великою, Варьскою, Красною площадью и главной улицею в городе. Все это убито народом, как подсолнечник семенами. Оставлено только место для проезда посла, его дворян и провожатых. Все окна исписаны живыми лицами, заборы унизаны головами, как в заколдованных замках людоморов, по кровлям рассыпались люди. Вся Москва с своими концами и посадами прилила к сердцу своему.

"Тише! заиграли в набат! Едут, едут!" – раздалось в пароде, и этот возглас перебежал в несколько мгновений от посольского двора до набережных сеней, где назначен прием. Груди сдавлены, на спины налегли ужасною тяжестью, раздались жалобы, крики. "Ничего! едут, едут!" И вот потянулся поезд. В голове шествия всадник, ударяющий в медные тарелки. За ним переливается чешуйчатым потоком отборная десятня всадников в шлемах и латах, с мечами и бердышами. Далее тянется по два в ряд несколько бояр с неподвижною важностью мандаринов, в блестящих одеждах, в которых солнышко играет и перебирает лучи свои. Некоторые из них как будто несут на пышных подушках окладистые бороды, расчесанные волосок к волоску, так тучны они. Вот и сам посол императорский. На нем бархатный малиновый берет, надетый набекрень, с пуком волнующихся перьев, прикрепленным пряжкою из драгоценных камней: искусно накинута бархатная епанечка, обшитая кругом золотыми галунами. Поппель, прищурясь и важно подбоченясь, рисуется на коне, отягченном блестящею сбруей, которому то и дело поддает пыла острогами своими. И действительно, можно б вставить его в рамку на лобном месте, так изученно описана вся конная фигура его! Лучший, высокий момент его жизни! – торжественный въезд Траяна в Рим после победы над Даками, мост Аркольский, верхи пирамид для Наполеона! За ним его дворяне в одежде, которая уступает изяществом и богатством своим одежде посла, как месяц уступает солнцу. Посол и свита его без оружия – обряд, строго наблюдаемый недоверчивостью русских. В хвосте шествия опять несколько бояр по два в ряд.

Вся эта процессия должна остановиться в виду набережных сеней. Рыцарю Поппелю хотелось проехать к самому крыльцу; но как у красного крыльца имел право сходить только великий князь, то распорядители поезда так искусно прибили к этому месту волны народа, что гордый рыцарь вынужден был сойти с коня там, где ему указано. Внизу каменной лестницы встретил его окольничий с низкими поклонами, с пожатием руки (обряд, перенятый от иностранцев) и с обычным приветствием от имени своего государя – посередине лестницы боярин с теми же обрядами – у входа в сени дьяк Курицын, который ввел Поппеля в сени. Низшие великокняжеские дворчане встречали и вводили послед его. Но тут процессия вдруг остановлена. Сделалась суматоха; между боярами пошли переговоры, и разнесся шум, подобный жужжанию пчел, когда их встревожит курево посреди их трудов. Оказалось, что один из бояр надел кафтан не по чину и стал не на своем месте. Тогда дворецкий униженно просил посла и свиту его воротиться на крыльцо и переделать церемонию. Поспорив и негодуя, рыцарь вынужден был исполнить желание великого кастеляна. Процессия была переправлена набело. В первой палате, отделенной от ее апогеи одною дверью, остановил ее дьяк Курицын. Здесь стояли по обеим сторонам боярские дети и низшие дворские чины, на которых блестела одежда первого наряда, выданная им из кладовой великокняжеской. Иноземцам казалось, что они вошли в палаты волшебные, где люди окаменели, так неподвижно стояли дворчане, не смыкая глаз, и такая была тишина. Остановка продолжалась несколько минут, в которые слышно было одно нетерпеливое брянчанье рыцарских острогов. Наконец дверь отворилась, и послу с его свитою сказано позволение войти в новую палату. По обеим сторонам, по два в ряд, стояли бояре, будто снопы золотые. В конце палаты, не отличающейся никаким убранством, кроме как несколькими богатыми иконами, возвышалось на золотой всходнице из нескольких ступеней седалище, или престол, из орехового дерева, весь резной, греческой тонкой работы. Над ним икона горела в лучах своих дорогих каменьев; у подножия ее двуглавый орел расправлял уж свои крылья. Балдахин приподнимался на резных столбиках в виде пирамид. У боков седалища стояли две скамьи, покрытые суконными полавочниками, первого наряда, со львами. На одной лежала шапка, осыпанная жемчугом и дорогими самоцветами, а на другой чеканенный посох, крест, серебряная умывальница и две кружки с утиральником. Несколько шагов отступя, одиноко выставлялась пустая скамейка, и близ нее пустое стоянце. На великом князе был кафтан становой по серебряной земле с зелеными листьями, зипун из желтого атласа, ожерелье из лал и яхонтов; грудь осенялась крестом из кипарисова дерева с мощами; ноги, обутые в башмаки, отороченные золотом по белому сафьяну, покоились на бархатной колодке. Посреди сбора всех этих людей и вещей, посреди сияния богатых одежд, поражал вас блеск молниеносных очей русского властителя. Поппель видел уже не раз эти очи, но и теперь не мог выдержать их чарующего взгляда и потупил свои в землю. Несколько шагов вперед, и – опять остановка, будто для того, чтобы приготовить к чести видеть пресветлое лицо Иоанна. Наконец посла подвели ко всходнице. Здесь Курицын, обратясь к великому князю с низким поклоном, произнес:

– Господине, великий государь всея Руси, рыцарь Николай Поплев, посол от цесаря римского, бьет тебе челом, дозволь ему править поклон от своего государя.

Великий князь кивнул головой, и дьяк передал послу дозволение. Справив поклоны от императора Фридериха III и короля австрийского Максимилиана, Поппель взошел на вторую ступень всходницы и стал на колено. Иван Васильевич встал "да вспросил о здоровье светлейшего и наяснейшего Фредерика, римского цесаря, и краля ракусского и иных, приятеля своего возлюбленного, да и руку подал послу стоя, да велел всести ему на скамейке, против себя близко". Рука, оскверненная целованием латыншика, очищена омовением, которое совершил дворецкой. Вслед за послом сели все дворчане на своих скамьях. Посидев немного, он встал, и бояре последовали его примеру. Тут подан был верющий лист на аскамитной подушке. Великий князь показал, будто к нему прикасается рукой, но, не коснувшись, дал знак дьяку, который и принял лист и положил с подушкою на пустое стоянце. Затем дьяк, обратясь опять к Ивану Васильевичу с обычным поклоном, произнес:

— Господине, князь великий всея Руси, посол цесарской бьет тебе челом с поминками от своего господина.

Великий князь ласково кивнул послу; и дворяне цесарские, один за другим, поднесли с коленопреклонением монисто и ожерелье золотые, пятнадцать московских локтей венедитского (венецианского) бархата "темносинь гладок" да сыну первородному великого князя платно "червленый бархат на золоте, с подкладкою синего чамлата". За поминки велено его светлости поклониться. Наконец с теми же обрядами послу дозволено говорить от лица своего государя. При этом Иван Васильевич встал с престола и сделал несколько шагов вперед.

Поппель говорил:

— Умоляю о скромности и тайне. Ежели неприятели твои, ляхи и богемцы, узнают, о чем я намерен говорить, то жизнь моя будет в опасности. Мы слышали, что ты, светлейший, всемощнейший Иоанн, вседержавнейший государь Руси, требовал себе от папы королевского достоинства (при этих словах на лицо Иоанна набежало неудовольствие). Но знай, что не папа, только император жалует в короли, в принцы и рыцари. Если желаешь быть королем (Иван Васильевич отступил и сел гневно на престол; ветреный Поппель, затвердив свою речь, не переменял ее), то предлагаю тебе свои услуги. Надлежит только скрыть это дело от польского короля, который боится, чтобы ты, сделавшись ему равным государем, не отнял у него древних земель русских"[48].

Каждое слово доказывало, что посол не понимал ни нрава государя, к которому обращался, ни духа его народа, не знал и приличия места и времени; каждое слово обвиняло ум и неопытность Поппеля. На эту речь наш Иоанн отвечал твердо, владычным голосом, не встав с престола.

— Ты спрашиваешь нас, любо ли нам от цесаря хотеть кралем поставлену быть на нашей земле. Знай, лицарь Поплев, мы, божиею милостию, государи на своей земле изначала, от первых своих прародителей; поставление имеем от бога, как наши прародители, так и мы, и просим только бога, чтобы он дал нам и нашим детям и до века в том быть, как мы ныне государи на своей земле. А поставления, как мы наперед сего не хотели ни от кого, так и ныне не хотим.

Дьяк Курицын сдал эту речь толмачу. Страшная минута для Варфоломея! Не передать во всей точности, слово в слово, речи своего грозного повелителя императорскому послу он не смел, потому что дьяк понимал несколько немецкий язык; передать — не угодить послу; однако ж личная безопасность, которою он не раз жертвовал для услуги другим, пересилила, и он, запинаясь и дрожа, исполнил обязанность переводчика. Можно было Поппелю из гневных очей Иоанна понять отчасти содержание речи. Уж и эти вестники невзгоды встревожили его. Слушая же текст, он стоял смущенный, как школьник, пойманный в проступке, за который — сказали ему наперед — будет он наказан. Смущение его еще более увеличилось от побочного обстоятельства. Когда он, приступая к своей речи, раскланялся великому князю и дворчанам, заметил он между последними лицо молодого боярина, которое его поразило. Вылитое изображение баронессы Эренштейн, в молодые лета ее. Баронесса не любила Поппеля, он это хорошо знал и твердо помнил; ее суровый взгляд, в котором читал всегда явное к нему отвращение, ее

---

[48] История Государства Российского, т. VI. (Прим. автора)

резкие, неприятные слова зарублены были на сердце его. Теперь, в торжественные минуты его жизни, казалось, она явилась сюда в палату великокняжескую, чтобы помешать этому торжеству и смутить его самого. В молодом боярине тот же строгий, гневный взор, тот же вид недоброжелательства! Рыцарь, от природы дерзкий, тут потерялся и не сыскал ответа, чтобы поправить, сколько можно, свою ошибку. В глазах Ивана Васильевича изобразилось удовольствие победы, одержанной над почетным иноземцем. Насладившись торжеством своим, он спешил, однако ж, ободрить посла милостивым словом: ему не хотелось разорвать дружбу свою с немецкими землями, которая только что возникала, тем более что известны ему были другие предложения посла, льстившие его самолюбию.

– Это не помеха, – сказал Иоанн, – нашему приятельству с цесарем римским. Потому мы и верющий лист и дары от его светлости и высочества приняли с любовию.

Слова эти, переданные по порядку, через дьяка и переводчика, ободрили Поппеля.

Известно, что в этой аудиенции посол "именем Фридерика предложил Иоанну выдать дочь свою, Елену или Феодосию, за Альбрехта, маркграфа баденского, племянника императорского, и желал видеть невесту". Великий князь благосклонно принял предложение и соглашался, для рассуждений по этому делу, отправить к императору, вместе с рыцарем Поппелем, своего посла. Что ж касалось до желания видеть невесту, то Иван Васильевич объявил, что обычаи русские не дозволяют прежде времени показывать девиц женихам или сватам. Был еще вызов Поппелев, чтобы Иоанн запретил псковитянам вступаться в земли "ливонских немцев, подданных империи". Великий князь приказал отвечать, что псковитяне владеют только своими землями и не вступаются в чужие. Так очищены были все политические запросы. Лицо молодого боярина навело посла на дела домашние. Он вспомнил лекаря Эренштейна, и в желании вредить однофамильцу своего дяди и названному сопернику заносчивое сердце его нашло скоро источник изобретения, какой бы, конечно, не подарили риторические курсы, чреватые этими источниками. Он передал Ивану Васильевичу просьбу "святого цесарского величества иметь живых зверей, называемых по-русски лосями, если можно молодых без рог или с отпиленными рогами, чтобы они не могли вредить, и одного из гогулят, которые едят сырое мясо".

– Такой дар цесарское величество почтет за особенное благоприятельство, – говорил Поппель. – Взамен же обещает прислать тебе врача от двора своего, мейстера Леона, искуснейшего в целении всяких недугов. Не самозванец этот, а вельми мудрый, ученый, имеющий на звание лекаря лист от самого императора, славный не только в цесарских владениях, но и в чужих землях. И велел тебе, мой светлейший, высокий господин, сказать, не доверяйся слишком пришлому к тебе из немецкой земли лекарю.

– Почему ж так? – спросил Иоанн.

– Он побродяга, самозванец, неуч.

При этих словах выдвинулся было из ряда великокняжеских дворчан молодой боярин, поразивший так рыцаря своим сходством с баронессою Эренштейн: это был сам Антон. Вспыхнул он и затрясся, услыхав обидные отзывы Поппеля. Губы его готовы были произнести во всеуслышание слово: лжец; но Аристотель, стоявший подле него, так сильно дернул его за руку и сжал ее, великий князь так обдал его своим огненным взором и грозно поднял перст, что он удержался... Бог знает какую бы суматоху произвело в собрании роковое слово Антона и какая б ужасная гроза разразилась тогда над его головой. Но когда Иван Васильевич властительски сдержал и рассеял бурю, он сам встал на защиту оскорбленного.

– Не по пригожу ты, лицарь Николай Поплев, – сказал он, – ведешь речь о дворском нашем лекаре: мастерство свое и преданность Онтон доказал нам не раз на деле. Онтон люб нам завсегда: за то мы и в милости его своей содержим. А другого лекаря нам не надо и мы не хотим. – Что касается до гогулятина, который ест сырое мясо, и молодых лосей, то Иван Васильевич с великим удовольствием обещал их. Вместо же их просил "деловцев, копателей руды, да рудника, который умел бы разделять от земли золото и серебро, да серебряного мастера хитрого, который умел бы делать большие суды и кубки, да чеканить и писать на судах". Этим разменом просьб кончилась аудиенция. Посла проводили с такою же честью, как и встретили, если еще не с большею, потому что надо было подсластить горечь сделанных ему возражений.

Бесясь на неудачу в своих дипломатических попытках, которые обещали ему богатые милости от императора и великого князя, бесясь на неудачу уронить Антона Эренштейна в мнении русского властителя, преследуемый фамильным сходством своего названного врага с баронессою, Поппель проклинал себя и свою судьбу. Так бедный рыболов, безуспешно закидывая несколько дней сети, готов хоть сам броситься в воду. Посреди черных дум застала его записка от Антона-лекаря; это был вызов на поединок за оскорбление личности. Дрожащею рукою Поппель отвечал: "Рыцарь Николай Поппель, по усыновлению барон Эренштейн, опоясанный из рук самого императора, никогда не унизится до того, чтобы поднять перчатку, брошенную презренным лекаришкой". – "В таком случае, – отвечал ему Антон, – благородный врач Эренштейн дает ему, подлому трусу, своею перчаткой пощечину, которую благороднейший рыцарь может предъявить у своего императора в доказательство, как он достойно носит свое почетное звание". Поппель принял пощечину, как философ, в надежде отплатить за нее ударом более чувствительным.

ГЛАВА ЧЕТВЕРТАЯ

СВАТОВСТВО

Ой ты, батюшка родимый!
Ты за что, за что прогневался
На свое ли дитя милое,
На свою ли дочь родимую,
Что отдать хочешь в чужи люди,
В чужи люди незнакомые,

На чужу, дальню сторону?
Уж я ли тебе помеха в чем,
Изгоняешь с очей долой?
Износила ли платье цветное?
Переела ль кусок сахарный?
Выпила ли меды сладкие?
Вытоптала ли сады зеленые?

С того времени, как Анастасия посетила милого иноземца, вкрадывалось иногда в ее сердце чувство дурного дела, тяготила ее тайна, скрываемая от отца; иногда находила опять, по привычке, черная мысль, что она очарована Антоном; но это раскаяние, эта черная мысль скоро убегали при воспоминании сладких минут, которыми подарила ее любовь. Теперь одна разлука с милым Антоном мучила ее более всего. Хотелось бы еще сладкого свидания с ним, еще хмельного поцелуя!.. Только о том и думала, как Антон будет ее миловать, когда она будет божья да его.

Его ж мысли и чувства возносились выше земных восторгов. Храмовый рыцарь шел на освобождение гроба господня от ига неверных; дорогой заблудился в очарованном лесу и завел туда ж юного, неопытного спутника, брата крестового. Образумившись, ищет он вывести себя и его на правый путь: придут ли тогда на ум забавы турнира, венок победный?.. Так и Антон думал только, как бы спасти невесту души своей от погибели земной и, может быть, вечной. Тяжко было ему иногда от мысли, что он творит большой грех, переменяя исповедание отцов своих, но рядом с нею являлась другая, торжествующая о святости долга, о необходимости жертвы. Чем ближе был он к исполнению, тем более очищалось его сердце от нечистоты страстей. Нередко, даже без отчетливой причины, делалось ему грустно, очень грустно: тогда он молился – о чем, знает только господь; молитвы его были без слов: они выражались одними горячими слезами. Счастие его было так смутно!.. к светлому току ее примешалась нечистая струя...

Два письма, одно к матери, другое к воспитателю, были посланы посредством Курицына. У первой просил Антон благословения на великое дело, к которому готовился, и умолял ее приехать на Русь, хотя навестить его. "Вы сами желали, милая, бесценная матушка, – писал он, – чтобы я не возвращался более ни в Богемию, ни в Италию, чтобы я нашел здесь свою оседлость; вы сами не раз намекали мне, что исполнение этого желания будет лучшею усладою вашей старости и успокоит вас в будущем свете. Видно, провидение было заодно с вами: оно привело меня в дом русского боярина, где любовь назначила мне здесь новое отечество. Если б вы знали Анастасию (тут описывал он ее наружные и душевные достоинства), если б вы знали, как она меня любит, то, конечно, не желали бы мне лучшей подруги". Почти такого ж содержания было письмо к воспитателю; в нем присовокуплял только тягостные свои сомнения насчет перемены исповедания и тут же успокаивал свою совесть тем, что принимал постановления церкви, не зараженной злоупотреблениями, какие унижают западную. С уверенностью писал Антон о будущем своем союзе. Имел ли на это причины, мы сейчас увидим.

Как скоро Аристотель почувствовал облегчение от своей болезни, молодой друг его спешил открыть ему свое сердце, свои желания, надежды и опасения. В

209

каких трудах, как бы думали вы, застал Антон художника? Он сочинял вновь чертежи своего огромного храма. Расстаться с ним было все равно что умереть. В нем был весь он. Когда вошел лекарь, Аристотель покраснел и побледнел, как будто застигли его в важном проступке, и спешил кое-как, чем попало, накрыть чертежи. Вместо того чтобы найти в художнике усердного свата, Антон нашел в нем пламенного противника его делу. Грозный опыт сделал Аристотеля опасливым до какой-то робости; во всем стал он видеть одни неудачи. Он обещал, однако ж, быть его стряпчим у боярина Образца, как самый близкий человек, как отец. Но надежды не подавал, угадывая неодолимые препятствия в ненависти воеводы к немцу, из рода заклятых врагов его, хотя бы этот немец и принял русскую веру. Такое начало не предвещало ничего доброго; теперь, как водится, препятствия возбудили в Антоне сильнейшее желание обладать предметом, который составлял счастие и муку его жизни.

Не чувствуя ног под собою, весь погруженный в грустном раздумье, шел Антон домой; навстречу ему, пыхтя, багровый от жара и сильного движения, переводчик Варфоломей. Неизбежный стал поперек дороги его, униженно кланяясь, кивая головой и ногой, опахивая себя шапкою; он хотел говорить и от усталости не мог. Молодой человек учтиво просил дать ему дорогу.

– Нет, высокопочтеннейший господин, – сказал наконец Варфоломей, с особенным жаром, как будто пропустил кусок, стоявший у него в горле, – нет, не сойду, пока вы меня не услышите. Убейте, прибейте меня, но выслушайте. Вы меня не любите, ненавидите, презираете, я это знаю, но я не могу отвесть от вас души своей; это свыше сил моих. Я таков же к вам, как в первые минуты, когда вас увидел... все так же уважаю вас, все так же пламенно люблю и готов пожертвовать для вас бог знает чем. Сделайте из меня... Ну, что б вы хотели из меня сделать?.. Усердного слугу вашего?.. Мало? ну коня, вьючную лошадь! Хуже?.. Ах! что бы сыскать хуже!.. Ну, придумайте сами...

И начал Варфоломей с отчаянием бить себя кулаком в грудь, не хуже исступленного, плохого актера. С презрением посмотрел на него Антон и пожал плечами.

– Не хотите говорить, ну так выслушайте. Вы не знаете, но я ваш усерднейший слуга, ваш преданнейший из людей, знаю... Молва идет по городу, может дойти до отца... приедет брат... тогда смерть ваша неизбежна... говорят, вы обольстили АН...

– Несчастный, не доканчивай, или я убью тебя здесь, на месте, – воскликнул молодой человек, побледнев и весь дрожа, и, как будто боясь, чтобы угрозы его не сбылись, бросился опрометью от презренного разносчика вестей.

"И вот наконец, – говорил он сам с собою, – позор девушки, по моей милости, ходит из уст в уста; о нем звонит уж в набат этот мерзавец! Верно, проговорилась подруга! Где ж уверенность спасти ее вовремя от стрел молвы? Где ж благородство, польза жертвы? Одно мне осталось, броситься к ногам великого князя, признаться ему во всем и молить его быть моим спасителем и благодетелем. Скорее и сейчас же. Он намекал мне так благосклонно о невесте, он будет моим сватом".

Антон повернул шаги свои к хоромам великокняжеским; но когда шел мимо избы Курицына, добрый дух шепнул ему зайти к дьяку, столько усердному к пользам его. Он нашел его в важных занятиях. Можно бы прибавить затруднительных, потому что Курицын, покровитель жидовской ереси на Руси, должен был, по приказанию великого князя, составить список еретикам, с назначением им ссылки и других наказаний, впрочем не жестоких. В этом случае Иван Васильевич понимал хорошо свои отношения и свои обязанности к любимому слуге своему, и слуга понимал так же хорошо, чего желал его владыка, свои обязанности к нему и отношения к братьям еретикам. Как водится, Курицын составил список тем лицам, которые были малозначащи, ненадежны и простодушнее других.

— Вот, — сказал он, объяснив молодому человеку свои занятия, — вот наконец Иван Васильевич, по убеждению духовных лиц, открыл глаза!.. Гнусная ересь обнаружилась!.. Я давно говорил ему — не слушал, не верил!.. О, если б ты знал, господин лекарь, как много обольстительного, прекрасного в этой ереси! Отчего же и ветвится она со дня на день!.. И между тем зло ужасное, гибель народа!.. Надо искоренить, во что б ни стало... Да в этом случае Иван Васильевич слишком милостив или слишком упрям. Говорит, не хочу делать, чего хочет народ; и так мешает мне много! Что ж? присудил наказание самое легкое, детское — смеха ради... Кого ссылает в дальние города, кому готовит потеху... да ты сам увидишь...

До Антона не раз доходили слухи, что Курицын принадлежит жидовской ереси и телом и душой. Лукавству его он не изумился: он уж более ничему не изумлялся. Допытываться же настоящих его религиозных мнений и стараться обратить его к истине было некогда, и потому молодой человек спешил открыть ему свое положение. Намерения Антона хвалили; с надежд его сбросили вериги, объявив ему, что великий князь известен уж о склонности своего дворского лекаря к дочери Образца. В том, что государь был вкладчиком в этой тайне, хозяин признал себя виноватым, а какими путями известна она была самому Курицыну, этого не мог, не смел и не должен был открывать.

— Ты это когда-нибудь узнаешь, — говорил дьяк; потом прибавил: — Иван Васильевич заранее играет уж твою свадьбу. Окрестись, и по рукам, молвил бы я вместе с ним, да боюсь: круто повернешь властью господина нашего — все дело испортишь. Мой совет: для лучшего успеха в этом деле сыскать умного, ловкого свата, не из владык земных, не из князей и бояр, а простого людина, который умел бы побороть неприязнь Образца к иноземцу. Я за это не берусь: ты знаешь, мы с ним друг другу чужие. Постой, дай подумать, на кого ловче напасть... Да вот... чего лучше тверчанина Афони!.. Ведь ты знаешь его?

— Знаю, и прибавлю, сколько могу судить по его отношениям ко мне, он меня любит, несмотря на мое басурманство. Не раз водил я его по немецким и итальянским землям, и за это считает он себя в долгу у меня.

— Так с богом! Ударь ему челом и проси его в сваты. Откройся, что ты полюбил дочь Образца, увидав ее только раз в окно, и то по приезде из Твери. Разумеется, во главу дела положи обет окреститься в нашу русскую, православную веру; она же есть источник всякой благодати (еретик вымолвил это с притворным благоговением). А затем прибавь и волю нашего всемощнейшего господина, Ивана Васильевича. Только берегись сказать, что я тебя послал: это нужно. Теперь от души желаю поздравить тебя с красоткой женою и поместьем.

— Нет, при этом случае не возьму богатых даров от великого князя, хотя бы пришлось заслужить и гнев его. Я не продаю себя. По крайней мере душа моя чиста будет, здесь и на том свете, от упрека в корысти. Во всем прочем послушаю тебя; чтоб доказать это, из твоего дома иду прямо к Афанасию Никитину.

– Идешь один, пешком, в село Чертолино? – сказал Курицын.

– Один. Чего бояться! Лошади не взял, чтоб не возбудить любопытства в тех местах, где буду.

– Почему б не отложить до завтрого! Дорога дальняя, есть перелесок, окружен болотом... есть у тебя враги... Ты забыл Поппеля...

– Не думаю, чтобы рыцарь покусился на дело разбойничье. С благословением божьим я решился. Завтра, может статься, будет поздно.

– Хорошо, что сказал. Друзья твои станут у тебя на страже.

Антону ничего не оставалось делать, как благодарить.

Подходя к избушке, где жил странник, он услыхал льющиеся из нее звуки духовного пения. Звуки были так легки, свободны от всего земного, в них отзывались мир души, согласие, детская простота и по временам возмужавшая сила чувств, умиление, теплота, проникающие в сердце, в мозг костей ваших. Не таков голос земных страстей; так беседуют только с богом. Эренштейн остановился у ворот и слушал духовную песнь с восторгом. Пение становилось тише и тише и вдруг замолкло, как будто спустилось на землю, обремененное тяжестью небесной ноши... Но Антон не успел еще образумиться от умиления, его обнявшего, как послышалось вновь пение. Теперь это были печальные, раздирающие душу, звуки. Старец пел: "Не рыдай меня мати зрящи во гробе". Обращение к матери, гроб, унылое пение невольно навели тоску и благочестивый трепет на сердце молодого человека. "О! что сулишь ты мне, святой старец!.. Неужли голос твой вещий?.. – сказал он со слезами на глазах... и отнял руку от кольца, которым готовился ударить в столб приворотный. Он хотел уж идти от ворот и одумался. – Дитя, малодушный, – говорил он сам себе, – неужли обращение богочеловека к матери из гроба могло смутить тебя? С именем господа иду на благое дело и не побоюсь стрел, летящих на меня во тьме".

С последним словом он постучался в ворота и на спрос Афанасия Никитина, кто пришел, отозвался именем господним. Его тотчас впустили; разумеется, оградили себя крестным знамением на всякий недобрый случай. Афоня не чуждался знакомства с чужеземцами: с какими и какими народами он не сообщался! Однако ж во всех сношениях с ними всегда осенял себя крестом господним, который, уверен он был, не раз спасал его от бед.

Жилище его было бедно, но чисто. Лучшее украшение клети составляла икона божьей матери, к подножью которой принес путешественник все редкое, что мог принесть на Русь из своего дальнего странствия: ткани индийские на подвески, жемчуг и самоцветы на ризу, листы пальмова и ветви финикова дерева, красивые перья редких птиц вместо рамы. Тут было его прошедшее, его настоящее и будущее; сюда соединял он свое богатство земное и небесное.

– Волей или неволей жалуешь ко мне? – спросил старик.

– Неволей, – отвечал молодой человек, – потому что наслало меня к тебе дело головное, кровное; волей, потому что в этом деле избрал тебя, Афанасий Никитич, вместо отца родного. Будь же мне отец, не откажись.

Такое вступление изумило тверчанина. Но когда молодой человек стал рассказывать ему свои намерения и просьбу, одинокий глаз старика заблистал чудным светом, губы его растворились улыбкой. Выслушав челобитье, он с большим удовольствием изъявил готовность быть печальником и сватом Антона, христианского дела ради: только успех отдавал в руки господа.

– Побудь у меня часок, – сказал Афоня, схватив свою шапку и посох, – разом ворочусь. Злое дело откладывай со дня на день и молись: авось соскучится сидеть у тебя за пазушкой, да стошнится от молитвы; сгинет в благой час, аки нечистая сила от заутреннего звона. С добрым делом иначе. Взвидел птицу дорогую, наметывай мигом калену стрелу, натягивай лук тугой – она твоя, птица небесная. Пропустишь, и потонула в небе.

– Боюсь только, вовремя ли пришел, – сказал Антон. – Я с запросом к твоему кольцу, а ты запел песнь надгробную. Навел на душу тоску невыносимую. Почему так скоро перешел к этой песне от возношения господа?

– Почему? – отвечал тверчанин, несколько смутясь, – почему, сказать тебе не сумею. Нашел божий час, не мой. Да не кручинься попусту: где господь, там все благо, все добро. Помолимся ему, и возрадуется душа наша о нем.

И старик пал телом и духом перед иконою – за ним Антон.

– Теперь, помолясь, с благословением божиим, примемся за службу ему, – молвил первый и вышел из избы.

Можно судить, в каком тревожном состоянии остался молодой человек. Все шаги, все слова чудного посредника между ним и судьбою были заочно взвешены, рассчитаны по маятнику замиравшего сердца. "Вот, – думал Антон, – подошел старик к воротам Образца, вот он всходит на лестницу... Он в комнате боярина... произносит имя Анастасии, имя мое... Жребий мой положен на весы судьбы... Господи, урони на него милостивый взор!"

Между тем Афоня быстро направлял свои шаги к жилищу Образца, приискивая в голове и сердце речи, которые могли бы успешнее действовать на отца Анастасьина. Странник был недавно у святого мужа, Иосифа Волоцкого 28, и наслушался из его медоточивых уст духовной беседы с одним боярином, от которой сердце его таяло. Из нее–то источники собирался он употребить теперь в дело. Еще впервые путь его неровен и грудь по временам требует отдыха; впервые рука дрожа схватила вестовое кольцо и неверно ударила в столб приворотный. Боярин дома, Афоне отворяют калитку; Афоне запрета нет, в какие б часы дня ни пришел он. Всходит на лестницу. У сенных дверей он отдохнул и оправился.

Василий Федорович лежал на постели в повалуше, ему очень нездоровилось. Никогда еще в жизни своей не хворал он сильно, и потому настоящая болезнь, вдруг его свалившая, не таила опасных признаков. Одр, может быть, смертный, и будущность – вот великие темы, которые представлялись самородному красноречию нашего странника–витии.

По–прежнему гость, войдя в клеть, ставил посох у дверей, творил три крестные знамения перед иконой и кланялся низко хозяину, пожелав ему здравия, по–прежнему хозяин ласково привечал его и сажал на почетное место. После разных оговорок с обеих сторон тверчанин начал так:

– Вот прошло и красное лето. Пташки свили гнезда, вывели деток, выкормили их и научили летать. Потянул ветер со полуночи – не страшен пичужечкам; пестуны указали им дорожку по поднебесью на теплые воды, на привольные луга.

Запоздай родимые выводом, не мудрено и снеговой непогоде застать малых детышей, бедных птенчиков.

Боярин взглянул пристально в око Афоне и примолвил:

— Ты неспросту речь ведешь, Никитин.

— Сам ведаешь, боярин, перед сказкою всегда присказок. А веду я речь к тому, коротко лето и нашего жития. У кого есть детки, надо подумать, как бы им теплое гнездышко свить, как бы их от непогоды на теплые воды.

— Птицы небесные не сеют и не жнут, а с голоду не умирают, — возразил боярин, — обо всех их господь равно промышляет, равно их от грозы приючает, показывает им всем путь чист в привольную сторону. А нам за грехи ли наших прародителей или за наши не всем одинака доля дается: кому талан, кому два, овому нет ничего. Забот и у нас о детках не мало, да... (тут он глубоко вздохнул).

— Иной летает соколом с руки великокняжеской, — перебил Афоня, — что ни круг, то взовьется выше; другой пташке не та часть. Поет себе щебетуньей ласточкой, скоро-скорехонько стрижет воздух крыльями, а дале дома родимого не смеет. Не все ж по тепло на гнездо колыбельное; придет пора-времечко, надо и свое гнездышко свивать и своих детушек выводить.

— Опять отвечу: наша доля и наш урок в руке господней, без него и волос с головы не падет.

— Не взыщи, осударь, Василий Федорович, коли я, худородный, бездомный странник, молвлю тебе не в укор, не в уразумение, а в напоминание. У нас на уме все сокровища земные, то для себя, то для деток, а про сокровища небесные, их же ни тля, ни червь не поедают, и впомине нет. А там придет час Христов, аскамитных кафтанов, ковшов серебряных, ларцов кованых с собой не возьмем; явимся к нему наги, с одними грехами или добрыми делами.

— Господь ведает, по силам и разумению трудимся о спасении души нашей и детей наших.

— Трудишься? а ищешь богатых, знатных женихов осударыне Анастасии Васильевне?..

Не оскорбился боярин этим упреком и отвечал ласково:

— Правда твоя, искал по немощи родительской, а более человеческой. За то, статься может, господь и наказал меня сватовством Мамона. С той поры не плодит мое деревцо сладких яблочков; с той поры женихов Настеньке словно рукой сняло, да и сама она, горемычная, сохнет, что былина на крутом яру. Я ли не ходил на богомолье по святым местам; я ли не ставил местных свеч, не теплил лампады неугасимой!

— Слыхал ты божье слово: вера без дел мертва.

— Слыхал, и творил по божью слову. Оделял я щедро нищую братью, помогал разоренным от пожара, в голодные годы, выкупал из плену басурманского. И старался, чтобы левая рука не знала, что подает правая.

— Вестимо, и то все господу в угоду. Да ты давал свой излишек, чего у тебя вдоволь было. Не последний ломоть делил ты, не последнюю пулу отдавал. Вот дело иное, кабы ты для спасения души твоего недруга отдал бы, чего у тебя дороже, милее нет на белом свете, кусок своего тела, кровь свою!

Сказав это, старик выпрямился и зорко посмотрел одиноким, блестящим глазом на своего слушателя, как стрелок, желая высмотреть, ловко ли ударил в цель. Заставили бы его повторить, он не сумел бы; ему самому казалось, кто—то другой говорил в нем.

При слове "недруга" боярин побледнел и весь задрожал.

— Не о Мамоне ли говоришь? — воскликнул он голосом осужденного, который просит милости.

— Что ж? хоть бы о нем. Он твой ворог!

— Афанасий Никитич, друже мой, ты хочешь бесчестья моей седой голове, бесчестья сыну, дочери, всему роду нашему. Ты хочешь, чтоб я умер неспокойно, чтоб я с того света слышал, как дети моих детей будут пенять мне, может статься клясть меня за позор свой, чтобы я слышал, как народ, мои вороги будут смеяться над моей могилой и позорничать на ней. Вот, скажут, был добрый отец! радел о детках!.. пристроил дочку единородную, любимую, за внука колдуньи, что сожжена в Можае на лобном месте! Внук ведьмы, сын кровного ворога моего, с ним же должен мой сын на поле, поймет дочь мою... Нет, Афанасий Никитич, проси, требуй от меня другого. Господь видит, коли то для Христова дела, не пожалею крови своей.

К этому слову вел Афанасий Никитич; он почти торжествовал победу.

— Успокойся, боярин, не к Мамону речь веду. Спасет ли его окаянную душу дочка твоя любимая, голубица чистая? Только свою погубит. Не ее желает он сыну, а богатства твоего. Жених мой не таков, хочет одного богатства небесного; только с этим приданым дорога ему Анастасия свет—радость Васильевна.

— О ком же говоришь, и в ум не дается.

Афоня сотворил крестное знамение и сказал:

— Я пришел к тебе сватом, осударь Василий Федорович, да не простым, обыденным; хочу, да и в день великой душа бы твоя явилась ко Христу, аки невеста чистая, непорочная. Вот видишь, два жениха на примете для Анастасии. За обоих стоит господин наш Иван Васильевич, за одного стою я крепко: оба басурманы. Один татарин и царевич...

— Каракача, сын касимовца Даньяра.

— Как сон в руку.

— Уж были мне стороной намеки о нем. Не прочь бы я от него, коли он окрестится.

— Вестимо, он царевич!.. Дело христианское делом, честь таки честью!..

Ирония эта глубоко потрясла религиозную душу Образца. Он смутился, как бы проговорясь перед своим судьею, но, оправившись, отвечал:

— Так я за царевича не отдам, видит господь, не отдам... Кто ж другой? Не томи, ради бога.

— Боярин, помни, не простую свадьбу затеваем: мы готовим венцы нетленные на тебя и другого раба божьего.

— Говори, друже, говори.

— Другой... Онтон—лекарь.

— Немчин!.. — вскричал Образец, помертвев.

В этом слове был целый род латынщиков, ненавистный, заклятый, смерть любимого сына, вся жизнь боярина с ее предрассудками и верованиями.

— Ведь я не таил от тебя, что жених басурман.

— Чернокнижник, слуга нечистого! — продолжал боярин.

– Напраслина, Василий Федорович! Напраслина – грех великий. Кто заложит душу свою, скажет, что он слыхал его в зазорных беседах, не только что видал в делах сатанинских! Бывал я у него не раз, беседовал с ним не однажды; все речь о божьем дивном творении, разумная, красная, светлая, словно ключ гремучий. Скромен, как девица, отважен, как твой сын: милостив до бедных. Николи не забуду его добра. Одно только держит его в когтях нечистого, только одно потянет его в смолу горючую, что он некрещеный. Но коли примет нашу веру крещеную, очистится от всякой скверны, скорее нашего попадет в обитель бога. Подумай, боярин, ты заложил мне святое слово.

Образец вместо ответа залился слезами, в первый еще раз по смерти жены своей.

– Чего хочешь от меня? – произнес он наконец, едва не рыдая.

– Крови твоей, дорогой части твоего тела; ими же спасешь душу раба божьего Онтона от огня вечного, помилуешь и свою душу.

– Дай сроку дня три, хоть до приезда сына.

– Даст ли тебе этот срок Иисус Христос для очищения грехов твоих, когда явишься к нему на тот свет? (эти слова принадлежали не Афанасью Никитину, а Иосифу Волоцкому) может статься, заутро опоздает слово твое. Откажешь Онтону, кто поручится, что он тотчас не уедет в свою латинскую землю? Останется тогда навеки в плену адовом. И когда придет на тот свет, связанный по рукам и по ногам, когда возьмут его, чтобы бросить в смолу кипучую, господи, скажет он, я хотел к тебе в обитель твою, а меня не пустил раб твой Василий: он связал меня по рукам и ногам, он кидает меня в огнь вечный; свяжи его со мною, ввергни его в огонь со мною. Спасут ли тебя тогда твои подаяния, твое богомолье? Одумайся, Василий Федорович; повтори святое слово свое, да возрадуются ангелы, принимая в лик свой новую христианскую душу, воспоют: слава, слава тебе, господи, на земли и на небеси!

Глубоко вздохнул Образец, как бы вздыхало с ним все его существо, взглянул на икону спасителя с любовью и страданием распятого с ним на кресте, и поднялся вдруг с болезненного одра своего, крепок и сановит, и произнес с умилением:

– Помолимся господу.

За ним встал тверчанин. И молились они.

– Господи, отец милосердый, – говорил Образец, став на колена, – прими от недостойного раба твоего жертву кровную, великую! Одна дочь у меня, ненаглядная моя, сокровище мое, и ту отдаю тебе. Господи, господи, помяни меня и ее во царствии своем!

И обнялись боярин с странником. Кончив дело божье, принялись за мирское. Ударили по рукам и условились: приготовить Анастасию, объявить через Афоню согласие Антону-лекарю и сказать ему, чтобы он, сберегая девичью стыдливость и честь от всякого нарекания людского, переехал завтра ж на другой двор и тотчас взял духовника боярского, который ввел бы его в веру крещеную. Свадьбе положено быть не прежде, как суд божий решит участь Хабара на поле. Видел ли Антон дочь боярина и как видел, не спрашивали: может статься, Образец боялся узнать, что узнать было бы ему неприятно.

Лишь только сват ушел, Анастасию позвали к отцу.

"Зачем?.. Недаром!" – подумала она, и сердце затрепетало в груди, ноги подломились.

Когда она вошла в повалушу отца, важное, умиленное лицо его, взор, глубоко павший ей в душу, икона, убранная светом лампады, как перед праздником, – все сказало ей, что готовится для нее что–нибудь чрезвычайное.

Старик заговорил трогательным голосом о своей болезни, о предчувствии близкой смерти. Вот и ворон словно впился в кровлю дома и не хочет отстать от нее, и собака роет яму перед окном повалуши, и мать Анастасьина во сне является и зовет к себе!

– Батюшка, родимый... не умирай, не покидай меня... – едва могла сказать Анастасия и залилась слезами.

– Рад бы не покидать, дитя мое милое, наливное мое яблочко, да господь позовет, никто не остановит. Пора подумать, как бы тебя пристроить... ты уж девка в поре... злые люди скажут скоро: устарок!..

В числе уроков, данных мамкою своей воспитаннице, как себя вести и что когда говорить, был и тот, что и каким голосом следовало отвечать отцу, когда он молвит ей о женихе. Эпиграф, взятый нами для настоящей главы, с должным, мерным причитанием, затвердила на подобный случай Анастасия, но теперь было не до него. Она стояла у изголовья отцовой кровати ни жива ни мертва; она ничего не могла вымолвить и утирала тонким рукавом своим слезы, льющиеся в изобилии.

Отец продолжал:

– По закону божьему выбрал я тебе жениха...

– Божья да твоя, – рыдая, промолвила Анастасия и пала в ноги отцу своему. – Подожди... не выдавай, родной мой, солнышко мое ясное... Иль я тебя в чем прогневила? Иль я тебе не мила более? Иль моя девичья краса тебе прискучила? Не суши меня безвременно, не снимай с меня головы...

– Не воротишь дня прошедшего, не возьмешь назад слова данного. А я на крепком слове положил, да и господу обещал. Настя, выкупи грехи отца твоего, не поперечь моему слову.

Вместо ответа Анастасия, рыдая, прижималась к ногам его.

– Ин за басурмана... царевича?.. Мы введем его в веру крещеную; будет он ходить под рукой великокняжей, – сказал отец, желая понемногу приготовить ее к жениху–басурману.

– За кого хочешь... Я божья да твоя... только не выдавай меня за татарина... Коли ты в могилку, и я брошусь за тобой... наложу на себя руки...

– Ох, бедная ты, бедная головушка, что сделала ты?.. Прости меня, дитя мое, дочь моя милая, я помолвил тебя еще хуже, чем за татарина, помолвил за басурмана–немца, за Онтона–лекаря.

"Антона?.." – хотела произнесть Анастасия и задушила это слово в груди своей.

Что сделалось с ней?.. Милый друг души, радость ее, свет очей, Антон – суженый ее! Не ошибся ли слух? В беспамятстве не проговорила ли сама это имя?.. Она силится скрыть восторг свой и не сможет: он проникает в судорожном трепете, в движениях, даже в слезах ее.

– Воля твоя, батюшка, – сказала она наконец, целуя с горячностью его ноги.

И больше ничего не могла вымолвить. Но зоркий взгляд отца заметил в

217

тревожных ласках дочери чувство, которого он никогда и подозревать не мог. Боярин благодарил господа, что это чувство покрывается венцом и вместе искупает душу басурмана от плена адова. Так переменились обстоятельства в палатах Образца.

В этот же день послал боярин от имени своего сына к Мамону узнать, выздоровел ли он и готов ли на суд божий (были уж такие посылки не однажды и до этого). Мамон отвечал: "Готов и жду". С ответом послали нарочного гонца в Тверь.

ГЛАВА ПЯТАЯ

ПЕРЕЛЕСОК

> Бывало, только месяц ясный
> Взойдет и станет средь небес,
> Из подземелия мы в лес
> Идем на промысел опасный.
> За деревом сидим и ждем...
> *Пушкин*

Антон был счастлив: он спас честь любимой девушки; он будет обладать ею. Едва верил счастию своему. Исполняя волю Образца и еще более собственного сердца, решился он переехать завтра ж к Аристотелю, а от него на другой двор, какой ему назначат. Ныне ж мог еще ночевать под одною кровлею с Анастасией. Смеркалось уж, когда он, простясь с своим благодетелем и сватом, вышел из двора его. Было идти далеко. Лошади не прислал Курицын, как обещал. Он спешил.

В виду Занеглинной, по спуску горы к моховому болоту, его ожидал довольно большой перелесок. Становилось все темней и темней. Месяц привстал только с земли и светил лениво, то глядя сонным лицом в глаза путнику, то перебирая листьями дерев, как блестящею гранью алмазов, то склоняясь за дерево, опозоренное грозой. Наконец и он, утомленный своим путем, готов был упасть на грудь земли. Один Кремль, вспрыснутый последним его сиянием, вырезывал на небе кровли своих домов и кресты своих церквей; все же кругом распростерлось во мраке у ног его, как рабы у ног своего падишаха.

Лишь к перелеску, Антона обдали холодом испарения болот; самое небо, испещренное то облаками, то струями облаков, стояло над ним мраморным куполом. Курево тумана побежало по роще, и деревья, казалось, встрепенулись, приняли странные образы и зашевелились. Березы закивали кудрявыми головами или пустили по ветру длинные косы; черные сосны вытянули свои крючковатые руки, то с угрозой вверх, то преграждая дорогу; зашептала осина, и кругом путника стали ходить те причудливые видения, которые воображение представляет нам в подобных случаях. Как будто ведьмы в шабаш свой, слетелись сюда рои летучих мышей и подняли воздушные пляски почти перед самым носом

218

путника. Под стать им ночной рифмач и деревенский леший, сыч, рассыпался своим адским хохотом. Было отчего трухнуть и не робкому. Но Антон спешил под свою кровлю, в первый еще раз так прекрасную, под кровлю, где он будет с своею невестой. Ему было тепло, ему было не страшно. На случай встречи недобрых людей стилет у боку и кистень, оправленный в острое железо, который дал ему Афоня – все это в руках мощного и отважного молодца могло служить надежным щитом.

Правда, подал было ему опасение какой–то всадник, который почти с самого Чертолина выехал со стороны на его дорогу и все следил его в нескольких саженях.

Останавливался он, и всадник останавливался; трогался с места, то ж делал и неотвязчивый путник. Окликал, не было ответа. Он вспомнил слова Курицына и, сам–третей с двумя оружиями, ловчился на защиту свою в случае нападения. Наконец ему наскучили опасения без всяких следствий. "Верно, путник боится меня, а я его трушу", – подумал Антон и пошел себе без оглядки, прислушиваясь к топоту лошади, его провожавшему, как прислушиваетесь к жужжанию мухи, которая около вас беспрестанно вертится, не кусая вас. Сладкие минуты, ожидающие его в будущем с Анастасией, зароились в его сердце и воображении. Что не было она или к ней не относилось, не занимало его. Он весь погружен был в мечты свои, когда из дымного клуба тумана кто–то осторожно окликнул его по имени.

– Я, – отвечал он и остановился.

Вслед за этим ответом кто–то вынырнул из куста и прямо к нему.

– Прага... собаки... спаситель, – проговорил неизвестный по–немецки, схватив Антона с необыкновенною силой за рукав, увлек в кусты и повалил. Хищная птица не быстрее с налета хватает свою жертву. – Ради бога, – прибавил он шепотом, – не шевелись и молчи.

Довольно было таинственного пароля, известного одному Антону, чтобы поверить чудному незнакомцу. Этот пароль напомнил ему случай в Праге, когда он избавил жида Захария от ожесточенных животных, которые готовы были его истерзать; знакомый выговор изобличил возничего, который привез Антона на Русь. Ничего не понимая и покоряясь его убедительной воле, он не шевелился и молчал.

Минуты две, три... мимо их проехал всадник, следивший молодого человека. Тут Антону крепко пожали руку. Немного погодя послышался свист; отвечали свистом в овраге.

– Теперь поскорей за мной, – сказал вполголоса Захарий, или Схариа, как звали его на Руси. – В нескольких саженях ждет тебя разбойничья засада. Голова твоя куплена Поппелем.

Храбриться было безрассудно: молодой человек поспешил за Схарием. В чащу перелеска, в разрез его, далее и далее, и потонули в нем. Только вожатый нередко останавливался, чтобы дать перемежку шороху, который производили они руками и ногами, пробираясь между кустов и дерев. Он желал, чтоб этот шорох приняли за шум ветерка, бегающего по перелеску.

– Не теряй из вида этой звездочки, – говорил Захарий, показывая ему звезду, едва мерцавшую на востоке, – моли бога, чтобы она не скрывалась.

219

И шли и бежали они на ее утешительное сияние. Наконец, утомленные, выбрались из перелеска. Перед ними болото. Оно показалось им ямою, в которой жгут уголья, так дымилось оно от тумана. В это самое время ветерок донес до них крики: "Сгинул... пропал... рассыпься! лови окаянного!" И топот лошадей разлился по разным сторонам, по дороге в Чертолино, по опушке перелеска. Сердце у жида хотело выскочить из груди; оробел и Антон. Жаль было ему расстаться с жизнью в лучшее время ее: ужасно умереть под дубиною или ножом разбойника!

– Здесь где–нибудь близко гать, – сказал Захарий вне себя. – Разойдемся, ты влево, я вправо... поищем ее... найдешь – кашляни; я сделаю то же... Гать, или мы пропали!

Разошлись для поисков. Через несколько мгновений Антон подал условленный знак. Жид к нему. То место, где под темной полосой туман образовал сизый свод, указало гать. Вот уж беглецы на ней. К этой же стороне, по опушке перелеска, неслись всадники... жарче и жарче топот коней их... Слышен пар утомленных животных...

– Тише, дай мне руку, или я упаду, – сказал жид задыхающимся голосом, схватив Антона за руку. – Сейчас мост через ручей... а там...

Он не мог договорить: у него зажгло под сердцем. Еврей потерял уж присутствие духа и физически ослабел. Он в самом деле готов был упасть. Его стало, чтобы начать подвиг, но робкой его природе недоставало силы кончить его. Напротив, разумная отвага молодого человека только что и развилась во всей силе в минуты величайшей опасности. Он схватил Захария, потащил его, перенес через мостик и положил почти бездыханного на сухом берегу. Потом воротился к мостику – одно бревешко долой, в ручей, протекающий через болото, другое, третье, – и переправа уничтожена. Туман скрыл беглецов. Они были спасены: в виду их посад выставлял из паров земных углы своих кровель. Они слышали, как заговорила гать под ногами лошадей и вдруг замолкла. Раздались крик и стоны: просили о помощи, слышались увещания и проклятия. Вероятно, лошадь попала в прорыв мостика и увлекла своего седока.

– Туда тебе и дорога! – вскричал еврей, пришедший в себя, как скоро узнал, что находится вне опасности. – Копающий другому яму, в нее и попадает. Однако ж поспешим. В посаде ожидает тебя твой...

Захарий не договорил – что–то просвистало мимо ушей его. Это была стрела, пущенная одним из погони в то место, где находился говоривший. Испуганный, он наклонился до земли, дернул своего спутника за кафтан и начал нырять в тумане, почти на четвереньках, к стороне посада. Ничего лучше не мог сделать Антон, как последовать за ним, не отставая.

– Ну, – сказал Захарий, выбравшись наконец в безопасную пристань, то есть к избе, ему знакомой, потому что он в нее постучался условным стуком, – ну, сделал я по закону отцов своих жаркое омовение. И без дождя на мне нет нитки сухой.

Им отперли и замкнули за ними калитку.

– Теперь могу вознесть благодарение и хвалу богу Авраама и Якова, – сказал еврей, введя своего спутника в чистую, пространную комнату. – Ты спасен.

– Чем могу благодарить тебя, добрый Захарий! – отвечал Антон, пожав ему с чувством руку. Это изъяснение было сделано ночью; никаких сокровищ не взял бы молодой человек, чтобы днем, при свидетелях, дотронуться до жида, несмотря на все, чем был ему обязан, и на то, что готов был во всякое время оказать ему явную помощь, как человеку.

– Чем?.. Я еще у тебя в долгу. Ты спас мне жизнь без всяких видов, не зная меня, из одного человеколюбия. Мало еще? ты спас жида. Жида! чего это стоит в глазах христиан!.. Я, твой должник, плачу тебе только, что получил от тебя. Завтра меня не будет здесь, в Москве. Бог ведает, удастся ли когда тебя увидеть, еще более – поговорить с тобою!.. Теперь могу на свободе дать отчет в сумме добра, которую от тебя получил, могу тебе открыться... Уверен в благородстве души твоей, знаю, слова мои не пойдут далее тебя.

– О, конечно, ты можешь быть уверен.

– Я говорил тебе, ехав на Русь, что не забуду твоего благодеяния, что у меня здесь сильные друзья, которые могут сделать тебе добро более самого Аристотеля. Ты посмеивался нередко надо мной, ты считал меня хвастуном, однако ж я не лгал. Ничтожный еврей, которого школьники пражские могли безнаказанно травить собаками, извозчик твой – основатель обширной секты на Руси. Здесь я имею свое маленькое царство: мои слова дают закон (еврей гордо выпрямился, глаза его заблистали); здесь отмщаю свое унижение в немецких землях, беру с лихвою то, что мне там ближние мои, человеки, мне подобные, отказывают. В семьях князей и бояр, в палатах митрополита, в самой семье великого князя имею учеников и поклонников. Многие женщины, через которых можно и здесь сильно действовать, несмотря на их заключение, самые жаркие мои поборницы.

Молодой человек слушал с ужасом откровение жида. Он поднял глаза к небу, как будто молил его вступиться за свое дело...

"О! – думал он, – когда останусь на Руси, буду отыскивать этих несчастных, заблудших овец, буду стараться силою религиозной диалектики приводить их к божественному пастырю их. Захарий останется в стороне".

– Вот через этих сильных людей, – говорил еврей, – действовал я на расположение к тебе великого князя. Через одного из них властитель русский давно узнал о склонности твоей к дочери Образца.

– От кого ж ты узнал мои сердечные тайны?

– Твой слуга, недокрещенец, мой ученик. Ему поручено было следить твои поступки и пути, чтобы я, в случае опасности, мог помочь тебе. Как он подстерегал твои отношения к дочери боярина, спроси у него. Унижение, в каком его держали у Образца, научило его лукавству. Отчего ж и род наш так лукав... Слуга твой знал, что я желаю тебе добра; мне повинуясь, преданный тебе, он исполнял должность лазутчика с особенным искусством и усердием. Доказательство – ты этого даже и не подозревал.

– Никак, никогда.

– Прости нас, мы следили тебя для твоего ж добра, мы опутывали тебя сетью, чтобы в случае, если попадешься в пучину, легче вытащить из нее. Я знал, что Поппель твой заклятый враг. Недаром мать твоя указывала на него, как на человека, для тебя опасного. Дорогою ветреник намекал своим дворянам о тайных видах на тебя. Он говорил о поручении барона Эренштейна известь тебя во чтоб ни стало: лекарь–однофамилец бросал тень на баронский щит его. Сейчас по приезде в Москву начал он точить на тебя орудие клеветы. Когда это ему не удалось, он принялся за оружие разбойника. Через боярина Мамона куплена

221

голова твоя. В посольском дворе имел я людей преданных, которые давали мне или Курицыну обо всем знать. Приставы Поппеля были выбраны из учеников моих. Везде, во всякое время очи и сердце мое были на твоей страже. И всегда, везде я старался, чтобы не узнали, не видели, что жид о тебе заботится; никогда меня не видали в беседах с тобою, не только во дворе твоем. Я знал, что мои сношения с тобою могут тебе повредить, особенно в доме Образца; я берег твое имя от пятна этого, как будто берег честь дочери. Ты не упрекнешь меня в противном.

Жид говорил с особенным чувством; на глазах его навернулись слезы.

– О, конечно нет! – воскликнул тронутый молодой человек. – Я не подозревал тебя и в Москве.

– Все это шло хорошо до нынешнего дня. Нынче дал мне знать Курицын, что ты пошел к Афанасию Никитину, несмотря на его увещания отложить твое путешествие до завтрого. Он поджидал твоего возврата в удобном месте, но ты не возвращался. Вслед за тем один из подкупленной шайки известил меня о том же с прибавкой, что если ты замешкаешься, тебя выждут в овраге моховом, между Занеглинной и Чертолином. Я расчел время. Собрать преданных людей на защиту твою было поздно; послать тебе твою лошадь с слугою – бесполезно. Ни лошадь, ни слуга не помогли б в тесном овраге, где тебя окружил бы десяток разбойников. Курицын пошел хлопотать, чтобы лошадь твоя с слугою поспели по крайней мере сюда, в дом одного из преданнейших моих учеников. Должен тебе признаться, я не имею постоянного жилища: ныне ночую у одного из своих, завтра у другого.

"Незавидна ж участь твоя, царек еретиков!" – подумал Антон.

– Я же решился отсюда, прямо через гать болота, пробраться перелеском на дорогу в Чертолино и там в опушке дожидаться тебя. Известно мне было, что один из разбойников будет тебя следить. В случае, если б не удалось мне высвободить тебя из-под его опеки, мы б двое остановили его и с ним потягались. Слава богу, я прибежал вовремя – ты спасен. Благодарю всевышнего, что он даровал мне ныне возможность оказать тебе услугу. Случись это завтра, господь знает, чем бы это кончилось. Завтра чем свет меня здесь не будет; обстоятельства заставляют меня выехать отсюда ранее, чем я думал. Я оставлю Русь – навсегда. Но скажи мне, какой успех имело сватовство Никитина? Не нужна ли тебе грозная воля великого князя?

– Теперь она лишняя. Моя судьба решена: Анастасию отдает мне сам отец, я остаюсь на Руси.

– Радуюсь, что мой Курицын указал тебе верного свата, что и тут если не я, то один из ревностнейших моих учеников помог тебе. Отъезжая, сдаю тебя его попечениям... по крайней мере до того времени, пока здесь будет оставаться усыновленный барон Эренштейн. Об одном умоляю, не показывай дьяку, что ты знаешь о его... пожалуй, по-вашему назову... отступничестве.

Молодой человек это обещал. Однако ж ему неприятно было оставаться под опекою еретиков, и он давал себе обет как можно скорее освободиться от нее.

– Буду в Праге, увижу если не мать твою, по крайней мере ее слуг... Что прикажешь сказать?

– Скажи, добрый Захарий, что я счастлив... как можно быть только счастливому на земле. Передай ей все, что ты обо мне знаешь, и любовь мою к

Анастасии, и согласие ее отца, и милости ко мне русского государя. В довольстве, в чести, любим прекрасною, доброю девушкою, под рукою и оком божьим – чего мне недостает! Да, я счастлив. Сказал бы вполне, да только мне недостает присутствия и благословения матери! Попроси, чтобы она довершила мое благополучие, приехала хоть взглянуть на мое житье в Москве.

"И ее назовут басурманкой, и ей будет нелегко здесь в семье русских!" – подумал еврей, но не сказал, чтобы не огорчить Антона.

– Прибавь, что ты видел меня в лучшие минуты моей. жизни, когда я готовился в первый раз ночевать под одною кровлею с своей невестой. Эти минуты мне принадлежат, этот день мой: завтра, будущее – в руке божьей.

– Теперь мы все объяснили друг другу, что нам нужно было знать, – сказал Захарий, покраснев. – Позволь на прощание... еврею... здесь никто не увидит... я потушу свечку... позволь обнять тебя, прижать к своему сердцу в первый и последний раз.

Молодой человек не допустил, чтобы Захарий потушил свечу; он обнял его при свете... с чувством любви и искренней благодарности.

Они простились. Когда Антон выезжал со двора, слуга его, недокрещенец, подошел к нему, чтобы также проститься: он ехал с своим наставником и покровителем в дальние земли. Молодой человек умел и в этом случае оценить тонкое чувство еврея. Не легко было б иметь в услугах еретика, отступника от Христова имени! Возвращаясь домой, он разбирал благородные чувства жида с особенною благодарностью, но обещал себе сделать приличное омовение от нечистоты, которою его отягчили руки, распинавшие спасителя.

Ночь слабо спорила с зарей, когда молодой человек подошел к своим воротам. Он оставил лошадь во дворе Аристотеля, куда заезжал сказать о своем счастии. Боже! какие чувства волновали его, когда он входил на двор Образца, когда он ступил на крыльцо свое! Как в бывалые дни, окно в терему Анастасьином отворено (мамка это ей позволила, узнав, не без удивления, о помолвке своей питомицы за Антона-лекаря, которого уж запрещено было называть басурманом: она хотела этим угодить своему будущему боярину); как в бывалые дни, Анастасия сидит у окна и ждет своего милого очарователя. Она бросила ему цветок: цветок был теплый, только что с груди ее. Любовники дождались зари. По-прежнему вели они немую беседу: долго говорили друг с другом любовно, красноречиво-страстно взорами, движениями. Утро разделило их. Анастасия закрыла было окно и опять открыла его; Антон ушел было к себе и опять воротился. Еще раз простились они. У ней глаза были заплаканы: время, которое они будут разлучены, покажется ей вечностью.

И во сне видел Антон... О, чем сны его лелеяли, того не мог передать словами!

– Нет, – сказал он сам себе, просыпаясь, – нет, я слишком счастлив! Когда б мне не просыпаться!.. Видел я раз, как пчелу, опьяневшую в ароматической чаше цветка, ветер сорвал вместе с ним и бросил в пылающий костер, зажженный прохожим. Почему б мне не такая участь?.. Безумное желание, достойное язычника! – прибавил он, взглянув на образ спасителя. – Смерть христианина не такова должна быть... есть блага выше земных.

Аристотель застал его еще в постели, погруженного то в сладкие мечты, то в религиозные думы. Дружеские приветствия одного, ласки другого довершили его счастие. Больше всех радовался этому счастию Андрюша: он столько содействовал ему; крестная мать и друг были давно его обрученники.

– Вот, помнишь, – говорил он своему молодому другу, – я предсказывал тебе, что будете с моей милой, прекрасной Настей стоять в церкви под венцами.

ГЛАВА ШЕСТАЯ

НАКАЗАНИЕ ЕРЕТИКОВ

Да по та места, господине, мне князь великой велел престати говорить, и мне, господине, мнится, кое государь наш блюдется греха казнити еретиков.
Письмо Иосифа Волоцкого к духовнику Иоанну III

Немало честили Иоанна духовные и народ за то, что он, украшая стольный город свой, ломал церкви извечные и переносил кладбища за посады. И нечестивым называли, и гробокопателем. Дейстовали против него словом святого писания и сарказмами. "А что вынеси церкви, да и гробы мертвых, – писал новгородский архиепископ Геннадий к митрополиту Зосиме, – да и на том самом месте сад посадити, и то какова нечесть учинена! От бога грех и от людей сором. Здесь приезжал жидовин новокрещеный, Данилом зовут, а ныне христианин, да мне за столом сказывал во все люди: "Понарядился еси из Киева к Москве, ино де мне почали жидова ляяти: собака–де ты, куда нарядился? князь–де великой на Москве церкви все выметал вон!" Долетали эти стрелы до Ивана Васильевича, но от них не было ему больно: он над ними смеялся и продолжал делать свое.

Представления, нередкие и убедительные, голос народа, покорный, но докучливый, насчет жидовской ереси, возбудили живее его внимание. Он приказал нарядить собор и исследовать ересь. Хотели пытать обвиненных – он запретил, хотели казни – не позволил. Государь "соблюл себя от греха казнить их". Согласно с волею его, собор проклял всенародно ересь: кому назначили ссылку, кому народное поругание. Наказание стыдом примерно в царствование государя грозного и в XV веке.

Мы видели, что составление списка еретикам было поручено их покровителю; заметили также, кому составлялся список. Великий князь, в угождение некоторым духовным лицам, прибавил от себя несколько явных отступников, ему указанных. Назначенных в ссылку немедленно отослали в дальние города; другие взяты под стражу: из них готовили потеху народу. По этому–то случаю Схарию было небезопасно в Москве. Иван Васильевич и не подозревал его в своем стольном городе; но когда б навели на него гневный взор великого князя, не миновать бы ему участи Мамоновой матери. Конечно, жида б не поберегли. Благоразумней было ему убраться вовремя из Москвы. Он это и сделал, увезя с собою богатую дань, собранную с легковерия, глупости и любви ко всему чудесному, ко всему таинственному, этой болезни века. В своей фуре вез он чем на будущее время выкупить себя с семейством от гонений немецких граждан и князей.

224

Днем потешным не замедлили. Местом зрелища назначены Красная площадь и прилегающие улицы. Нынче не гонят народ, как на посольский ход, сам бежит к месту зрелища. Там было для него дело стороннее, кроме ротозейного удовольствия: везли какого–то немца к господину их, а зачем, про что, владыка небесный ведает! Сюда приходит он на свой праздник, на решение своего дела, затеянного по его тяжбе, за предмет, близкий его сердцу, почти согласно с его желанием, по его приговору конченного; здесь он зритель казни и вместе заплечный мастер. Ему дают вволю наругаться над высшими себя, и он спешит воспользоваться этой потехой, да и приготовить себе сладкие воспоминания о ней в будущие горькие часы.

Торжища опустели, лавки заперты, работы кончились. Жители Москвы и окрестностей, стар и молод, с раннего утра сторожат свои места на площади, на главных улицах. Дальние люди, пешие и конные, прибыв в Москву за нуждами своими, лишь услыхали о потехе, забывают усталость, нужды, сворачивают с дороги своей и спешат причалить к месту общего любопытства. Сюда прискакало и множество дворчан великокняжеских, в том числе царевич Каракача и товарищ его Андрей Аристотелев. Площадь ощетинилась зрителями. Не с такою жадностью слетаются вороны на добычу, приготовленную чужим трупом, как стеклись сюда люди посмотреть на унижение людей; не так тесно колышутся маковицы на полосе, куда земледелец положил в рост обильные семена, как теснятся головы человеческие на этой площади. Деревья в садах государевых, которые не успели еще огородить, ломятся от движения тысячей, получивших первый толчок от одного двигателя в первых рядах. Поденщики, обливающие трудовым потом кусок хлеба, забыли, что они в один миг уничтожают годовые труды своих братии (чернь об этом никогда и не думает); государевы слуги забыли, что они губят утешение своего князя и пуще грозного властителя; христиане – что они попирают святыню: землю церковную и прах своих предков, за которые так жарко вступались. Палки недельщиков суетятся о порядке: но и палица тут ничего не могла бы сделать.

Едет наконец бирюч; в обнаженной по локоть руке его секира. Перед этим знаком расступается народ на широкую улицу.

– Вот, православные, идет воинство сатаны! – закричал бирюч громогласно. – Так государь наш, великий князь всея Руси, наказывает еретиков, отступников от имени Христова.

И вслед за ним, как будто сделался взрыв ракетного снопа, от одного конца площади поднялись смех, гам, крики восторга, ругательства; шум этот постепенно разливается по массе народа и наконец затопляет всю площадь.

Странный, чудный поезд! Стоит посольского! Издали не поймешь, что такое едет. Видишь лошадей, вожаков, всадников, но все это так уродливо, так сликовано, так окутано шерстью и убрано соломой, что вдруг не объяснишь себе предметов. Ближе, ближе... А, вот что! Едут всадники попарно, чинно, стройно. Клячи в первых рядах, на подбор взятые с той конной, где ценят их только по коже, очень годные для анатомического театра, едва передвигают ноги. Эта машина, которой движение дала сила вожаков и старается поддержать: остановите ее, не легко опять заставить двинуться. В середних и задних рядах лошади побойчей и красивей – вероятно, с целью. Все они наряжены в соломенную,

225

золотистую сбрую. Вожаки оборваны, запачканы, но могучи, ведут коней с важностью и ловкостью искуснейшего конюшего или медвежьих учителей из Сморгони. Смотря на их усилия, так и думаешь, что кони готовы у них вырваться. Всадники сидят лицом к хвосту, в вывороченных шубах. На головах шлемы берестовые, остроконечные, с мочальными кистями, в какие наряжает бесов творчество наших суздальских художников. Чело триумфаторов украшено пышным венцом из соломы с надписью: "Сатанино воинство". Лица выписаны из страшного пришествия, так они бледны, смущены, скомканы. Мудрено ль? осужденные не знают еще, какой конец будет иметь их торжественное шествие посреди народа, который обнял их своими воплями и, может статься, готов закидать каменьями. Они с трудом держатся на лошадях. Кто старается удержать равновесие, как искусный балансер, и сидит на своей кляче, будто на протянутой веревке; кто кивает головой, как маятник, или беспрестанно ныряет. Вот оступился конь, и седок с ним погружается: только сила вожака поднимает их. Один, оборотив руки назад, держится искусно за холку; другой ухватился превежливо двумя, тремя пальцами за верхушку хвоста, как искусный парикмахер за тупей своего пациента. Сыскался, однако ж, отчаянный, который, согнув ногу на крестец лошади, сидит, как на подушке, раскланивается народу своим шлемом и уморительно кривляется. Это удальство награждено смехом и пощадой зрителей.

Зато другим достается порядком. Сначала встречают их насмешками, ругательствами. Кричат: "Собаки!.. Христа распяли! жидовины! бесы! Куда собрались в поход? К своему князю–сатане!" Поезд все–таки трогается порядком. Скоро не довольствуются бранью, начинают плевать осужденным в глаза. Потом и этого мало. Ребятишки хватаются за хвосты лошадей, надувшись, удерживают их, стегают кнутиками, украшают пучками и венками репейника, которыми успели запастись. Иные кричат: "Что ж мы бояр и князей его милости, сатаны, встречаем без хлеба и соли?.. разве у нас недостало его?.." И вслед за тем сыплется на несчастных каменный град. Тут и скоты хотя долго терпели, однако ж вышли из себя. Один четвероногий Боливар отчаянно лягнул, вырвался, выскакал из рядов и тем расстроил все чиноуложение шествия. Сигнал к возмущению подан: оно сообщается как огонь соломе. Самые те животные, которые всю жизнь свою беспорочно ходили тихим, ровным шагом, заржали невесть что и потеряли всякое уважение к своим вожакам. Кто прядает, кто лягает, кто кусается, кто ложится; избранные, в крови, которых кипит жар привольных степей, понесли. Тогда суматоха делается почти общею. Некоторые вожаки бросают поводья. Всадники поверяют душу богу. У которого шлем сполз на глаза, и он, справляясь то с ним, то с лошадью, делает эквилибрические штуки, которых не сделал бы в другое время ни за какие деньги. У другого шлем летит в сторону, и он наклоняется, словно падающая в Пизе башня. Иной схватил хвост лошади и преуморительно держит этот букет перед своим носом, другой обнял страстно стан своей четвероногой подруги. Многие упали. На лежачих, вопреки пословице, сыплются удары: плохой из плохих разве не кладет на них печать своего минутного самовластия.

Это что мчится навстречу возмутившейся орде, быстрее птицы, быстрее ветра?.. Кровный аргамак, без седока! Он будто несется по воздуху, и только клубы пыли, катящиеся под ним, означают его путь по земле. Ноздри его горят, как раскаленный уголь; и богатая узда, и черкасское седло, изукрашенные золотой чеканью, и черный атлас его шерсти – все пылает огнем от лучей солнца, и весь он огонь. Нет ему препятствий – валит, топчет, перелетает, что ему на пути ни попадется. Народ забыл свою потеху; всех глаза несутся за конем: кто ближе к нему, суетится только о своей безопасности. Кричат: "Лови! лови!.. конь царевича!.. конь Аристотелев!.." Но никто и не думает ловить: поймайте птицу на лету!.. В бешенстве аргамак несется прямо на рогатки, что стоят у пушечного двора, и – грудью о высокие иглы их. Лишь раз вздохнуло благородное животное и пало.

Чей же это конь?.. Какого седока сбил он с себя? Господи! уж не Андрюшу ли, сына Аристотелева?..

Нет, это конь царевича Каракачи, сына государева любимца. Рьяный и пылкий, он, однако ж, слушался до сих пор своего ловкого и могучего господина. Царевич, едва не родившийся на седле, умел всегда управлять им по своей воле. Оба азиатцы, они хорошо понимали друг друга. Что ж сделалось ныне с несчастным животным? От криков ли народа, от суматохи ли поезда, он вдруг взбесился, сбросил своего всадника и помчался, как будто овладел им ужасный дух. Рассказывают, что какой–то человек, вытесняясь из первых рядов народа, только погладил его сзади... Кто был такой, каков собою, никто не может порядочно рассказать. Верно, колдун, чародей!..

Царевич лежит без движения на площади – настоящее бронзовое изваяние, сброшенное с своего подножья! Бледность мертвизны выступает даже из смуглого лица его, губы побелели, голова разбита; что он жив, видно только по струям крови, которая окрашивает пурпуром своим его земляное изголовье.

Народ сделал около него кружок, ахает, рассуждает; никто не думает о помощи. Набегают татары, продираются к умирающему, вопят, рыдают над ним. Вслед за ними прискакивает сам царевич Даньяр. Он слезает с коня, бросается на тело своего сына, бьет себя в грудь, рвет на себе волосы, и наконец, почуяв жизнь в сердце своего сына, приказывает своим слугам нести его домой. Прибегает и Антон, хочет осмотреть убитого – его не допускают.

В несколько мгновений долетают вести об этом происшествии до самого великого князя. Он любил Даньяра, и бог знает чем бы пожертвовал, чтобы возвратить ему сына, единственного, страстно любимого сына, последнюю ветвь его рода. Призван Антон. Велено ему тотчас ехать во двор татарского царевича, осмотреть больного и возвратиться к великому князю с донесением, будет ли он жив и можно ли ему помочь. С ним вместе отправлены дворецкий и другой боярин: они везут слово Ивана Васильевича к Даньяру, чтобы он допустил лекаря до осмотра сына.

Грозной воле великого князя не смеет противиться татарин; Антон допущен к одру молодого царевича. Кровь унялась, но обнаружился жар, хотя и не в сильной степени. Лекарь не ограничился свидетельством; он преступил даже приказ великого князя. Сделаны необходимые перевязки, а потом уж исследован приступ болезни.

Иван Васильевич ожидал лекаря с таким нетерпением, что вышел к нему на переходы.

– Каков? – спросил он тревожным голосом.

– Бог милостив, – отвечал лекарь. – Силен ушиб, оказалась горячка, но раны и болезнь не смертельны. Если позволишь мне лечить царевича, он будет здоров.

– Спаси его, ничего не пожалею для тебя; будешь всегда ходить у меня в милости и в чести. Только смотри... поднимешь ли его?

– Ручаюсь, государь!

– Проси от меня тогда чего хочешь.

Не успел еще Иван Васильевич это выговорить, как прискакал ко двору великокняжескому сам царевич Даньяр.

– Недаром, – воскликнул великий князь, побледнев и смотря с подозрением на своего лекаря, – уж не умирает ли?

– Не может быть... я тебе не солгал, государь, – отвечал Антон с твердостью.

Даньяр вошел к великому князю, упал ему в ноги и завопил:

– Батька, Иван, не вели ходить лекарю к моему детке. Помочил ему голову зельем, стал Каракаченька благим матом кричать, словно белены покушал. Татары, русские, все говорят: уморит лекарь. Уморит, и я за деткой. Посол цесарский сказал, он много народу...

– Антон? – перебил великий князь, грозно посмотрев на него.

– Глупцы, злые люди, тут же и посол, не знают, что говорят, или говорят по ненависти! – отвечал Антон. – Когда я пришел к больному, он лежал в беспамятстве. От моей перевязки и лекарства очнулся: слава богу, в нем пробудилась жизнь! Покричит и перестанет. Если же не станут его лечить или отдадут на руки знахарям татарским или русским, так не ручаюсь, чтобы он завтра или послезавтра не умер.

– Мой татарин хочет его вылечить, – сказал Даньяр.

– Врут твои татаре!.. Полно валяться, как баба! – отвечал Иван Васильевич, давая знать царевичу, чтобы он встал; потом, обратясь к лекарю, примолвил: – Опять спрашиваю, ручаешься ли, коли ты станешь лечить, царевич будет здоров?

– Я сказал тебе уж раз, государь; никогда не лгу и никогда от своего слова не отступаюсь.

– Отдашь ли голову свою в залог? – спросил великий князь, вскинув на него свои огненные взоры.

Ужасные, роковые минуты для Антона!.. Слова Ивана Васильевича были как секира, поднятая над головой. Великое "быть или не быть" Гамлета!.. С одной стороны, неопасность болезни, в которой не обнаруживалось никаких отчаянных признаков, честь, оскорбленная послом императорским в глазах великого князя и всей Москвы... Надо было оставаться с именами неуча, невежи, коновала или победить противника своим искусством, своим знанием, выиграть навсегда доверие русского властителя и народа его, вырвать из рук невежества и зависти венок и для науки, для пользы человечества... Не затем ли и приезжал Антон в страну необразованную? Вот прекрасный случай для цели его!.. С другой стороны, безделица, противная ходу болезни, одна неблагоприятная минута, посланная свыше, и... прощай Анастасия, прощай мать, прощай все, что еще так сильно привязывало к жизни, что жизнь эту делало такою прекрасной!

Но... честь и опять честь взяла верх. Антон посмотрел на небо, как бы говоря: неужли ты отступишься от меня? и потом сказал вслух голосом, в котором отзывалось сердечное содрогание:

– Отдаю свою голову в залог. Только условие...

– Вот видишь образ спаса нашего, – перебил Иван Васильевич своим владычно–роковым голосом, – беру господа во свидетели, коли ты уморишь царевича, голова твоя слетит долой. Слышь? Слово мое не мимо идет. Вылечишь – любая дочь боярская твоя, с нею любое поместье на всей Руси.

– О награде не думаю, – сказал Антон, – думаю о слове своем. Только требую, чтобы все мои приказания насчет больного были исполняемы в точности, слово в слово, не отступая ни на волос, чтобы мои лекарства давали раз в раз, как я прикажу, чтобы меня впускали к больному царевичу во всякие часы дня и ночи. Еще требую, чтобы один из твоих доверенных бояр, кого сам укажешь – кроме Мамона, – наблюдал за этим строго, когда меня не будет при больном. Вот мои условия, государь; без них и моя наука и мое усердие ничто, без них не берусь лечить.

– Буди по–твоему. Слышишь, друже мой? – сказал радостно Иоанн. – Мое слово заложено за твоего сына; я за него отвечаю. Ступай к себе домой, не слушай пустых речей и не кручинься попусту. Но коли после того не сделаешь по моему слову, не дашь лекарю делать с сыном, что он знает, так я тебе недруг.

– Когда так, батька Иван, послушаю тебя, – сказал Даньяр.

И все, более или менее утешенные, разошлись к своим обязанностям.

Скоро узнал и Мамон об ушибе царевича будто бы смертельном. Один из его слуг донес ему, что царевич уж и умер.

– А да приятель! услужил!.. заплатил за серебряную суду!.. – говорил Мамон сыну с восторгом, которого скрыть не мог. – Слышал?..

– Слышал, – отвечал равнодушно сын.

– А!.. не бывать ей за царевичем татарским; не бывать ей замужем!.. Я сказал... Радуйся, сын!

Сын отвечал ему глухим, предсмертным кашлем.

Еще не дошла до них тайна, что Образец отдает дочь свою за Антона–лекаря. Хотя и потревожило Мамона известие, что басурмана выжил старый воевода из своего двора, но весть о смерти царевича покуда вознаградила его.

ГЛАВА СЕДЬМАЯ

ПОЛЕ

> Не бойтесь ничего, есть средство пособить,
> Я, право, от души готов вам услужить.
> *Хмельницкий*

> Искал соперника следов;
> Нашел, настиг, но прежня сила
> Питомцу битвы изменила...
> *Пушкин*

229

С первою вестью, что его зовут на суд божий, Хабар прискакал из Твери, загнав под собою несколько лошадей. Что встретило его в дому родительском? Умирающий отец, сестра, сосватанная за басурмана… Едва верит последней вести: не поверил бы, если б не слышал от самого отца. Он любил искренне Антона и порадовался, что такому молодцу, с которым всегда готов был породниться крестовым братством, достанется его сестра. Одобряя согласие отца, рассказывает ему о прекрасных качествах Антона–лекаря, о его отваге, привязанности к русским и желании, вероятно давнишнем, обрусеть законом и обычаями. Во время похода не раз заставал он его в молитвах; он дал ему, по усильной просьбе его, вместе с одеждою и тельник: всем этим побеждено басурманство Антона; русский закон очистит его от всякой нечистоты, которая могла бы оставаться на душе от латынства. Тут же к одру умирающего отца Хабар–Симской возвратил обет свой исправиться, без пятна, без укоризны. Пламенной, но твердой душе его стало сил совершить этот обет. Чист от всякого упрека в разгуле и буйстве, единственных пороках его, вступил он в ту божницу, где сердцу его так убедительно сказал голос природы и религии, где совершилось его обращение. Как это исправление и вести об Антоне утешили больного старца! как радовался Хабар, что доставил ему такое утешение, может быть, в последние часы его жизни!

Готовясь на поле, Хабар желал примириться со всеми, кого обидел, разумеется, кроме Мамона, с которым спор должен был решить суд божий. Однако ж у сына его просил он таки прощения, через своего стряпчего, в том, что в игре кулачной изувечил его. И к Селиновой явился, принес ей повинную голову и умолял развязать душу от всех оскорблений, которые, волею и неволею, сделал ей. Молодая вдова могла ль не простить того, для кого губила свою душу? Одно слово, один взгляд, и она по–прежнему его рабыня. Не думая завязывать вновь былых связей. Хабар говорил ей о святости своих обязанностей перед отцом земным и отцом небесным, перед сестрою, уверял ее клятвенно (без клятвы не поверила б), что навсегда оставил Гаиду и полюбит только ту суженую, беспорочную девицу, которая может быть его женою по выбору родителя и благословению божью. Он и Селиновой советовал подумать об отношениях ее к добрым людям, подумать о стыде, о боге, о будущей жизни. Такими увещаниями поставил между собой и ею святую ограду, за которую желания ее не смели уж переступить. Более всех красноречивых доводов этого молодого, чернобрового проповедника с огненными очами подействовало на нее обещание Хабара не видать более опаснейшей из ее соперниц. Они расстались, довольные друг другом, помирившись, как брат и сестра, бывшие в ссоре. Чувство брата и сестры сохранили они один к другому до самой смерти.

Что молодая вдова не поминала его более "лихом", доказала она вскоре самым убедительным образом: через несколько месяцев вышла за молодого, красивого монаха, августинова ордена, Ивана (прозванного у нас, неизвестно почему, спасителем), которого умела своими зажигательными глазками свести с ума, заставить скинуть белую рясу и окреститься в русскую веру. С рукой ее новокрещенец получил от великого князя поместье, и оба взысканы были от русской Клио следующими строками[49]: "Мая в 17, Иван спаситель Фрязин, каплан

<hr>

[49] История Государства Российского, т. VI, примеч. 629, год. 1492. (Прим. автора)

постриженный августинова закона белых чернцов, закона своего отрекся и чернечество оставил, женился и понял за себя... Селинову, и князь великий его пожаловал селом".

Вы помните, что Мамон брал у дворянина из немецкого посольства уроки, как биться на мечах. Выздоровев от своего похождения за разрыв–травой, он с особенным усердием принялся за боевое учение, от которого ожидал торжества более верного. Успехи его были надежны: глаз, рука, сердце наводили удары меткие. Об этом знал Варфоломей. К Варфоломею благоволил и словом и делом старый воевода, отец его крестный. Посудите сами, как же хоть из благодарности не угодить новою, важною вестью покровителю своему! Ни за какие деньги не изменил бы он тайне Мамона и цесарского посла, но долг, великий, священный долг повелевал сорвать с нее печать, и он, с сокрушением сердца, отрывая часть своего тела, принес дань свою к одру Образца. При этом случае был и Хабар.

– Видит господь, – говорил всесветный переводчик или переводитель вестей, – только из горячей любви, из глубоковысочайшей преданности, передаю вам великую тайну. Умоляю о скрытности. Если узнают посол цесарский и Мамон, ходя ощупывай то и дело голову.

Он пародировал речь императорского посла великому князю.

– Не бойся, не выдадим, – отвечал боярин. – Да не взыщи, крестный сынок, хоть и помолчишь, так не потеря.

– Из твоих вестей, Варфоломей Васильевич, – примолвил Хабар, – немного добра выжнешь, словно на поле, где колос от колосу не услышишь и голосу. Не взыщи.

– Пожалуй, коли так... бывший великий вождь и вы, настоящий вождь грозных сил нашего светлейшего господина, пеняйте на себя, если победа на поле останется за вашим неприятелем... Что ж делать? моя жертва не в угоду... Коли так, я за...

Он хотел сказать: я замолчу, но не договорил. Сил не стало совершить ужасный подвиг скромности. Он поворочал на груди сизифов камень и разом свалил его. Все было передано, что хотел он передать.

– Что ж из этого? – спросил отец, глядя зоркими очами на сына, по лицу которого пробежала легкая тень задумчивости.

– Как что? Разве забыли вы, какого молодца победил литвин мастерством? Да, вы забыли, почему с того времени запрещено биться с чужеземцами!.. Но время еще не ушло и для вашего сына. В два, три дня даровитый воин, как он, может выучиться немецкой науке биться на мечах. Фить, фить, фить (тут переводчик, приосанясь, начал показывать руками, как будто выступал на противника) и пуф! прямо в сердце; не жалейте, бейте, колите, вонзайте без пощады, по локоть руки вашей, прямо в это кровожадное сердце, откуда истекло так много горечи на дом, почивавший под благословением божиим.

Отец и сын невольно улыбались.

– Поучите, поучите, господин переводчик, – сказал Хабар, – может статься, случай будет подраться с соседним петухом.

– Смейтесь! Можно смеяться; теперь я устарел, – возразил Варфоломей, тяжело вздохнув, будто старый лев, который не в силах более обороняться. – Посмотрели б на меня в былые годы! Поверите ли?.. конечно, теперь, глядя на меня,

231

хромоногого, трудно поверить... я бился разом с тремя такими молодцами, как вы. Один целил мне в глаз, другой в сердце, третий в место более чувствительное, положим... в колено. Но я был не промах, тотчас заметил их уловки, и пиф, паф!.. Кто метил мне в глаз, тому я вырезал глаз, воткнул его на конец меча и прямо с ним другому в сердце так, что после смерти этого нашли уж у него глаз, оправленный в сердце. Вот каково, господине!

– Что ж третий, ускользнул? – спросил Хабар.

– Третьему... ха, ха, ха!.. этот удар долго ходил по немецким землям, как чудо искусства. Но теперь я мирный гражданин; мой меч – язык.

– Часто на твою ж голову, Варфоломеюшка, – сказал боярин.

– Часто и на благо моего ближнего. Вот, хоть бы и теперь, веду речь к спасению вашего сына. Немцы сказывали мне, Мамон бьется на верную смерть. Почему б не поучиться и вашему сынку у ловкого бойца, хоть бы недалеко ходить, у господина Антона–лекаря.

– Не ты ль говаривал, что он боится и тени своей? – возразил Хабар.

– Тогда язык мой прильнул бы к моей гортани! Разве я потерял разум! Верно, говорил я о каком–нибудь другом Антоне–немце, только не о вашем будущем родственнике. О, глаз мой далеко видит!.. Дело в том, что господин Антон бьется на славу.

– Слыхал и я, да дело в том, что я в эту школу не гожусь, – сказал Хабар. – Надеюсь на свой глаз и руку, а более всего на правый суд господа. В своей же чести и бесчестье дольщиков не прошу и не принимаю, за свою голову никому не кланяюсь.

Глаза Образца, доселе мутные, необыкновенно заблистали. Он приподнялся с своего ложа и произнес тронутым голосом:

– Так было всегда в роду нашем. Сын мой не изменит завету прародителей; Хабар, да все–таки Симской. Что господь положит на суде своем, тому и быть.

– О, коли так, коли мой совет не угоден вам, – перебил Варфоломей, воспламеняясь, – так знайте: я имею еще одно средство вам услужить... Но этого не скажу, воля ваша, не скажу, хоть бы сам великий князь приказывал... Голову свою положу на плаху, не скажу... Может статься, всевышний, любя вас, выбрал меня орудием... Шел мне навстречу юродивый, видно святой человек, и молвил мне такие слова... Нет, воля ваша, не скажу... скреплю сердце, замкну уста... Прощайте, прощайте.

И Варфоломей, боясь самого себя, боясь проговориться, выбежал без оглядки из палат боярских.

Разумеется, и этой тайне, конечно изобретенной усердием всеобщего угодника, посмеялись отец и сын.

Окольничим назначен день, час суда божьего. Об этом объявлено поручникам той и другой стороны. Между тем спрошены они, будут ли польщики сами биться или наемными бойцами. Поручники обязались самих тяжущихся представить на поле к назначенному дню. Потом спрошены они, на каких оружиях будут биться польщики, верхами или пешие. Объявлено, что на мечах и пешие.

День великий наступил. И Мамон и Хабар исполнили свои христианские обязанности, как перед смертным часом, разумеется, каждый с разными

232

чувствами. Образец велел перенести себя в божницу и там усердно, со слезами молясь, ожидал решения божьего суда.

На том месте, где ныне церковь Троицы в полях, на Никольской, низенькая, в полчеловека, каменная ограда, пустившая из себя новую, живую ограду из дерев, захватывала тогда между своими стенами четвероугольный лоскут земли. На нем стояла деревянная церковь во имя Георгия Победоносца, такая ветхая, что переходы ее опускали по сторонам свои крылья, а кровли источены были ржавчиною времени. Между храмом и стенами оставалась площадка, может быть сажен в десяток, на которой мурава изорвана была лошадиными копытами. Иногда зелень, окропленная следами крови, в полночь вздохи и стенания, прогулка мертвецов, свечи, горящие в церкви кровавым светом, – все эти явления не могли бы дать повода к удивлению, когда бы прибавить, что место, где они происходили, называлось полем, то есть местом судебных поединков.

Рано поутру, едва светло установилось, толпа всадников прискакала к ограде с разных сторон. Одни предупредили других двумя, тремя мгновениями. Это были окольничий, дьяк Курицын, подьячий, Мамон–отец, Хабар–Симской, двое поручников, двое стряпчих и несколько недельщиков. Провожавшие их дворчане, отобрав коней у своих господ и вручив польщикам оружия, удалились на некоторое расстояние от ограды. Поручников и стряпчих освидетельствовали, нет ли при них доспехов, дубин и ослопов, что строжайше было запрещено законами. Все через калитку вошли в ограду, кроме недельщиков, которые остались за ней для наблюдения, чтобы никто из посторонних не смел к ней подходить. В случае же ослушания недельщики обязаны были, забрав виновных, отсылать в тюрьму. Правда, за одним углом ограды, в кустах крапивы, послышался шелест; но он или не возбудил подозрения тогдашних полицейских чинов, или оставлен ими умышленно без следствия. Может статься, весы правосудия были покривлены на этот раз серебром, дружбою, покровительством, кто знает чем!

Калитку заперли на твердый, железный крюк; оставшиеся под этим замком вышли на паперть церкви. Здесь окольничий спросил польщиков, кто "за ними поручники и стряпчие". Когда они указаны были, Мамону и Хабару, а за ними поручникам и стряпчим велено приложиться ко кресту, вделанному в церковную дверь. От всех них потребована клятва, что они с оружиями к чародеям и звездочетцам волховать не ходили, к полю чародеев не приводили и у поля их не будет, причем подтверждено целовавшим крест, что если они "накриве" это делали и достоверные свидетели обличат их, то им быть по градским законам от господина всея Руси в великой опале, а от святителей, по священным правилам, в духовном запрещении.

С паперти все сошли на поле. Отмерили роковой круг, может быть смертный для одного из противников. Польщики стали на нем. Поручникам и стряпчим указано, где им стоять за бойцами. Тут стряпчий Хабара доложил окольничему и дьяку, что бой, вопреки закону, неравен и потому не может начаться. Потребовали объяснения. Оказалось, что у Мамона колонтари были длиннее Хабаровых и, следственно, защищали его более от ударов.

– Оставь! – вскричал Хабар. – Чем тяжелее доспехи, тем дороже добыча.

– Торгашу думать о корысти! – возразил Мамон. – Я и без меры и весу приму тело вражье.

233

— Пожалуй, я торгаш! Мечом своим смерю твои доспехи, кровью твоей же куплю их.

Мамон поклонился.

— Коли пришлись по обычаю, и без покупки кланяемся ими на упокой души твоей, хоть нынче поставим на твою могилку.

— Труд лишний вашей милости!.. Возьму лучше живой на память друга. Зачем мешкать! Теперь же надену дорогой боярский подарок. Стало, мои доспехи лишние.

Сказав это, Хабар скинул шлем и колонтари и перебросил их за ограду, будто камышек.

— Не уступлю, — вскричал Мамон и сбросил свои доспехи. — Тратим слова, а не кровь. Тянешь, голубчик, время: видно, жаль расстаться с белым светом.

— За мое добро с меня же пеня!.. Скажи лучше спасибо. Даю тебе лишний час божьим миром покрасоваться. Но мера есть и добру. Пора Мамону туда, где живут мамоны. Выступай.

И выступили они, Хабар — пригож, светел, как божий красный день, Мамон — угрюм, с лицом, исписанным кровавыми швами, с лесом волос, вставшим на дыбы, как будто адский гнев и их вооружил на бой, с глазами, выбегающими из своих кругов; Хабар, полон справедливости своего дела, природной отваги и надежды на бога, Мамон, исполнен мщения и зла, не менее отважен, одушевлен сверх того уверенностью в свое искусство. "Ты победишь", — сказали ему его учители, дворяне Поппеля и сам Поппель. Эти слова окрыляют дух его, придают руке необыкновенную твердость, глазу необыкновенную верность. В самом деле, бой скоро становится неровен. Хабар все нападал. Мамон только и делал, что защищался и отражал удары противника, но этим самым и утомил его. Сын Образца понимает уж, хотя и смутно, превосходство своего противника; первый еще раз в жизни сердце знакомится с тревогою. Мамон растет перед ним и ширится. Пригнатый почти к заветной черте, где полшага назад ждет гибель его и позор всего рода Симских. Хабар ищет средств выиграть хоть один шаг вперед. Раз его ранили в плечо, раз едва не обезоружили. Вот уж нанесен удар, который перегнул его назад, как сильная рука молодую березу.

Час твой наступил, молодец! Широко, раздольно, весело погулял ты по красной улице жизни; красавицы расчесывали твои черные кудри, горячо целовали тебя в очи и в уста, нежили на пуховых персях, товарищи низко кланялись тебе; отец, Русь тобою радовалась. Пожил, потешил свою белую грудь! Час твой приспел сложить молодецкую головушку на сырую землю. Зачем не положил ее в чистом поле, в честном бою с татарами или русинами, врагами матушки Москвы, золотой маковки Руси? Умер бы, оплаканный ратными товарищами, но жив бы остался в памяти народной. А теперь должен умереть с позором... И погребения христианского не дадут.

Стряпчий его побледнел; дьяк, окольничий душою хотели бы отвесть удар... это видно по глазам их. по наклонению головы... тяжело им, как будто на них нанесен меч.

В это самое время кто-то из-за угла ограды закричал: "Орлы летят! Орлы!" Мамон затрясся, побледнел, взглянул на небо и невольно отступил. Не ожили ль его крылатые враги? Не летят ли принять участие в бою против него? Удар был

234

потерян. Видно, сам господь стал на стороне Хабара. Этот спешит воспользоваться нечаянным страхом своего противника и занять выгодное положение.

– Оправься! – кричит он ему.

Но Мамон растерялся и действует как ребенок. Скоро меч выбит из его рук, кисть и лицо порублены. Противник, чувствуя, что обязан своею победой случаю, дарит ему жизнь. Изуродованный, едва не ослепленный, Мамон клянет все и всех, себя, свидетелей, провидение, богохульствует.

– Хочу ли я жить? – кричит он Хабару, – хочу, буду жить на пагубу твою, твоего рода. Ошибся, приятель!.. Убил бы, концы в воду.

Недельщики ищут или притворяются, что ищут, кто кричал об орлах, и не находят. (В этом виновата была власть Курицына, может быть и дары.) Судьи и свидетели побоища, сам дьяк в ужасе смотрят друг на друга, как бы спрашивая: откуда ж чудный голос, чудные вести об орлах? почему орлы смутили польщика? Тут что–нибудь неспусту; чародейство или насланье божье!

А кричал кто б, думали вы? Варфоломей. Переводчик исполнил свое слово – услужил и под щитом кустов, заглушавших околицу, выбрался цел и здоров из своей добровольной засады. Не то б ему в тюрьму. О, чтобы услужить, он готов и в железа.

Суд божий решен. Стряпчий побежденного призывает его дворчан; Мамона, окровавленного, уносят домой; поручник его выплачивает окольничему и дьяку пошлины: подьячий составляет дело о побоище, дьяк подписывает его.

Между тем Хабар на паперти молился Георгию Победоносцу, поднявшему меч за него.

Наконец в ограде воцарилась пустота. Одни хищные птицы налетели, поглядывая, нет ли для них добычи.

Отца застал Хабар в божнице. Там Образец, стоя на коленах, молился и вдруг впал в предсмертное усыпление. С одной стороны поддерживала его Анастасия, обливая его слезами, с другой старая мамка. Вдруг он встрепенулся...

– Идет, – произнес он, обратя на икону спасителя глаза, необыкновенно заблиставшие.

В соседней клети кто–то украдкою пробирался. Анастасия не слыхала, он слышал... Дверь отворилась. Вошел Хабар.

– Было поле? – спросил умирающий.

– Было. Не я, а господь победил, – отвечал сын и рассказал, как бились польщики, не утаив ни своей неудачи в начале боя, ни случая, которому обязан был за победу.

– Много милостив ты до меня, господи!.. ты спас род мой от позора... могу с честью умереть... Иван... Анастасия... Ант... буди над вами благосло...

Он не договорил, дал знак, чтобы его поднесли к иконам, и стал отходить на руках детей своих. Лицо мертвеца просияло улыбкою праведника: знать, ангелы встречали у себя гостью земную, возвратившуюся домой.

235

ГЛАВА ВОСЬМАЯ

СПОР ЗА НЕВЕСТУ

И мрачно ведьма повторила:
"Погибнет он! погибнет он!"
Потом три раза прошипела,
Три раза топнула ногой
И черным змием улетела.
Руслан и Людмила

На кровати сидел царевич Каракача. Голова его была еще в перевязках; на лице оставались еще следы болезни, но видно было, что явления жизни мощной, огненной, изглаживали их. Коварная усмешка подергивала губы его: по временам он от души смеялся.

Что ж было причиной его смеха? Шутки, которыми забавлял его Русалка. Дворецкий умел так угодить ему, что сделался для него необходимым собеседником. Если эта сиделка мужеского рода сначала очень не нравился Антону, который хорошо знал его лукавую душу, зато впоследствии он сам стал просить его чаще посещать больного, видя, как старик своими шутками успешно помогал лечению. А лечение было трудно по припадкам беснования, которым избалованный татарин был подвержен. Чего не делал Русалка, чтобы доставить удовольствие молодому царевичу! То потешал его музыкою котячьей, пуская ее по воздуху на конце змеиного хвоста, то услаждал его доброе сердце, принося ему в жертву птиц, которых этот разрубал мечом или ослеплял. И немцев, с их послом, уморительно представлял, как они являлись ко двору великого князя, и русских, когда подносили басьму татарским ханам, и отца своего, и себя в виде козла. Со времени ушиба царевич не мог без сильного содрогания слышать топот, даже ржание лошади. Татарину бояться коня все равно что мореходцу воды. Это убивало Даньяра. Как помочь горю, как излечить сына от конобоязни, взялся дворецкий. Успехи оправдали вскоре обещания и труды Русалки. Он часто играл в игру Генриха IV, то есть превращался в лошадку, бегал на четвереньках, ржал, брыкал. Разница была только та, что добрый король делался дитею для своих маленьких детей, а дворецкий становился четвероногим из угождения осьмнадцатилетнему татарскому царевичу. Игра кончилась, однако ж, тем, что Каракаченька стал садиться на него верхом и погонять его добрым кнутиком. Зато нежный, узкоглазый папа не знал, как отблагодарить умного, услужливого дворчанина.

Всем уж известно сделалось, что Образец до своей смерти благословил дочь на брак с Антоном—лекарем. Это неожиданное обстоятельство повергло в необыкновенное уныние Мамона, и без того истерзанного телом и душой. Он искал вновь случая мстить Образцу и в гробе, на детях его.

– Ты вовсе забыл меня, – говорил он своему другу дворецкому, – где ж твое слово? где твой крест? Так—то платишь мне за услуги мои! Не я ли выручил твою голову в деле князя Лукомского?.. Сокруши мне лекаря, как хочешь... Я обещал цесарскому послу... Я поклялся, что Обращихе не бывать замужем... Уж коли этого не сделаешь для меня, так я и на том свете не дам тебе отдыха.

Совестливость, если не совесть, дворецкого пробудилась этим упреком: она вспомнила и то, чего скромность друга не досказала – богатые дары, которые Мамон черпал для него щедрою рукою из своей сокровищницы. Были ль сделаны вновь подарки или подействовала одна благодарность, нам неизвестно, знаем только, что Русалка обещал своему больному другу стараться расстроить новый союз.

Для достижения своей цели, вкравшись в доверие Каракачи, начал выхвалять ему красоту Анастасии и успел возбудить в молодом азиатце, с пылкими, необузданными чувствами, желание обладать ею во что б ни стало. Царевичу никогда ни в чем не отказывали; потребовал бы птичьего молока, и того послали б отыскивать: так избаловал его отец. Но басурману без околичностей получить девицу русскую, дочь боярскую, нельзя было и думать. Между ними на дороге стояло важное условие, перед которым надо было подклонить голову – именно перемена веры; находились и препятствия – благословение Образца на брак дочери с Антоном–лекарем и согласие самого великого князя. Условие можно было скоро устранить, исполнив его; об уничтожении вторых хлопотал теперь Русалка.

– Она была сужена тебе самим великим князем, – говорил между прочим хитрый дворецкий, – на этом господин Иван Васильевич положил свое слово отцу твоему, как шли походом во Тверь. Жаль, коли достанется другому! Зазорно, коли невеста царевича достанется немчину–лекарю! Скажет народ: пил мед царевич, по устам текло, да в рот не попало; выхватил стопу дорогую из его рук иноземный детина!

– Не отдам никому, – воскликнул Каракача, ударив кулаком по кровати. – Посулил Иван Васильевич, так она моя. Не на смех же сулил! Отец мой дал ему своих батырей, не взял назад.

И Каракаченька начал метаться, вопить, как избалованный ребенок, которому не дают любимой игрушки.

– Утешь сынка, – говорил дворецкий Даньяру наедине, – обещай ему дочь Образца, хоть и не вправду! Бедному дитятке она и во сне грезится. Выздоровеет, так сладишь, как знаешь. А теперь хворому хоть себя отдашь.

Нежный родитель поспешил успокоить сынка, подтвердив слова дворецкого, что Анастасия точно обещана ему великим князем и что нет сил на свете, которые бы ее отбили. Лекаря же можно – прибавлял он – откинуть от нее угрозами и дарами. Не велика птица! За счастье почтет уступить царевичу.

В таком разгаре застал Антон своего пациента и его попечителей. Осмотрев его, он по всем признакам мог поздравить себя с скорым его выздоровлением, только находил в нем легкий жар. И потому просил, чтобы дали с ним верного татарина, с которым обещал прислать лекарства.

– Зелья–то горькие мне даешь, – сказал с сердцем Каракача, – а невесту, лучший цвет моего сада, у меня из–под носу хватаешь.

– Какую невесту? – спросил Антон, смутясь, как будто не понимал, на кого он намекает.

– Какую? дочь Образца! Она моя суженая. Мне сам Иван Васильевич ее посулил. Волею или неволею отдашь мне.

Антон засмеялся, как смеялся бы просьбе ребенка, который просил бы у него месяц с неба.

– Батька, дай ему горсть серебра, пускай отступится добром.

Даньяр пошел было исполнять волю сына.

Уж это не походило на шутку. Продажа невесты возмутила Антона; он остановил старика и сказал ему с негодованием:

– Напрасный труд, царевич! Насыпь мне груды твоего серебра, хоть в уровень с палатами великого князя, и тогда не променяю на них своей невесты.

– Каракаченьке полюбилась; уступи, лекарь!

– Мне самому полюбилась, – иронически возразил Антон, – не отдам и за царство.

– Отнимем силою, – закричал Даньяр, воспламеняясь.

– Отнимем силою, – повторил Каракача, привстав с постели.

– Для этого нет силы на свете. Вспомните, вы не в Касимове.

– Мой Касимов там, где я с своими батырями, – сказал Даньяр, – и в Москве я царевич. Мало тебе этого, так я на девку возьму дарный лист от моего благоприятеля Ивана Васильевича.

– Великий князь обещал мне любую дочь боярскую за лечение твоего ж сына. Твой сын здоров, так я выбираю дочь Образца.

– Мой сын был бы здоров и без тебя. Мы звали тебя только в угоду Ивану Васильевичу.

– Что с ним долго толковать, батька, – закричал Каракача. – Я здоров, мне он не нужен более. Позови татар наших, да и в кнутья его до ворот.

– Кто до меня дотронется, не останется жив, – сказал с твердостью Антон, хватаясь за стилет, с ним неразлучный. – Господин дворецкий, неужли ты, доверенное лицо великого князя, поставленный здесь для того, чтобы исполняли мои приказания, допустишь оскорбить меня в доме безумных татар.

Видя, что пламя, которое зажег, готово было превратиться в неугасимый пожар, Русалка начал его тушить. Прорвет без него, тем лучше, лишь бы себя вывести из беды! Он подходил то к отцу, то к сыну, умолял их укротить гнев свой, заверял, что дело обойдется и без насилия, что он, усердный их слуга, потеряет голову, если государеву лекарю будет нанесена обида, что он лучше советует просить лекаря отступиться от своей невесты в пользу царевича. И к Антону обращался с молением не сердить татар и, хоть для виду, для часу обещать уступку. Выздоровеет поганый татарчонка, все опять придет на свое место.

Но Каракача не слушал, бесился, топал ногами, хватал себя за голову, отчего перевязки на ней сползли и показалась кровь; судороги начали его корчить. Отец испугался. "Лекарь колдун, вогнал опять хворость в сына, чтобы отметить за невесту", – подумал Даньяр и пал в ноги Антону, умоляя его спасти Каракаченьку и клянясь, что они за невестой не погонятся.

Так дикари переходят в страстях своих от одной крайности к другой.

Мог ли Антон сердиться на этих дикарей, тем более что в деле выздоровления царевича было заложено все, чего дороже не имел он В жизни: Анастасия, жизнь и честь его. Он спешил подать помощь Каракаче и в этом скоро успел.

Сильное сложение татарина, помогавшее лечению, поставило его опять на ноги так, что он через два дня по-прежнему от души смеялся потехам дворецкого и предавался невинным забавам своего доброго сердца. Об успешном лечении известен был и великий князь.

С лекарем заключен мир, к нарушению которого Даньяр не подавал уж ни малейшего повода. Немчин-волхв нагонял болезнь и скоро исцелял ее: как же его не бояться и не уважать! Только сынок, вероятно, подбитый дворецким, вздумал было опять предъявить свои требования на Анастасию.

– Перестань, – сказал ему угрюмо Антон, – будет опять худо и хуже прежнего. Скорчу разом!

Испугался царевич этой угрозы и замолчал.

В тот же день Антон прислал царевичу с верным служителем, татарином, новое лекарство, которым думал заключить лечение. Пора было получить и награду, обещанную великим князем. Для нее терпел он так много.

Он стоял уже у цели своих желаний и обетов. Враги его и семейства Образца были побеждены, честь и голова его выручены из ужасного залога, в который заключило их слово Иоанна, рука Анастасии скрепляла его союз с людьми и судьбою. Никто и ничто не оспоривали уж его счастия; самая совесть замолчала, чтобы, казалось, дать ему вполне им насладиться. Милый, дорогой мертвец отнял было у него сердце и мысли Анастасии, с трудом могли отрывать ее от могилы отца; но через несколько времени живой друг, очарователь ее, ее суженый, снова занял все ее помыслы и чувства. Недолго могла она выдержать, чтобы не видать его. Потворщица мамка сберегла им под кровом осенней ночи, у калитки двора, сладкое, упоительное свидание. С братом Анастасии дружба Антона скреплялась более и более. Верх его счастия был так близок от него.

Осенние сумерки сгущались над городом. В избе царевича Даньяра все было погружено в глубокий сон. Каракача спал, отец его делал то же, в соседней клети татары следовали примеру своих повелителей; все это сипело и ворковало так, что слушателю надо было твердые уши, чтобы не бежать из дома. Однако ж в горнице Каракачи находился слушатель, для которого эта музыка была усладительней всех гармоний на свете. Он лежал на лавке и притворялся спящим; говорю, притворялся, потому что он, среди самого усердного аккомпанемента, привстал с лавки и осторожно, затая дыхания, стал прокрадываться к полке, над самым ухом Даньяра. Старый царевич, как змей-горыныч, хранил тут живую воду для своего сына. Пользуясь его сном, тот, который прокрался к полке, одною рукой что-то схватил оттуда, а другою – что-то поставил на место похищенной вещи. Исполнив это, он возвратился к своей лавке, лег на нее и опять захрапел, будто ни в чем не бывало.

Даньяр проснулся первый и велел служителю подать светоч. Когда это было исполнено, он с трудом разбудил Русалку, спавшего на лавке. Тут же проснулся и молодой царевич.

– Пора Каракаченьке зелья, – молвил Даньяр, сняв склянку с заветной полки.

С того времени, как лекарства видимо помогли сыну от последнего припадка, он с величайшею точностью исполнял приказания Антона. Нынешний день велено было вновь начать присланную склянку, как скоро огни зажгутся в домах, и потому старик царевич спешил не пропустить назначенного часа.

– Эх, – примолвил Русалка, – я давно б все склянки за забор, а нынче и подавно. Что–то косо смотрел лекарь...

– Не смущай, дворецкий, – возразил Даньяр, – ты и так детку наводишь на сердце. Выпей, Каракаченька, не слушай... лекарь сказал: сладко будет... в последний раз...

И Каракача, боясь уж не исполнить приказаний врача всемогущего, выпил из серебряной чары жидкость, в нее налитую. Питье показалось ему очень вкусно, и он попросил еще. Дали еще... Лекарь говорил: хоть разом выпьет все, тем лучше!

Был один человек в комнате, который переменился в лице – именно Русалка. Смущения его никто не заметил. Он скоро оправился и начал потешать молодого царевича шуточками, которые вновь изобрел. Все были веселы. Каракача более других. Но не прошло четверти часа, как он стал жаловаться на боль в желудке, в груди... Губы его посинели, лицо делалось то багрово, то мертвело. Сначала он стонал, потом крики сменили стенания... Послали за лекарем. Посланный возвратился с ответом, что лекаря нет дома. Разослали новых гонцов отыскивать его. Сам дворецкий вызвался на это дело – только тогда, когда увидел, что царевич умирает.

Отыскали наконец... Бедный, несчастный Антон! не застал царевича в живых.

Даньяр лежал в беспамятстве на трупе сына; он не видал лекаря, а то б убил его. Татаре бросились было на Антона, но его освободили недельщики, присланные уж с приказанием великого князя взять его под стражу и заковать в железа. Антон не противился; он знал, что участь его решена, он понимал Ивана Васильевича и помнил, что слово грозного владыки не мимо идет. Невинный, он должен был подклонить голову под топор палача.

Вот как и от кого Иван Васильевич узнал первый о смерти царевича.

Русалка, вместо того чтобы искать лекаря, как обещал, поскакал прямо к великокняжеским хороминам.

– Господине, великий князь, – сказал он, войдя к Ивану Васильевичу в повалушу и трясясь всем телом, – привез тебе недобрую весть.

– Не пожар ли? коня! – вскричал великий князь, который в таких случаях всегда отправлялся сам тушить огонь, хотя бы это случилось и в полночь.

– Нет, господине, умер... царевич Каракача.

Великий князь побледнел и перекрестился.

– Умер?.. Не может статься! Каракача был здоров сегодня... лекарь сказал. Лжешь аль обезумел!..

– Воистину, осударь. Прикажи переведать. Был голубчик здоровехонек. Покушал нынче хорошо, спал крепко, шутил со мною... Да... вздумал повздорить с Антоном–лекарем за невесту его, дочь Образца... Антон и прислал ему зелья... уморил за посмех. Я своими глазами видел, как, отходя, мучился бедный царевич. Сердце у меня от жалости повернулось.

– Уморил?.. за посмех?.. – кричал Иван Васильевич вне себя. – Слово мое было заложено... Не слыхал его!.. Разве у него две головы!.. В железа, в черную избу!.. Голодною смертью уморить!..

Он не мог более сказать слова; глаза его горели, пена била у рта. Потом, успокоившись немного, покачал головой и залился слезами: – Уговорил я Даньяра лечить сына! – продолжал он. – Одно было только детище, одна была утеха

240

старику! Хорошо заплатил я ему за верную службу!.. Недаром отец противился лечить... Нет, надо было уговорить его!.. Уморил за посмех?.. Пилить его мало!.. Жечь на малом огне мало! Отдам его татарам на поругание, на муки... пусть делают с ним, что хотят!.. И на том свете будет помнить слово мое.

И заставлял он себе повторить, как спорил Антон за дочь Образца, когда, с кем прислано зелье, скоро ли стал мучиться царевич, приняв его. Русалка все повторил, лукаво вплетая в свою речь прежнюю ссору Антона с царевичем, и как он, дворецкий, потерял их, и как грозил ныне лекарь, что отплатит Каракаче горше прежнего, и как велел отцу дать ему выпить зелья, хоть все разом, примолвив: "сладко будет... в последний раз...", а лицо его так и подергивало. И зелье-то не сам принес, как бывало, а прислал с татарином, на всякий случай, для отговорки, подменили-де зелье недобрые люди, вороги его.

– Совет был от меня отцу, – продолжал Русалка, – умолял его не давать лекарства: нет, таки дал, словно из ума выжил аль белены объелся... Знать, нечистый понуждал.

Выслушав эту коварную повесть, великий князь повторил строжайший приказ держать Антона в черной избе в железах, пока не сдаст его татарам на поругание и казнь. Приказал было он заключить Анастасию в монастырь, но одумался. Вероятно, вспомнил заслуги отца и брата.

– Девка не виновата, – молвил он и велел отменить приказ.

ГЛАВА ДЕВЯТАЯ

ЧЕРНАЯ ИЗБА

> Я наслажденьем весь полон был, я мнил,
> Что нет грядущего, что грозный день разлука
> Не придет никогда... И что же?
> Слезы, муки.
> Измены, клевета, все на главу мою
> Обрушилося вдруг... что я, где я?
> Стою, Как путник, молнией постигнутый в пустыни,
> И все передо мной затмилось
> *Пушкин*

Казенный двор нам уж знаком. В том самом отделении черной избы, где содержались сначала Матифас, переводчик князя Лукомского, и потом Марфа-посадница, заключили Антона. Вчера свободен, с новыми залогами любви и дружбы, почти на вершине счастия, а нынче в цепях, лишен всякой надежды, ждал одной смерти, как отрады. Он просил исследовать дело о болезни царевича – ему отказано; злодеяние его, кричали, ясно как день.

"Господи, ты один мне остался, – говорил он, обливая железа слезами. – Не жалуюсь на тебя. Может быть, ты наказываешь меня за преступление, которого я

241

не считал таким, может быть, и любя меня... Кто знает, какие горести вперед отравили бы жизнь мою! Теперь я выпью чашу один, а тогда пришлось бы разделить с подругою, с детьми... я вдвое страдал бы, видя их страдания. Знаю, что Анастасия меня любит; но в ее лета впечатления бывают так преходящи... жизнь ее длинна... погорюет, поплачет о басурмане, и перестанет... Время чего не делает!.. А все-таки жаль мне расстаться с ее любовью, со всем, что она мне подарила и что сулила еще... Если она меня истинно любит любовью нездешнею, так мы скоро будем вместе; если бог сочетал наши души, люди не разлучат. Но к чему умирающему для мира и эти желания?.. Она так молода... так прекрасна... так создана для счастия!.. Господи, дай ей насладиться упоениями, восторгами любви, удовольствиями супруги, матери, всеми благами жизни; вознагради хоть ее всем, что отнимаешь у меня в лучшие годы мои; дай мне хоть в одной из обителей твоих порадоваться ее счастием!.. Господи, отец творения, что сделаешь ты с матерью моей? Что будет с нею, когда узнает мое заключение, мою позорную смерть!.. Об одном молю для нее, устрой, чтобы до своей кончины не ведала об ужасной перемене судьбы моей, чтобы она знала меня в живых счастливым! Не откажи мне, боже мой, призвавший меня сам в этот мир и ныне призывающий в другой, чтобы я душевным спокойствием матери хоть там был утешен за страдания земные".

В таких думах Антон проводил дни и ночи. И о воспитателе своем не забыл в своих молитвах; но, зная твердость его души, облегчал этою мыслью память о нем. Иногда, забывшись, думал еще о будущности на земле, о блаженстве любить, о днях прекраснейших, которые обещал ему союз с Анастасией; иногда мечтал, что все его окружающее сон, обман. Но скоро выводили его из этого очарования холодная тяжесть и звук цепей, окно с железными ершами, в которое свет едва проникал сквозь пузырную оболочку, духота и нечистота его клети. На стене уродливо начерчены были имена предместников его: Matheas, Марфа – посадница великого Новгорода. Какая была их участь?.. Один сожжен в железной клетке, другая исчахла в этой тюрьме. Мог ли он думать, въезжая в Москву за несколько месяцев назад и смотря на пламя, обвивавшее несчастных литвян, что самого – мудрено ль – постигнет та же участь? Мог ли он воображать, посещая черную избу в числе придворных Иоанна, удостоенный его почетного внимания и отличных милостей, так сказать, рука об руку с ним, что он будет заключен в той самой клети, где так ужасно поразила его участь новгородской посадницы? О, когда бы мечтательность не затмила его рассудка, он должен был видеть, чего мог ожидать в стране, где невежество и предрассудки исключили было его из общества христиан и причли к детям сатаны. Разве не видал он, что сам князь Холмский, украшение и слава своего отечества, избавился от плахи, успев только укрыть голову под щитом случая, у него ж, иноземца? Разве не остерегала его ужасная судьба князя угличского, брата самого великого князя, который позван им на дружескую трапезу и отведен в тюрьму, в которой и теперь изнывает? По соседству, за перегородкой тюремной, слышны вздохи и стенания: не его ль, князя угличского? Рано же приобщился к этим страдальцам!.. Бедный Антон, он не имел ушей, чтобы слышать, глаз, чтобы видеть, он лишился разумения. Страсть все помутила. А между тем, если б начать снова жизнь на Руси, зная, что кончит ее так, как теперь кончает, – он опять желал бы встретиться с Анастасией, повторить муки и блаженство последних месяцев и умереть хоть с позором. Он насладился уж благами, какими только может смертный насладиться на земле; он взял уж с нее богатую дань, какою редкие из смертных бывают наделены: он взял свое с этой земли – чего ж более? Господь, видимо, любит его, что зовет к себе в лучшие минуты его жизни. О, когда бы там было продолжение здешних былых минут блаженства!..

К надеждам и утешениям, мелькавшим в коловороте мыслей и чувствований, присоединилось еще одно душевное услаждение: судьба сберегла его, хоть невольно, от отступничества... он умрет в вере отцов своих. Но и это услаждение было кратковременно. Им овладела грустная мысль, что Анастасия, после смерти его, будет сердцем чуждаться басурмана, не посетит могилы латынщика, и, может быть, чернокнижник, слуга нечистого, опять заступит в ее мыслях место Антона, жениха ее. Труп его бросят где–нибудь в лесу или в болото, воронам на съедение. Эта мысль до того овладела им, что единственным его желанием сделалось иметь русского духовника, который мог бы напутствовать его в другой мир словом и властью спасителя.

Чего не перепытала душа его в первые дни заключения! Не говорю о лишениях физических. Каждый день убавляли пищи его, наконец стали давать ему по кусочку черствого хлеба и по кружке воды. За трапезой его строго наблюдал сам дворецкий великого князя. Лишения такого рода сносил он с твердостью; но что более всего сокрушало его, так это неизвестность о друзьях и об Анастасии. Хоть бы повеяло на него отрадою их воспоминания, их участия и любви к нему; хоть бы весточку о них услыхал.

Под смертною казнью запрещено было впускать к нему кого–либо, кроме попечителей об его тюремном содержании. Но воля человека, в соединении с умом или с любовью, сильнее железа, прозорливее всякого аргуса.

В день покрова богородицы, сквозь решетку его клети, из перехода тюремного, сухощавая рука женщины бросила ему калач. Хлеб был надломан. Антон поднял его, и что ж увидал? В этом подаянии скрывалось сокровище – тельник Анастасии. Он не мог не узнать его. Тельник осыпан горячими поцелуями, облит слезами и поспешно спрятан на груди, глубоко, у сердца. Боже сохрани, чтобы сторожа не увидали святого товарища, не отняли его! лучше самую смерть. Теперь Антон не один: с ним спаситель, умирающий на кресте, с ним она, его невеста, его супруга на этом свете и в другом. Она вновь обручилась с ним навеки...

Вдобавок к его благополучию, на следующую ночь посетил его Курицын, отперев тюрьму золотым ключом, тоже всемогущим, под щитом преданных людей. Он помнил и спешил исполнить завет своего учителя Схарии, принеся подкрепление телу и душе узника. Пища, более обильная и вкусная, припасы для письма на случаи переписки с друзьями при первом удобном случае, вести о тех, о ком так хотелось знать несчастному, и надежды умилостивить властителя – вот что принес добрый Курицын. Надеждам худо верил Антон; но участие и любовь друзей вознаградили его за все прошедшие муки.

– В тюрьме, в несчастии, узнаю истинную цену дружбе, любви, – говорил он дьяку, – могу ли роптать после всего, чем господь наградил меня, могу ли жаловаться на судьбу свою? Вот, подле меня, князь венчанный, а – слышишь ли его стенания?.. изнывает, заброшенный всеми!.. С сокровищем, которое ты мне принес, могу умереть без ропота; в последние минуты мои должен благословлять пройденный путь и целовать руку, которая вела меня по нем.

Как Антон благодарил ночного посетителя за то, что доставил ему припасы для письма! Он просил его только об одном предсмертном одолжении, посетить его еще раз и взять от него несколько посланий к матери.

– Добрый Захарий доставит их, если найдешь случай переслать к нему, – говорил заключенный. – Зато на том свете, у престола бога буду молить о спасении его души. Увидишь Захария, скажи, что я, перед смертью, со слезами благодарил его и там не забуду.

И посвятил он все часы, в которые мог укрыть себя от зоркого взгляда сторожей, на то, чтобы написать несколько писем к матери. Письма были от разных чисел и могли служить на год, на два. В них изображал Антон свою счастливую жизнь с прекрасною, обожаемою супругой, милости государя, надежду приехать со временем в Богемию в русском посольстве, все, все, что мог прибрать для утешения матери. Душа его раздиралась; он глотал слезы, чтобы они не падали на бумагу, когда начертывал на ней строки, в которых все было неправда, кроме уверений в любви сыновней.

С каким восторгом Поппель и Мамон торжествовали свою победу! Первый был в восхищении, что избавился от человека, которого боялся дядя его, которого он сам ненавидел за сходство фамилий, за физиономию, наружные и душевные качества и еще по какому-то смутному, непонятному чувству. Тайный голос сердца уж конечно недаром всегда вооружал его против Антона Эренштейна... А Мамон? Израненный, изуродованный, он оживился, будто вспрыснули его живой водой. Он позвал к себе свое домашнее привидение, которое являлось к нему, словно из гроба, для того только, чтобы выслушивать радостную весть о чьем-нибудь несчастии.

– Слышал? – сказал он сыну, – жениха той, знаешь... Немчина Антона посадили в черную избу; голове его не уцелеть на плечах. А! каково! я сказал: дочери Образца не бывать замужем. Не бывать-таки, не бывать!.. Кто возьмет ее после басурмана?.. Радуйся, господине Хабар-Симской, в своих каменных палатах! Радуйся и батька в своей земляной норе! Слышишь, друже мой Василий Федорович? Бьем тебе челом этим хлебом-солью, кланяемся тебе на сладком да пьяном меду. Шибнет тебя в нос и под парчовою окуткой!.. (И Мамон адски захохотал.) Что ж не говоришь ничего, сын?

Как жилец другого мира, дающий знать о своем присутствии между здешними только веянием могильного тления, молодой Мамон не выказывал уж на лице ни радости, ни печали. По обыкновению, на восторги отца от отвечал глухим, предсмертным кашлем.

– Что ж не говоришь ничего? – повторил старый Мамон.

– Батюшка, я умираю, – произнес жалобно сын.

– Умирай, да радуйся, что отплатили ворогу своему.

Ничего не зная, не подозревая ничего, Анастасия думала только о восторгах любви. Самая память об отце посещала ее душу, как сладкое видение. Не в гробу мертвецом представлялся он ей, а живой, с улыбкою, с благословением, как бы говорил: "Видишь, Настя, я отгадал, что ты любишь Антона; живите счастливо, буди над вами благословение божье!" Добрый отец, он веселится теперь между ангелами и любуется благополучием детей своих.

И в это самое–то время мамка, завопив, заголосив, как по мертвом, упала в ноги к своей питомице.

– Что сталось? – спросила встревоженная Анастасия.

– Ах, родная ты моя, сиротинка горемычная, – завопила мамка, – жениха твоего посадили в черную избу; лечил татарчонку–царевича да уморил. Не снести ему головушки.

Удар был неожидан. Анастасия вся задрожала и помертвела. Не произнося ни слова, она впала в какую–то глубокую думу, уставив глаза на один предмет. Казалось, она окаменела в этой думе и стала изваянным выражением ее. Мамка умоляла ее опомниться, толкала – она оставалась все в прежнем положении. Вдруг глаза ее страшно заблистали; она повела их кругом себя, судорожно захохотала и примолвила: "Тебя подучили на смех сказать, не обманете! Назло вам, не расстанусь с Антоном; он мой суженый, мой полюбовник!.." Потом опять стала задумываться и опять впала в прежнее окаменение. Испугалась мамка. Кого не призывала она на помощь? и небесные силы, и старушек ведей. Шептали над ней, спрыскивали ее, отчитывали – ничто не помогало. Вздумала курить ей под нос, колоть ее гвоздем, жечь пятки – насилу очнулась.

Пришел брат. Анастасия узнала его и бросилась к нему со слезами на шею.

– Милый, родный ты братец мой, – могла она только сказать, рыдая. Она не смела произнести имя жениха, не только что просить о нем; стыд девический, а более строгий обычай запрещал говорить ей то, что у нее было на душе. Ей, девице, позволено было только плакать об отце или брате; слезы, посвященные другому мужчине, хоть бы и жениху, сочли бы за преступление. Но в немногих словах ее было столько скорби, столько моления, что брат не мог не понять, о чем так крушилась Анастасия.

Хабар велел мамке и всем посторонним выйти из светлицы. Когда это было исполнено, стал пенять ей, что предается такому отчаянию при людях, представлял, что дворчане могут заключить о ней худое.

– Горько тебе? скрепи сердце. Умирай под клещами, да молчи: так всегда делалось в роду нашем, – говорил он сестре. – А тебе, девице, и подавно непристойно крушиться о женихе, который еще и нашего закона не принял. – Сделав ей это отеческое наставление, начал ласкать и утешать ее: – Есть надежда спасти Антона. Послан гонец в отчину к князю Холмскому, который просил, в случае какой–либо невзгоды для Антона, дать ему знать с нарочным. Сын Холмского женат на дочери великого князя. Тут должны помочь и заслуги воеводы, и родственные связи... У Хабара самого лошади в упряжи. Он скачет в Тверь к княжичу Ивану; княжич любит лекаря и заступится за него. Княгиня Елена Волошанка обещает, во что б ни стало спасти несчастного. За него хлопочут сильные люди, любимец Ивана Васильевича, дьяк Курицын, сам митрополит Зосима. Этот вступается за Антона, как за агнца, которого теряет стадо Христово. Уже готова купель очищения, а его хотят оторвать от нее и бросить в огонь вечный. Все надеются умилостивить Ивана Васильевича. А если просьбы, ходатайства и убеждения не подействуют, так есть другие средства...

245

Вот что передал брат сестре, и Анастасия, крепко обняв его, умоляла ехать скорее в Тверь.

Через несколько дней, именно в день покрова богородицы, старая женщина, готовившая скудную пищу для заключенных, бросила немчину в его отделение калач. Мы. уж знаем, что в нем заключалось. Это было стряпанье Анастасьиной мамки. Зато чего стоило дочери Образца склонить свою воспитательницу на такой подвиг! Слезы, коленопреклонения, обещания богатых даров и милостей по гроб, угрозы, что себя изведет, – все было употреблено, чтобы достигнуть своей цели. Сто раз легче сделалось ей, когда она узнала об исполнении ее желания. Заветный крест на груди Антона: он спасет его.

Прискакал князь Холмский; умоляли он, сноха его – дочь великого князя, Иоанн–младой листом, который прислан с Хабаром, Елена, митрополит; многие из них падали грозному властителю в ноги – ничто не помогло. – Коли б хотел я сам, не могу, – отвечал им великий князь: – Я дал слово Даньяру, другу и слуге моему, я клялся перед образом спасителя. Ни для родного сына не отступлюсь.

Аристотеля и Андрюшу не велел пускать к себе и на глаза. Чтобы не встретиться с ними, он несколько дней не выходил из дому. Постройка Успенского собора остановилась. Художник велел сказать великому князю, что церква не будет кончена, если не освободят Антона, что он только по просьбе Антона и начал постройку ее. Ивана Васильевича ответ был – грозное молчание.

Между тем Анастасию уверяли, что дела идут хорошо, что есть надежда...

Друзья несчастного не переставали, однако ж, действовать, как могли, всеми средствами, которые только имели, чтобы спасти его. В этой битве против людей и судьбы не менее, если не более других, принимал участие сын Аристотелев.

Жаль было смотреть на Андрюшу! Он почти не ел, не пил и не спал. Его не иначе могли заставить подкрепить себя пищею, как напомнив ему, что его защита для Антона нужнее, чем другого кого. Он только и делал, что бродил около тюрьмы своего друга или около хоромин великокняжеских. Здесь сторожил, не выйдет ли Иван Васильевич, не взглянет ли хоть в окно. И подсмотрел–таки его раз. Тогда, став на колена, клал земные поклоны, и бил себя в грудь, и указывал на небо, на храмы божьи, на слезы свои. Что ж Иван Васильевич? Спешил отворотиться.

Бродя днем и ночью около черной избы, как страстный любовник около жилища своей любовницы, которую содержит строгий отец или опекун за тридевять замками, Андрюша думал иногда, что в отверстии одного из пузырных окон тюрьмы уловил взгляд милого, драгоценного узника. Отверстие – стал он замечать – становилось день ото дня больше. Наконец можно было различать сквозь него черты лица, столько знакомые и любезные. Тогда какую трогательную, красноречивую беседу знаками завел он с своим другом! А мешать этой беседе кому была нужда! Кто хотел, мог хоть разбить себе голову в виду черной избы, в знак своей любви к одному из заключенных, лишь бы узнику не прибавилось от того ни на волос свободы. Мальчика же и подавно не опасались.

Мог ли не принимать живое участие в судьбе Антона добрый тверчанин, его мечтательный спутник по западным землям и сват? Он не раз провожал малютку в его тайных путешествиях и вместе с ним радовался открытию сообщения с милым узником. В один вечер удалось даже Андрюше, став на плеча старику, подсмотреть в тюремное окно, что никого не было в клети, кроме самого заключенного. Тут он осмелился протянуть ему руку сквозь железную решетку и отверстие в пузыре окна, осчастливлен пожатием дружеской руки, и успел сказать ему: "Завтра день великий... жди меня". Более ничего не имел он времени сказать и ничего услышать от Антона в ответ. Кто-то вошел в тюремную клеть.

Да, завтра был день великий для Антона. Друзья его знали, что старый царевич-татарин вышел из ужасной летаргии, в которую погрузила его смерть сына, и готовился за голову его требовать у Ивана Васильевича примерного мщения. Завтра во что бы ни стало надо было спасти жертву его.

ГЛАВА ДЕСЯТАЯ

РАЗВЯЗКА

> Лампады тихой свет
> Бледнел пред утренней зарею,
> И утро веяло в темницу. И поэт
> К решетке поднял важны взоры...
>
> Вдруг шум. Пришли, зовут! Они!
> Надежды нет.
> Звучат ключи, замки, запоры.
> Зовут... Постой, постой, день только,
> день один!
> *"А. Шенье" – Пушкин*

– День великий?.. – говорил сам с собою Антон. – Неужели день прощения, милости?.. Может быть, и казни!.. Это скорей. Приговоры Иоанна роковые: громы, падающие с неба, не возвращаются. Может быть, друзья мои решились спасти меня? Но как? С какими пожертвованиями, с какими условиями?

– Пускай этот день будет вполне великим, – сказал он, встречая утро, и снова просил себе духовника.

Имели жестокость отказать, или, что все равно, молчали.

Курицын не приходил за письмами. Что ж помешало? Он не обманет, если только есть возможность. Он подкопается под основание тюрьмы, найдет дорогу хоть через трубу, если не сыщет других путей. В этом Антон уверен. Уж не потому ли не приходит, что есть надежда на милость великого князя?

Надежда?.. Боже великий! как при этом слове сердце забилось сильнее, кровь живее заструилась! как при этом слове выступили из мрака все милые люди с ласкою, со всеми дарами жизни и окружили его!

О! постойте, подождите хоть немного, милые призраки, у изголовья несчастливца, заставьте его забыть на этот день железа, черную избу, стоны товарищей его заключения; очаруйте его, дорогие гости, своими ласками,

247

подарите его еще одним земным праздником, может быть, последним на пороге в вечность...

Нет, они пришли на миг и тотчас убежали, испуганные тоскою неизвестности.

Какую тяжкую полосу вытянули часы до вечера!

Никто не является. Антон на страже у окна...

Прислушивается... никого! Тихо, будто на грани мира.

Невольно взглянул он на стену... При слабом свете ночника роковые имена несчастливцев, которых он в этой тюрьме сменил и которые уж исчезли с земли, выступили из полумрака и бросились ему в глаза. Красноречивые надгробные надписи! Почему ж и ему не поставить себе такого ж памятника? Может быть, в его клеть придет скоро новый жилец и станет также пробегать эти строки. Он будет тогда не один, он окружит себя семейством былых товарищей и поведет с ними сердечную беседу.

Антон сыскал гвоздь и начертал на стене четыре слова liebe Mutter, liebe А[50]..., прощальные с землею слова, или, что все равно, с теми, кого не было для него дороже на земле. Писав их, он обливался слезами, как будто вырывался из объятий милой матери, милой невесты, чтобы никогда их не увидеть.

Впоследствии над этими словами задумывался венчанный внук Иоанна, заключенный в том же отделении черной избы; часто искал злополучный Дмитрий Иванович ключа к этим иероглифам. Только сказочник Афоня мог объяснить их, рассказав ему повесть о заключенном. Недаром же Антон написал четыре слова на родном языке: они послужили к прекрасной тризне по нем, совершенной через несколько лет устами доброго старца и сердцем юного узника, который не знал своих преступлений.

Вдруг шорох за окном... Антон бросился к нему... прислушивается. Кто-то осторожно цепляется по стене... глаз заблистал в отверстии окна, и потом сменила этот глаз маленькая рука. Она держала пилу и свернутую бумажку. Антон схватил то и другое, спрятал пилу за пазуху и прочел с трудом, в ужасном волнении, следующие строки, прыгавшие и двоившиеся в глазах: "Завтра хотят выдать тебя головою татарам. Нынче ночью ты должен бежать. Спили железные решетки: стража тебе не помешает. В окно, и к занеглинной мельнице! Там будет ожидать тебя лошадь и проводник. От него получишь оружие и деньги. Далее, по пути, князь Холмский и Хабар расставили а разных местах своих лошадей и дворчан. Они выпроводят тебя до литовской границы. Спасайся в свое отечество. Прощай, милый, незабвенный друг, помни, что есть на Руси люди, которые тебя много, очень много любят и будут только тогда счастливы, когда узнают о твоем счастии.

Не забудь и маленького друга своего Андрея. Подай тебе господи время и возможности спастись! До тех пор не буду покоен. Еще прощай, милый Антон!"

Душа узника расцвела: радость заблистала в глазах его. Он слышал уж свежий воздух, видел поля, небо, все это такое легкое, широкое, раздольное... Но лишь только мелькнули первые минуты восторга, пробужденного мыслью о спасении, о свободе, эгоизм дал место другому чувству. Куда бежит он? В Богемию. Правда, он найдет там свое отечество, безопасность, мать, нежно любимую; но найдет ли то, чем жизнь его красилась, найдет ли Анастасию? Что станется с ним без нее?

---

[50] дорогая мать, дорогая А... (нем.)

Изноет с тоски. И здесь, в Москве, какие будут следствия его побега? Не пострадают ли тюремные сторожи, дети боярские? Может статься, и друзья его? За него будут казни, прольется невинная кровь. Нет, нет, никогда не решится он жертвовать для своей безопасности не только друзьями, но и сторонними, хотя бы последним из тюремных сторожей. За него никто не должен страдать. Господь осудил его; он выпьет чашу один.

С одной стороны, мир звал его к себе, с другой – высокое христианское чувство приказывало ему не слушать голоса этого обольстителя. Голова его горела, сердце замирало... Надо было, однако ж, решиться... Он решился.

Первым его делом было сжечь письмо Андрюшино. Он не отдал ему пилы назад, чтобы вдруг не огорчить его, но поспешил написать на лоскуте бумаги: "Знаю, какая участь может постигнуть тех, кому поручена голова моя. Совесть и господь запрещают мне воспользоваться средствами спасения, которые мне предлагают. Я спасусь, но могут погибнуть мои ближние. Благодарю друзей своих, благодарю тебя, милый Андрюша. Воспоминание о вашей дружбе усладит для меня последние мои минуты. Прощайте, обнимаю вас крепко, крепко. И там я буду близко от вас". Написав эти строки и схватив приготовленные к матери письма, он кашлянул у отверстия окна. – Что тебе? – проговорил знакомый голос. – Твою руку, – отвечал он. Маленькая рука опять появилась в отверстии. Антон прижал ее к губам своим и вложил в нее свою посылку. Принимая послание, Андрюша чувствовал, что на руку его капали слезы. "Что бы они значили?" – думал он с замиранием сердца, удерживая руку своего друга, спешил также расцеловать ее и потом спустился с плеч доброго тверчанина, который и ныне служил ему живою лестницей.

Загадка, его мучившая, должна была разрешиться дома, при свете огня.

Чтобы не впасть в искушение, Антон забросил за окно пилу – последнее орудие спасения!.. Кончено!..

Почти всю ночь пробыл узник на молитве. Грустно было ему расставаться с этим миром; но мысль, что он в чистоте сдает свою земную одежду, что любовь и дружба провожают его такими искренними, живыми изъяснениями, облегчали для него путь креста.

В полночь он начал засыпать. Ему казалось, будто он во сне слышит рыдания у окна своего. (Это рыдал Андрюша, прочитав ответ узника.) Но Антона так неугомонно, так сладко тянуло ко сну, что он не имел сил превозмочь его и проспал на своем жестком ложе до зари.

Вдруг... слышит шум, тревогу...

– Где немчин? – кричат голоса нечистым русским языком. – Великий князь выдал нам его голову. Подавайте немчина.

И вслед за тем вторглось в его клеть несколько татар, атлеты наружностью, с глазами, кипящими гневом, бросились на него, повалили его, и, положив ему колено на спину, связали руки назад.

Напрасное насилие! Антон не противился.

– Иду, куда хотите, – сказал он с твердостью, – об одном только умоляю именем отца вашего, вашей матери, убейте меня скорей, только не мучьте.

– Собаке будет и собачья смерть! – кричали татары. – Не жалел ты нашего царевича.

– Вот тебе за племянника!

– Вот за родного!

– Вот за царевича нашего!

И удары сыпались на несчастного по чем попало; кто бил его кулаком, кто рукоятью ножа.

Около казенного двора собрались во множестве конные и пешие татаре. Они встретили узника ругательствами, криками, хохотом. Так сонмище сатанинское приветствует свою жертву у входа в ад.

Ужасная процессия потянулась по набережной, по Великой улице, к Москворецкому мосту. Толпы народа начали сноваться вслед за ней. Казалось, надо бы ожидать, что чернь присоединит свои оскорбления к тем, которыми татаре угощали свою несчастную жертву: напротив, русские, смотря на молодость, красоту, благородный вид Антона, слыша, что он готовился принять русский закон, жалели о нем и бранили татар: многие женщины плакали.

Близ Константино–Еленовских ворот князь Холмский, Аристотель и Хабар встретили процессию. Они бросились к начальникам ее и предлагали им богатый выкуп, чтобы они отпустили своего пленника. К друзьям Антона присоединилась молодая, прекрасная женщина: она положила в складчину их золотую цепь, монисты и другие богатые женские украшения. Это была Гаида.

Поколебались было некоторые из татар; но родственники Каракачи не согласились. Наконец друзья несчастного, усиливая свои дары, могли только убедить их повременить казнью хоть несколько мгновений.

Ждали еще снова милости от Ивана Васильевича. К нему пошел Андрюша; Андрюшу во что б ни стало обещал Курицын пропустить к великому князю.

Чтобы, в случае прощения, скорей передать его распорядителям казни, Хабар поскакал на Константино–Еленовскую улицу; там он стал ожидать вестника. Аристотель между тем пробрался к осужденному, утешал и успокаивал его.

Недаром дал слово Курицын – Андрюша был уж у ног властителя, обнимал их, обливал слезами. Сначала не мог он ничего говорить.

Как переменился маленький любимец великого князя с тех пор, как он не видал его! Куда девались румянец в лице, живость в глазах? Все это сменили истома, мертвизна; глаза впали, лицо свело, губы запеклись, будто подернуло их землею.

– Что тебе? – спросил властитель, невольно смущенный.

– Помилуй, государь; прости Антона–лекаря, – говорил Андрюша голосом, в котором изливалась вся душа его. – Видит бог, он не виноват, злодеи подменили лекарство. Я знаю его, я ручаюсь за него, он не сделает худого дела. Помилуй его, мой царь, мой отец! Будь великодушен. Пойду к тебе по гроб в кабалу. Сделай из меня что хочешь, палатного мастера, каменщика, плотника; чем хочешь, всем буду для тебя. Буду служить тебе верным рабом, пока останется капля крови. Посылай меня, на какое дело тебе только вздумается, на ратное, на смерть; заточи меня вместо Антона, но только помилуй его. Буду вечно господа молить за тебя!

В помощь красноречивому стряпчему пришла Софья Фоминишна из другой горницы, из которой услыхала жалобные моления, раздиравшие душу, и также стала убедительно просить великого князя о помиловании лекаря. В этом случае она не помнила зла на Антона за оскорбление брата ее, Андрея Фомича.

– Добро, – сказал тронутый властитель, – ради вас милую Антона–лекаря. Курицын, – прибавил он, обратясь к своему дьяку, – пошли боярских детей именем моим освободить лекаря от татар и позови ко мне Даньяра. Авось уломаю его.

Вскрикнул Андрюша от радости... встал... опять пал в ноги Ивану Васильевичу, целовал их и быстрее молнии полетел из хоромин великокняжеских. Дворецкого, который пытался было остановить его в переходах, сбил он с ног, забыв где–то свою шапку, бежал с обнаженною головой, как сумасшедший, по площадям и улицам.

На Константино–Еленовской улице не было уже Хабара... Неужели?..

Сердце у Андрюши замерло. Испуганный, задыхаясь, он упал... старался перевести дух, поднялся... опять побежал и опять упал... хотел что–то закричать, но осиплый голос его произносил непонятные слова; хотел поползть и не смог... Силы, жизнь оставляли его. Он бился на замерзлой земле; казалось, он с кем–то боролся... и наконец, изнемогши, впал в бесчувственность.

В таком состоянии нашел его Аристотель; он и сам походил на безумного.

– Уж поздно! – сказал он гробовым голосом, поднял умирающего сына, взвалил его себе на плечо и повлекся с ним – и сам не знал куда. С этою ношей бродил он как тень, цепляясь за дома и за заборы. Кто–то из знакомых сжалился над ними и привел их домой.

Да, уж было поздно. Видели, как прискакал к своим царевич Даньяр; слышали, как он сердился на них и отдал грозный приказ докончить несчастную жертву; видели, как татаре повлекли Антона с берега под мост, на лед замерзшей реки, видели, как Антон поклонился народу, освобожденный от уз, перекрестился, прижал что–то к груди своей, и как потом татарин... поднял высоко, торжественно за густые, светлые кудри бело–восковую голову...

И в то же самое время солнце там играло на небе!

Собрав смертные останки, Хабар и тверчанин Афоня ночью похоронили их у "Антонова двора, за Лазарем святым".

Вот зачем приезжал Антон Эренштейн на Русь! Да еще затем, чтобы оставить по себе следующие почетные и правдивые строки в истории:

"Врач немчин Антон приехал (в 1485) к великому князю; его же в велице чести держал великий князь; врачева же Каракачу, царевича Даньярова, да умори его смертным зелием за посмех. Князь же великий выдал его "татарам"... они же свели его на Москву–реку под мост зимою и зарезали ножем, как овцу".

Что сделалось с Анастасией? С каждый днем в глазах и на душе ее стало более и более темнеть, так что скоро все слилось для нее в ужасный мрак. Антон стал являться к ней, звать с собою.

– Приду, скоро приду, милый суженый мой, – говорила она в помешательстве.

Страдала, томилась, сохла, наконец не выдержала... наложила на себя руки.

Не спрашивайте меня, как это было.

Вы знаете по истории, что казнь врача привела в ужас всех иностранцев, живших тогда в Москве, что Аристотель бежал было в свою землю, что "князь великий пойма его и, ограбив, посади на Онтонове дворе за Лазарем святым", что художник исполнил обет свой – докончил храм Успения пресвятой богородицы.

Но что после сделалось с ним, с сыном его, куда след их девался – нигде не отыщете. Напрасно сердце ваше спрашивает, где лежит прах их... Бог весть!

Грустно, очень грустно.

Вы, конечно, не спросите меня о будущности Хабара Симского. Сердцу каждого русского должны быть очень знакомы освобождение Нижнего–Новгорода от врагов, спасение нашей чести в Рязани, осажденной татарами при Василии Иоанновиче, и другие подвиги знаменитого воеводы.

Мы забыли сказать, что в день казни Антоновой родился Иоанну внук, Дмитрий Иванович.

Думаем, нужно еще прибавить к заключению нашей повести, что место лекаря Антона при дворе великого князя заступил, по рекомендации Поппеля, мистра Леон, родом жидовин; что этот мейстер лечил и залечил Иоанна младого и за то казнен всенародно на Болвановке, за Москвой–рекой. Об этом никто не жалел: поделом была вору мука!

Перенесемся теперь в немецкие земли.

Поппель, возвратясь ко двору своего государя, спешил обрадовать дядю вестью о смерти его однофамильца.

– Несчастный! – закричал барон вне себя. – Это был сын мой. Я убийца его. Проклинаю тебя вместе с собою!

Он спешил рассказать встречному и поперечному повесть о рождении Антона и свои злодеяния. Вскоре монастырь заключил его в стенах своих. В тот же монастырь последовал за ним новый отшельник: это был Антонио Фиоравенти. Можно судить, какова была их первая встреча. Долго еще встречались они каждый день в переходах монастырских, униженно кланялись друг другу и поспешили у подножья креста смывать слезами глубокого раскаяния кровь невинной жертвы, которою были запятнаны.

ГЛАВА ОДИННАДЦАТАЯ

ОПЯТЬ В БОГЕМИИ

Не доиграна игра, не допета песенка.

Вы помните, конечно, замок у Белой горы, на берегу Эльбы, хоть и давно расстались с ним. Вот, без малого через три года, как мы побывали там, входим опять на двор, принадлежащий этому бедному замку.

Прекрасный осенний день – заметьте, в Богемии – склоняется уж к вечеру и накидывает розовое покрывало на небо, на воды, на все предметы. И замок в огнях, будто праздник в нем. Все творение, проникнутое каким–то упоительным спокойствием, дышит так легко, так сладостно. На дворе замка маститый вяз, еще прекрасный, несмотря что старость и осень разубирают его, привлекает к себе юную, виноградную лозу, которая крепко его обнимает, вьется в ласковых побегах по ветвям и убирает их своими гроздиями, жарко пылающими от последних лучей солнца. На одном суку повешена колыбель, вся в цветах. Старик, седовласый, длинный, сухощавый, с нежною заботливостью качает ее, сидя на скамейке. Но ребенок закричал, и старик спешит раздвинуть занавески, берет его к себе на руки, гулит и нянчит, пока не пришла мать. Вот молодая женщина принимает сладкое бремя от пестуна, садится также под вязом и начинает кормить дитя грудью. Взоры ее то смотрят с любовью на ребенка, то с умилением встречают двух милых существ, которые подходили к вязу и недалеко от него остановились. Один – молодой, статный, румяный крестьянин, или мызник (судя по одежде его, отличающейся от крестьянской некоторыми выгодными оттенками); другой – дитя, лет двух. Между ними завязался спор, и мать угадывает, что победа останется на стороне последнего. Дитя, весь покраснев, хочет во что б ни стало тащить заступ, который нес молодой крестьянин, отец маленького бунтовщика, идя с полевой работы. Отцу хотелось бы угодить ему, и между тем он боится, чтобы ноша не по силам не сделала ему вреда. Наконец улажен мир: малютка поставил на своем – он тащит заступ, но отец привязал к нему свою подвязку, на которой держит всю тяжесть орудия. Этот спор и победа чрезвычайно забавляют старика и молодую женщину. Вся эта картина облита розовым колоритом вечерней зари.

Здравствуйте, старинные друзья мои Фриц, Якубек и Любуша! Вот и семья ваша прибыла. Видно по всему, что вы живете довольны, счастливы. Вы не искали этого счастия за морями, вы нашли его около себя. Слава богу, даже имени страстей не знали! Не кипела от них кровь ваша, не терзалось ваше сердце на части, адские муки не отбивали вас от пищи, от сна и не смущали воображения грозными привидениями. Слава богу!.. Мир и благостыня не отойдут и от ваших могил. "Здесь почивают добрые люди", – скажут, указывая на них, заменившие вас жильцы, и странник помянет вас благословением.

Молодая женщина, накормив грудью свое дитя, положила его опять в колыбель, и старик опять принялся убаюкивать его. Под вязом поставлен стол: скоро готова вечерняя трапеза. Но прежде нежели садиться за нее, все семейство благоговейно творит молитву, и дитя, повторяя за матерью, лепечет благодарение богу за хлеб насущный. Сели; Любуша одна не садится. Она устремила взоры на ближайшую гору, по которой идет дорога к замку, и как будто силится глазами поймать какой–то предмет.

– Что ты ловишь там, Любуша? – спросил Якубек. – Уж не корова ли сбежала! Пожалуй, чего доброго, от нее станется по–прошлогоднему... даст мне работы на ночь!

– Нет, – отвечала молодая женщина, – плетется с горы какой–то странник, старичок... да, видно, очень устал. Не подождать ли нам его?

Якубек сделал рукою щит над глазами и немного погодя примолвил:

– И то странник! По одежде видно, не здешний. Добро, подождем его.

Накрыли молоко от мух, уняли нетерпение малютки ломтем хлеба и стали дожидаться путника. Но так как он с трудом тащился, то молодая женщина пошла ему навстречу, привечала его ласковым словом и, подхватив за руку, помогла ему скорее дойти до вяза.

Одежда странника была не немецкая; он говорил и языком, хотя понятным для чехов, но все–таки не чешским. Старик, прежде чем поклонился хозяевам, положил несколько крестных знамений перед иконою, вделанною в небольшое дупло вяза, что очень понравилось набожным чехам.

Они сажали его на почетное место, угощали, чем только могли, и пищею телесною, и ласками. Скоро все семейство очень полюбило старичка. И сам двухлетний сын Якубка, сначала дичившийся его, вероятно потому, что он был кривой, через несколько времени подошел к нему и стал просить у него посоха на лошадку.

И была важная причина, что жители замка особенно полюбили странника: он был русский, он пришел из Москвы.

Вы угадаете, что это был тверчанин Афанасий Никитин. Он ходил в страны на восход солнечный, ему хотелось побывать и на западе: вот и пришел он... Правда, не одно любопытство привлекло его в Богемию; он нес к матери Антона одно из писем от покойника.

Когда узнали, что странник русский, Фриц, Якубек и Любуша засыпали его вопросами о молодом их господине.

– Боже мой! из Руси, из Москвы!.. – говорили они. – Да если бы мы знали, что у нас будет такой дорогой гость, так вышли бы к тебе навстречу в Липецк и понесли б тебя на руках своих!

Но странник, прежде нежели отвечал на их многочисленные вопросы, сам спросил их, где же боярыня, матушка господина Антона.

– Там, – отвечал Фриц, указывая на небо.

Старик перекрестился с умилением и примолвил:

– Слава богу!.. Я нес было ей весточку от сынка... да они ранее свиделись, ранее переговорили друг с другом.

Известие о смерти молодого господина глубоко тронуло добрых обитателей замка. Вспоминали его прекрасную наружность, прекрасную душу, его последнее посещение замка, означенное разными делами добра, благословляли его за счастье, которым наслаждалось через него все семейство Фрица, вспоминали и отъезд молодого господина в Московию...

– Как будто чувствовал, что не воротится, – говорил Якубек, прерывая свои слова рыданиями. – Придет ли нам свидеться, молвил он в Липецке, когда я провожал его... Недаром сердце у меня тогда оторвалось! Хотел бы еще один разик взглянуть на него! Кажись, легче бы было.

– Благодарение богу, что госпожа баронесса умерла прежде его, – сказал Фриц, – а то б измучилась, бедная, при конце своем!..

– А когда боярыня кончила век свой? – спросил странник.

– Вот будет скоро два года, – отвечал Фриц. – Была здоровехонька и спокойна... весела нельзя сказать, потому что веселья она не видала давно, очень давно... Вдруг без всякой причины стала грустить, да задумываться, да метаться... видишь, добрый человек, с того только, что приснился ей нехороший сон о сынке... "Недаром! – говорила она, – что-нибудь да худое с ним деется". Я уговаривать ее, как знал мой умишка, а пуще любовь и преданность к ней; я к ней отца Лаврентия с церковными увещаниями: нет, милостивая госпожа стояла только на одном, что с сынком сделалось худое. Томилась, да томилась, да и слегла в постель. Вот раз, утром, приносят к ней через жида Захария – чай, знаешь, видал его на Руси? – вот приносят к ней письмо от молодого господина. Надо было видеть, что с нею тогда сделалось. Прежде и руку–то поднимала с трудом, а тут сама поднялась на постели да стала прижимать письмо к сердцу и плакать... О, это были слезы, какими и не на этом свете дай бог нам плакать! Всех нас позвала к себе и всем показывала письмо, а радость так и блистала в глазах ее, щеки так и пылали, как будто у молодой девушки. Вот убралась она в свое лучшее платье – тут были и соболи, что прислал ей господин Антон – и позвала отца Лаврентия читать письмо. И читал он ей, как счастливо живет молодой господин, и как любит его молодая, прекрасная супруга, и как государь король московский жалует его своими милостями. Что ж, добрый человек? не снесла долго своей нечаянной радости... через три дня отдала богу душу. И как стала умирать, все держала письмо у груди. Так с ним и похоронили ее.

Разрывалась грудь странника при слушании этого рассказа; нередко утирал он кулаком слезы, катившиеся невольно, одна за другой. Он не разочаровал обитателей бедного замка насчет благополучия Антона; он не хотел принять на душу этого греха. Напротив, старался еще более скрасить счастливую жизнь дворского лекаря на Руси и прибавил, что он еще недавно и умер.

А сам, рассказывая все это, не мог не плакать...

Он прогостил недели с две у своих новых друзей, словно в родной семье, хотел было идти еще далее на запад, да не пошел... что–то сгрустнулось по Руси.

Обитатели замка провожали его, как будто вновь провожали на Русь своего молодого господина. Долго стояли они на перекрестке дорог, пока он совсем скрылся из виду; долго еще были речи о нем в благословенной семье.